刑法特別講義・講演録

川 端 博 著

刑事法研究 第16巻

成 文 堂

はしがき

「刑事法研究第一六巻」は、前巻と同じように本シリーズとしては異例の内容を有するものとなったが、第一七巻は通常のモノグラフィーとなる予定である。第一六巻は、いろいろな機会に「特別講義」や「講演」・「特別講演」をおこなった際に、テープ起こし原稿を頂き、それに加除修正をほどこし活字化・公刊されたものを中心に収録した。これらは、受講者や聴衆を前に、あるときは大きな会場で緊張しながら、またあるときは会議室で気楽に話した内容を有する口語体による文章を「講義録」・「講演録」として公刊されたものを纏めたものである。そのほかに、テープ起こし原稿としてそのまま放置されて公刊されなかったものに手を加えた「講演録」を加えることにした。わたくしのテープ起こし原稿は、ほとんどすべてが文章としての体をなしていない。それというのも、講演などに当たって原稿を作成せずに、項目だけを並べたメモに基づいてお話ししてきているからである。しかし、外国での講演のばあいには、通訳するために翻訳する必要があるので、事前に完成稿を送らなければならないという事情があるから、原稿を読み上げることになる。これに対して、国内においては、そのような制約がないので、会場の雰囲気に対応しながらお話しするようにしている。いわばアドリブであり、臨場感を自ら楽しんでいる面もあるが、後が大変である。テープ起こしの原稿を見ると、ほとんどまとまりのない未完結の文章が続くものとなっており、苦労して文章化した反訳原稿の作成者にはまったく申し訳なくおもわざるを得ない。請求されないかぎり、その原稿に手を入れるのがおっくうになって、放置されてしまう仕儀になるものが生ずるわけである。

収録した講演録などのテーマは多岐にわたっており、まず刑法を主たるテーマとするものから配列することにした。しかし、必ずしも厳密に体系的に整序したものとはなっていないことをお断わりしておきたい。そのような結果になったのは、多年にわたり、かつ多様の目的で開催された講演会などにおけるお話しであるからにほかならない。論文・判例研究などと異なって、直接、相手を見ながらお話ししているので、おもわず脱線したり、つい調子に乗って受けを狙ったりしながら「本音」をもらしている個所もあるので、あるいは興味深い内容となっているものがあるかもしれない。本書において、精密な検証なしに思い付くままに提示した諸問題については、今後の課題にしてじっくり研究を進めて行きたいとおもう。

本書に収録した講義録・講演録は、それぞれ独立してその都度の需要に応じて話されたものであり、当時の情況下における私見の提示であるから、若干の重複が見られるし、現在の私見と異なる点もあるが、表現の統一を図るための最小限度の修正をほどこすにとどめ、原則としてそのまま採録することにした。

わたくしは、昨年古稀を迎え各種の記念行事が挙行される栄に浴した。まず、五月に中華民国（台湾）の刑事法学会のメンバーによる祝賀会兼記念論文贈呈式と二日間にわたる古稀記念シンポジュウムが開催された。両者に日本から井田良・慶応義塾大学教授、只木誠・中央大学教授、明照博章・松山大学教授および今村暢好・松山大学准教授が招待され、それぞれ講演されたのである。諸先生方ならびに台湾中央警察大学の余振華教授を始めとする台湾刑事法学会および実務界の諸先生方に御礼を申し上げたい。また十月には、『川端博先生古稀記念論文集』上巻・下巻の献呈式と祝賀会が挙行された。井田良教授、高橋則夫・早稲田大学教授、只木誠教授、中空壽雅・明治大学教授および山口厚・早稲田大学教授が編集され、七二名の研究者・実務家の先生方が執筆された本書は、文字通り重厚で、手渡された時にその重みを実感した。後で拝読して充実した内容に驚きと喜びを覚え、これこそ学界および実務界に寄与する珠玉の論文集だと感じ入っている。この機会に諸先生方および刊行に協力された成文堂の関係者の皆様に心から御礼を申し上げるものである。

本書の刊行に当たっても成文堂の阿部耕一会長および阿部成一社長には、多大な御配慮を賜ったので、厚く御礼を申し上げたい。編集段階から大変お世話になった編集部の飯村晃弘氏に対して感謝の意を表する。なお、かねてより御世話になった故土子三男取締役の一周忌を終えられたのを機に、ここに記して改めて御冥福をお祈りする次第である。

平成二七年（二〇一五年）六月二三日

川　端　　博

目 次

収録論稿初出一覧

①「刑法理論と市民感覚(1)・(2)」『現代刑事法』第二九号、第三二号（平13年・二〇〇一年）［第一部第三章］
②「弁護士倫理のあたらしい在り方について」『現代刑事法』第二三号（平13年・二〇〇一年）［第三部第五章］
③「刑法および刑法理論の発展(1)・(2)」『現代刑事法』第三七号、第四〇号（平14年・二〇〇二年）［第一部第一章］
④「刑法と刑事訴訟との関係(1)〜(3)」『現代刑事法』第四一号、第四三号、第四四号（平14年・二〇〇二年）［第一部第二章］
⑤『訴訟化社会と独立自治の精神――法律的思考法を身につける体験的法律入門――』川端博先生講演録（平14年・二〇〇二年）［第三部第一章］
⑥「刑法総論と刑法各論との関係」『現代刑事法』第四六号（平15年・二〇〇三年）［第一部第五章］
⑦「刑法理論の全体構造――結果的加重犯を素材にして――(1)・(2)」『現代刑事法』第四七号、第四九号（平15年・二〇〇三年）［第一部第四章］
⑧「不真正不作為犯論(1)・(2)」『現代刑事法』第五一号、第五四号（平15年・二〇〇三年）［第二部第一章］
⑨「生活の安全・保障と刑事法」『松山大学地域研究ジャーナル』第一三号（平15年・二〇〇三年）［第三部第二章］
⑩「因果関係論(1)・(2)」『現代刑事法』第六〇号、第六一号（平16年・二〇〇四年）［第二部第二章］
⑪「構成要件的事実の錯誤と過剰結果の併発(1)・(2)」『現代刑事法』第六二号、第六四号（平16年・二〇〇四年）［第二部第三章］
⑫「『緊急行為論』及び『共犯論』について〈特別講義『刑法』〉」『山梨学院ロージャーナル』第八号（平25年・二〇一三年）［第二部第四章］
⑬「刑法学の魅力と判例と立法と――刑法を楽しく学ぶために」、「今後の刑法学の展望」『松山大学地域研究ジャーナル』第二四号（平26年・二〇一四年）［第一部第七章］

第一部

刑法および刑法理論の全体像

第一章　刑法および刑法理論の発展

第一款　はじめに

今回は、近代日本の刑法と刑法理論の歴史と現状についての概略をお話しすることにします。まず、近代刑法の歴史を簡単にお話しした後に、刑法理論の発展についてその概要をお話ししていくことにします。

第二款　日本における刑法の歴史

一　現行刑法の制定まで

明治元年（一八六八年）に中国の律に範をとった仮刑律が定められ、同三年（一八七〇年）に新律綱領が制定され、同六年（一八七三年）の改定律令は新律綱領を修正し、ここに律令系刑法への復帰が見られました。しかし、明治一三年（一八八〇年）の刑法（明治一五年、一八八一年施行）は、西洋の近代刑法を継受致しました。これは、明治政府がパリ大学から招聘したボアソナードによって起章された草案（明治一〇年、一八七七年完成）を元老院の審査に付して修正をほどこしたうえ、明治一三年太政官布告三六号として公布されたものです。これは、フランス刑法、とくにナポレオン刑法典からの影響が強く、総則と各則とを区分し、罪刑法定主義を宣言し、犯罪を重罪、軽罪および違警罪に三分し、刑罰として、死刑、徒刑、流刑、懲役、禁獄（重罪の刑）、禁錮、罰金（軽罪の刑）、拘留、科料（違警罪の刑）の各種を含む主刑と、剝奪公権、停止公権、禁治産、監視、罰金、没収を含む附加刑とを規定していました。

その後、富国強兵策を強力に推進した明治政府は、法制の範をドイツ帝国に求めるようになり、ドイツ刑法の影響の下に制定されたのが、明治四〇年（一九〇七年）の刑法です（明治四一年、一九〇八年施行）。この刑法典が現行刑法です。この法典は、犯罪類型が包括的である点、および、法定刑の幅が非常に広い点に特徴があります。たとえば、旧刑法においては、殺人罪は、謀殺罪、故殺罪、毒殺罪、惨刻殺罪、便利殺罪、誘導殺罪、誤殺罪などに細分され、それぞれについて、死刑または無期徒刑が科せられていましたが、現行刑法は、殺人罪を一九九条だけに統合し、法定刑も「死刑又は無期若しくは三年以上の懲役」として、きわめて幅を広くしています。さらに、重罪、軽罪、違警罪の区分が廃止され、刑罰の種類が限定されています。

二　現行刑法の部分改正

この刑法典は、明治四一年（一九〇八年）の施行以来、時代状況に合わせて、何度も部分的に改正されてきています。重要なものとして、昭和二二年（一九四七年）の改正法は、新たに制定された日本国憲法の精神、とくに平等主義、人権尊重主義などの観点から刑法典の全般にわたって改正をおこなっています。たとえば、皇室に対する罪および妻の姦通罪に関する規定が削除され、公務員の職権濫用罪、暴行罪、脅迫罪の法定刑が加重され、刑の執行猶予を付すことのできる条件が緩和され、さらに、前科抹消の制度や名誉毀損罪における事実の証明に関する規定などが新設されています。昭和六二年（一九八七年）には、コンピュータ犯罪に対応するために、電磁的記録不正作出罪・不正電磁的記録供用罪、電子計算機業務妨害罪、電子計算機使用詐欺罪の規定が新設されました。また、平成一三年（二〇〇一年）には、支払用カード電磁的記録に関する罪の新設を内容とする刑法の一部改正がなされています。改正法において犯罪化された犯罪類型は、①クレジットカードなど代金又は料金の支払用のカードを構成する電磁的記録を不正に作成し、供用し、譲り渡し、貸し渡し、輸入し又は所持する行為、並びに②支払用カード電磁的記録の不正作出の用に供する目的で、その電磁的記録の情報を取得し、提供し、又は保管する行為及び器械又は原料を準備する行為です。また、同年には危険運転致死傷罪の新設等を含む刑法の一部改正もなされています。これらは、その時々の犯罪現象に対応するためのいわば「対症療法」的な改正であると評されています。

三　刑法の全面改正の動向

大正一〇年（一九二一年）に政府から刑法改正の可否と綱領について諮問を受けた臨時法制審議会は、大正一五年（一九二六年）に「刑法改正ノ綱領」を答申しました。昭和二年（一九二七年）に司法省に設置された刑法改正草案の起草委員会が、その「刑法改正ノ綱領」を基礎にして「刑法改正予備草案」を起草し、さらに刑法並監獄法改正調査委員会においてその「予備草案」が審議され、昭和一五年（一九四〇年）に「改正刑法仮案」として発表されましたが、第二次大戦が激化したため改正作業は中止されてしまったのです。

第二次大戦後、法務省は、全面改正作業にとりかかり、昭和三一年（一九五六年）には小野清一郎博士を座長とする「刑法改正準備会」を発足させました。刑法改正準備会は昭和三六年（一九六一年）に「改正刑法準備草案」を発表しましたが、同じ年に法務大臣から刑法の全面改正の可否と綱領を諮問された法制審議会は、「刑事法特別部会」を発足させ、同部会は「準備草案」を土台にして審議を進め、昭和四七年（一九七二年）に「法制審議会刑事法特別部会改正刑法草案」を公表しました。そして、法制審議会は、昭和四九年（一九七四年）に刑事法特別部会案を基礎にして作成された刑法草案を可決し、法務大臣に対して、現行「刑法に全面的改正を加える必要がある。改正の要項は当審議会の決定した改正刑法草案による。」という答申をしたのです。そして、その年の一二月に確定案は「法制審議会改正刑法草案」として公表されました。

改正刑法草案には、条文の表記を現代語に改めて読みやすくし、刑法学説の成果をかなり取り入れて理論的深化を図るなどすぐれた面もあります。しかしながら、その反面、構成要件の細分化と種々の犯罪の新設と旧来の犯罪の存置・重罰化の傾向があること、行刑に関する学問的成果をあまり考慮していないこと、などの欠陥も指摘されています。欠陥として指摘されている点をめぐって国民各層から改正反対の運動が起こったため、法務省は、昭和五一年（一九七六年）に政府案作成のためいわゆる「中間案」を発表して、反対運動において示された批判に答えていますが、必ずしも世論の賛同を得るに至ってはいない状況にあります。

先ほど、お話ししましたように、現行刑法は制定以来一度も大改正を受けていませんので、片仮名まじりの漢文調の法文のままであり、一般にはなじみにくい難解なものとなっていました。そこで、法務省において刑法典を現代語化する作業が推進され、平成七年（一九九五年）に「刑法の一部を改正する法律」が成立し、刑法典の現代語化が実現しました。わたくしは、刑法の「行為規範性」という立場から刑法理論を再構築しようと大いに努めていまして、その観点から、刑法典の現代語化は大いに歓迎すべきものであると考えています。

第三款　刑法理論の発展

一　主観主義（新派）・客観主義（旧派）の対立の止揚——新憲法の理念と構成要件理論の確立——

戦前から戦後にかけての刑法理論の状況を、「主観主義刑法学と客観主義刑法学との対立」という形で総括することができます。それから、戦後の一時期は、「目的的行為論との対決」という形で整理することが可能です。そして、現時点では、「人的不法論と物的不法論の対立」という形で議論が進行中であると、総括的にいえるでしょう。そこで、まず第一の観点からお話しすることにします。

日本の刑法学はドイツ刑法学の圧倒的な影響の下にあります。これは次のような事情があるからです。前に述べましたように、明治四一年（一九〇八年）に施行された現行刑法は、ドイツ刑法を模範にして作られましたので、ドイツ刑法学の影響を受けたわけですが、その傾向は現在でも続いています。法律学には「普遍」的側面があり、とくに近代化を急いでいた当時の日本においては、西欧世界において通用する原理・原則を日本に直輸入して定着させることが「近代化」のための手取り早い方法であったと考えられます。そのためには、ドイツ法学における緻密な理論体系が有力な武器になり得たといえます。ドイツ刑法学が圧倒的優位を保てた背景には、このような歴史的事情があるのです。

主観主義刑法学と客観主義刑法学がドイツにおいて一九世紀に非常に強力に展開されましたが、先に述べたような歴史的背景の下に、それがそのままの形で、わが国にも影響を及ぼしました。これが戦前までの刑法学での大きな対立点をなしていたのです。いいかえますと、刑法学において大きな流れとして二つの学派が強力な論陣を張って理論的に対峙していたわけです。ドイツにおいて、「規範主義」を基礎にして客観主義が展開されていましたが、「科学主義」の観点からリストが主観主義を提唱し、犯罪者の危険性という観点から刑法理論を考えていたわけです。ところが、リストのばあいには、なお客観主義の解釈理論を採っていましたので、徹底した形では主観主義は貫かれてはいなかったといえます。しかし、日本では牧野英一博士が、解釈論の次元においても、主観主義を徹底して理論構成をされました。つまり、ドイツにおけるよりも、もっと徹底した形の新派・主観主義の刑法（解釈）学が確立されたのです。このような徹底した主観主義刑法学に真っ向から対立したのが小野清一郎博士や瀧川幸辰博士などの立場です。小野理論は、構成要件理論をバックにして、全面的にこの主観主義を否定するという形で展開されてきて、それが戦後まで続いたのです。刑法学においては、解釈論が中核的地位を占めていまして、牧野陣営と小野陣営の対立は、解釈論のあらゆる部分に投影され、なかなか解消され得ないものとなっていたといえるでしょう。

しかし、このような厳しい対立も、戦後、アウヘーベン（止揚）の方向に向かって行きました。歴史的な観点から見ますと、この点については、旧憲法から新憲法に変わったという事実が決定的な意味をもっていると考えます。つまり、国家主義的憲法としての旧憲法が、戦後（敗戦後）、自由主義的・民主主義的憲法に変わり、各法領域においても民主化・自由化が推し進められましたので、それが刑法理論にも反映して行ったのです。刑法学においても、新憲法の理念から理論的再構築が必要であるという基本的な共通認識が生まれたといえるわけです。このような観点からしますと、個人の基本的人権を保障し、個人の自由を保障するためには、客観主義的な立場から刑法の適用を厳正にして行くべきであるとする考え方が妥当であるとされることになり、次第に大きな力を得たわけです。ここにおいて、現在、大きな意味をもっている構成要件の理論が確立されたことになります。日本では構成要件理論は、ほとんどの学者によって承認されており、構成要件がもっている「罪刑法定主義機能」が強調されています。そして、この「罪刑法定主義機能」こそが、まさしく人権保障に役立つとされているのです。

このように、構成要件理論を基礎とする客観主義的刑法理論が優勢となるにつれて、「主観主義の刑法理論は、行為者の危険性、行為者の主観的な内面だけを重視するものであるから妥当でない」と解されるようになりました。「主観主義刑法理論は、構成要件のもつ客観的枠組みを排斥してしまい、恣意的な判断を招き人権侵害をもたらしやすい主観的要素に重要な地位を与えるものであるから、もはや現行憲法の下では理論的に妥当でなく維持しがたい」という評価が定着したのです。戦後の刑法学において構成要件理論のもつ意味が飛躍的に高まってきましたので、主観主義刑法理論の側においても、この理論を承認して、新たに犯罪理論体系を再構成するようになったのです。

主観主義刑法学が、構成要件論を基礎にすることによって、従来の対立点の多くが止揚されることとなったといえるとおもいます。つまり、犯罪論の領域においては、主観主義が大幅な譲歩を示したといえるわけです。そこで、個々の犯罪論における解釈論上の論点については、大上段に振りかざした両陣営の対立は解消し、実体に即した緻密な理論的解明が目指されるようになったのです。しかし、逆に、刑罰論や刑事政策の領域においては、客観主義刑法学が主観主義刑法学の成果を取り入れ、両者の止揚が見られます。両者の止揚にとくに貢献されたのは、団藤重光博士と木村亀二博士です。

現在では、客観主義刑法学と主観主義刑法学の対立は、明確な形では出て来ません。個別的論点を理論的に究明するに当たって、その淵源に遡る際に、理念的に図式化がなされるにすぎません。しかし、その対立がもっていた歴史的意義は重要であり、けっして看過されるべきではないとおもいます。

二　目的的行為論との対決

「客観主義刑法学と主観主義刑法学の対立」が止揚された後に出て来た理論状況は、「目的的行為論との対決」という形で総括できます。目的的行為論は、ドイツで戦後、とくにヴェルツェルが強力に展開して、刑法解釈論のあらゆる部分にかなり結論の相違をもたらした刑法理論です。それを日本の従来の議論の中でどういう風に位置づけていくか、どういう形でこれを取り入れていくか、ということが、刑法学者の大きな関心事となって来たのです。目的的行為論は、従来の立場を「因果的」行為論にすぎないとして、きわめて挑発的な理論構成をして来ましたので、多くの学説はこれに何らかの形で対応しなければならない状況に追い込まれたといえます。それで、理論的「対決」という色彩が強まったと見ることができます。

目的的行為論は、「行為の目的性こそが行為の本質的な要素である」とする理論ですが、これは二つの意味をもっていたとわたくしは考えています。一つには「主観」面、すなわち「目的性」を重視するという点で「主観主義的な性格」が多分に見られることがあげられます。行為論の次元で「目的」性という主観的要素を強調するのは、従来の有意行為論の見地からは、責任要素に属すべき故意の「内容」を行為論において先取りすることとなって、あまりにも「主観」主義的であるとされるでしょう。しかし、これは、行為の契機として行為者の「主観」(目的性)を重視するという意味での主観主義であり、先に見た主観主義刑法理論とは異なることに注意する必要があります。

もう一つは、目的的行為論には「存在」論という強力な哲学的な基礎があったという点です。その存在論においては、行為論は「客観的に」存在する行為の実体に拘束されるべきであるとされ、いわゆる「存在の拘束性」が強調されています。このような「存在の拘束性」は客観的な観点からの議論ということができます。つまり、これは現実の行為の実体とは独立してたんに規範的観点からだけで行為を見ていけばよいとするものではなく、現実に客観的に存在する行為の実体をつかんでいくという点において、客観主義的な側面をもっていたといえます。わたくし自身は、ヴェルツェルの刑法理論は、従来の客観主義刑法学の範疇に属すると考えていますので、ここでその客観主義的側面を改めて指摘するまでもないとはおもいますが、しかし、主観主義刑法学者も客観主義刑法学者も、目的的行為論に非常に好意を寄せたことの理由を説明するためには、あえてこれに触れておく必要があるのです。日本の刑法学では、「そもそも行為とは何か」という形での抽象的な議論よりも、むしろ「具体的な解釈論上の結論にどういう違いをもたらすか」という点により大きな関心がもたれたといえます。そして、解釈論上の帰結を徹底した形で展開していく目的的行為論と、それを従来の議論から批判する反対説との対立という形で論議が展開していったのです。

しかし、その展開・定着の様相はドイツのばあいと異なっています。わが国では目的的行為論者の数は少なくて、その支持者はあまりいないというのが現状です。目的的行為論自体の評価に関しては、日本の通説によれば、「目的的行為論は、過失犯における行為性と不作為の行為性を論証できない点で妥当でない」とされています。つまり、目的的行為論を採りますと、過失には目的性がないから過失は行為ではないという結論にならざるを得ず、また、不作為犯における不作為も、「行為」をしないこととして把握しますので、やはり行為ではないことになってしまいます。これは、「犯罪は行為であり、過失も不作為も行為である」と解する通説の見地からは堪え難い結論です。それゆえ、目的的行為論に対しては否定的評価が圧倒的となっているのです。

三　人的不法論と物的不法論の対立

目的的行為論自体に対する評価は、一定の結論に到達しているわけですが、しかし、目的的行為論が与えた影響は、今なお強いのです。現在の日本の刑法学において論争されている問題は、目的的行為論によって、より明確にされた論点を従来の観点からどのように説明していくか、体系的にそれをどのように捉えていくか、ということに集中しているといっても、けっして過言ではないとおもいます。すなわち、まず、第一に「人的違法観」が別の角度から重要な意味をもってきたのです。「人的違法観」はヴェルツェルが強調してきたものです。従来、違法性の問題は、純客観的に見ていくべきであるとされてきたわけですけれども、目的的行為論は違法性論においても、主観的な面を考慮しないかぎり違法性は確定できないとの見解を展開しています。純粋に物的・客観的になされるべきであるとされてきた違法性の判断について、行為者の「主観」を考慮に入れる「人的違法観」を、今、どのように評価すべきかが問われているのです。

「人的違法観」についての問題は、さらに具体的には、目的的行為論が提示した故意・過失の犯罪論体系上の位置づけの問題として議論されます。目的的行為論は、これを行為の要素ないし構成要件要素として扱いますので、従来、責任要素とされてきたものが、一挙に構成要件要素、しかも違法要素でもあるという議論になってきましたから、この点についての態度決定は、切実な意味をもつに至っているのです。

「故意の体系的位置づけ」ないし「人的不法論の是非」をめぐって学説の対立が大きな問題となっていますが、この点に関して従来の主観主義・客観主義の争いが、別の形で現れていると見ることができるとおもいます。すなわち、この問題は、法規範論からの論拠づけを必要としますので、違法性論の次元における刑法規範の性格が問われることになり、かつて主観主義刑法学において主張されていた主観的違法性説との関連で新たな議論をしなければならないわけです。

現在、学界において違法性論に重大な関心が寄せられています。といいますのも、違法性論は、刑法理論上、非常に大きな拡がりをもっているからです。すなわち、違法性論は、違法行為が構成要件に定型化されているという意味で構成要件論と結び付き、責任との相互関係をどう解するかという点で責任論とも結び付くのです。従来、「客観的なものは違法性へ、主観的なものは責任へ」というテーゼ（命題）に即して、違法性と責任が関係づけられてきましたが、しかし、主観的違法要素の理論を経て「人的違法観」ないし「人的不法論」が優勢になってきますと、その関係の理解が従来の枠組では説明できなくなります。これは、違法性の本質論そのものでもありますが、さらに構成要件の理解にもはね返ってくることになります。このように、違法性論は犯罪論上、大きな拡がりをもっています。たとえば、未遂犯の処罰根拠の問題、不能犯の問題、そして共犯の処罰根拠の問題なども、結局は、「犯罪は法益侵害に尽きるのか、それとも法益侵害の態様にも意味があるのか」という違法性の本質論を考慮に入れなければ解決できないのです。「違法性の本質は行為無価値にあるのか結果無価値にあるのか」という形での議論は、つまるところ、違法性の実質は法益侵害の観点からだけで説明が付くのかどうかという問題にほかなりません。

行為無価値・結果無価値という概念を提唱したのは、目的的行為論の強力な推進者でありましたヴェルツェルです。彼は、従来の因果的行為論が違法性論において法益侵害説を採って、違法性の本質を法益侵害ないしその危険に求めたことを厳しく批判しました。目的的行為論によりますと、行為は、主観と客観の統合体であり、両者が入り混じってまさに不可分一体のものとして構成されていますので、違法「行為」の観点から違法性の本質を考えるばあいに、法益侵害ないしその危険という外形的な結果の側面だけを見ていくのは不当であるとされます。すなわち、行為者の目的意識に担われた「行為」の態様が重要性をもっているのであり、どのような意思で構成要件的結果を実現しようとしたのか、ということを考慮に入れなければ、違法性の実質・有無は判断できないとされます。このように、行為態様とか、行為者の動機とか、目的とかの主観的側面が重大な意味をもつことが主張され、法益侵害ないし危険という「結果」だけでなくて「行為」の側面をも重視すべきであるとする立場が「行為」無価値論として主張されるに至ったのです。行為無価値論によりますと、客観的に見てまったく同じ行為をしたとしても、行為者がどういう「意思」をもってそれをおこなったかということを考慮に入れなければ、それが違法かどうかは判断できないことになります。これに対して従来の法益侵害説は、法益の侵害ないしその危険という「結果」に違法性があると解しますので、「結果」無価値論と称されるわけです。

行為無価値論によりますと、ある行為が違法かどうかは、行為者の主観を考慮してはじめて定まることになりますので、純粋な客観的な要素、すなわち、「物的」要素だけでは判断できないこととなります。違法性は、「行為者に関係づけられたもの」であるという意味において「人的」違法観あるいは「人的」不法論の観点から把握されなければならないことになります。人的不法論は、いろいろな局面で新たな展開を見せています。たとえば、違法性判断における「行為時基準判断」、すなわち、「事前判断」の重要性が指摘されるに至っているのです。

違法性判断における行為時基準判断あるいは事前判断とは、違法性の有無について「行為時」を基準にして判断することを意味します。これに対して、事後判断とは、「裁判時」に明らかになった事実を基準にして判断することをいいます。

従来、違法性の存否は、事後的観点から判断されるべきであると解され、疑問の余地がないと見られてきました。すなわち、「違法性について決定的なものは、その行為が現実にどのような行為であったか、とくにそれが現実に惹起しあるいは惹起するおそれのある法益の侵害、結果ですから、裁判官は違法性の判断については、公判審理の結果、明らかになったところに従って判断すべきであって、自ら行為の当時にいあわせたと仮定してどのような判断に到達したであろうかによるべきではない」とされます。このような見解の前提にありますのは、客観的違法性説の考え方であり、より正確にいいますと、違法性を純粋に「客観的な」評価規範違反と解する考え方にほかなりません。すなわち、違法性という価値判断は、「客観的な」ものでなければならず、「客観的に」存在したすべての事実を基礎にしてなされなければならないと解されたのです。そこで、裁判官は、審理の結果、明らかとなった「客観的事実」をふまえて違法性の存否を決定すべきであって、「行為時」の事実に限定して判断するのは、違法性判断の「客観性」をそこなうものとされたといえます。ここに見られる思考は、違法性は「行為者」の事情を離れて、あくまでも客観的に厳然として存在する事実に即して判断されるべきであるとする「即物的」考察方法を基礎にしています。

ところが、「行為者」の事情こそが違法性の存否にとって重要であるとする立場に立ちますと、事態は一変します。

すなわち、行為無価値論・人的不法論の見地からは、違法性判断の基礎となるべき事実の「客観性」の原理は必ずしも自明のものではなく、むしろ行為時における状況が違法性判断に重大な影響を及ぼすと見るべきであることになります。つまり、行為者の主観を重視しますと、「行為」をおこなう者（行為者）の主観は、まさしく「行為」時におけるものですから、その主観が違法性の存否に影響を及ぼすことになり、行為時を基準にしてはじめて違法性の判断は正確になされることになります。

このような「違法性判断」の基準時の「逆転」をもたらしたのは、行為無価値一元論（一元的人的不法論）の論理的徹底性であったといえるとおもいます。行為者の主観だけが不法にとって重要であるとしますと、その主観の「存在時」を問題にすべきことになり、「行為時」がきわめて重要な意味をもつことになります。たしかに、一元的人的不法論の見地から、事前判断の正当性を主張することは容易です。しかし、問題は、事前判断はこの見地からしかみとめられないものなのかどうか、という点にあります。この点について、わたくしは、二元的人的不法論の立場からも、違法性の事前判断の正当性を論証できると考えています。二元的人的不法論の見地から、事前判断の正当性を、わたくしは、次のように論拠づけています。刑法規範は究極的には「行為」規範として作用すべきであると考えます。たしかに、違法性の次元において、刑法は「評価」規範的機能をもっていますが、しかし、その評価は、「行為」に対する評価を意味するのです。ある「行為」が、外形上、「法益侵害」の結果を生じさせていても、実質的にも「許されない法益侵害」といえるかどうかの判断が必要とされなければなりません。そのような「違法評価」は行為者の「主観」を抜きにしては考えられないのです。具体的状況下における「行為」に対する「無価値」判断が違法性ですが、一般人に対してこの「評価」を提示するのは、刑法が一般人を名宛人とする「行為規範」であるからなのです。

このように、違法性判断においても、一般人を対象とする「行為」規範という性格が重要な意味をもちますので、行為時における行為者の「主観」を重視すべきことになります。この点において、「人的」不法論の特徴が明確に現れるのです。ただし、ここにおいては、「一般人」の見地が介入してきますので、純粋に「行為者」だけの「主観」を問題にしているわけではないことに注意する必要があります。「一般人」の見地を導入することによって、違法性判断の「客観性」は維持されているといえます。このようにして、違法性の存否は、行為「時」を基準にして判断されなければならないことになります。

従来、疑問の余地がないと考えられてきた「事後判断」の正当性も、人的不法論の見地から反省を迫られ、動揺を余儀なくされています。今後、この問題は、さらに論議されることになるとおもわれます。

四　刑法の機能の理解をめぐって――社会倫理主義と法益保護主義――

現在、刑法の「機能」の理解に関して基本的な対立があります。社会倫理主義は、刑法の機能を法益保護による社会倫理の維持に求め、犯罪の本質は社会倫理規範違反であると理解します。その代表的な主張者は、団藤重光博士、大塚仁博士や福田平博士などです。法益保護主義は、刑法の機能を法益の保護に求め、犯罪の本質は法益の侵害・危険であると理解します。その代表的な主張者は、平野龍一博士です。この対立は、古典学派と近代学派との対立とは直接的な関係をもちませんが、社会倫理主義は応報刑主義に立脚する後期古典学派に由来するのに対し、法益保護主義は、前期古典学派に由来するものとされています。

社会倫理主義と法益保護主義との対立について、わたくしは次のように解しています。すなわち、刑法は、法益保護をとおして究極において社会秩序を維持することを目的としているのであって、社会倫理秩序の維持を直接的な目的としてはいません。したがって、法益を侵害し、またはその危険を生じさせる行為でないかぎり、たとえ社会倫理規範に違反する行為であっても、刑法上の違法行為とはならないのです。このように、刑法の第一次的目的は法益保護にありますが、しかし、その法益保護機能が、副次的に社会倫理維持の機能を事実上、果たしていることを無視することはできません。社会生活上、重要な法益侵害行為は倫理的にも不当とされることが多いのですが、社会倫理の維持は、刑法の第一次的「目的」ではないとされるにすぎません。

社会倫理主義と法益保護主義との対立は、違法性の本質の捉え方に投影されます。

従来、「行為無価値論・人的不法論は刑法の倫理化をもたらし、結果無価値論・物的不法論は刑法の没倫理化をもたらす」と図式的に説明されてきました。しかし、最近では、この図式を否定する立場が通説となっています。たしかに、行為無価値論を提唱したヴェルツェルは、違法性論において刑法の倫理化を強調しました。これは厳然たる事実です。しかし、これは、ヴェルツェルが刑法と倫理との関係について、刑法は倫理を維持する任務をもっていると解したという歴史的偶然に由来するものです。刑法の任務を法益の保全（価値秩序の保全）に限定することは、行為無価値論の見地からも主張できます。逆に、結果無価値論を採ったうえで、刑法の倫理化を主張することもできます。不法論と刑法の倫理化についてのこの結び付きは論者の立場によって異なり得るものであって、必然的なものではありません。これは、倫理責任における「動機主義」と「結果主義」の対立の投影であって、けっして行為無価値論と結果無価値論との対立に由来する「実質的違法性」をめぐる固有の問題ではないのです。わが国の行為無価値論・人的不法論は、法益侵害の側面をも考慮に入れていますから、刑法の倫理化を強調するものであると一方的に決めつけてはならないでしょう。

五　責任の基礎をめぐって――非決定論と決定論――

非決定論とは、人間の意思は因果の法則に支配されることなく新たに因果の系列を開始できるとする立場をいいます。これは「意思自由論」・「自由意思論」とも称されます。これに対して決定論とは、人間の意思は因果の法則に支配されているとする立場をいいます。これは「意思決定論」とも称されます。責任の基礎づけに関して、後期古典学派は、非決定論を基礎として、自由な意思に基づいて適法行為をおこなうことができたにもかかわらず、あえて違法行為に出た点に「責任」の根拠を求めます。これに対して、近代学派は、素質と環境によって決定された人間の必然的行為である犯罪行為は行為者の「社会的危険性」を徴表するものであり、そのような社会的危険性を有する者が社会から防衛処分を受けるべき地位こそ「責任」にほかならないと解するのです。現在、非決定論は、「相対的意思自由論」として主張されており、人間の意思は素質と環境によって制約されながらも、みずから自由に決定する能力を有するとされています。これに対して、決定論は、「やわらかな決定論」として主張されており、人間の意思は因果法則によって支配されますが、意味または価値によって決定される可能性をもっており、その可能性こそが意思の自由にほかならないとされています。

人間は素質と環境の制約の下に行動しているのですから、「絶対的」自由意思論は妥当ではないとおもいます。人間は、素質と環境に決定されながらも、理性をそなえた存在として因果的な決定要因を目的・価値の追求に向けて主体的に統制することができると解されますから、決定論も妥当ではありません。「相対的」自由意思論の立場が妥当であるとわたくしは考えています。

ところが、この立場に対しては、その主張する「主体性」ないし「自由意思」の存在は証明できないとの批判が加えられています。しかし、このような批判に対して、相対的意思自由論の側からは、次のような反論がなされているのです。すなわち、人間は、決定されながらみずから決定しているという「自由の意識」をもっており、この「自由の意識」の下に自己の行動に対する責任を自覚するからこそ、社会秩序が保たれているのです。非決定論は、たしかに、自然科学的な意味での完全な実証性をもっていませんが、しかし、一般の確信に基づいている分だけ、決定論よりも科学性を備えているといえます。この反論は妥当であるとおもいます。このようにして、責任は、「人間は素質と環境とによって決定されながらも、主体的に自己を決定する自由意思を有する」と解する相対的意思自由論を基礎にして理解されるべきであるとおもいます。

相対的意思自由論を前提にしたうえで、刑事責任の構造について考えてみることにしましょう。責任の本質の捉え方として、かつて心理的責任論が有力でした。これは、法的責任の内容として、故意・過失の心理状態、とくに認識的側面に決定的意味をもたせる立場です。たしかに、故意・過失に心理的要素が存在することは否定できませんが、しかし、「法」的責任の観点からしますと、故意・過失の「規範的」側面の方が重要なのです。責任を基礎づけるものは、単なる事実としての心理現象ではなくて、あくまでも「規範」との関連で意味をもつ事態でなければなりません。この観点から主張されたのが規範的責任論であり、わたくしもこの立場に立っています。

規範的責任論が通説的見解となっていますが、伝統的故意・過失概念を前提にしたうえで、心理的責任論の再生を試みる見解も主張されています。これは、物的不法論を徹底させて、主観的要素をすべて責任論の次元に属させることによって、行為者の人権・自由をより保護するという実践的な目的をもって主張されている見解です。つまり、事実的故意を構成要件ないし違法性の次元で論じますと、刑法の適用論・認定論の見地から不都合が生ずるとして、これを責任論に属させようとするのです。

しかし、そのような不都合は、不当な前提をみとめることによって生じた結論にすぎません。すなわち、事実的故意を構成要件ないし違法性の要素とするか、それとも責任の要素とするかによって、行為者の人権・自由の保障の程度に違いは生じないのです。わたくしは、規範的責任論の見地から、故意・過失の心理的事実ではなくて、行為者がもっている「法敵対性」の程度の問題として捉え直すべきであると考えています。すなわち、わたくしは、責任の実質を端的に示すものとして「法敵対性」の観念の再評価を提唱しているのです。この見地からは、故意行為は、事実的故意をもって、あえて違法行為に出たことによって「法敵対性」の程度が高いので、その分だけ過失行為よりも重い規範的責任としての社会的「非難」を加えられることになるのです。このようにして、かつてメッツガーが制限的「故意」説を基礎づけるために主張した「法敵対性」の観念は、人的不法論の見地から規範的「責任」そのものを基礎づけるものとして捉え直すべきであるとわたくしは考えているわけです。

六　中止未遂の法的性格をめぐって——二元的人的不法論からの基礎づけ——

未遂犯の処罰根拠論、つまり、「なぜ未遂犯が処罰されるのか」、あるいは「不能犯はなぜ処罰されないのか」という根本の問題が、日本の刑法学において、近時、改めて大きくクローズ・アップされてきています。これは、「不法論の未遂犯論への投影」といえますので、先ほどのお話しを類推していけば、容易に理解していただけるとおもいます。したがって、ここでは、この問題には触れずに、中止未遂の問題を見ていくことにします。

中止未遂の法的性格をめぐって古くから争いがあります。そして今、また新たに論争の的となっています。その理由はどこにあるのでしょうか？

中止未遂は、行為者が「自己の意思」によって犯行をやめることをいいますが、刑が必ず減軽または免除されることになっています（刑法四三条ただし書き）。行為者の意思とかかわりなく結果が発生しない障害未遂のばあい、その刑は任意的減軽にとどまります（四三条本文）。中止未遂は、みずからの意思によって犯行をやめて結果を発生させないのですから、障害未遂よりも寛大に扱われるのは当然でしょう。問題は、「中止未遂を優遇する根拠を刑法理論上、どのように説明するのか」ということであり、それは、「中止未遂の法的性格をどのように解するのか」という問題に還元されます。

中止未遂における「自己の意思」を、犯罪論体系上、どこに位置づけ、その内容をどのように解するのか、ということが、問題の核心をなしており、さらにこれが要件論に影響を及ぼします。成立要件として中止行為と中止の任意性があります。問題の根源は、①「客観的なものは違法性へ、主観的なものは責任へ」というテーゼと、②「違法性は連帯的に、責任は個別的に」というテーゼを厳格に維持すべきと考えるか否かという理論的対立にあると、わたくしは考えています。この二つのテーゼを貫徹しますと、中止未遂における「自己の意思」という「主観的」要素は、責任要素とされ、その観点から要件論を吟味していけばよいことになります。しかし、最近では、この二つのテーゼには疑問が提起されています。わたくし自身、その疑問を提起している者の一人です。

学説の状況については、ここでは概略を述べるにとどめておくことにします。従来の通説が、中止未遂の法的性格を「責任減少」事由と解してきたのは、根底において、二つのテーゼを当然視してきたからです。しかし、未遂犯における故意を主観的違法要素と解する立場に立ちますと、「自己の意思」による中止行為は「故意の放棄」ですから、その点では違法性の減少がみとめられ得ることになります。主観的違法性要素としての故意が放棄された限度において違法性の減少が肯定され得るとしても、それはあくまでもその限度においていえることであり、中止行為に「任意性」が要求される根拠は説明できません。つまり、任意性の有無は、故意の放棄それ自体に決定的な差を生じさせないのです。にもかかわらず、任意性を要求するのであれば、政策的理由をもち出さざるを得ないでしょう。違法性減少説が刑事政策説を援用せざるを得ない理論上の理由は、まさしくここにあるといえます。

そこで、違法性の減少をみとめつつ、なお任意性の要件を合理的に説明しようとする見解は、責任減少説との併用を説くことになります。この点につき種々の見解が主張されていますが、わたくしの見解を述べておくにとどめておきます。中止未遂のばあい、ひとたび違反した法規範にふたたび合致しようとする行為者の態度の中に、「法敵対性」の減少がみとめられ、その分だけ責任非難の減少がみとめられるのです。その際、「任意に」なされた中止行為があって初めて責任非難は減少することに注意しなければなりません。任意性は、「法的責任の減少」という観点から考えますと、悔悟などの倫理的要素を必要とせず、自発性を意味すると解すべきです。実行未遂（終了未遂）においては中止行為の真摯性が一般に要求されていますが、これは「自発性」の発現態様と解されるべきであるとおもいます。

従来、中止未遂の違法性減少をみとめるのは、②のテーゼに違反すると批判されてきましたが、しかし、現在では、二元的人的不法論の見地から、共犯における「違法性の相対性」を肯定する立場が有力になっているため、②のテーゼ自体に重大な疑問が投げかけられているのです。今後、この観点からさらに議論が深化される必要があるといえます。

七　不能犯の理解をめぐって――絶対不能・相対不能説と具体的危険説との対立と不法論――

犯罪の実行に着手した外観は呈しますが、行為の性質上構成要件の内容を実現する可能性（危険性）がないばあい、不能犯として不可罰とされます。その危険性の判断をめぐって絶対（的）不能・相対（的）不能説と具体的危険説が対立しています。

絶対（的）不能・相対（的）不能説（古い客観説）は、客観主義を基礎としており、客体および手段に抽象的・客観的危険が絶対にないばあい（絶対的不能）を不能犯とし、相対的にないばあい（相対的不能）を未遂犯とする立場です。この説の特徴は、なされた行為を事後的に観察し、行為者の主観をまったく排除して、もっぱら行為の客体または手段の性質だけから、結果発生の可能性を判定しようとする点にあります。しかし、何が絶対的か相対的かは、不明確であるとして、一般に否定されてきましたが、判例はこの立場を固守してきたとされています。最近、下級審の判例においては、この立場を捨てて具体的危険説の立場に立つものがいくつかあります。学説上は、物的不法論を徹底する立場から、この説は再評価されています。すなわち、物的不法論の観点からは、行為者の主観を排除して事後的判断を加えたうえで、科学法則から見て法益侵害の危険のない行為を処罰すべきではありませんから、本説が妥当であるとされるわけです。

具体的危険説（新しい客観説）は、客観主義の見地から主張され、行為当時に行為者が認識した事情および一般人にとって予見可能な事情を危険の判断の基礎とし、そのような事情の下に行為がなされたならば、一般人の見地において結果発生の可能性があるばあいは未遂、その可能性がないばあいは不能犯とする学説で、通説となっています。行為者の予見を考慮しますが、行為後の事情を除外し、一般人の危険感を基準とする点で、古い客観説と対照をなしています。

元来、未遂犯は、通常、侵害犯である既遂犯を具体的危険犯としたものと解すべきですから、危険性の判断は、具体的事実関係に即してなされるべきであり、事前において一般人の予見可能な事情および行為者が知っていた事情を考慮しなければ、危険の存否を真に判断することはできないはずです。人的不法論の見地からは、未遂犯における危険概念を正しく理解している具体的危険説が妥当であるとおもいます。

八　共犯論

現在、共犯現象の理論的基礎づけをめぐって、議論が盛んになっていますが、これも不法論・違法性論の投影という色彩が濃いのです。従来、「違法性は連帯的に作用し、責任は個別的に作用する」というテーゼがほぼ無条件に承認されてきましたが、「人的」不法の観点からは、このテーゼにも疑問が出てきます。違法性に「人的」側面があるとすれば、違法性も「個別的に」作用することがあることになります。このようにして、共犯論の基礎も不法論の見地から動揺を余儀なくされているのです。

共犯には、広義の共犯と狭義の共犯とがあります。広義の共犯は、共同正犯を含みますが、狭義の共犯は教唆犯と幇助犯とから成ります。幇助犯は、条文上は従犯と規定されています。共同正犯、教唆犯および幇助犯が共犯の三つの種類です。わが国の刑法は共同正犯と教唆犯と幇助犯という三つの形態を法文上、みとめていますから、たとえば、オーストリア刑法のような統一的正犯概念を否定していることになります。統一的正犯概念は、この三つの種類をみとめないで、これらを全部正犯として処罰する立法形式をいいます。わが国の刑法は、統一的正犯概念を否定して、それぞれ別個の犯罪類型として規定しているわけです。

日本人の法意識を基礎にしてこういう形で規定されているわけですが、重要なのは、共同「正犯」は「正犯」の一種であるという点です。狭義の共犯は、正犯に加担する者、あるいは正犯の行為に関与・加担する者として、正犯と対置されています。これは、狭義の共犯の観念から形式上明らかです。実質的な差は、両者の罪質が違う点にあります。正犯と狭義の共犯とは、罪質が違うという捉え方が前提になっています。つまり、犯罪としては正犯の方が質的に重いという前提の下に法体系が作られているのです。

共犯の本質に関する犯罪共同説と行為共同説の対立は、共同正犯ばかりでなく狭義の共犯にも影響を及ぼします。

とくに「罪名の従属性」に関して大きな差が生じてきます。共同正犯は、「何か」を「共同して」実行し犯罪を実現するという現象です。「何を」共同するのかをめぐって見解が分かれます。これは「犯罪」を共同するものであるという捉え方をするのか、そうではなくて「行為」を共同していればいいという観点から「一部実行の全部責任」が基礎づけられるのだという捉え方をするかどうかという論争です。

この点について、従来の判例・通説は、犯罪共同説の立場に立っていました。最近、判例はかなり変わってきていますが、犯罪共同説がなお通説であるといえます。これは非常に常識的で分かりやすい考え方です。たとえば、AとBが犯罪を共同しておこなうばあい、「特定の犯罪」を一緒に実現しようという形で意思の連絡をして、お互いに協力し合ってその「特定の犯罪」を実現していると捉えるのが、おそらく一般の考えでしょう。これは、一個の犯罪をお互いに実現しようとする意思を基礎にして共同してこれを実現したことを意味します。「犯罪」共同説は、端的にいいますと、複数の者が「一個の犯罪」を実現する形態を共同正犯として捉える考え方です。それを標語的にいえば、「数人で一罪を実現する」という捉え方です。いわゆる「数人一罪」ということになります。先ほどの例に即していいますと、A・Bが殺人罪という一個の犯罪を一緒になって実現したと捉えるわけです。

複数の者が一個の犯罪を実現するという捉え方は、犯罪が共通のものとして一個あるばあいには理解しやすいのですが、これが違う場面では説明が難しくなってきます。たとえば、Aは「Cを殺す意思」でBは「Cにけがを負わせる意思」で、一緒になってナイフでCを刺すという行為に出たばあい、犯罪共同説の考え方を厳格に適用しますと、「一個の犯罪」を実現しようとすることが、意思の連絡としての共同意思であると解さざるを得ず、殺人罪と傷害罪は別個の「複数の犯罪」ですので犯罪は二個あるわけですから、これについては、本来、一罪としての共同関係があり得ないことになります。そうしますと、共同正犯はみとめられないという結論に到達します。厳格に犯罪共同説の考え方を貫いていきますと、そういうことになるはずです。しかし、これは不都合な結果をもたらします。

すなわち、AとBが、こもごもCを何回か刺したが、どの行為によるかは判明しないけれども、Cが死亡したというばあいには、共同正犯ではなくて、殺人罪と傷害罪の同時犯という結論になります。Cの死亡という結果は生じたけれども、A・Bのうちの誰が生じさせたか分からないわけですから、Aについては殺人未遂罪が成立し、Bについては本来なら傷害致死罪になるはずですが、その未遂形態ですので、傷害罪が成立することになります。現実にお互いに共同して刺した行為でありながら、結果は殺人未遂罪と傷害罪になるのはおかしいのではないでしょうか？これは本来の同時犯とは違うはずです。なぜならば、同時犯は複数の行為者がまったく無関係にそれぞれの行為に出て一定の結果を生じさせたばあいを問題にするのに対して、このばあいのAとBは、少なくともCを刺すことは共同しておこなっているからです。一緒に刺す行為をおこなっているにもかかわらず、殺人未遂罪と傷害罪にとどまるということになりますと、これは一般の法意識に適合しないことになります。

そこで、犯罪共同説の中で修正説が出てきます。部分的犯罪共同説という考え方がそうであり、現在では、これが、犯罪共同説における多数説です。これは、AとBの意思が共通する範囲内で、いいかえますと、それが「重なり合う」範囲内で共同正犯の成立をみとめる見解です。殺人と傷害においては、刺す行為は、少なくともけがをさせる、傷つけるという点では重なり合っているわけです。したがって、この点について共同正犯をみとめます。つまり、傷害の限度で共同正犯の成立を肯定するわけです。この見解によれば、Bは傷害の故意に基づいてCを死亡させたのですから、これは傷害致死罪を構成することになります。つまり、傷害の限度で共同正犯になりますから、それに基づいて生じた死亡の結果については、共同正犯として死亡の部分も「一部実行の全部責任」の効果として罪責を追及され、傷害致死罪が成立することになります。

いまのケースは行為共同説のように捉える方がすっきりするとおもいます。行為共同説は、構成要件的な犯罪行為を一緒におこなおうとする意思に基づく共同行為があれば、それで共同正犯の成立をみとめていいし、またみとめるべきであるという捉え方をします。行為共同説によれば、このばあいは人を刺す行為という犯罪的な構成要件的な行為を一緒におこなうという意思の合意はできています。こういう事態は少ないと考える人もいるかもしれませんが、けっしてそうではありません。現実の犯罪ではそういうケースもかなり出てきます。たとえば、AはCを殺す意思を隠しておいて、少なくとも刺す行為についてはBと一緒にやろうじゃないかと話をもちかけてBとの共同行為に出たばあい、BとしてはAは「傷害の故意」をもっていると考えていたら、実は「殺意」があったわけですから、部分的犯罪共同説によれば「錯誤の問題」になります。これを錯誤の問題ではなくて、「共同正犯の成立の問題」として考えるべきであるとするのが、行為共同説なのです。すなわち、一緒になって構成要件的行為をおこなえば、それによって生じた結果については共同正犯としての罪責を負うべきですが、しかし、行為を共同した限度で共同正犯となるわけですから、共同正犯者の各人の意思に応じて、その結果の帰責をみとめるべきなのです。そうしますと、Bは傷害の故意でもってCを死亡させているわけですから、傷害致死罪の罪責を負います。共同正犯が成立していますから、この点については問題はありません。問題はAです。Aは、殺人の意思でもって刺す行為をBと共同しておこない、それによって結果を発生させていますから、発生した結果についても責任を負うべきであることになります。そのばあいには、Aの意思に応じた結果の罪責が問われますので、殺人罪の既遂罪が成立します。このように、端的に犯罪的な行為の共同を考えていけば足り、また、そうでなければならないという考え方は、複数の者がそれぞれの犯罪を実現するために一個の行為を共同しておこなっているという意味で、いわゆる

「数人数罪」として特徴づけられています。すなわち、複数の者が複数の犯罪を実現して、それぞれの意思に見合うだけの結果についての罪責を負うことになります。これが最近の判例が採っている立場です。わたくしもこの立場に立っています。

行為共同説によりますと、共同すべき「行為」は故意行為に限られません。意思活動としての行為が構成要件的行為であることを必要とし、それで足りるわけですから、これは過失行為をも含みます。したがって、行為共同説の見地においては、過失の共同正犯も理論的にみとめることが可能になります。過失の共同正犯については最高裁の判例が早くからこれをみとめています。このように、行為共同説を採れば、過失犯の共同正犯を理論的に簡単にみとめることができるのです。

共謀共同正犯という観念をみとめれば、直接、自ら手を下していない黒幕的存在についても共同正犯としての罪責を追及することができます。共謀共同正犯の観念を否定すれば、直接、手を下していない者は、「実行行為」をおこなった者に背後から関与したにすぎず、犯罪行為をおこなわせたという観点から、教唆犯にすぎないことになります。

かつての通説は、共謀共同正犯を否定しました。つまり、六〇条が規定している「二人以上共同して犯罪を実行した」ばあいが共同正犯である以上、背後にいて自らは犯罪の「実行行為」をおこなわなかった者は正犯とはなり得ず、せいぜい教唆犯となるにすぎないと解したのです。六一条は教唆犯について「人を教唆して犯罪を実行させた者には、正犯の刑を科する」と規定しており、犯罪としては教唆犯が成立し、刑は正犯と同じ刑を科するという扱いをしていますから、共謀者については正犯の成立をみとめなくても、教唆犯として正犯の刑を科することができる以上、それでいいのではないかと主張していたわけです。これは、個人責任の原則から、「実行行為」を共同していない以上は共同正犯として処罰すべきではないのであって、共同正犯の成立をみとめるのは個人責任の原則に違反するという批判的な主張をしきたわけです。

ところが、判例は頑としてこの主張を受け入れませんでした。このばあいには、直接自らは手を下していないけれども、背後にいて犯罪の集団を作り出して、実質的にはそれを支配している者は、黒幕となって一定の犯罪を実現している以上、むしろ実質的に見れば、その者の罪質が重いと解されるのです。外部にいて、ただ正犯者をそそのかしたばあいとは違って、その人が中心になって全体の犯罪をおこなっているではないか、その一部の者が手下となってその一部を実行しているにすぎないではないかと考えられるわけです。そうだとすれば、その背後者は発生した結果全部について正犯としての罪責を負うべきではないかという結論が導かれます。先に述べましたように、正犯のほうが教唆犯よりも「罪質」としては重いので、背後者を単なる教唆犯として捉えるのではなくて、正犯そのものとして捉えてこれを処罰すべきであるとするのが、一般の「法意識」に合致すると主張されてきたのです。これが、共謀共同正犯論にほかなりません。

共謀の主体となって、共謀関係の状況を作り出した者は、共謀しただけにとどまって自分自身は実行行為に出なくても、正犯者としての罪責を負うべきであるとするのが共謀共同正犯論です。かつて通説はこれを否定していたのですが、最近では、学説の多くもこれを肯定するに至っています。わたくしも、共謀共同正犯は犯罪の実質の観点から見ますと、正犯者としての罪責追及をするのが実態に適合しますから、これを肯定すべきであると考えています。

共謀共同正犯の観念をみとめるにしても、それを理論的にどのように根拠づけるのかが重要な問題となります。つまり、共謀共同正犯の基礎づけの問題です。この点について、わたくしは、最高裁の練馬事件判決（最大判昭33・

5・28刑集一二巻八号一七一八頁）で示された間接正犯類似説という考え方を支持しています。それも行為共同説を前提にして、間接正犯に類似するものとしてこれを基礎づけるべきであると考えているわけです。

現在、大いに問題になっていますのは、「共犯の処罰根拠論」です。とくに因果的共犯論の観点から、共犯が処罰される根拠をどのように説明していくかが論争点になっています。とくに物的不法論を採ったばあいに、結果発生の因果関係の証明について、厳しい議論があるわけです。その立証・論証はきわめて難しいわけで、わたくしは、因果的共犯論を採るにしても、厳密に個別的な因果関係の証明・立証を要求することはできないであろうと考えています。つまり、違法行為を惹起させた限度で因果関係をみとめれば足りるというのが、人的不法論からの帰結であると解しているわけです。

第四款　おわりに

解釈論・立法論の動向を大雑把に見ましたが、最後に判例との関係についても触れておきたいとおもいます。日本においては、最高裁の判例がいろいろ理論的な問題点について、近時、積極的に判断をすることが多くなっていますので、その点をめぐって学界において賛否両論が展開され、理論的に深化されていく傾向があります。たんに判例に追随するだけの研究者もいないわけではありませんが、判例の見解を批判的に検討して理論的深化のために精励している研究者の方が多いのです。わが国の刑法理論は、これからも、どんどんいろんな対立点をかかえながら、いろいろ新たな角度から判例に理論的検討を加えてさらに発展していくであろうとおもいます。

さらに、比較法的研究も盛んにおこなわれるはずです。これまでも欧米の刑法理論の摂取がなされてきましたが、これからもそれは継続されていくとおもいます。比較法的研究をおこなうに当たって、欧米の法理論だけでなく、中華人民共和国、中華民国や大韓民国をはじめとするアジア諸国の学問状況や立法状況、それから国民性との関連で比較検討がなされる必要があります。アジア諸国においては「東洋思想」の下で国民生活が営まれているわけであり、西洋思想との対比において東洋思想の特徴を明らかにしていくべきだとおもいます。その観点からも、お互いに法制度・法理論を学びあう必要があり、そのことをとおして日本刑法学としても得るものが多いとおもいます。

第二章　刑法と刑事訴訟法との関係

第一款　はじめに

今回は、「刑法と刑事訴訟法との関係」について、お話しすることにします。刑法と刑事訴訟法との関係といいますと、すぐに「刑法と刑事訴訟法の交錯」というタイトルが思い浮かびます。これは恩師である団藤重光先生の名著のタイトルです。標題としてそれを拝借したかったのですが、畏れ多いことですので遠慮いたしました。

司法試験論文式試験において刑事訴訟法と民事訴訟法が必修科目になっていますが、実務家のための試験としては必要なこととおもいます。最近は刑事法学も分化が進んでおり、たとえば刑法だけ、しかもその中の限られた領域だけを研究するというケースが多いのですが、両法を学ばなければ、刑事法学の本質は理解できないのではないかと考えられます。そこで、本講義では刑事訴訟法についてもある程度の知識をもってほしいとの観点から、その概略と勉強法を述べてみることにします。

訴訟法は実務の当然の大前提になっていますから、基本的な訴訟法の知識がなければ、すぐに実務にはつけないわけです。このような実践的・実務的な観点から、訴訟法的な知識は当然もっているべきなのですが、現在の大学における法学教育においては、訴訟法は選択必修科目または自由選択科目とされています。したがって、必修科目としての刑法は学ぶけれども、刑事訴訟法はまったく履修しない学生も多いのです。

「実体法」としての刑法と「手続法」としての刑事訴訟法がどういう性質のものか、そしてその関係はどのようになっているのか、を明らかにしておく必要があります。

第二款　刑法と刑事訴訟法の基本的な性格

刑法と刑事訴訟法の基本的な性格については、ある程度知っているとおもいます。しかし、もっと根本的に考えてみたばあいに、果たしてそれを正確に押さえているか、といいますと、必ずしもそうではないと考えられます。

一　実体法としての刑法の意味

刑法は、「犯罪と刑罰」という「実体」に関する法律であるという意味で「実体」法といわれます。この実体（サブスタンス）が何を意味するのか、を訴訟法との関連ではつねに意識しておかなければなりません。犯罪と刑罰が刑法の中身を成していることは当然のことですが、犯罪のどの部分をどういう観点から把握していくのかが、ここでの問題です。ここでは犯罪行為の法的意味、当罰性の基礎、可罰性の有無を問題にしているわけですが、これは、じつは大きな問題点をいろいろ含んでいるのです。歴史的・社会的な背景なども含めて考察しなければなりません。それから、哲学的な観点からの議論も必要とされますが、本講義の性格上、ここでは省略させていただきます。

1　犯罪行為の法的意味の明確化

犯罪行為の法的意味を明らかにするところに刑法の実体法としての大きな特徴があります。ここで議論するのは、一定の「法律要件」としての犯罪行為であり、あくまでもその要件が現実に「証明」されて存在しているということが前提になります。初学者にはこの点がよく分からないようです。犯罪の成立要件について議論している場面において、「それは証明されなければ分からないではないか」という人が少なくありません。このような誤解は、実体法を取り違えていることに由来します。たとえば、故意の要件として認識的要素と意思的要素があることを刑法解釈論として主張したばあいに、「そんなことは証明できないではないか」、「そんなのはあるかないか分からないではないか」という批判をする人が出てきます。これは出発点を間違えているのです。認識面と意思面があることが証明されたという前提で、それがどういう意味をもつのか、なぜそれが必要なのか、を議論するのが実体法に関する解釈学としての刑法学なのです。

出発点をここで誤りますと、刑事訴訟法との関係が分からなくなります。法律要件論または効果論として刑法で議論する場面では、問題となっている一定の事柄の存在は証明されているという前提がみとめられているのです。刑法は「適用されるべき法律」であるというのは、そのことを意味するわけです。現実に裁判において「適用」する場面では、その要件が具わっていることをいちいち証明・立証していかなければならないことになります。刑法を「適用」するための「手続き」を規定している法律が、手続法としての刑事訴訟法です。これについては後で触れます。

このような関係があるにもかかわらず、そこをあいまいにしたままで議論をしますと、いろいろ錯綜してくることになります。刑法を学ぶばあいには、刑事訴訟法も視野に入れなければいけないわけですから、それとの厳密な関係をはっきり押さえておく必要があることを強調させていただきます。

事実の刑法的意味についても、刑法のいろいろな理論的な立場からそれをどのように捉えるか、規範的な観点からそれをどのように捉えるか、という場面で大きな対立点が出てきます。それをきちんと押さえているかどうか、それを理論的に説明できるかどうかが、刑法における問題点になります。

2　当罰性の意味

当罰性は、別の言い方をすれば「具体的妥当性」です。たんに論理だけで決着がつくのであれば何の問題もないのですが、具体的に妥当な処理として一般社会から支持が得られるかどうか、あるいは法感情がそれを是認するかどうかが、ここでいう「当罰性」の問題です。刑法は当然それを考えます。「こういう場面に適用されたときにこういう結果になるけれども、これでいいのだろうか？社会一般はこれで納得するだろうか？」という配慮も当然出てきます。とくに実務のばあいには、具体的妥当性に欠ける結論を出す者は、実務家としては失格であるとの評価を受けることになります。「書生論をしているのではない」と社会ではいわれます。現実の裁判の場でそういうことが結論として出されるに当たって、みんなが納得のいくような線を出し得るかどうかが、大事なところです。学者が細かい外国法を研究しているばあいとは違うのです。

現実にそれが適用された場面で一定の法的効果が生じますから、その効果でいいのかどうかについて、大いに検討する必要が出てきます。皆さんも、具体的妥当性についても考慮していただきたいとおもいます。たんに論理のための論理を展開するだけではいけないのです。

3　可罰性の有無

ここでいう可罰性の有無は、犯罪理論の中でどういう「論拠づけ」でそれを論証するのかという問題です。「論証」と先ほどお話しした「証明」とは違います。証明は、証拠を挙げて事実を認定していく過程の問題ですが、論証は、論理的に相手を説得するだけの理論的な基礎づけができるかどうかという観点からの議論です。ですから、結論は常識的で、しかし、その論証は非常にプロフェッショナルな観点からおこなえるかどうか、が大事なのです。結論も、その導き方も、単なる常識論で足りるのであれば、法律家は要りません。法律家は、法の理論をきちんとわきまえて、それを用いて誰にでも納得のいく形で説明できる論述能力を問われるわけです。

法律学は、非常に古い学問であり、法廷弁論術が学問として純化されたものであるといえます。法廷弁論術は、「暴力」にかえて「論理」の力で相手を説得して、その説得に基づいてお互いに一定の結論を受け入れることによって平和的な解決が図られ得るという観点から是認された論証の技術論です。法律的な論理の展開ができるようになるために、法的な意味を犯罪論の枠組みの中で決めて、具体的に妥当な結論を導き出し、さらにそれをより説得力のある論理で論証していくという勉強方法に慣れていただきたいとおもいます。すでに皆さんはそういう勉強をしているとおもいますが、訴訟法との関連で、今述べたような問題点についても考えていただきたいのです。

このような観点からしますと、実体刑法の分析の視点は、実体に関して一定の要件事実が存在することが前提になります。一定の「要件事実が存在すること」とは、証拠に基づいて確実に証明されているという意味です。ここで証明の問題、つまり「証明されていないじゃないか」ということを持ち出しますと、実体法の議論としては意味をなさないことになります。この点ははっきりさせておいてください。よくいろいろな場面でこのような議論が出てきますが、これは実体法の次元では話しにならないということを知っておいてください。

二　手続法としての刑事訴訟法の意味

これに対して訴訟法はどうかといいますと、訴訟法は、前に述べましたように、実体法を前提として、その実体法を適用するための手続きを定めた法律であることになります。つまり、訴訟法は、どういう手続きで実体法上要求された要件を認定していくのか、そのためのプロセスを規定していると考えてよいのです。これから刑事訴訟法における基本的事項について見ていくことにしましょう。

1　実体的真実主義か紛争解決主義か

これは民事でも刑事でも同じですが、要件事実をどのように認定していくかという認定論は、訴訟法の基本的な捉え方に関わります。これは、「実体的真実主義」か「紛争解決主義」かという観点の対立にほかなりません。どちらかといいますと、民事裁判が「紛争処理型」です。要するに、当事者間で一定の権利関係をめぐって紛争が生じたばあいに、いろいろな視点から当事者の利益を比較衡量して、その紛争を解決すれば、それで一件落着であるという考え方が紛争処理型の訴訟観です。

これに対して、あくまでも社会的に正義を実現するために「真実は何か」を明らかにするのが裁判だという捉え方が一方にあります。これが実体的真実主義です。これは、単なる争い事として見るのではなく、歴史的事実としてどういう事実があったのか、真実を発見して、その真実に合う形で実体法を適用すべきであるという捉え方です。

この点に関して、日本人の法意識としては、どちらかといいますと、裁判を真実発見型として把握していると考えられます。これは民事裁判についても当てはまります。「真実は必ず明らかになる」として、裁判闘争がおこなわれるわけですが、実際は、「真実」は必ずしもつねに明らかになるわけではありません。民事裁判のばあいには、一定の事実を相手がみとめてしまえば全部そのとおり存在するものとして認定できますので、嘘でも真実になり得るわけです。それは紛争解決という性質が前面に出てくるからですが、一般の法意識においては、なお「真実」は裁判で明らかにされると考えられています。裁判所はすべての真実を必ず発見してくれるという確信の下に裁判闘争をおこなうケースが出てきますが、そのように見るべきではないと考えられます。あくまでも「限られた」認定事実を前提にして「具体的な紛争をどのように処理するかという観点から民事裁判はおこなわれている」と見た方が妥当であろうとおもいます。

刑事事件についてもこれと同じことがいえるのかが問題になります。英米法、とくにアメリカ法においては紛争処理型の訴訟観が有力であるといえます。民事型の刑事裁判というのは、イギリスで発祥したものであり、当初は検察官制度がなかったのです。まず、被害者訴追主義がみとめられ、刑事裁判についても被害者が刑事訴追をおこなうのが建前であったと解されています。このような制度の下においては、民事裁判と刑事裁判はそれほど大きな差はなく、訴追官の観念はないわけで、刑事裁判については、パブリック・プロスキューターつまり、公訴官としての検察官の制度を作り、パブリックな観点から訴追官・公訴官を作り出して、民事とは違う扱いをしたことになります。しかし、その基本的な考え方は、やはり紛争処理型です。つまり、真実が何かを当事者が発見する点に大きなウェイトを置くのではなくて、事件が発生し、被害者と加害者の間をどうするかという発想が非常に強いわけです。ですから、実際、犯罪者との関係においても、アレインメントという制度（有罪の答弁）があり、犯罪事実について被告人がみとめてしまえば、これで一件落着ということで、その人を有罪にして訴訟を終えてしまう手続きもあるのです。これは日本ではみとめられていません。

それはなぜかといいますと、日本では実体的真実主義の思考が非常に根強いからです。刑事訴訟法も第一条で実体的真実主義を謳っています。わたくしたちの訴訟観としては、刑事訴訟のばあいはとくに実体的真実主義の要請がかなり強いということを押さえておいた方がよいとおもいます。これはアメリカ法と比較しますと、非常に大きな違いといえます。

戦後、日本は、ＧＨＱの影響の下に刑事訴訟法を大幅に改正しました。その際、旧来のドイツ法系の大陸法型の訴訟観を全面的に覆そうとしたといえます。その観点から当事者主義を採用して、アメリカ法的な制度もかなり導入されました。しかし、基本的にはなおドイツ法型、大陸法型の訴訟構造をもっています。これが実体的真実主義という形で顕著に残っているわけです。

刑事訴訟法は憲法の各論ともいわれており、憲法において人身の保護に関する規定があって、それについて刑事手続きに関して三一条がデュー・プロセス（適正手続き）を規定しています。アメリカ憲法の強い影響を受けたわが国の新憲法の各論という性格をもっているにもかかわらず、現行刑事訴訟法にはかなり大陸法型の制度が残っていますので、その調整という点が勉強するうえで大きなネックになってきます。英米法型の訴訟法理論だけでは処理できない問題点が非常に多くありますので、これから学ぶばあいに注意してください。その部分が論点として出てくるわけです。そこは利害調整あるいは利益の調整という観点から大きな意味をもっていますから、論争点になりやすいといえます。そういう点は単なる紛争処理型としては構成できていないことを出発点として頭に置いておいていただきたいとおもいます。

刑事訴訟法をまったく知らない人が、刑事訴訟法の本を読んだときに違和感をもつのは、日本人の一般的な法意識としては、やはり裁判は真実を発見するものだという意識が非常に強いからです。そこで、「真実はともあれ、人権を保障すべきだ」という考え方が出されますと、戸惑いを感じることになります。「刑事訴訟法は少し分かりにくいな」という感想をもたれる理由の一つは、ここにあります。旧刑事訴訟法型の大陸法系の問題と現在の訴訟法の基本的な主張としてなされている英米法的な側面とをどのように調整するかに関して、大きな対立構造が生ずる余地があることをつかむだけでも、大いに参考になります。

刑事訴訟法が憲法の各論であるという観点からは、国家権力としての捜査機関の権限と捜査を受ける被疑者の側の人権との対立構造が、刑事訴訟法ではどうしても欠かすことのできない基本的な視点になります。被疑者としては一方的に容疑者・被疑者として扱われ、そしてそれについていろいろな対応をしていかなければならないのですで非常に重要な意味をもつことになるのです。

が、それがどの程度許されるのかという点が大きな意味をもってきます。そこで、人権の保障の視点が刑事訴訟法

2　実体的真実の発見と人権保障との調和

実体的真実の発見と人権保障との調和が強調されますが、これはどうしても押さえておかなければならない基本的な視点です。この点は刑法とかなり違います。刑法は、国家、法秩序と処罰される側としての行為者との関連で人権の問題が出てきますが、個別的には「固定的な関係」における人権の問題です。これはさほど前面には出てきません。ところが、刑事訴訟法のばあいには、非常に動態的でダイナミクスがあります。手続きの段階を追っていろいろ場面が変わっていくわけで、そのたびに捜査機関と被疑者あるいは司法機関と被告人、訴追側と被告人側との関係が刻々と変化していく中で三面構造がつねに出てきます。そのような動的な要素との関連で、人権の保障をどうするかが大きな意味をもつことになるわけです。

この動的側面は「全体としての訴訟」という観点からしますと、まず捜査がなされ、それに基づいて証拠収集がなされ、その間に被疑者に対する取調べがなされます。そして、証拠が固まった時点、あるいは勾留期間が切れた時点で、公訴の提起、つまり起訴することになるわけです。その公訴提起・起訴を受けて公判が開始されて、種々の訴訟活動、立証活動などがおこなわれます。弁論活動もここでおこなわれるわけです。その間にいろいろ訴訟追行の側面も動いていきますし、裁判官の実体形成、つまり心証形成も刻々と変わっていくのです。すなわち、有力な証拠が出てきたときにこれが心証にかなり影響を及ぼしますし、それが反対尋問で覆りますと、また動いていくという形で、実体形成も非常に揺れ動きます。そして、そのような手続きを経て裁判がなされ、それに対して上訴がなされるという場面が出てくるわけで、訴訟自体がその事件の発生から終結するまでの間、ずっと動いているの

です。このように「法律関係」が動いているところに刑事訴訟法の非常に顕著な特徴があります。また、おもしろさもそこにあるのです。それぞれの段階でどういう形で三者構造を捉えていくかという点におもしろさと難しさがあります。

ここで訴訟構造論が絡むのですが、被疑者、捜査機関、そして公訴提起後の段階になって裁判所が前面に出てくるわけです。裁判官は、捜査の段階では、捜査機関に対するチェック機能を果たすべき司法機関という性格を有します。これがとくに意味をもちますのは、令状主義の問題においてです。令状発付の要件を審査することによって捜査機関をチェックするという意味で、司法機関が人権保障の役割を担うことになります。これも「当事者主義か職権主義か」という対立点が基本的な大きな性格の違いをもたらしますので、それによってそれぞれの有効要件、あるいは適法性の要件の場面で決定的な差が出てくることになるわけです。

今、刑事訴訟法における三者構造についてお話ししましたが、刑法でもそういう関係はないわけではありません。ただ、刑法のばあいには、処罰する側としての法秩序、裁判所、検察が国家機関として一体となっています。行為者と被害者という関係で三者構造が出てくるのですが、現在までのところ、前面に出てくるのは「行為者」と「国家」との関係だけです。

3　真実発見とデュー・プロセス（適正な手続き）

最近、ようやく被害者の立場を尊重すべきであるという主張がみとめられるようになり、大きな社会問題になってきて、被害者補償に関する立法もなされていますが、基本的には、刑法ではあくまでも犯罪者としての行為者と法秩序、そして法秩序を担うものとしての国家（権力）との対立構造が問題になるにとどまります。刑事訴訟法のばあいには、行為者はまだ犯罪者として確定されてはいませんので、被疑者段階から犯罪者と認定されるまでの期間、市民としてどのような権利が保障されるべきかという問題が出てきます。これは、真実発見とデュー・プロセス（適正な手続き）の対立として現われますので、あらゆる場面で出てきます。したがって、刑事訴訟法においては、動的な変化と三者構造のどこに比重を置いてどの部分を重視していくかという点が重要な対立構造になるわけですから、ここをつねに意識しておきますと、刑事訴訟法が非常に分かりやすくておもしろい科目であることを実感できるとおもいます。ここではどういう立場からこの法律問題を考えていくかが重要なポイントになります。

基本的に人権保障において大きな意味をもつのは、「自由主義の原理」です。つまり、身柄を拘束されたり、強制捜索を受けたりする場面で、自由の保障をいかに確立していくかが重要な視点になるわけです。自由を保障する方法には、いろいろなものがあります。たとえば、司法機関によるチェックは、前に述べましたように、令状の発付に当たってその要件の存否を審査するという形でチェックをしますが、そのばあいに、令状は裁判所の「命令状」なのか、それとも捜査機関に許可を与える「許可状」なのかという問題も種々の場面で出てきます。これは、英米法と日本法の違うところでもあります。基本的には、アメリカ法においては令状は命令状としての性質を有するものと解されています。つまり、裁判官が「一定のことをしなさい」という形で捜査機関に命令することになります。これに対して日本のばあいには、捜査機関にも準司法官的立場があるという考え方が根強く、捜査機関に対して逮捕の権限を与えるための許可状とか勾留許可状とか解する説もあるわけです。それは、訴訟観の差に由来する結論の相違なのです。訴訟構造をどのように捉えるかについて基本的な違いがありますから、それが令状の性質の捉え方に影響を及ぼすわけです。このような問題は多くの場面で生じますから、つねに訴訟法論における対立問題に還元できるようにしていただきたいとおもいます。

4　刑事裁判への市民参加

刑事裁判への市民参加は、現在、陪審員制度や参審制度ないし裁判員制度の採否の問題として提起されています。市民参加がみとめられている領域として検察審査会もありますが、そういう場面では、「民主主義の原理」が強く働きます。まだ今のところ、実定法上、制度として実現はしていませんが、司法改革の流れの中で、法曹一元の問題なども含めて議論がなされていることを知ってほしいとおもいます。

5　訴訟行為論と裁判論

訴訟行為論と裁判論には、かなり法律行為論的な側面がありますので、民事法の知識をここで反映させるようにした方がいいとおもいます。訴訟行為論は、むしろ民事訴訟法学においてかなり議論が進んでいますから、民事訴訟法の訴訟行為論がただちに生きてきます。それを大いに応用すると一石二鳥となります。たとえば、訴訟行為の代理や訴訟行為の追完などの問題においては、刑事訴訟法と民事訴訟法とでかなり共通している点がありますので、それをきちんと共通項として押さえるような勉強をすると非常に能率的です。

訴訟行為論は、民法総則の議論とも関係があります。訴訟法を学んでいなくても、すでに民法総則で法律行為論を学んでいれば、その一適用例だと考えるといいとおもいます。民事訴訟法の訴訟行為論も法律行為論の一環です。そうしますと、実体法の理論が訴訟行為論にも影響を及ぼすことになります。ところが、実体法上の法律行為論と訴訟法上の法律行為論には、違う面があります。訴訟法上の法律行為論は、先ほども述べましたように、どんどん動いていく事態の中で、行為自体も変化を遂げていくわけですから、そのようなダイナミクスの中で生ずる効果が違ってきますので、静態的な観点からの議論がそのまま通用するわけではありません。むしろ原則とその応用という形で考えていくと、この辺は分かりやすいとおもいます。

まったく孤立した個別的な法律として勉強しようとする態度は、学習方法としては非効率的です。つまり、民法は民法、刑法は刑法、商法は商法、訴訟法は訴訟法というふうに、孤立して学ぼうとするのはじつはあまりいい方法ではありません。やはり法律行為として共通する部分は、刑法に関しても訴訟法に関しても共通するわけで、そういう部分を連動させる勉強方法を採った方がよいとおもいます。刑法の研究をするばあいにも、わたくしは民法理論をつねに念頭に置いていますし、実体法として学ぶ場面では、訴訟法の側面も念頭に置いています。共通する部分と違う面を押さえておけば、何が問題となり、それをどのように解決すべきかがはっきりしてきますから、つねにそういう意識でやっていれば、皆さんも能率的にその領域についての理解を深めることができるとおもいます。訴訟行為論にもかなり難しい問題もありますが、今お話ししたような共通項を媒介にしていけば、非常におもしろい面も出てきます。説明の仕方として差が出てきますので、そこを押さえておくと、大いに学んだ意味が出てくると考えられます。

第三款　刑法と刑事訴訟法との交錯

おおざっぱに刑法と刑事訴訟法の相違点についてお話ししました。両法には基本的な相違があることをいわば抽象的に述べたわけですが、次に両法が具体的にどのように関わってくるのかが、問題になります。これについて若干触れたうえで、それぞれの勉強方法について述べたいとおもいます。

一　実体法としての刑法の訴訟法的側面の考察

ここで、刑法の内部において訴訟法的な要素が前面に出てくる問題点について見ていくことにします。刑事訴訟法を知らなくても、実体法としての刑法の中で刑事訴訟法的な議論がなされていることを知っておく必要があります。これから刑法で「事実証明」の問題が出てきたばあいには、刑事訴訟法の知識が当然の前提となります。

1　名誉毀損罪における事実証明・真実性の証明と挙証責任の転換

まず、名誉毀損罪における事実証明・真実性の証明の問題を見てみましょう。二三〇条の二の条文の規定それ自体が「証明」という言葉を使っていますから、これは、本来は実体法の問題ではなくて、訴訟法の問題です。昭和二〇年代にこの立法に関与した方たちは、これを処罰条件と解し、その処罰条件についての証明の問題として考えていたようです。立法者意思説を採りますと、これは「犯罪の成立要件」ではなくて「処罰条件」に関する問題ですから、人権保障の観点からは、挙証責任を被告人に転換しても、さほど大きな支障はないという前提の下に本規定が立法されたものと解されます。

挙証責任の転換は、訴訟法上の大問題です。前に述べましたように、刑事訴訟においては、証明・立証が重要なポイントになり、これをベースにして、立証するためにどういう証拠を集めるか、証拠を集めるためにどういう行為をするのか、そして、それに関連してなされる違法行為をどのように規制するのか、という観点から捜査過程における問題点の検討がなされます。その場面で、立証が基本的な出発点になりますので、挙証責任という言葉が出てくるのですが、「疑わしきは被告人の利益に」という原則が近代裁判の大前提としてみとめられています。これは、in dubio pro reo というラテン語で表現されますが、「立証をし尽くしても、なお合理的な疑いを容れない状態に達していないばあいには、被告人（行為者）に有利に扱いなさい」という意味です。

これを別の観点からいいますと、「被告人は無罪の推定を受けているのだから、裁判官が有罪であるとの心証を形成するところまで立証がなされないかぎり、被告人は無罪として扱われるべきである」ということになります。被告人は「無罪の推定」を受けている以上、有罪と立証されるまでは無罪として扱われますから、有罪であることの立証責任・挙証責任は、訴追側つまり、検察官にあることを意味することになります。したがって、検察官が有罪の立証をするまでは有罪として扱ってはいけないわけですから、有罪として認定されるだけの合理的な疑いを入れない程度まで検察官が立証しないかぎりは、検察官にとって有利な裁判、つまり有罪判決をしてはならないという原則として働くことになります。

これも当たり前のことですが、意外と専門用語を正確に説明するのはむずかしいものです。刑事訴訟法においても、専門用語が頻繁に使われますが、それはどういうことを意味するのかと聞かれますと、答えにくくなります。刑法における名誉毀損のばあいの事実証明に関する挙証責任をどうするか、という問題についても、同じことがいえます。

2　同時傷害の特例と挙証責任の転換

同時傷害のばあいもそうです。誰が傷害したのか、または同時犯である各人が生じさせた傷害の程度を証明できないばあいも、なお共同正犯としての責任を負わせることを定めたのが、二〇七条の同時傷害の規定です。共犯として扱うという趣旨は、そういうことなのです。その部分も挙証責任が転換されることになるわけですが、このような訴訟法的側面が、実体法的にどのように説明できるかが、ここでのポイントです。つまり、刑事訴訟法の知識を刑法理論の中でどのように適用できるかが、刑法の問題として提起されていることになります。

立証責任、そして因果関係の問題に関連して同時傷害が出てきましたが、この部分はまさに「証明の擬制」になるわけです。刑法上はそうなります。意識して刑法の理論としては説明されませんが、中身は今お話しした事柄に関わっています。訴訟法的な側面があるのに、訴訟法的な説明がなされていないだけだということを理解していただきたいとおもいます。

3　親告罪の問題

親告罪は、本来、実体法ではなくて訴訟法の問題です。それがないと訴訟を追行できない要素を訴訟条件といいます。ところが、親告罪については刑法に規定が置かれています。それはなぜかといいますと、被害者が告訴権者とされますので、「被害者は誰か」という点が刑法に関わるからです。親告罪においては、どういう犯罪について、被害者の意向と無関係に公訴の提起を許すのか、それとも被害者の意思を尊重するのかが、問題となりますから、その犯罪の被害者は犯罪の実体に関わりますので、実体法に規定されているわけです。そういう意味で、親告罪規定は実体法における訴訟法上の規定です。

4　主観的要素の認定論・刑法の適用論の訴訟法的側面

違法性論においては、周知のとおり、結果無価値論・物的不法論と行為無価値論・人的不法論が厳しく対立しています。この背景には、主観的要素の認定論、あるいは刑法の適用論があります。このような訴訟法的な側面がありますから、この対立点はかなり大きな意味をもっています。

行為の法的意味を考えるに当たって、主観的な要素を抜きにする理論は、本来、おかしいのです。これは、社会的には非常識な議論といえます。ところが、それが法律論として意味をもち得るのは、認定論という訴訟法的な支えがあるからです。すなわち、主観的な要素は、その存否の立証が難しいため、最終的には本人の自白に頼らざるを得なくなりますので、そういう主観的な要素はできるだけ訴訟の場面から排除することが望ましいという議論が基礎にあるわけです。証明論を基礎にすれば説得的であるといえますから、そういう考え方は、国民の側からは受け入れられないけれども、学者にとっては行為者の人権保障の観点から支持を得やすいのです。

そういうことであれば、故意または過失だって主観的なものですから、刑法から全部排除すべきではないかという極論もあり得ます。アメリカ法は客観的刑法を標榜していますから、厳格責任というものをみとめています。過失があろうがなかろうが、政策的に処罰するというのが厳格責任です。たとえば、日本人がアメリカに行ってそういう法律を知らなかったとしたばあい、その点について過失もなかったときでも処罰されることになります。そのような主観的なことをいちいち考慮していては政策的に妥当ではなく、いわば「見せしめ」のために処罰するというのが客観的刑法の基礎にある厳格責任の原理です。

日本でこれが通用するでしょうか？わたくし達は大陸法系の実体法をもっていますので、そういう場面で主観面は要らないとして排除できるかとなりますと、非常に大きな疑問が生じます。このように、「法的な意味」が重要性をもつのであれば、客観的刑法が妥当か必要かどうかは、別の観点から考慮すべきであると考えられます。そこで、判例・通説は、証拠の問題や司法取引きの問題などが出てきますので、そのような制度的な観点から考えるべきであって、「行為の法的意味」という「実体」的な観点からそのような議論をするのは望ましくないと解しているわけです。

認定論を前提にしながら、責任論においてはどんどん主観的な要素をみとめるのは、理論的には矛盾であるとおもいます。そのことを違法性論においてわたくしが強調している理由は、このような訴訟法的な認定論が基礎にあるからです。さらに、因果関係論や共犯論も、じつは刑事訴訟法における証明の制度との関連があるとわたくしは考えています。

余談になりますが、ここまでお話ししてきて、若い時期のエピソードを思い出しました。大学院生として東大の法学部共同研究室に在籍していた頃、あるコンパのときでしたか、平野龍一先生に「刑法と刑事訴訟法はどちらがおもしろいのですか」とお伺いしたことがあります。ちょうどそのころ、平野先生は刑法の著書や論文を次々と公刊されていましたので、わたくしとしては、先生は当然、刑法に非常な興味をもたれているものと勝手に思い込んでいました。ところが意外にも、「いやあ、どちらとも言えないね。どちらもいいものだ」というお答えを戴きました。そのときはよく分からなかったのですが、最近では、「ああ、そういうことだったのか」という思いで、わたくし自身も刑事訴訟法の楽しさ、おもしろさに惹かれています。

二　基本原則の意味と適用範囲の重要性

刑法上の因果関係における「条件関係」の存否に関する択一的競合の問題をめぐって、「疑わしきは被告人の利益に」という原則を根拠にして場合分けをする見解がありますが、これはまさに訴訟法的な議論です。ただし、わたくし自身は場合分けをしない立場に立っています。それはなぜかといいますと、そういうことがないことがすでに立証されているという前提で議論しているからです。それはわたくしにとっては当然のことなので、どちらともつかないということが前提になったばあいに、どのように因果関係論として扱うかを通説の立場から考えていますから、場合分けをしないだけの話しです。

「疑わしきは被告人の利益に」の原則は、いろいろな場面で出てきます。これは基本的な原理ですから、きちんと押さえておいてください。近代裁判の出発点の一つですので、どういう場面で問題になってもこれをすぐに使いこなせるようにしていただきたいとおもいます。

後でも触れますが、「モデル論」が刑事訴訟法では大きな意味をもっています。基本的な刑事裁判制度の大前提となっている概念をいつでも根拠づけに当たって使えるように用意しておく必要があります。たんに原理・原則という形で並べ立てるのではなくて、それが意味するところは何か、そして、それがどこまで及ぶかを端的に表現できるようにしておく努力が必要です。ただ漫然と勉強するよりも、一つの大きな目標をもって、それに合うような形で理屈づけをしていく勉強法が能率的なのです。ですから、基本原則について、どういう意味でそれが基本になっているのか、そして、どこまで及ぶかが分からなければ、基本を理解したことにはなりません。基本原理をつかむことの意味をはっきりさせる必要があります。これは何を学ぶばあいでも同じです。基礎ほどつまらないものはないのです。「何だ、こんなことといつまでやるのだ」とおもうかも知れませんが、そこが出発点なので、最初でバカにしますと、後々、つまずいてしまうことになります。そういうことがありますから、基本的な原理・原則といわれるものがなぜ必要なのか、それはどういう意味をもつのか、それと何が対立するのか、という問題は細かいように見えますけれども、そこを押さえておくことが大事なのです。これは、法律制度を学ぶばあいにはつねに出てくる問題です。よく「基本に立ち返れ」ということを聞くとおもいますが、それはそのことを意味するのです。それについてこれから詳しくお話ししましょう。

1　共同正犯論における因果関係の証明

因果関係論が共同正犯のばあいにどういう意味をもつのかについてお話しします。この点が理解できますと、実体法における証明がどういう意味をもつかがはっきり分かるとおもいます。

個人主義原理、自己責任の原則の下においては、自分のおこなった行為についてだけ、その限度でしか責任を負わないし、また負わせてはいけないことになります。これは民法でもそうです。そのような自己責任の原則を貫いていきますと、複数の者が同時に一定の結果をもたらすような行動に出たばあいは、同時犯、つまり、別個の者が同時にその場で犯罪行為をおこなったことを前提にしますので、因果関係もそれぞれについて独自に一つひとつ証明していくべきことになります。ところが、共同正犯のばあいには、「一部実行の全部責任の原則」が働いて、「個別的な」因果関係の「証明」は要らないことになります。ですから、「全部」責任になるわけです。同時傷害のばあいに、共同正犯として扱うというのは、まさに個別的な因果関係の証明は要らないことを意味するのです。

この事態をわたくしは「因果関係の擬制」という言葉で説明しています。「擬制」という言葉を使うに至った理由は、次のことにあります。すなわち、「証明」という言葉は刑事訴訟法上の概念ですので、それを使いますと実体法を先に学ぶ学生には分かりにくいと考えて、因果関係の存在を肯定する事態をフィクションとして表現したわけです。その見地からは、このように共同正犯においては「個別的な」因果関係を立証する必要はないことになるのです。にもかかわらず、因果共犯論においては、「個別的な因果関係をいちいち論証せよ」という要請がありますので、それを実体法の次元でどうするのか、という問題と、「一部実行の全部責任の原則」がどのように絡んでくるのか、という問題が提起されます。これが、共犯論の根本に横たわっている大問題です。

因果共犯論の論理を純粋に徹底すれば、「一部実行の全部責任」は維持しにくくなります。なぜならば、訴訟法的な意味において、因果関係の存在の証明を不要とする側面が抜けてしまうからです。その点でも、「証明」がじつは大変な問題性をはらんでいることを知っていただきたいとおもいます。わたくしはその点を意識して共犯論を展開しているのです。そういう点もこれから共犯理論を考えるばあいに、大きな意味をもち得るとおもいます。

それから、公務執行妨害罪の個別的な問題においては、適法性の要件に関して、法律上、重要な方式を踏むことの内容を説明するに当たって、逮捕・勾留の事例があげられますが、刑法各論の授業では抽象的な議論で済んでいたのですけれども、これからは刑事訴訟法との関連も考慮に入れなければなりません。逮捕の要件は刑事訴訟法で学んでいることになりますので、細かい議論が要求されることになります。

2　訴訟詐欺と形式的真実主義

訴訟詐欺罪の問題は、民事裁判と関連があります。民事裁判においては、形式的真実主義が基本となります。実体的真実主義とは違って、前に述べましたように、処分権主義がありますから、相手がいいとみとめてしまえばそれでいいという「形式的真実」が民事裁判では前面に出てきます。それを前提にしますと、団藤説のように、このばあいには真実なのだから、欺く行為は存在しない以上、詐欺罪は成立しないという議論も十分に正当性を有することになるわけです。この部分に関する刑法各論での論述は、必ずしも十分ではなかったといえます。この点についての説明が十分になされなかったのは、訴訟法が前提になるからです。訴訟法の知識が前提とされますと、この問題についての議論も深化させられることになります。

3　偽証罪と裁判制度

偽証罪については、「主観説を採るか客観説を採るか」という実体法上の大きな問題があります。判例・通説が客観説を排して主観説を採る理由は、じつは裁判制度の本質の捉え方を基準にしているからです。訴訟法は、証人の弾劾を証拠法上、みとめています。証人の弾劾をみとめる根拠は、証人の信頼性を弾劾することを通して、証言の証拠価値（証明力）を吟味したうえで真実を明らかにすることにあります。裁判官は、証人の弾劾を経て得られた証言の信頼性を基礎にして実体形成をしていくことになります。いろいろな証拠を評価する場面で、証人が記憶に反することを述べたり、経験していないことを述べたりしますと、そのような証人の証言は信用できませんから、その証言の信憑性に疑問を抱かざるを得なくなります。証言の信憑性を基礎づけるものとして、証人の記憶という主観的要素が決定的に大きな役割を演じます。ですから、通説・判例は主観説を採るわけです。

そういう裁判制度のもつ大前提が、これから刑法各論における解釈論にも大いに生きてきます。裁判制度、証人の弾劾制度がはっきり分かりますと、主観説がもっと強く意味をもってくることが理解できます。

これまでお話ししてきた諸問題が、刑法における刑事訴訟法の投影面といえます。ほかにもいろいろ細かい点がありますが、根本にあるのは、「証明」とは何か、「裁判」制度をどのように捉えるか、それと自由心証主義や実体形成の関係をどのように捉えるか、という訴訟法の基本的な理解を前提にして、刑法理論を議論していかなければならないということです。

4　刑事訴訟法における罪数論の重要性

刑事訴訟法において実体法はまったく関係ないかといいますと、必ずしもそうではありません。いろいろな場面で実体法上の問題が出てきます。個別的な犯罪類型に関して問題になりますが、ここでは総論における罪数論に絞ることにします。刑法の事例問題を考察するばあいには、罪数論にも触れる必要があります。罪数論は、実務上、非常に大きな意味をもっているからです。罪数論は、裁判制度とも絡んでいます。実体法の問題としては、数罪かどうかは、それ自体としてはあまり理論上の意味はないとさえいえます。成立する犯罪の個数がいくつかは、裁判の場でこそ重要な意味をもつのであり、それは次のような問題として発現します。

すなわち、訴因変更の限界をどうするか、裁判の個数をどうするか、裁判の効力の及ぶ範囲はどうなるのか、という問題として現れるのです。これは、捜査の段階でもそうです。逮捕や捜索のための令状を請求するばあいに、どの犯罪とどの犯罪について請求するのか、起訴する段階でもどの犯罪事実を起訴しどの犯罪事実を不起訴とするのか、ということが問題になるわけで、訴因変更だけに関わる問題ではないのです。つまり、一罪として起訴するのか、二罪として起訴するのか、これによって訴訟係属の問題とか、訴訟条件の具備の有無の問題とか、個別的な問題がいろいろ出てきます。そういう意味で、実務上、罪数論のもつ意味は、非常に大きいのです。その問題の処理のいかんによっては、訴訟法上、裁判で門前払いを食わされることもあり得るわけです。そうしたばあいに、実務家としては非常に大きな痛手をこうむりますから、これは実務家にとって非常に重大な意味をもってくるのです。裁判の効力の及ぶ範囲の問題として考えたばあい、罪数の構成によっては再起訴することができなくなったり、逆に、関係ない事実についてまで裁判をしてしまったときには、絶対的な上訴理由になりますから、実務家にとって非常に影響のある大問題であることになるわけです。

第四款　刑法および刑事訴訟法の勉強法

入門講義ですので、これまで述べてきたことを踏まえて、これからそれぞれの勉強方法についてお話をしていきたいとおもいます。刑法につきましては、実体法としての性格を理解する点については、さほど大きな困難はないだろうとおもいます。先ほど述べましたように、議論される事実関係は証明されたものとして提示されていることだけ押さえておけば、勉強方法としては十分です。その区別ができないということであれば、それはゆゆしい事態になるわけですが、今回のお話でそれは分かっていただけたことにします。

刑事訴訟法が非常にダイナミックで動的であるのに対して、実体法である刑法は非常に静態的なスタティックであることは、次のことを意味します。すなわち、「法律要件」として何が必要か、どういう「法律効果」が生ずるのか、どういう刑罰を科すべきか、だけの議論になりますから、非常に静態的な観点からの議論に終始できる点に特徴があるわけです。そこに哲学的な要素もいろいろ加わってきます。

これに対して訴訟法は、動態的な要素があって、時々刻々変化していく中で、政策的な判断が必要になるという性質があるわけです。実体法のばあいには、あからさまな政策的判断は、それほど多くはありません。法解釈における政策的判断を強調する立場がありますが、これは刑事訴訟法における政策的判断とはかなりレベルが違います。刑法の犯罪論における実質的な政策判断は、具体的妥当性の観点からどちらを採るか、というだけの話しです。刑事訴訟法のばあいは違います。現実に人権を侵害される者がいて、その人の人権をどの程度、どの時期に、どういう方法で守るかが、つねにそれぞれの段階で問題となり、それについての政策判断が必要になります。その意味で政策的判断が前面に出てくるわけです。その部分が刑法とは違うことを押さえる必要があります。

一　刑法の勉強法――判例の立場と具体的妥当性――

先ほど、刑法においては、価値論的な衡量のもとで具体的妥当性が必要であることを述べましたが、そのばあいに、刑法を学ぶ者としてはどうしたらいいかについてお話ししておきましょう。

まず、判例の立場をよく知っておくのが大事だとおもいます。裁判所としては、「個別的な」事案に対して一定の適切な解決を与えればいいわけですから、その解決は、具体的妥当性を有するものでなければなりません。当事者に納得のいかないような裁判をするようではだめで、当事者を納得させるような具体的に妥当な線を出すところに裁判の実践的な意味があるのであり、それが理論化されたものが判例です。一定の問題状況においてどういう処理をした方がいいのか、については、判例に学ぶのが手っ取り早いし、また、いい線を出してくれます。研究者は、自分の理論体系を立てて、それに合うか合わないかという観点だけから議論することもできますが、裁判官としてはつねに具体的に妥当な結論を念頭に置かざるを得ないでしょう。

基本的には判例がどういう考え方をしているか、理論的にそれが妥当かどうか、について検討を加えていけばいいだけの話しですから、刑法を学ぶばあいには、判例をきちんと押さえるようにしてください。

問題は、刑事訴訟法です。刑事訴訟法をどのように学ぶか、という観点からお話しをしていきたいとおもいます。何度も強調しますが、動態的な要素、ダイナミクスという点が大きな意味をもってきますので、それとの関連でつねに勉強していってほしいとおもいます。

二　刑事訴訟法の勉強法――ダイナミックな要素の重要性――

1　刑事訴訟法のモデル論

「つねに訴訟関係人の相互関係を考慮に入れながら、真実の発見と人権の保障のバランスがとれるようにする」ことが大事です。これが刑事訴訟法の根本なのです。どういう意味でバランスがとれているといえるのか、という点が論証の能力の問題です。どういうことを考慮したうえで、これがなぜバランスがとれているのか、を論述できることが、刑事訴訟法を学ぶ者の実力なのです。

具体的な学習方法として、当事者主義と職権主義の対立構造を根本に置いて考えることができるように努めてください。各論点をモデル論に還元できるようにすることは、能率的な学習という観点から非常に重要です。これは当たり前だとおもわれるかもしれませんが、じつは当事者主義、職権主義という言葉は非常に多義的であり、多義的である部分が、先ほど述べました三者構造、そして時間的経過の中のダイナミクスの中で、より明確な分析を必要とするのです。そういう状況の中で「どういう意味で」職権主義であり、「どういう意味で」当事者主義であるのか、をきちんと把握することです。そして、それが「どういう効果の差」をもたらすのかを考えるようにするのです。職権主義的に捉えるのか、当事者主義的に捉えるのか、によって決定的な差が生じます。「どういう場面で」、「どの程度」その差が開いてくるのか、というところまで考えておく必要があります。抽象的には、「当事者主義的な捉え方が人権保障に役に立つ」という言い方がなされますが、どういう場面で、どの程度、人権侵害に対するチェック機能を果たすのか、について、具体的に検討する必要があります。そして、それをさらに論理的に叙述できるようにする必要があります。こういう形でやればこうなって、逆の立場にたつとこの点についてはここまで及ぶではないか、こういう侵害が出てくるではないか、と具体的に指摘できるように勉強していただきたいのです。実体として訴訟法が目標としている人権の保障の中身は何か、を知ることが大事です。

そして、被疑者・被告人の人権を保障することによって、実体的真実の発見がどの程度後退するのか、という比較衡量が大事になります。そういう意味でバランスの問題であり、どちらを重く見るか、という意味で政策判断です。これはどの場面でも出てきますから、そういう意識で考えておいていただきたいとおもいます。

(1)　当事者主義と職権主義のモデル論

まず、当事者主義と職権主義のモデル論についてお話ししましょう。職権主義は諸悪の根源のようにいわれることがありますが、必ずしもそうではないのです。職権主義だから即ノーだというわけにはいきません。ある場面では職権主義の方が被疑者・被告人の人権を守るばあいもあります。抽象的に、「当事者主義はすべて善であり、職権主義はすべて悪である」という形で図式化しますと、つまずくことがあります。

裁判官は、司法機関として両当事者に臨むわけですが、「公平な裁判所」という憲法の理念がありますので、裁判所がどういう意味で公平さを保ち得るか、を見極めることが大事です。公平さを保てれば、被疑者・被告人にとって非常に有利になるばあいが生じます。訴追側は、国家機関たる検察官であり、強大な権限をもっています。そのような検察官が当事者として形式的に被疑者・被告人とまったく対等であるとしますと、検察官が圧倒的に優位になる事態が生じます。それを是正するために、裁判所が「実質的な公平」を図るという観点から、職権主義的な関与をするばあいもあり得ますし、それが望ましいばあいもあるわけです。バランスをとるばあいには、そのことを頭に入れてほしいのです。ややもすると、職権主義だから即ノーだと考える学習者が出てきますが、それはまずいとおもいます。個別的な場面において意味に差が出てくることを知れば、そのようなことにはなりません。ですから、非常に多義的である当事者主義と職権主義の意味内容を個別的に明らかにする作業は、大事なのです。つまり、どの場面で、どういう意味での当事者主義なのか、どういう意味での職権主義なのか、を明らかにしていくことが大事です。訴訟の全体を通してこの問題が出てきますから、これが一つのモデル論となるわけです。

(2)　実体的真実主義とデュー・プロセスのモデル論

実体的真実主義とデュー・プロセスというモデル論が提示されて、それが学界でも重要な分析概念となっていることは、周知のとおりです。デュー・プロセスも非常に抽象的な概念ですから、どの点がデュー・プロセスなのか、どういう意味でデュー・プロセスなのか、という基本原理といわれるものについては、とくにきめ細かな分析が必要となります。民法でいえば、信義則や権利濫用のようなものですから、それでどの問題も処理できるのですが、それだけその内容は空虚ということになります。解釈論としてきちんと説明しなければならない場面では、できるだけ抽象的な原理を援用しない方がいいのです。こういう点で特定の意味をもち、そして、これが広い意味のデュー・プロセスの中身なのだという言い方をすればいいわけで、たんにデュー・プロセスだからこうだというのでは論証になりません。その点もモデル論に関して注意してほしいところです。

「すべてを語っているけれども、何も語っていない」というような危険な使い方はしない方がいいとおもいます。そのような観点から、当事者主義と職権主義、実体的真実主義とデュー・プロセスというモデル論のもつ意味内容の分析を常に意識しておく必要があるといえるでしょう。

(3)　弾劾主義と糾問主義のモデル論

当事者主義と職権主義は、捜査と公訴の段階では、弾劾主義と糾問主義という対立図式として現れてきます。捜査の主体をどのように捉えるか、という点で、弾劾主義か糾問主義かの対立が鮮明になります。当事者主義を強調しますと、訴訟に関して訴追側と被疑者側は当事者ですから、対等であり、裁判所は、公平な――文字通りジャッジ（審判）をする――審判者として両当事者に対峙することになります。

両当事者がまったく対等であることになりますと、互いに公判に備えて準備をする対立構造をもつものとして扱われるという図式化がなされます。そういう意味での弾劾主義です。訴えがあってはじめてそれについて反論していったりする場面が出てくるわけですから、糾問主義にはならないのです。一方的に裁判官が「おまえは悪いことをしただろう」と御白州で裁くような図式であってはならないわけで、当事者が訴訟の準備をしていくという図式になりますから、そういう意味での弾劾主義が出てきます。

その場面で、先ほど述べましたように、事前抑制という観念が大きな意味をもちます。国家権力をバックにした訴追機関は、国家起訴独占主義を採っている関連で、警察官をも含む広い意味での訴追側としての検察官と被疑者との対立図式が出てくるわけですが、ここで「実質的な公平」を図るのが、デュー・プロセスの理念です。今、司法改革の論議において、被疑者段階における国選弁護人制度の創設が問題になっています。それは、当事者主義、弾劾主義の「実質化」を図り、被疑者の人権保障を十分に実現させようという議論にほかなりません。

当事者主義には真実の発見に役立つ側面もあります。すなわち、両当事者は、それぞれ利害関係をもっていますから、必死になって証拠を集めることになり、裁判所がおこなうよりも両当事者に証拠収集をさせた方が真実発見にも役に立ち得るわけです。弾劾主義か糾問主義かは、訴訟構造論として大いに議論されている問題です。

(4) 訴訟構造論

捜査段階でも検察官に「準司法官」としての地位をみとめて、警察官と被疑者と検察官の三者構造を想定する考えも主張されています。そのような考えがいいのかどうか、いいとすれば、なぜいいのか、悪いとすれば、なぜ悪いのか、という問題も、訴訟構造論に関わります。そういう場面で、当事者主義がどういう意味でいいのか、あるいは職権主義がどういう意味でいいのか、について検討していただきたいとおもいます。理念として弾劾主義を強調しても、実定法上、それがうまく貫けないばあいがあります。たとえば、取調べ受忍義務などがそうです。そういう問題点をどのような形でクリアしていくかが、まさに政策判断です。前に触れましたアレインメントの問題もそれに関連します。ともあれ、国家権力である検察官に訴追権限を全部委ねる起訴独占主義が採られ、さらに、起訴便宜主義が採られていますので、検察権力は非常に強大です。それに対して、まったく権限をもたない一私人としての被疑者の立場をどう考えるかが、問題となります。

糾問主義の下では、当然、被疑者は糾問の対象、取調べの対象でしかないわけですが、当事者主義においては、被疑者も当事者ですから、当然、「自分自身も訴訟の準備をする主体として扱え」という要求が生まれてきます。それをどこまでみとめるのか、そして、それとの対比において、「処分権主義」の現れとしてのアレインメントを本当に許してはいけないのかどうか、また、今問題になっている司法取引（プリーバーゲニング）をまったくみとめてはいけないのかどうかが、検討されなければなりません。

今、現実に司法制度改革が進行していますので、それを意識しながら学習を進めていきますと、非常にいい刺激が得られて成果をあげられるとおもいます。

(5)　根本原則としての起訴状一本主義

公判に至る前の段階である起訴の時点で、当事者主義が大きな意味をもつのは、起訴状一本主義です。起訴状一本主義も刑事訴訟法の基本原則の一つです。起訴状一本主義が当事者主義構造、公平な裁判所の基本原理であることを意識して、これを援用することを心掛けてください。これは大原則なのです。

刑事訴訟法の根本原則である起訴状一本主義は、裁判をする側の「公平さ」を担保するための制度です。つまり、三者構造として、裁判官はジャッジ（審判）するだけで、自らは取り調べる主体ではないことを示すものとして、起訴状一本主義が大原則として打ち立てられているのです。戦前の刑事裁判においては、逮捕時から予審の段階で取り調べた記録が「一件記録」としてそのまま裁判所に送られていました。職権主義構造、糾問主義構造の下では、捜査機関の心証形成が一件記録をとおしてそのまま裁判官の心証形成に直結して引き継がれていたのです。こういう事態が続いていたのですが、大戦後、刑事訴訟法の大改正がなされて、起訴状一本主義が採用された結果、裁判所に提出するのは起訴状だけ（起訴状一本）ということになりましたので、捜査機関の実体形成がそこで途切れてしまい、裁判の段階になってはじめて証拠が裁判所に提出されて立証活動がなされ、裁判所はそれに基づいて心証を形成していくことになりました。これにより当事者主義構造がより明確となり、両当事者の立証活動をとおして真実も明らかになるという訴訟構造が確立されたのです。

そういうことが根本にあるにもかかわらず、起訴状一本主義は「分かった、分かった」という具合に素通りされがちです。しかし、これは重大な問題をいろいろ包含しています。これも実体形成に関する証拠の問題に絡みますから、それが予断を許さないかどうかという実質判断にも関わってきて、いろいろな場面に波及していくことをつかんでおいてください。

(6)　訴訟追行の段階と口頭弁論主義

訴訟追行の段階では当事者主義は、基本的には口頭弁論主義として現れます。そこにおいては、当事者の証拠提出の責任、挙証責任が問題となります。訴因の変更との関連では、裁判所にも後見的な役割があるという観点から、訴因変更命令の権限と義務が問題となります。この点については、実体的真実主義と当事者主義の補完とのバランスをどのようにとるべきかをめぐって対立が生じます。これは、訴因変更命令の「形成力」という法的効果に関して差をもたらします。

(7)　審判の対象としての訴因論

「審判の対象は何か」という問題、つまり、「審判の対象論」において、訴因が重要性をもちます。訴因という観念は、現行の刑事訴訟法においてはじめて出てきたものです。旧刑事訴訟法にはなかったもので、アメリカ法でいう count を翻訳したのが訴因です。従来、審判の対象として存在したのは「公訴事実」という観念です。ここにおいて審判の対象は、公訴事実なのか訴因なのか、という争いが生じたのです。しかも、訴因変更の限界を画する概念として、三一二条には「公訴事実の同一性」という言葉が出てきます。その「公訴事実」と訴因との関係をどうするかが大きな対立点となります。これが審判の対象論です。

審判の対象論がなぜ意味をもつのか、といいますと、裁判所は、審判の対象について審理・審判をしなければならない「義務」があると同時に、それについて審判する「権限」があるからです。裁判所が審理・審判の権限と義務を負うのが「審判の対象」にほかなりません。前に触れました裁判の個数は、この審判の対象の個数の問題でもあります。どの部分まで訴訟が係属しているのか、という問題も、審判の対象が何か、に関わっているのです。一定の事実につき公訴が提起されて、係属しているからこそ、それに対して裁判をしなければなりませんので、それについて判断しなかったということになれば、これは上訴理由になりますし、余分なことまで判断したとなりますと、これもまた上訴理由になりますから、非常に大きな争点になってきます。そこで、「審判の対象は訴因か公訴事実か」という大きな基本的な議論が重要な意味をもつのです。

その場面で訴因の基本的な性格をつかんでいただきたいとおもいます。つまり、訴因とは何か、それがどういう機能をもち、どういう一定の内容をもっているのかが、ここでの勝負どころになります。これは、大陸法的な理解とアメリカ法的な理解の分かれ目でもあります。どの部分で、どこまでそれを採り入れていくか、という基本的な対立構造がそこに現れていることも知っておいた方が、この問題を理解するのに有益です。

訴因は検察官の「主張」であるという捉え方は、英米法的なオーソドックスな考えです。つまり、検察官が「こういう犯罪事実がある」ということを「主張」し、裁判所はその「主張」に対してだけ判断を下せばいいという理解です。「検察官の主張が正しいかどうか」を裁判所が判断するという図式の下では、真実の発見は当面の目標ではないことになります。「検察官が主張として示したとおりの事実があるかないか」を判断すべきであるというのが審判の対象論となります。これに対して、たんに検察官の主張に対して判断する点に意味があるのではなくて、実体的な真実を裁判所は発見しなければならない権限と職務を負っているという考えを採りますと、検察官が何といおうと、より重要なのは、その背後にある歴史的な事実としての犯罪事実の有無の判定であることになりますから、歴史的事実としての「公訴事実」が審判の対象となります。検察官の主張は、たんに公訴事実を判断するための拠り所にすぎないと把握されるわけです。そうしますと、裁判所は、検察官の主張にとらわれずにどんどん公訴事実を探り出して、それについて判断していかなければならない「義務」を負っていますから、その点について職権主義的な訴訟追行をおこなわざるを得ないことになります。たんに検察官の主張に対する判断をするだけでは足りず、裁判所としては積極的に公訴事実の真否を明らかにしていく「義務」がありますから、訴因変更もどんどんやらなければいけないし、訴因変更命令の「形成力」もみとめるべきであるという方向に行きます。

どの立場を採るかによって、判決の効力にも影響が出てきます。つまり、審判の対象に対する判決としての効力が生じますから、その効力がどこまで及ぶかは、必然的に審判の対象論から導き出せるわけです。当事者主義的な観点からは、今述べたような検察官の主張という考え方が一貫しているといえます。わたくし自身は、この考え方を支持しています。この考え方を採れば、当事者が主張していないことについてまで裁判官は身を乗り出す必要はありませんし、また、そうしてはいけないことになります。

証拠調べの範囲についても、同様の問題が生じます。訴訟追行についても、基本的には当事者に任せて、どうしようもないばあいに実体的真実の発見または被告人の保護の観点から、裁判所が「後見的に」一定の役割を演ずる必要があることになります。

(8)　訴因変更の必要性

今述べましたことは、訴因変更の「必要性」についても当てはまります。訴因の内容をどのように捉えるかによって、必要性の有無に影響が生じます。これは、訴因は事実を記載したものなのか、それとも法律的な主張なのか、という問題です。つまり、「こういう犯罪事実がありましたので、これについて刑法を適用してください」という形で訴因を構成するのか（事実記載説）、そうでなくて、その事実を基礎にして一定の法律的な構成についての判断まで加えた主張として裁判所に提起していると捉えるのか（法律的構成説）という対立にほかなりません。

事実に変化が生じたけれども、法律上の構成にはまったく影響がないばあいには、法律的構成説を採りますと、訴因変更の「必要性」はないことになります。これに対して事実記載説を採りますと、法律的な構成に変化は生じないけれども、事実に変化が生じたばあいには、事実の主張であることが大きな意味をもちますから、これについては当事者にとって非常に重大な利害が生じますので、訴因変更の「必要性」があるという結論になります。

このように、同じく審判の対象論という前提を採りながら、その対象が何かによっていろいろな場面で差が生じます。訴因変更の必要性、その効力の及ぶ範囲・限界などについて押さえておいてください。

(9)　審判の対象と罪数論

これについては裁判の効力の及ぶ範囲の問題として先ほど触れたのですが、罪数論がここで意味をもちます。すなわち、一個の裁判なのか数個の裁判なのか、との関連で審判の対象論に罪数論が影響を及ぼすのです。一罪か数罪かによって裁判の個数にも差が出てきて、訴因変更の限界にも差が出てくるという一連の問題として整理しておいていただきたいとおもいます。

これは告訴などいろいろな場面でも問題になります。訴因といいますと、訴因変更のところだけしか勉強しない人が多いのですが、それは得策ではありません。訴因については、すでに起訴の段階で公訴は訴因として提起されますから、一罪かどうかという問題も出てきますし、訴訟条件も訴因を基準にしてその有無が決められますし、訴訟追行条件も訴因に関連して出てきますので、あらゆる場面で訴因が影響をもたらすことになります。ですから、訴因論も基本原理ということになるわけです。

当事者主義的な構成と職権主義的な構成との関連で、訴因に関しても大きな影響が出てくるわけですから、その二つを結びつけることによって、またいろいろな関連での論点にも応用がきくことになります。

2　証拠法則における証拠能力と証明力の区別

(1)　証拠能力論としての伝聞法則

証拠法則をここで見ておくことにしましょう。当事者主義構造の下で、とくに大きな意味をもつのは伝聞法則です。伝聞法則は、証拠法の基本的な原理になっているのですが、これがどういう意味をもつのか、を理解していない学習者が意外に多いといえます。言葉のうえでは伝聞法則を知っているのですが、その根本理念が何か、がつかめていない人がかなりいるのです。

伝聞法則においては、「反対尋問権の保障」の観点が非常に重要です。供述証拠であって反対尋問を経ていないものを伝聞証拠といい、そのような伝聞証拠を排除する原理・原則が伝聞法則にほかなりません。これは当たり前のことですが、この部分は明確に理解してほしいのです。反対尋問権がなぜ必要なのでしょうか？当事者主義構造の下では、証拠は一方的に予断偏見でもって評価されてはいけないのであり、両当事者の反対尋問をとおしてその証拠の「証明力」が十分に吟味されるべきことになります。このようにして「証拠能力」として反対尋問権が要件になってくるわけです。

「証拠能力」と「証明力」を厳密に区別する必要があります。証拠能力は、適法な証拠として裁判所に提出できるかどうか、という証拠の「適格性」の問題です。これに対して、証明力は、法廷に出された証拠の「価値」です。伝聞法則は、証拠価値の問題ではなく、その前の段階の証拠能力の問題です。つまり、伝聞法則は、反対尋問がなされていない供述証拠が、一方的に法廷に提出されますと、それによって裁判官に不当な心証を形成させるおそれがあるので、伝聞証拠を排除するという原理です。供述証拠はかなりアピール力はありますが、供述内容が真実かどうか、については反対当事者側に吟味させていなければ、その証拠価値ははっきりしません。伝聞証拠の提出をみとめますと、それによって不当な事実認定がなされる危険性がありますから、伝聞法則による制限が加えられるのです。

これは、経験則からみとめられる法原則です。理念的な原理・原則から演繹的に導かれたものではありません。経験則上、供述証拠については当事者の吟味にさらしているかどうかが大きな意味をもっていることは明らかなのです。一方的に有利な証拠だけが提出されて、それによって判断されるのは不公平で、偏頗な裁判だということは、誰が見ても明らかです。だからこそ、両当事者によって供述証拠が吟味・検討される必要があるのです。その吟味の手続きが証人尋問の手続きです。反対尋問権の保障のそもそもの出発点は、ここにあります。

いざ個別的な伝聞法則の適用の場面になりますと、原理・原則との関連を考えない学習者が多いといえます。そこまで遡らず、知識だけで処理しようとしますから、個別的問題点について条件反射的に記憶に頼りがちになってしまうのです。やはり根本にまで立ち返って、これがどういう意味をもつのか、という観点から論述できるようにしますと、非常に説得力のある処理となります。そこで、先ほどから強調していますように、基本原理に遡って説明できるかが、重要性をもちます。誤解してほしくないのですが、「何はともあれ最初から伝聞法則を説いて、だからこうだという議論をしなさい」といっているのではありません。自分自身がある論点について考えるばあいに、自分自身の頭の中でその基本原則までたどれ得るかをいっているのです。

(2)　自白法則と補強証拠

自白法則についても触れておきましょう。「自白は証拠の王」といわれるように、その証明力は非常に強力です。心証形成について決定的な影響力をもち得るのですが、逆にそれだけ危険ですから、補強証拠が必要とされます。補強証拠の意味づけと、どの程度のものが必要か、ということも、今述べましたような観点から説明できることになります。証拠法則については、他にもいろいろ細かい問題が出てきますが、根本は、裁判官に誤った心証形成をさせないという観点からの規制原理であることを正確に捉えておきますと、明確に基本原則として説明することができるとおもいます。

(3)　形式裁判と実体裁判の効果

裁判には形式裁判と実体裁判とがあって、それぞれその効果がどのように及ぶか、という問題があります。先ほど、実体裁判について訴因がどういう意味をもつか、という訴因変更の問題に触れましたが、そのばあいも、裁判の効力の範囲という問題があるわけですけれども、審判の対象論として訴因説を採ったばあいに、「公訴事実の同一性」の範囲内でなぜ裁判の効力が及ぶのか、という問題が出てきます。

この点について、平野説は、同時訴追義務という観念で説明します。これは裁判そのものの効力の問題ではないと解する立場です。つまり、裁判の既判力の問題ではないとされるのです。そういう意味で、民事訴訟法上の「既判力」概念と刑事訴訟法上の「一時不再理の効力」の概念との間にはずれがあります。それはなぜかといいますと、「二重の危険」という概念が刑事訴訟法では意味をもってくるからです。二重の危険は、ダブル・ジェパディ（double jeopardy）の訳語ですが、これが差をもたらすのです。

(4)　上訴の問題

上訴につきましては、司法試験で問題になるのは控訴審あたりまでです。つまり、そこに訴因変更の問題などが出てくるわけで、上告のところはあまり重視されません。基本的な控訴審の構造を理解していれば応用がききますから、その辺を押さえておけば十分だろうとおもいます。

第五款　おわりに

大まかな形で、刑法と刑事訴訟法の特徴および概略と相互関係について、さらに勉強方法についてもお話ししましたので、これを参考にして大いに勉強を進めて力をつけてください。

次回からは、刑法プロパーの問題を検討していくことにします。

第三章　刑法理論と市民感覚

第一款　はじめに

本日のテーマは「刑法理論と市民感覚」です。皆さんは刑法を学び始めたばかりで、刑法理論の細かいところについてはこれから勉強しようとしている段階であると伺っていますので、細かい知識はないだろうという前提でお話しいたします。まず、なぜ「市民感覚」という言葉を選んだのかという点から説明することにします。日本の刑法学は、ドイツ刑法学から非常に大きな影響を受けており、当初、ドイツ刑法理論のいわば模倣の段階から始まり、そして自らそれを発展させてきたという経緯があります。刑法学は、きわめて精緻な理論的性格をもっておりまして、緻密な論理を駆使して壮麗な体系をつくる作業がおこなわれてきておりますので、刑法の本を読んだだけでは分かりにくいという事情があります。そのため、「理論のための理論」を構築し、「論理のための論理」をもてあそんでいるという印象を与えかねないほどです。外国の理論をそのまま日本で適用しても、けっしてうまくいくはずはありません。なぜならば、法意識というものは、それぞれの国の長い歴史の中で育まれてきているため、国情が違えば当然その運用にも差が出てきますし、それを理論化するばあいにも当然差が出てこなければいけないはずだからです。

日本は近代化を進めるに当たって多くの法領域において「外国法の継受」をさかんにおこないました。それは世界的に見ても非常に大きな成果を上げているといえるとおもいます。法の継受に当たって、法文の基礎にある「理論」も積極的に導入したのです。その中でも刑法学はとくにドイツ刑法理論にかなり依拠したので、「直輸入法学」とか「ドイツ刑法学日本支店」とか揶揄《やゆ》されたり、いわば自虐的・自嘲的に嘘ぶいたりしたこともあります。

このような状況の下で、自分たちが刑法を学んできますと、「はたしてこれでいいのだろうか」という疑問が各所に出てきます。そのような場面で皆さんには、その問題点についての解決策を自分自身の目で見て、自分自身の頭で考えて、「本当に正しい理論かどうか」を判断する実力を培っていただきたいとおもうのです。そのばあいに、刑法の適用の問題を考えるに当たって、「一市民」としての観点はきわめて重要です。

わたくしは私立大学の明治大学で教鞭を執っておりますが、日本大学も私立大学として輝かしい歴史と伝統をもっております。その中核にあるのは何かといいますと、法律知識あるいは法の理論を「市民」たる国民の手に取り戻すことであり、そこに私立大学法学部の出発点があるのです。その意味でも「市民感覚」というのは我々にとって重要な視点あるいは観点であるといえるとおもいます。皆さんも「刑法理論」を学ぶ出発点においてそのことに思いをいたしていただきたいという趣旨から、あえて「市民感覚」という言葉を使い、「刑法理論と市民感覚」というテーマを選んだわけです。

第二款　刑法規範の性格

一　罪刑法定主義

皆さんはすでに罪刑法定主義について学んできているとおもわれますが、ここで罪刑法定主義のそもそもの出発点は何であったかを考える必要があります。罪刑法定主義というのは、ご承知のように「行為の前に犯罪と刑罰が成文の法律で定まっていなければならない」とする大原則です。これは近代刑法の大原則であると皆さんは教わっているはずです。

これがなぜ近代刑法の基本となるのかといいますと、「行動の自由」を保障するところに近代の出発点があったからです。自分自身で意思決定をし、それに基づいて行動し一定の成果を上げていくことが「行動の自由」にほかなりません。「行動の自由」こそが近代性の中核的な要素であり、我々にとって大事な人権であるということが、まず第一義的にいえるわけです。成文法であらかじめ犯罪と刑罰を定めておくことにより、恣意的な刑罰権の行使を防止し、それを通して国民の「行動の自由」を保障しようとする原則が罪刑法定主義にほかなりません。

この点は皆さんも、「たしかにそのとおりだ」と考えるとおもいますけれども、ここで一般に行動の「予測可能性」の原理ということがいわれます。これは正確にいいますと、自分のおこなった行動にどういう法的効果が伴うのかについてあらかじめ知っておく必要がある、という原則です。自分のおこなう行為は適法なのか違法なのか、違法だとしたばあいに、それにどういう刑罰が加えられるのかをあらかじめ知っていなければ、我々は安心して行動することができないことになります。そこで、行動の「予測可能性の原則」を罪刑法定主義という原理・原則で守ろうということになるわけです。

このばあいに大きな意味をもつのは、「行為の前に」犯罪とそれに対する法的効果である刑罰が成文法によって確定されていなければならないという側面です。つまり、刑法は行為者が行為をおこなう前に成文法によって確定されていなければならない、ということです。そうしますと、まず注意しなければならないのは、「行為者」の観点がそこで大きな意味をもってくるという点です。

二　規範の名宛人

このばあいに、法規範はどういう者を対象とすべきかという「規範の名宛人」の問題が出てきます。この点については、国民一般、言い換えますと、一般的・平均的な国民あるいは「市民」が規範の名宛人であるといえるわけです。このように法規範の対象が一般的な平均的な「市民」としての国民であるということになりますと、法規範は、一般的・平均的国民ないし平均的市民が理解できるような内容をもっていなければならないことになります。

三　規範的構成要件要素と並行的評価

このような観点から構成要件の次元で出てくるものに、「規範的構成要件要素」があります。規範的構成要件要素というのは、成文法の文言それ自体では内容がはっきりと確定されておらず、裁判官の解釈によって初めて、その意味内容が確定されるような構成要件要素であるというような説明を受けているとおもいます。このような規範的構成要件要素の認識は、あくまでも一般人を基準にして、その「意味の認識」として把握されております。つまり、その行為者が属する「素人圏における並行的評価」が基準にされているわけです。構成要件には罪刑法定主義の中における「情報化機能」という側面があります。構成要件は、一般国民に犯罪と刑罰の関係について情報を提供するという「情報化機能」をもっているのです。つまり、構成要件は、「こういう行為をすればこういう刑罰で処罰されます」ということを情報として提供する機能をもっているわけです。わたくしはこれを「情報化機能」と称しているのですが、この「情報化機能」がはたらく段階において刑法は一般人を対象にしますから、一般人が規範内容を理解できるようでなければならないことになります。

これは、先ほど触れましたように、刑法の理論では、行為者が属する素人圏における「並行的評価」として説明されている事態にほかなりません。これは、その行為者が属している社会集団の中で一般的に理解されている判断に従うべきだということです。つまり、並行的評価というのは、その集団の中で一般的になされている評価を意味します。そのような評価に従って構成要件の意味内容を理解すべきであるということが、規範的構成要件要素の理論として主張されているのです。これはまさに今述べたような観点からしますと、一般人を対象にしている刑法ですから、その要素である構成要件についても、一般人を基準にして考えていこうではないか、という趣旨の現れということになります。このような一般人の並行的評価を重視する立場は、まさに刑法規範の名宛人の問題の一環としてここに現れてくるわけです。

四　裁判規範と行為規範

ここにおいて、一般人・一市民である行為者の側から刑法を見るとどうなるかという視点が重要性をもってくると考えられます。従来、多くの学説は、刑法規範を含むすべての「法規範」は「裁判規範」であると解してきました。つまり、裁判規範説が現在でも通説となっています。それはどういうことかといいますと、そもそも法は裁判官に向けられているのであって、裁判官がその法を解釈してそれを適用していくのだという考え方にほかなりません。つまり、裁判官の立場に立って、法文の意味内容を確定し、裁判官の立場からそれを適用していくということになります。これが「裁判規範説」の基本的な考え方です。

なぜこういう考え方が出てくるのでしょうか？刑法に即してお話ししますと、刑法というのは国家が一定の秩序を維持するために強制力を有する刑罰権をもって国民を支配ないしコントロールするためのものであるという理解がその前提にあります。そうしますと、国家機関の一部である裁判官もそのような刑法的なコントロールを担う立場にあるものとして位置づけられることになります。その意味において、裁判規範説はいわゆる「裁く側の論理」を前提にした立場であるということになります。それは、どういう行為をどういう観点から罰したほうが法秩序にとって妥当かという論理です。この見解によれば、その判断の基準となるのは裁判官です。裁判官の立場から見てどうかということになりますから、裁判官の見識を前提にして、これについて行為者はこういう行為をしたのだからこういう刑罰で罰せられるべきだ、という判断をすることになります。そして、判断の基準となる時期・時間も、「裁判」時ということになります。これは、裁判の時に明らかになった事実を前提にして法的な評価を加える考え方であり、「裁判時基準説」と称されます。この立場においては、刑法上の違法性を考えるに当たっても、つねに裁判官が裁判するその時点で明らかになった事実を前提にして、違法か適法かの判断をおこなうことになります。このばあい、行為者にとってどうであったかという観点は問題にならないのです。裁判官にとって明らかになった事実を前提にしたばあいに、法律上これをどういう形で処理するかという基本的な考え方がそこで採られることになります。

五　刑法の行為規範性

「これでいいのだろうか」という疑問が、わたくしにとっての出発点です。裁判規範説はおかしいのではないでしょうか？一方において罪刑法定主義が一市民・一国民である行為者にとって「予測可能性」を担保する基本原則だといいながら、他方において規範論の段階では、裁判官が基準になり、裁判官の側から見ていくのが正しいということになりますと、行為者にとっての「予測可能性」があまり意味をもたないことになるのではないだろうか、という疑問が生じてくるのです。やはり行為者を基準にして物事を見ていくのが、市民の立場から見た刑法理論であるということになるのではないか、とわたくしは考えているのです。

ここで誤解を避けるために少し注釈を加えておく必要があるとおもいます。わたくしは個々の裁判官が信用できないといっているのではありません。むしろ日本の裁判官は個々的に見たばあい、非常に優れた信頼できる方が多いのです。わたくしは、廉潔で深い洞察力と高い教養を身につけた素晴らしい数多くの裁判官と親しくおつき合いいただいております。わが国には優秀な裁判官が多くいることは、世界的視野から見ても大いに誇っていいことだとおもいます。わたくしが今お話ししているのは、あくまでも「制度論」的観点から見た法「規範」論なのです。「裁判」規範説を批判しますと、すぐに「裁判官」批判論だと非難する研究者が出てきますが、わたくしは、けっして個々の「裁判官」を批判しているのではありません。「制度論」として法規範を裁判規範として捉えるべきか否かを問題にしているのです。

このような観点からわたくしは、刑法は一般人である市民・国民としての行為者に向けられていると理解すべきだということを主張しているのです。なぜそういうことを主張するのかといいますと、「一定の行為については、こういう法的な評価が加わるからこういう行為はしてはいけない、あるいはこういう行為をしてもいいのだ」という形で、「行動の基準」を示すことになるからです。こういう捉え方を「行為規範説」といいます。この考え方によりますと、法は行為者が行為をするに当たり、その基準となるべき規範を示すものとして把握されます。刑法は裁判規範性が第一次的なのではなく、行為規範性が第一次的であると考えるべきであると主張することになります。

第三款　違法性論

一　行為規範説と違法性判断

行為規範説の考え方を採りますと、どういう結論になるのでしょうか？先ほど言いましたように、行為者をベースにして物事を見ていくことになりますから、つねに行為の時点で行為者にとってどうであったかということが大きな意味をもってくることになります。裁判時基準に対してこれは「行為時基準」ということになります。当の行為者が行為をしていた時点で明らかになった事実を前提にすべきであると考えるわけです。時間の観念からはそうなります。

そうしますと、後で分かった事実を前提にして、「おまえがこういう行為をおこなったのは悪い」というような説明はできないことになります。その行為の時点では、一定のことは分かったけれども他のことは分からないというような事実関係は、違法評価を加えるばあいには基礎にしてはいけないという結論になるわけです。言い換えますと、行為の時点で行為者または一般人にとって明かな事実が判断の基礎に置かれるべきことになるわけです。

刑法規範は違法性判断の次元では一般人を対象にしますから、そこで基礎となる事実は一般人にとって予見できる事実でなければいけないということになります。法は裁判官に向けられたものではなく、あくまでも一般人である国民としての行為者に向けられたものであると理解するならば、その行為の時点で行為者として、一般人として分かり得る事実を基礎にして、行為者のおこなった行為が良かったか悪かったかという判断、すなわち違法性判断をなすべきことになります。そうしますと、裁判規範説と行為規範説とでは、結論的に大きな差が出てくることになります。

二　誤想防衛の取扱い

誤想防衛を例にしてその差を見てみましょう。誤想防衛は、ドイツと同じように日本でも、「正当防衛」には当たらないということが大前提とされております。誤想防衛とは、正当防衛状況、つまり急迫不正の侵害が存在しないにもかかわらず、行為者がその存在を誤信して防衛行為に出たばあいをいいます。たとえば、夜、道を聞こうとした人が声をかけた時に、行為者がその人は最近その地域で出没している強盗殺人犯に違いないと思い込み、自分を殺そうとしていると考えて、自分の身を守るために近くにあった棒で相手を殴って重傷を負わせたようなばあいがこれに当たります。

刑法三六条は、正当防衛について規定しており、急迫不正の侵害があり、その侵害から法益を守るためにやむを得ずに防衛行為をおこなうことが正当防衛の要件になっています。今の事例においては、急迫不正の侵害は現実には存在しません。たんに道を聞こうとしただけで相手を襲おうとしたわけではないにもかかわらず、行為者は自分が殺されると思い込んでおり、そこに錯誤・誤想があるわけです。その誤想に基づいて、自分自身は正当防衛行為をおこなっているつもりで相手を棒で殴って重傷を負わせた行為は、誤想防衛行為になります。

このばあい、急迫不正の侵害はないわけですから、正当防衛の要件を具備しないことになり、これは正当防衛そのものではないとされます。しかし、行為者が誤って防衛行為に出た点については過失があり、過失致傷罪（刑法二〇九条）の成立をみとめるべきであると解するのが通説の立場です。後から冷静に見れば、そのように解することもできるわけです。実際、急迫不正の侵害がない以上、防衛行為があり得るはずはありませんので、正当防衛には絶対にならないと解されるのです。

しかし、これはあくまでも後から見たばあいにのみいえることです。その行為の時点で、一般人にとってどうであったか、という観点を導入しますと、状況はまったく変わってしまいます。たとえば、行為時に強盗殺人の犯人が逃走中であるというニュースがテレビなどで報道され、その行為の場所が行為者のいる近辺であり、時間的にも接着し、風体から見ても、一般人ならばその者を強盗殺人犯であると考えるであろうという状況があるとします。そのばあい、誰でもそういう場に置かれれば、強盗殺人の犯人が自分を襲おうとしているのだと判断するようなときでも、後から見ますと、襲おうとしていた事実は存在しないわけですから、行為者は違法な悪行をしたのだと解してよいかという問題です。

この点について見解は分かれますが、市民感覚から、「誤想防衛であっても正当防衛となり得る」ことを最初に主張されたのは藤木英雄博士です。藤木博士は、このようなばあいに、一般人を基準にすると、急迫不正の侵害がある点についての錯誤に相当性があるときには正当防衛として扱ってもいいのだという主張をされました。

これに対しては、もちろん従来の考え方から非常に強い批判が加えられています。「急迫不正の侵害がないにもかかわらず、急迫不正の侵害があるものとして扱うのはおかしいではないか。結果として相手を殺していますから、それは結果無価値論の観点からすれば法益侵害そのものにすぎないわけで、適法化されるはずがない」という批判です。たしかに、それはそのとおりです。しかし、何度も繰り返すことになりますが、それは後から見たばあいの話しです。このような判断のやり方を「事後判断」といいます。事後的に裁判官の立場から見れば、「おまえは何ということをしたのだ。襲っていない者に対して防衛行為ができるわけがないではないか」ということができます。これは事後判断です。事後的立場に立てば、歴史的評価に関してまるで神様のような判断ができるのと同じです。その行為の時点での具体的な状況の下に置かれると、あるいは当の裁判官であっても、一個人としてはそのような行動に出たかもしれないのです。そうだとすれば、そのような場面での行動は市民の側から見ますと、違法とされるべきではないのではないか、これを違法だというかたちで処罰するのはおかしいのではないだろうかということを藤木博士は主張されたのです。

わたくしも藤木博士と同じように解すべきであると考えています。しかし、理論的観点からの説明の仕方は違います。正当防衛の客観的要件の存否の認定も違法性判断の一環にほかなりません。この点についてわたくしは、違法性判断は、行為時基準判断でなされるべきであると主張しています。藤木博士の所説とわたくしの見解との違いは、藤木博士が「故意説」を採られるのに対して、わたくしは「責任説」を採り、正当防衛の要件につき事前判断を要求する点にあります。しかし、「相当の理由」があるばあいには、結果として正当防衛として扱う点は同じです。その出発点が「市民感覚」であることもまったく同じです。

このように解する我々の立場は、まだ少数説にとどまりますが、英米法においては通説の立場です。つまり、英米法では誤想防衛行為は正当防衛として扱われるのです。誤想に基づく反撃行為（防衛行為）は正当なものとして扱っていいのだとされることになるわけです。かつて「ハロウィン事件」と称される気の毒な事件がありました。日本人の留学生がアメリカに行き、ハロウィンパーティーが催されている日に仮装して友人の家の庭に入って行ったわけです。アメリカにおいては住居侵入犯に対して非常に厳しく臨んでおり、不法侵入者は撃ち殺してかまわないという扱いがなされる州もあるのです。アメリカの多くの州では銃の保持がみとめられています。英語で「フリーズ」（freeze）という言葉は「止まれ」ということを意味します。わが国の英語教育においては、このことは的確には教えられておらず、一般にはあまり知られていませんでした。わたくしもこの事件が報じられるまで、十分には理解していませんでした。その後、映画などを観ていたら、たしかに警察官などが「フリーズ」という言葉を使って「停止」を要求しているシーンが数多くあることが分かりました。その留学生は、おそらくそれを知らなかったため、家人が「止まれ」と叫んでいるにもかかわらず、そのまま家に入ろうとして庭を通って玄関に向かって行ったと考えられます。「フリーズ！」といってもそれを聞き入れずに家に入ろうとする者は不法侵入者として扱われます。そういう状況であれば不法侵入者ですから、その者を撃ち殺してもかまわないということになってしまいます。そのばあいにはこれは正当防衛として扱われるのです。

このように誤想防衛は、国によってその捉え方が違いますが、誤想防衛を正当防衛として扱う余地をみとめる点については、「市民感覚」という観点からは、我々の立場は結論的にはアメリカにおける取り扱いと同じであるとわたくしは考えています。しかし、現時点では、ドイツ刑法学の圧倒的な影響の下にあるわが国においては、我々のような主張は必ずしも多くの支持を得られているわけではありませんが、ドイツにおいてもわたくしが述べているような考え方（二元的厳格責任説）は、アルミン・カウフマンによって有力に主張されてきております。

今まで当然とされていた事柄であっても、観点を変えますと、「はたしてそうだろうか」という疑問が出てきます。皆さんには、このような「はたしてそうだろうか」という疑問をもてるような法律家になっていただきたいと、つねづねおもっております。現在は、与えられたことを学び、それを覚え込むだけで十分だという時代ではないのです。今、法律家がいろいろなかたちで批判されていますのは、いわゆるマニュアル化したことしかできず、自分で法的な判断をきちんとできない点についてです。法律家として要求されている適切な法的判断を人に頼るようになってきていることが批判されているのです。そういうことがありますから、今、司法制度改革問題にまで影響が及んできているわけです。実務法曹の多くが、今お話ししたようなかたちで自分で、「本当にそうなのか」という捉え直しをしないために、あらゆる場面で、所与の判例に基づいて細かな法的解決策を提供すればそれで終わりだと考えているから、こういう事態が生ずるのです。

これに対して、わたくしが述べたようなかたちで、「はたして自分自身が一市民・一国民としてその事態に直面している場面で刑法的にどう考えるべきか」という観点から、「必ずしも一般に考えられてきたようなことは妥当しないのではないか」という疑問を大事にしていけば、事態は必ず改善されるはずです。わたくしはそのようにおもいます。

司法試験に受かるためには、ある程度の共通の認識が必要になりますから、判例・通説の理論をきちんと踏まえ、それを現実の問題に適用することに慣れなければいけませんが、「それだけでいいのか」という問題意識はつねにもっていただきたいとおもいます。それは最高裁の判例に対してもそうです。我々学者は、ただ最高裁の判例を解説すればいいわけではないのです。それが正当かどうかについても、市民の立場から積極的に発言していかなければならないとおもうわけです。これが市民の観点からの判例評釈です。そういう視点が欠けますと、ただ上から下された判例をありがたく推し戴くだけの学者になってしまいます。実務家もそうです。

わたくしは、かつて司法研修所の講演で申し上げたことがありますが、実務法曹となって判例変更を迫るだけの力をつけなければいけないのであり、そのためには物事を正確に見、歴史的な流れの中でそれを捉えていくという基本的な姿勢が必要です（拙著『法学・刑法学を学ぶ』〔一九九八年・成文堂〕五二―三頁）。それがなければ最高裁判例の批判はできないとおもいます。最高裁の判例は、高い識見と豊かな経験に基づく深い洞察力を有する最高裁の裁判官の立場からなされた判断を包含しているわけですから、歴史的なパースペクティブをもっていなければそれに十分に対抗できないはずです。皆さんには法律を学び始めた最初の段階でそういう意識をもっていただきたいとおもうわけです。

三　行為無価値論と結果無価値論

すでに違法性の問題も出てきましたが、ここで違法性の問題をどのように考えるべきかについて少し詳しくお話ししたいとおもいます。違法性に関しては、皆さんはすでにいろいろなかたちで本や論文を読んだり先生や先輩方から聞いたりしているとおもいますが、とくに行為無価値論と結果無価値論の対立が厳しく、非常に分かりにくいということを耳にしているとおもいます。たしかに、行為無価値、結果無価値という概念は、初学者には分かりにくいと感じられるでしょう。その分かりにくさが違法性論をますます分かりにくくしていくという悪循環が生じているわけですので、今日は皆さんにこの悪循環を断ち切っていただきたいとおもいます。

学説が厳しく対立しているばあい、まず反対説の論者が何を主張しているのかを理解しなければなりません。他説を理解して初めて、その問題の所在・ありかが分かるのです。何が問題かが分からなければ、それに対する答えは出てきません。「よく問う者はよく答える」という言葉はそのことを意味しているのです。問題意識がはっきりしていて、何が問題かが分かっていれば、その解決に至る筋道もはっきりと分かるわけです。このような観点から、まず行為無価値、結果無価値という言葉そのもののもつ難しさについてお話ししたいとおもいます。

「結果無価値」から考えたほうが分かりやすいですから、まずそれについての説明から始めましょう。学生の皆さんにとってこれが理解しにくい理由は、この「無価値」という言葉にあります。ドイツ語のウンベールト（Unwert）を直訳して無価値という言葉を訳語として当てたために、ある種の混乱が生じて分かりにくくなったといえます。日本語としては、「無価値」という言葉は「価値が無いこと」、つまり「無意味」ということを含意するのが一般的です。ところが、刑法でいう「無価値」はそういう消極的なものではなく、これは「許されないこと」を意味し、法が守ろうとしているもの・価値（保護法益・法益）を侵害しているからよくないので、こういうことをしてはいけない、という「積極的な評価」を伴っているのです。それは、こういう価値侵害を生じさせるな、というところまで要求しているわけです。「無価値」という言葉ではなくて、むしろ、価値に背反し価値を侵害するという意味を含んだ「反価値」という言葉を用いたほうが理解しやすいだろうとおもいます。ここでは、無価値というのは実は許されないことを意味する表現だということを先につかんでおいてください。

「結果」無価値における「結果」は、刑法が守ろうとしている「利益ないし価値」、すなわち「保護法益・法益」を侵害したり危険にさらしたりすることを意味します。一般に「法益侵害ないしその危険」という言葉で説明される事態を「結果」というのです。法益侵害という結果を引き起こしたことがここでいう結果であり、そういう結果は良くないということを結果無価値という言葉で表現するわけです。

結果無価値「論」は、違法性の中核部分、つまり本質は結果無価値にあるのだということを主張する学説です。違法性の判断は結果無価値だけでなされ得るというのが、その基本的な理解です。この見地においては、法益を侵害したという事実それ自体が重要だということになるわけですから、行為者が「どういう意図」の下で「なぜ」そういう行為をおこなったのかは、違法性を判断するに当たってまったく考慮に入れる必要はないことになります。逆に、侵害された法益の価値の程度が大きければ違法性の程度も大きく重くなり、軽ければ違法性の程度も小さく軽いという評価がなされることになります。すべて結果だけで決まるという発想になるわけです。これは、行為者の側の立場、あるいは行為者がどういう具合に考えていたかというような主観的要素はいっさい違法性とは関係がないと考える立場にほかなりません。法益という要素は即物的な要素です。「人的ではない」という意味において「物的」です。したがって、結果無価値論は「物的不法論」であるということになります。「物的」な不法は、侵害される法益だけですべて片がつくという意味で、「人的」ではないのです。つまり、「人間的な」要素が不法の中には存在しないので、「人的」ではないという意味で「物的」であると理解してください。

物的不法論に対しては、市民の立場から見てそれで納得がいくかという点について、非常に大きな疑問が出てきます。すなわち、行為者が「なぜ」そういう行為に出たのか、「どういう意図」の下に行為に出たのかということを抜きにして、はたして違法性の判断ができるのだろうかという疑問が生じてくるのです。これはどういうことかといいますと、そもそも違法性というのは、行為が「法秩序の立場から見て許されない」ことを意味します。「こういう行為は良くない」から「その行為は許されない」という価値判断を違法評価といいます。このような違法評価の場面において、はたして物的な要素だけで、「その行為は良くない」と断言できるのだろうかという疑問がここでの出発点です。

物的不法論の立場に立ちますと、故意・過失・目的など行為者の主観面はいっさい違法性の判断とは関係がないことになります。その意味において「物的」不法論は、「客観的」違法性説と称されることがあります。しかし、これは、法命令説を基礎とする主観的違法性説と対置される「客観的違法性説」とは違いますので、「修正された」客観的違法性説と称されます。この修正された見解は、違法性の「判断対象」を客観的要素に限定するという意味で客観的違法性説なのです。すなわち、「違法性は客観的に、責任は主観的に」という基本命題（テーゼ）によって、その理論の内容が説明されるのです。言い換えますと、「主観的なものは全部責任要素なのだから、責任論で考えれば良い」という考え方です。これに対して「違法性は、もっぱら客観的な要素だけで考えるべきである」という理屈になるわけです。

四　主観的違法要素の理論

これに対して、「違法性は客観的に、責任は主観的に」というテーゼの修正を唱えてきた考え方があります。それが主観的違法要素の理論です。主観的違法要素の理論というのは、違法要素の中には「例外的に」主観的なものも含まれていると主張する見解です。物的不法論の考え方を採りますと、主観面はすべて責任要素であり、違法要素とはなり得ませんから、主観的な違法要素というものは理論上あり得ないことになるわけです。主観的違法要素なるものは、「形容矛盾」にほかならないことになります。

これに対して主観的違法要素の理論は、「違法性は客観的に、責任は主観的に」というテーゼは原則的にはみとめられるけれども、犯罪類型によっては主観的なものも違法要素となるばあいがあると主張します。たとえば、「目的犯における目的」がそうであると説明します。目的犯というのは、故意のほかに「目的」が必要とされる犯罪類型であり、その典型例が各種偽造罪です。通貨偽造罪（刑法一四八条）を例に考えてみますと、通貨偽造罪のばあいには「行使の目的」をもってなされた偽造行為だけが処罰されます。偽物の通貨を作る行為は故意行為です。本物そっくりの物を作り出そうとしている意思自体が、偽造の故意にほかなりません。通貨偽造罪においては、故意のほかにさらに「行使の目的」が要求されるのです。この「行使の目的」とは何かといいますと、偽の通貨を本物の通貨であるかのように装って、その通貨が流通していく過程に置こうとする意図を意味します。つまり、偽の通貨であるにもかかわらず、本物の通貨（真貨）であるかのように装ってそれを使う意思が、「行使の目的」です。これは目的ですから、主観的な要素です。先ほどの物的不法論の考え方を徹底させますと、これは責任要素であるということになります。

このように解しますとどういう結論になるかを見てみましょう。たとえば、小学校の先生が「教材として」本物そっくりのお札あるいは硬貨を作り出したとします。このばあい、その先生は「教材として」使うためにそれを作り出したわけですから、その教室内だけで、社会科あるいは算数の時間に使うにとどまり、流通過程に置こうとしてはおりません。あくまでも教材として教室内だけでそれを使うのであって、「お金として」使うわけではないのです。このばあいには「行使の目的」はありません。そうしますと、修正された客観的違法性説によれば、その先生は通貨偽造罪の構成要件に該当する行為をおこなっており、しかもその行為は違法であるとされます。ただ、「行使の目的」がないから責任はないので、犯罪としては成立せず、無罪となるという論理構成が採られることになります。この理屈はお分かりいただけるとおもいます。それはそれで一貫した論理です。といいますのも、主観的な要素はすべて責任の要素だということになれば、主観的要素である「行使の目的」がない以上、責任がなく通貨偽造罪は成立しないという理屈も論理的には成り立ち得るからです。

ところが、これを市民の立場から見たばあい、はたしてその先生の行為は違法であるといえるのでしょうか？行為が違法であることは何を意味するのかといいますと、先ほど述べましたように、そういう行為は法の立場から見ておこなってはいけない行為であるということなのです。良くない行為であるという評価が違法性にほかなりません。そうしますと、その小学校の先生は、国の立場から見ますと、法律上おこなってはいけない行為をおこなったのだという評価を加えられることになります。はたしてそれでいいのでしょうか？むしろその先生は教育熱心であり、子どもの教育効果を考えて一生懸命に優れた行動をしているというのが一般の評価ではないでしょうか？その先生は犯罪的な違法行為をおこなっているのだという評価を、はたして皆さんはくだすでしょうか？そんなことはないでしょう。その先生の行為が適法であるとしますと、このばあいには行使の目的が「違法要素」になっているのであり、「行使の目的」があればその偽造行為は「違法」なのです。「行使の目的」がなければ「違法」ではありませんから、今の事例における先生は、「適法」行為をおこなっていると評価されるべきことになります。これが主観的違法要素の理論からの説明です。この理論は、主観的な違法要素を含む特殊な犯罪類型、たとえば、表現犯、傾向犯、不法領得の意思を必要とする領得犯などの限られた犯罪類型については、今お話ししたようなことがいえると主張したわけです。そうしますと、本来、客観的要素だけで判断すべきであるとされてきた違法性論が、一般的な国民の視点から見たばあいに不都合が生ずるとされるに至ったのです。つまり、今の例の学校の先生の行為が違法であるという評価はおかしいという観点から、主観的違法要素の理論が出てきたわけです。わたくしは、この理論のような考え方は妥当であるとおもいます。一般国民から見て正しい、あるいは妥当ないし適切である行為を、法秩序が違法だと判断し、それを理論的に正当化することは間違っていると、わたくしは考えます。やはり刑法は、国民一般の支持に基づいて維持されなければ、単なる強制力をもたらすだけの権威主義的なものになってしまうとおもいます。一般国民の納得・支持が得られないような刑法理論はある意味で危険だとわたくしは考えているのです。

このような観点から、主観的なものも違法要素となり得ることが承認されるようになったのです。特殊な犯罪類型についてだけではなく、故意犯、過失犯一般についてもそういうことがいえるのだと、我々は考えます。このような考え方を基礎づけたのは目的的行為論です。わたくし自身は、目的的行為論を採りませんが、違法性論において、特に故意犯については目的的行為論の主張には正しいものがあると評価しております。

この点は皆さんには理解することはまだ難しいかもしれませんが、わたくしがお話ししたことをメモしておいて、後で調べてみてください。そうしますと、今述べた問題点がはっきりと分かってくるはずです。ここで、一般的に行為者の主観面を違法評価の基礎にして考える立場に相当の根拠があることが、確認されたことになります。

五　偶然防衛の取扱い

今述べてきてことについて、さらに例を挙げて一般的な問題として考えてみることにしましょう。先ほど、誤想防衛の例を挙げましたが、今度は偶然防衛の例に即して考えることにします。これは、皆さんがこれから違法性論を学ぶばあいに必ず出会う問題です。偶然防衛は誤想防衛とは逆の関係にあります。誤想防衛のばあいには、急迫不正の侵害が存在しないにもかかわらず存在すると誤解したという錯誤の問題でした。これに対して偶然防衛は、現実には急迫不正の侵害が存在するにもかかわらず、その事実を知らずに行為に出て、それが結果的には防衛行為と同じような効果をもたらしたばあいです。これは「偶然に」正当防衛行為をおこなったという状況です。

たとえば、AがBを殺そうとしてピストルを構えていた際、Bもかねてから Aに恨みをもっていたためAを殺そうと考えていたので、そこにいるAを見つけ、Bがピストルで先にAを撃ち殺したとします。このばあい、Aも殺意をもってピストルをBに向けていたのですが、一瞬Bより遅れたのでBの弾が当たってAが死んだという状況です。事後的に見れば、BはAによる「急迫不正の侵害」から自分の命を守ったことになります。もしBがAを撃たなければ、AのピストルによってBが殺されていたことは、裁判の時点で見れば、はっきりとしています。事後的判断をするとこういう結果になります。

物的不法論を採る立場は、正当防衛の成立要件として「防衛意思」は要らないという理由から、このばあいも正当防衛であるという結論を導き出します。これに対して判例・通説は、正当防衛が成立するためには「防衛意思」が必要である、という立場に立っています。すなわち、刑法三六条は、自己または他人の権利を防衛するため、やむを得ないでおこなった行為が正当防衛であるとしていますが、「防衛するため」というのは、急迫不正の侵害があることを知ったうえで、それから身を守ろうとすることを意味しますので、防衛意思がどうしても必要だという考え方を採ります。おそらく皆さんも多くの方は判例・通説と同じように理解しているのではないでしょうか？国民一般は基本的にはそういう理解をしている、といってもけっして過言ではないとおもいます。そもそも正当防衛においては、相手から襲われていることを知って初めてそれに対抗する措置として身を守る防衛行為がなされ、それが違法ではないという評価を受けるのだ、という理解が一般的であるといえるはずです。だからこそ、通説・判例は、防衛意思が必要であるとしているのです。

防衛意思は「主観的な」要素ですが、「違法」要素となります。つまり、防衛意思は、「違法性」を失わせる要素としての意味をもちますので、「主観的違法要素」ということになるのです。「主観的正当化要素」として防衛意思が必要であるという考え方を防衛意思必要説といいます。このような防衛意思の必要性をみとめる立場は、「人的不法論」ということになります。物的不法論は、主観的正当化要素としての防衛意思は要らないとする防衛意思不要説の立場を採ることになります。防衛意思不要説を採れば、事後的に見て自分の身を守って正当防衛の効果を上げている以上、偶然防衛は正当防衛にほかならず、殺人罪（刑法一九九条）は成立しないことになりますので、Bは無罪という結論に到達します。現にそのように主張する学説も有力です。

しかし、皆さん、はたしてその結論は妥当でしょうか？防衛意思必要説の観点からしますと、Bは、自分が襲われることを知らず、ただ自分自身としてはかねてからAを殺そうとおもっていたため、たまたまAを見つけて殺したにすぎないのです。そうだとすれば、これは通常の殺人行為にほかなりません。どうしてそれが違法ではないといえるでしょうか？後から見ればたまたま自分を襲おうとしていたという状況があるにすぎないのであって、Bとしては恨んでいるAを殺そうとして殺しただけの話ではないでしょうか？防衛意思必要説の立場に立ちますと、このような結論になります。したがって、通説・判例の立場を貫けば、今のようなばあいには通常の殺人既遂として処断すべきであるというのが基本的な考え方となります。

ただし、現実には判例にそのようなケースはありませんが、今ここでは理論の適用の問題として考えたばあいにはこういう結論になるということをお話ししているのです。偶然防衛が正当防衛かどうかは、主観的な違法要素としての防衛意思をみとめるかどうかという根本的な対立点を構成することになります。ここをまず押さえておいてください。

はたして今いったような偶然防衛も正当防衛であるという考え方が社会一般で通用するか、という観点から考えてみますと、答えはノーといわざるを得ません。しかし、司法試験を受ける諸君は、これから勉強を進めていくうちに、かなり多くの者が防衛意思不要説の支持者になるとおもいます。といいますのは、防衛意思不要説が受験界では非常に有力となっているからです。純粋に論理の問題として考えていけば、先ほどからお話ししていますように、防衛意思不要説も十分に成り立ちます。論理だけの問題としては、それで十分に通用します。しかし、それは国民一般の市民感覚に基づく支持は得られないとおもいます。現に防衛意思不要説を主張する物的不法論に基づいて答案を書いて司法試験に合格し、修習を終えて実務に就くと、ほとんどの人が防衛意思必要説を採る人的不法論の立場に変わっていくようです。なぜならば、国民が不要説の立場を相手にしないからです。一般国民はそういう理論に与しないはずです。にもかかわらず、どうして法律家を目指す者がそういうことを考えずに、現時点だけの観点にとどまり将来を見ないような方向での勉強をしていくのでしょうか?非常に不思議でなりません。やはりつねに自分自身が法律家として正しい信念の下に行動できるような理論を学ぶ必要があるのではないだろうかとおもっています。

このような国民の一般的な考え方を基礎にして、違法性の問題を検討するに当たっては、行為者がどのように考えていたかという主観的な要素をも考慮に入れなければ、けっして正しい判断はできないといえるとおもいます。偶然防衛が正当防衛かどうかは、主観的違法要素としての防衛意思の要否によって結論が違ってきますが、これはほかのばあいについてもいえることです。このように、行為者がどのように考え、どういう意図の下にそれをおこなっているかという側面をも考慮に入れて初めて違法性判断ができるのだという考え方を「行為無価値論」といいます。

六　行為無価値論・人的不法論の考え方

「行為無価値」というのは法益侵害の結果だけではなく、行為者の人的な観点から見て、それがどういう意味をもっているのかということを判断すべきだとする立場です。一般に行為無価値論は「行為態様」を重視する立場であるといわれます。「行為態様」というのは、行為の種類、やり方、行い方という意味ですが、これは行為者の「意思」の内容によって差が出てきます。故意に基づいていれば故意行為であり、過失であれば過失行為であるというかたちで、行為者の主観がかなり「行為態様」に影響を及ぼします。このような「行為態様」を重視すべきであるという考え方が、「行為無価値論」なのです。

たとえば、Aが殺意、つまり殺人の故意をもってBを死亡させる行為は、殺人行為です。Aが怪我を負わせる意思で暴行を加えてBを死亡させる行為は、傷害致死行為です。Aが不注意によって誤ってBを死亡させてしまう行為は、過失致死行為です。これらの三つの行為を見てみますと、人を死亡させたという「結果」、つまり他人の生命を奪ったという「結果」だけから見ますと、まったく同じです。相手の生命という「法益を侵害」してしまったという「結果」の点では、まったく同一の評価を受けるべきことになります。

傷害致死罪（刑法二〇五条）のばあいには、人に怪我を負わせる故意しかありませんが、しかし、結果として人を死亡させております。死んでもいいのだという意思があれば殺人になりますが、怪我を負わせる意思だけしかないのです。人を死亡させることの認識さえもなかったばあいに、不注意で他人の死亡という結果を引き起こす行為が過失致死行為です。このようなばあいに、それぞれの行為は違法性評価において、まったく同じといえるのでしょうか？「殺人行為も過失致死行為も傷害致死行為も、行為としてまったく同じである。なぜならば、いずれも他人の生命を奪っているからである」といえるのでしょうか？悪行として、つまり違法行為として同等な評価を受けるべきなのでしょうか？断じて答えはノーだとおもいます。判例・通説の立場からすれば、やはりどういう意図の下にそういう結果を実現したかということは、大きな差をもたらします。

皆さん、殺人行為と傷害致死行為を単純に比較してみてください。どちらが違法性が重いとおもいますか？それは明らかに殺人行為でしょう。「結果」は同じであっても、その結果をもたらす行為者の意思作用、「行為の態様」に大きな差がありますので、行為それ自体が良いか悪いかという評価に当たっても、当然、大きな差が出てくることになるのです。これが行為無価値論の主張です。「法益侵害」という「結果」だけでは、違法性の有無ないし程度は決まらないのです。もちろん、結果の発生は重要な違法性の要素ですが、それだけでは決着はつきません。行為者の主観的な側面も考慮に入れて初めて違法評価が可能になるのだと考えなければなりません。

このように「結果」だけではなく、さらに「行為者」の側の事情をも考慮に入れる立場は、「物的」な観点に対して、「人的」な要素を重視する観点ということになります。このような人的な要素をも含めて初めて、法益侵害のもつ意味がはっきりしてくるのです。この立場こそが人的不法論にほかなりません。これは「物的」不法論との対比においていいますと、「人的」不法論という考え方として特徴づけられるのであり、両説が対峙することになります。

このように人的不法論と物的不法論という考え方が対立することになるわけですが、さらに人的不法論の中でも考え方が分かれます。人的不法論の立場を論理的に徹底していきますと、結果は違法性にとってどうでもいいのであり、結果発生は処罰条件にしかすぎず、行為者がどう考えていたかという主観面だけが重要性をもつのだという考え方に到達します。これが一元的な行為無価値論、あるいは一元的な人的不法論です。

たしかに、これは論理としては成り立ち得ますが、実定法の立場とは矛盾します。もし、一元的に行為者の主観面だけで違法性の有無・程度が全部決まってしまうということになりますと、既遂犯も未遂犯もまったく同じ評価を受けるべきことになります。なぜならば、未遂犯と既遂犯は主観面はまったく同じですが、結果の発生の有無だけが違うからです。既遂のばあいには結果が発生しているのに対して、未遂のばあいには結果は発生しておらず、結果発生の危険性があったというだけの話しですから、ここに違いがあることになります。にもかかわらず、未遂犯も既遂犯と同一の評価を受けて同じように扱われるべきであるとするのは、我々の法感覚に合いません。実定法は両者を明白に区別しています。基本的には既遂犯の違法性の程度の方が重いのだ、という理解をしているのです。だからこそ、未遂犯は例外的に処罰されるのです。刑法四三条が未遂犯処罰の原則規定であり、四四条は、各条文で規定しているばあいにかぎり未遂犯を処罰できる旨を規定しています。つまり、四四条は「未遂犯の処罰は例外ですよ」ということを意味します。逆にいえば、既遂犯処罰が原則だということになるわけですから、まず既遂犯と未遂犯とに分けて、両者には違いがあるという前提を採りますので、一元的な理解をすべきではないという結論になります。

そこで通説・判例は、二元的な人的不法論という考え方を採るわけです。違法性においては、まず法益侵害の結果発生、あるいは結果発生の危険性という「結果」の部分が重要であるとします。つまり、結果無価値の要素が重要であると同時に、行為無価値も重要であるという二元的な捉え方をすることになります。わたくしも、この点について通説・判例と同じ考え方です。このように通説・判例は、物的不法論ではなくて人的不法論を揺るぎない考え方として提示してきているわけです。このような理論状況をまず頭に入れておいてください。

違法性論が反映される領域として、未遂犯論と共犯論とがあります。これについても若干触れておきたいとおもいます。

第四款　未遂犯論

先ほど、既遂犯処罰が原則で未遂犯処罰は例外であることをお話ししました。未遂犯はなぜ例外的に処罰されるのかという点については、かつていろいろ議論があり、論争が繰り返されてきましたが、現時点では未遂犯は「危険犯」であるという点では共通の理解が得られています。つまり、「具体的な危険」の発生が共通項として要求されているわけです。ただ、「どの時点で」未遂として処罰されるべきかという点をめぐって、現在見解の対立がありま す。これが実行の着手時期をめぐる争いです。

刑法四三条は、実行に着手して結果が発生しなかったばあいを未遂犯として扱う旨を規定しています。実行の着手があったばあいに初めて未遂になるわけで、それよりも前の段階を「予備」といいます。したがって、予備と未遂を区別する限界線をなすのが「実行の着手」ということになります。どの時点で実行の着手があったといえるのかが、大きな論争点になっているわけです。これについてもいろいろ学説の対立がありましたが、現在では客観説が優勢となっており、ほとんどの学者が客観説を採っています。その客観説の中で、何を基準にして考えるかをめぐって見解の対立があるのです。

この点に関する従来の通説は、「実行行為を開始した」時点が「実行の着手」であると捉えています。これは非常に分かりやすい捉え方です。それぞれの犯罪類型には構成要件上、予定された「実行行為」があり、それを開始した時点が実行の着手であるとされるのです。これはこれでよく分かるのですが、しかし、「実行行為の開始」と具体的な「危険の発生」とがつねに結びつくわけではありません。一般的には、実行行為をおこなえば危険は抽象的には発生するといえますが、個別「具体的」な状況において、本当に結果発生の危険性が生じたといえるかどうか、という観点からしますと、非常に大きな疑問が生じてくるのです。

そこで、「実行行為の開始」という「形式的」基準によるのではなくて、「実質的な」観点から結果が発生する危険性があったかどうかを考えていくべきではないか、という見解が主張されるに至るのです。これを実質的客観説といいます。この説は、一定の具体的状況の下で、結果が発生する可能性が現実にあったかどうか、という観点から実行の着手を考えるべきであると主張しています。

そのばあいに、具体的な危険の発生があるかどうかを判断する資料として、行為者の主観面を考慮に入れるべきかどうかが問題になってきます。物的不法論の考え方を貫くのであれば、行為者の主観面は一切考慮に入れるべきではないということになります。これは責任要素ですから、違法性の段階、あるいは危険性判断の段階で考慮に入れる必要はないとされますが、人的不法論の立場からは、やはり行為者の主観面をも考慮に入れるべきであるという結論が導き出されます。

行為者の主観面を考慮に入れるとしたばあい、さらに、どういう内容のものを考慮に入れるかという問題が出てきます。たんに故意だけではなく、行為者の「全体的な計画」をも考慮に入れるべきだ、という考え方が出てくるのです。そのような考え方を折衷説といいますが、わたくしはその立場に立っています。これは、行為者の側から見て、「全体的な計画」の中でどういう行為をしようとしていたかによってその結果発生の危険性も影響を受ける、という捉え方です。一般的な国民の考え方からしても、危険判断をおこなうに当たって「行為者の計画」をも考慮に入れた方が分かりやすいとおもいます。このような観点からわたくしは、主観面に関して、「全体的な計画」も考慮に入れるべきであるとする立場に立っているのです。

未遂犯論に関しては、さらに中止犯における主観的な要素として中止行為の任意性、真摯性という問題も出てきますが、時間の関係でここでは省略することにします。

第五款　共犯論

一　正犯と共犯の区別

最後に共犯論の問題を見ておきたいとおもいます。共犯論とは、法益侵害行為をおこなうに当たって複数の者が関与する形態の犯罪遂行の取り扱いを問題にする領域です。共犯は、一人でも実現できる犯罪について、複数の者が関与する形態ですが、その関与の仕方には三種類あります。第一は、共同正犯（刑法六〇条）です。これは、共同して犯罪行為を実現するものです。第二は、他人をそそのかして、その者、つまり被教唆者に実行行為をおこなわせて結果を実現させる教唆犯（六一条）です。第三は、他人が実行行為をおこなうのを手助けするという形態の幇助犯（六二条）です。

教唆犯および幇助犯を狭義の共犯といいますが、これは本来の共犯という意味です。この狭義の共犯がなぜ処罰されるのかという問題が非常に重要性をもっていますが、これについて長い学説の論争史がありますけれども、細かい議論になりますので、ここでは一切省略することにします。

ここでは、狭義の共犯としての「教唆犯」と正犯としての「共同正犯」との関係をどのように解するのかという点から見ていきます。この点に関して、我々の法意識の中では、共同正犯としての正犯と教唆犯とは全然「質」が違うという考え方を採っていると考えられます。つまり、直接的に共同正犯関係にある者、つまり共同正犯者と、そうではなくて他人をそそのかして自分の考えているとおりの結果を生じさせる教唆犯に対する一般的な評価は決定的に異なるのです。他人を利用して「間接的に」実現する教唆犯よりも、「直接」みずから手を下す共同正犯の方が重いという評価を加えるのが一般的だと考えられます。したがって、「罪質」としては、あくまでも共同正犯のほうが教唆犯よりも重いと感じられることになります。したがって、理論的にもそのように構成するのが妥当であるとおもいます。

条文上は、教唆犯は「正犯の刑を科する」ことになっていますから、教唆犯の法定刑は正犯に「準ずる」こととなって、正犯とまったく同じ刑を科することもできます。このように「科刑」という量的な観点からは、同じ評価が可能ですが、行為の「罪質」の評価としては両者は全然「質」が違うとされることになります。この点については皆さんも同じように考えているとおもいます。つまり、皆さんも実行正犯は単なる教唆犯よりも重いという共通の認識をもっているはずです。

共同正犯となるための要件は、「実行行為を一緒に行うこと」です。これは二つの要素から成り立っています。まず、一緒におこなおうという意思の形成、つまり「意思の連絡」が必要です。次に、実行行為を一緒におこなうこと、つまり「共同実行」が必要です。この二つの要件を具備して初めて共同正犯が成立することになります。

共同正犯として成立しますと、共同正犯者の各人は一部の者の行動によって結果が発生したばあいには、発生した結果について全部責任を負わなければなりません。これを「一部実行の全部責任の原則」といいます。ここでいう「責任」は広義の刑事責任という意味であり、要するに、「発生した結果」はすべての共同正犯者に「帰属」するということです。なぜこのような原則がみとめられるのかという点については、いろいろ議論がありますが、ここでは省略いたします。これは、要するに、発生した結果についてはみんな同じように帰責されるという原則です。「一部実行の全部責任」というのは、そういうことです。犯罪行為の全部を一人ひとりがおこなう必要はないわけで、その一部を構成員の誰かがおこない、それで結果が発生したら、発生した結果のすべてについて罪責追及がなされるのです。

これに対して教唆犯のばあいは、被教唆者に対して犯罪行為をおこなわせるにとどまり、自ら実行行為をおこなうわけではありませんので、法益侵害との関係では、「間接的な」立場になっています。教唆者は、直接、自分が法益を侵害しようとしているわけではないのです。つまり、実行行為をおこなっているわけではありませんから、その分だけ罪責の評価は低くなるのです。

二　共謀共同正犯論

かたちの上では直接みずから手を下さないけれども、実質的には、その人が主犯格になって犯罪行為を一緒になっておこなうという事態が生じます。そのばあいに今お話しした理屈を貫いていきますと、首謀者となる者、つまり主犯格の者は教唆犯としての扱いを受けなければならないことになるはずです。これは理屈として分かりますね。ところが、我々一般人の法感覚からしますと、それはおかしいとおもわれます。たとえば、暴力団の組織の長、つまり、親分がいて、その親分の言いなりになって子分たちが犯行をおこなったばあい、実質的には子分たちは親分の手足となって行動しただけにすぎないのではないかと考えられます。そうだとすれば、首謀者である親分の方がより重い罪責を追及されるべきではないか、という考え方が出てきます。これを基礎づけたのが「共謀共同正犯論」という考え方です。

主導的な立場にある者が、共謀に加わって指示を与え、自分は家で待機し、実際はその支配下にある構成員達が実行行為をおこなう実行正犯になっているばあい、事実上他人を支配しその影響力の下で犯罪的結果を実現させた者の方の犯罪性が軽いという評価をわたくしたちはいたしません。その首謀者こそが悪者であり重く処罰されるべきであると解するのです。そこで、この者は正犯者として処断されるべきではないか、という疑問が出てきます。

たしかに、このばあい、先ほども述べましたように、この支配者である首謀者に対しては教唆犯として正犯と同じ法定刑を科することができます。教唆犯として正犯と同じような刑罰で処罰することによって、処罰感情を満足させることはできますが、しかし、行為の評価として見たばあい、はたしてそれで十分かという疑問が残るのです。そこで、判例は、このばあいには共謀共同正犯という観点から、その共謀に加わっただけであっても、主犯格の者は共同正犯としての罪責を負うべきだという考え方を打ち出しました。しかし、先ほど述べましたように、形式的には共同実行の側面において欠ける点があります。にもかかわらず、それを共同正犯として説明するためにどのように理論的にクリアするのかという課題が突きつけられます。そこで、大審院の判事でもあり、刑法学者でもあった草野豹一郎博士は、「共同意思主体説」という理論を構築し、それで正犯性を基礎づけられました。つまり、共犯現象においては、一緒になって一定の犯罪行為をおこなおうという共謀の下に一定の組織体のようなものを作り出し、そういう組織体ができあがりますと、各人はその組織体、つまり「共同意思主体」の一部分を構成するにすぎないわけで、その歯車の一つとしてそれぞれの任務を分担するだけであると把握されます。全員が、このようなかたちで共同意思主体を形成したばあいには、「一部実行の全部責任」の原則が適用されるという理屈です。

この考えが正しいとすれば、首謀者、主犯格の者も、共同意思主体を形成した者の一員として、まったく同じ正犯者としての罪責追及がなされることになります。このような考え方は組織犯罪についてはぴったりあてはまるといえます。ところが、刑法の規定では、共同正犯は二人以上で成り立つのです。最小限二人であればいいのです。六〇条で、「二人以上が共同して」となっているのは、そういうことを意味します。したがって、共同正犯論は、最低限二名の共同行為についても妥当するものでなければいけないわけですから、この説に対しては、二名を超越するような「共同意思主体」を観念することは共同正犯の実体にそぐわないとの批判が加えられることになります。

さらに、共同意思主体説は、犯罪行為をおこなうのは「共同意思主体」ですが、刑罰はその構成部分にすぎない個々人に科せられると主張します。しかし、この点もおかしいのではないかと批判されています。近代刑法の出発点には、「犯罪行為をおこなった者に対して、その人がおこなった分だけの刑罰を科する」という趣旨の原則があります。つまり、「犯罪主体と刑罰主体は同一でなければならない」という原則があるのです。ところが、共同意思主体説においては、犯罪行為の主体は「共同意思主体」であり、刑罰の主体はその「共同意思主体」の構成員である個々人ということになって、犯罪主体と刑罰主体とが一致しません。これは刑法の大原則に違反します。このような矛盾を解消させるために、民法の組合理論を類推して、これは組合における法律関係と同じで、効果は個々人に帰属するけれども共同目的による規制が働くという説明がなされます。しかし、「共同意思主体」というのは、このような組合理論では説明がつきません。「共同意思主体」なるものは、かなり組織的拘束力の強い団体ですから、共有関係を前提とする組合理論では説明がつかないわけで、むしろこれは社団理論によるべきではないかとおもわれます。「共同意思主体」というある程度組織化された実体ができるわけですから、これを社団として説明するのであればともかくとして、組合を類推して矛盾を解消することはできないのです。

そこで、通説は、「個人責任の原理」から共同意思主体説を基礎とする判例の共謀共同正犯論を否定しました。すなわち、戦前から戦後にかけて通説は、共謀共同正犯論は共同正犯の要件を緩和するものであって妥当でないという消極的評価を下したわけです。しかし、通説が主張してきたように、はたしてその首謀者も単なる教唆犯として処罰することが妥当かという観点からは、やはり疑問はぬぐい去れない、払拭できないことになります。

このような理論状況下において最高裁は、いわゆる「練馬事件」判決（最大判昭33・5・28刑集一二巻八号一七一八頁）で共謀共同正犯論を採りながらも、共同意思主体説の考え方を放棄しました。つまり、「共同意思主体」というものを想定したうえで共謀共同正犯を根拠づける必要はないとしたのです。「共同意思主体」という個人を超越する団体を考える必要はなく、個々人がお互いを利用し合うようなかたちで犯罪行為をおこなっているから、これは「間接正犯」に似たようなものとして正犯性をみとめるべきだという考え方を打ち出したわけです。藤木英雄博士はこれを「間接正犯類似説」というかたちで理論的に基礎づけました。

わたくしは藤木説を支持していますが、間接正犯類似説に対しては批判があります。間接正犯というのは、正犯でない者を利用する正犯形態です。たとえば、構成要件に該当しない行為を利用したり、構成要件に該当するけれども違法でない他人の行為を利用したりして自分の犯罪を実現する遂行形態です。間接正犯の典型例は、たとえば、毒物を郵送するばあいです。郵便局に毒物を預けて配達させるばあい、郵便局の人は、その事情を知らずに配達したにすぎませんので、「道具として」利用されたことになります。「道具理論」という観点から、他人を道具として使うことによって自分自身の犯罪を「間接的に」実現したのだというのが間接正犯の理論です。利用される側は犯罪者ではないのです。ところが、共謀共同正犯の正犯性を基礎づけるために、間接正犯との類似性を言い出しますと、矛盾が生じるのではないか、つまり、共同正犯者はそれぞれが犯罪行為の正犯者ですから、その正犯者を利用する正犯はあり得ないのではないかという批判が加えられるのです。

たしかに、その点に関するかぎり、そのとおりだといえます。しかしながら、わたくしたちはこれを間接正犯そのものだと主張しているのではありません。間接正犯は、今述べましたように、他人を道具として利用することによって自分の犯罪を実現する犯行形態です。したがって、間接正犯そのものであれば、利用される者は犯罪行為者としての正犯者であってはならないわけです。共謀共同正犯のばあいに、「共同意思主体」という団体の犯行としてではなくて、あくまでも個々人の犯行の問題として考える捉え方は共同正犯を個人主義的に理解する見解です。こういう個人主義的な理解をする場面で、お互いがお互いを利用し合っているという要素は間接正犯ではないけれども、それに似ているではないかという意味の類似性です。したがって、わたくしたちは何も共謀共同正犯を間接正犯そのものだと主張しているわけではないのです。「間接正犯ではない」といっているにもかかわらず、「間接正犯といっているのはけしからんではないか」という批判を加えられても、わたくしたちとしては別に痛痒を感じないわけです。

第六款　おわりに

このように、同じ結論を導き出すにしても、より理論的に正確なかたちで説明できることが大事です。そのような理論の構築が望ましいのです。これが先ほどからお話しています「市民感覚に基づく理論」であり、刑法理論の構築の目標はここにあります。ただ屁理屈をいうのではなく、理論としても正当性をもつだけではなく、さらに結論が「市民感覚」に合うものでなければなりません。これが理論の在り方であり、そのような理論を構築する努力をすべきではないだろうかとおもうわけです。これが本日のお話しの結論ということになります。

本稿は、二〇〇〇年七月二五日におこなわれた日本大学法学部主催「法学部特別講演」の速記録に若干の加除修正を施したものである。

第四章　刑法理論の全体構造――結果的加重犯を素材にして――

第一款　はじめに

本構では、「刑法理論の全体構造」を結果的加重犯を素材にして明らかにしていきたいとおもいます。なぜ、こういう形で刑法理論の「全体構造」についてお話しするのかといいますと、刑法理論を学ぶばあいに、細かいことをたくさん覚えるよりも、まず「全体的な枠組」をつかんだうえで、それとの関連で細かい知識を系統立てて整理していくのがもっとも能率的であり、また正しいやり方であると考えるからです。刑法を学んでいる人の中には、いろいろなタイプがあります。弁舌さわやかだけれども答案を書かせてみると、まったく論文式答案になっていないタイプや、細かい論点について判例・学説を非常に詳しく知っているけれども、問題の本質については何も分かっていないタイプが、結構、多いのです。最初の段階で当然、修得しているはずの基礎的事項を全然知らないタイプの人もかなりいます。このような基礎的な事項を理解していませんと、どんなに勉強しても、結局は無駄になりかねませんので、そのことを意識しながら説明していくことにします。物事は何でもそうですが、まず最初に正確な知識を身に付けなければ、勉強していけばいくほど、その方向はどんどん曲がってしまいます。方向が違いますと、とんでもない所へ進んで行くわけで、勉強あるいは努力をすればするほど逆方向へ進んでいくことになりますから、そういうことにならないようにすることが肝要です。

そこで、「犯罪論」（犯罪の成立要件論）のミクロコスモスとして、種々の論点を包含している結果的加重犯を素材にして、犯罪理論の「全体構造」を見ていくことにします。

第二款　結果的加重犯とは何か

一　結果的加重犯の意義

まず、結果的加重犯の意義について説明しておくことにします。結果的加重犯の典型例は、傷害致死罪（二〇五条）です。傷害行為をおこなってそれがもとで相手方が死亡したばあい、「基本行為」は傷害行為であり、「重い結果」は人の死亡です。結果的加重犯は、現実に発生した重大な「結果」を理由に、通常の犯罪類型よりも法定刑が加重されているという意味において「加重犯」なのです。傷害致死罪は、傷害行為によって死亡の結果を引き起こした点で「結果犯」ですが、その結果を重要視して刑が「加重」される点に、結果的加重犯としての特徴があるわけです（「加重的結果犯」）。

なぜ結果的加重犯が必要かといいますと、傷害行為がもとになって人の死亡という重大な法益侵害をもたらしたばあい、重く処罰すべきであると考えるのが常識的であり、国民一般の法感情に合致するといえるからです。つまり、たんに人の身体を害したばあいよりも、人の死亡という重大な法益侵害を生じさせたばあいの方が、可罰的評価、つまり刑法上の評価は当然重くなければならないのです。

二　結果のもつ意味

ここで、「結果」が、刑法上、どのような意味をもつのかについて一般的観点から見ておくことにします。「違法性論」において、「結果は違法性の要素ではない」と解する一元的行為無価値論・一元的人的不法論があります。この見解においては、結果は単なる処罰条件にすぎず、「犯罪の成立要素」としては意味をもたないとされます。しかし、刑法は、法益を保護するという重大な任務をもっています。刑法が、そもそも犯罪行為として一定の行為に対して刑罰を科するのは、その行為によって法益が侵害されることを防止するためです。その意味において刑法は、まず「法益保護」の任務を担っていることになります。その観点からは、法益侵害行為に対しては、単なる処罰条件としてではなくて、あくまでもその行為それ自体に対する無価値判断としての「違法評価」が必要です。そして、重大な法益侵害をもたらした行為については、「違法評価」もその分だけ重くなることになります。重大な「違法」行為としての評価を受けるべきであると解する立場が、現在の圧倒的多数の学説の立場です。わたくしも、そのように解すべきであると考えています。

その立場においては、当該行為によってもたらされた結果については、それに相応するだけの法定刑を付与することが必要になります。基本的な「物の見方」を身につけるという観点からいいますと、刑法理論の枠組みを「覚え込む」ことに意義があるのではなくて、現実に「生きている刑法」がもつ意味を「実体に即して理解」することに意義があるのです。法定刑が刑法上の評価としてきわめて大きな意味をもっていることについては、前に詳しくお話ししました。刑法は、一方において「法的安定性」を追求しますが、他方において現実に「生きている法」の側面から、「具体的妥当性」を追求しなければなりません。具体的妥当性の重要なメルクマールとして、「法定刑」によって評価された「実体」を正当に把握する必要があります。法定刑がどういう趣旨で重くなっているのかについて十分に意識しておく必要があるわけです。

結果的加重犯は、すでに述べましたように、基本行為によって重大な法益侵害がもたらされたばあいに、重い結果にふさわしいだけの刑法的な評価を加えるべきであるという「共通感覚」を基礎にしてみとめられている犯罪類型です。しかし、問題は、結果的加重犯がその「実体」にふさわしい刑罰を科せられていることを理論的に論証できるか、という点にあります。これは、「結果責任」をみとめるものであって妥当でないとの批判に答えられるのか、という問題にほかなりません。換言しますと、「責任主義」の要請を満たしていることを論証する必要があるのです。これについては、別の項において論ずることにします。

刑法典において、結果的加重犯として規定されている犯罪類型が、傷害致死罪のほかにいくつかあります。すべて基本的行為は「故意」行為に限定されています。ドイツ刑法においては、過失行為が基本行為とされているものもありますが、わが国では、基本行為はすべて故意行為に限定されているのです。この点との関連で、「重い結果について故意を有する結果的加重犯をみとめることができるか」という問題があります。これが「故意ある結果的加重犯」の肯否の問題です。とくに二四〇条の強盗殺人罪についてこれが問題となります。

二四〇条は、本来の結果的加重犯である強盗致死罪のほかに、強盗殺人罪をも包含していると解されています。殺人の故意があるばあいも結果的加重犯として二四〇条の中に包含されているのかどうか、が争われるわけです。この点について、判例・通説は、「故意ある結果的加重犯」をみとめておりませんので、結果的加重犯としてではなくて、強盗殺人罪という「故意犯」を包含するものとして理解しているのです。

本講義において、これまでも頻繁に「判例・通説」について述べてきましたが、刑法を学ぶに当たって「判例」および「通説」がもっている意味は非常に大きいのです。裁判所による刑法の「公権的解釈」としての「判例」は、実際の裁判において、「法規範」と同じ役割を演じます。現実の裁判においては、判例に即した処理がなされますから、判例は、事実上、「規範的拘束力」を有しているといえるわけです。したがって、刑法を学ぶに当たっては、判例を正確に知らなければならないのです。「通説」は、判例と違って私的解釈である学説の一つにほかなりませんが、やはり重要な意味をもっています。何が通説であるかを判定できないとして通説という学説の「存在」を疑問視する見解もないわけではありませんが、要するに、かなり多くの学説が一致してみとめている見解が通説とされており、それより支持者が少ない見解は多数説といわれています。なぜ通説を知っておく必要があるかといいますと、法の解釈論としてある学説が主張されているばあい、それが諸学説の中でどういう位置にあるのか、をはっきり知っておかなければ、その学説の「独自性」あるいは「特異性」を正確に把握できないからです。そのことを正確に把握していませんと、非常に独特で奇異な見解であるため、他の人がほとんど是認しないようなものであるにもかかわらず、あたかもそれが学界で広く承認されている説であるかのような誤解が生ずることになります。形式的に論理法則に則ってさえいれば結論はどうでもいいというわけにはいきません。法の解釈である以上、単なる独断論的な「主観的解釈」では足りず、「客観的解釈」がどうしても必要になります。大多数の人を説得するに足りるだけの「普遍的な内容」と「合理的な結論」とを包含していなければ、学説として大した意味はありません。やはり判例・通説との関係において正確な位置づけが必要なのです。判例・通説は、いわばグラフを作るばあいの「座標軸」に当たります。

ところで、刑法上、もっとも基本的な概念でさえ、その内容（内包）について見解が一致していないことも、結構、あります。たとえば、「故意」や「過失」がそうです。故意と過失の概念内容は、当然、明らかになっていると考えている人が多いとおもいますが、学者によってそれに込められている内容がまったく違っていることもあるのです。そのばあいには、同じ故意・過失ということばを使いながら、その「実体」にかなり差があることになります。自分が採っている故意概念、過失概念の内容が、学説上、どういうものとして特徴づけられているかを知っていなければ、判例との対応関係が理解できなくなりますし、同じように故意・過失という概念を使って議論していても、スレ違いが生じて事柄の「実体」が把握できなくなります。極論しますと、学説は自由ですから、何を主張しても構わないといえます。刑法学は、たとえば、団藤刑法学、平野刑法学、大塚刑法学、福田刑法学などというように、学者の名前をかぶせて呼ばれることが多いです。このように、とくに刑法学は、論者の個性が強烈ににじみ出てくる学問領域といえます。同じ条文についても、その読み方によってまったく相反する解釈が生じますから、当然、立場によってその解釈に差が出てくるのであり、多彩な刑法理論が展開されることになるわけです。まさに「学問の自由」が花開いているといえます。しかし、自由の名において「客観性」が装われることもある点に注意する必要があります。百家争鳴はそれでいいのですが、それぞれの理論が学説上、どういう意味をもつのか、それが全体の中でどのように位置づけられているのかを知らなければ、その理論を真の意味で分かったことにはなりません。さらに、客観的に相手を説得する場面で、珍妙な主張として排除されてしまい、うまくいかないことになります。法律学は、「説得の学問」という性格をもっています。法律学の主要な領域として法の解釈学があります。御承知のように法解釈学は、法廷の「弁論術」において現実化され、相手方との「論理による闘争」において相手を説得する学問として発展してきていますから、相手を納得させることができないような見解ないし学説をたくさん知っていたって、それは役に立たないことになります。その意味において、その学説がどういう位置づけをされていて、それとの対応関係において自分がどのように考えるのか、が肝要なのです。このことを知っていなければ、実際上、その問題を知らないのと同じことになります。

さらに、同じ論点であっても従前の議論と現在の議論とではまったく質が違っているばあいがあります。同じ犯罪類型に関する同じ問題点でありながら、その内容に差があるのは、社会状況に重大な変化が生じたり、学説および判例の発展があったりするからです。にもかかわらず、従前の知識をもってそれがすべてであるというようなかたちで勉強していますと、今、何が問題となっていて、それについてどういう方向性が示されているのかがまったく分からないことになります。それでは今、何を勉強しているのかはっきりしないという事態が生じます。その意味において、現時点での通説を正確に捉えたうえで、通説と自分が読んでいる本の立場がどのような地位を占めているかを考える必要があるのです。したがって、「通説との対応関係」をつねに意識して問題点の把握に努めるようにしなければなりません。

そのばあい、通説の主張内容を知ることだけに意義があるのではありません。問題が生ずる「由来」をつかんだうえで、それについて、通説が「どのように」考え、判例が「どのように」処理しているかを知ることが大事なのです。それぞれの考え方について、どこにメリットがあり、どこにデメリットがあるのか、という観点から考察することによって、自分自身の立場がより明確になるのです。

第三款　「基本行為」について

これまで述べてきたことを前提に、次に「基本行為」と「結果」との問題を議論することになります。まず、「基本行為」について見てみましょう。

一　「行為論」とは何か

「犯罪は行為である」というのが近代刑法の大原則です。その意味において、「行為」が刑法上、大きな意味をもつことについては、見解の対立はありません。「行為論」は、刑法理論においてきわめて重要な地位を占めているのです。たんに抽象的に行為を論ずること自体に意味があるのではなくて、「犯罪論」構成との関連において、行為がどういう機能をもつのかを明らかにする点に意味があるのです。

判例・通説においては、「犯罪の成立要件は、構成要件該当性、違法性および有責性である」とする三元的構成が採られており、わたくしも判例・通説と同じ立場に立っています。そして、判例・通説は、行為を構成要件要素として議論します。これに対して、いわゆる「裸の行為論」は、行為が犯罪の根幹をなすことを強調して犯罪の成立要件の一つであるとします。すなわち、行為は、構成要件該当性という評価の対象となるものですから、前述の三つの犯罪成立要件とは「別個独立に」、しかも「最初に」これを議論すべきであるとされるのです。このような考え方が「裸の行為論」といわれる理由は、「構成要件」を度外視していることが、比喩的に「構成要件」という衣装をまとっていない「裸の」行為論と形容され得る点にあります。

このような考え方があるにもかかわらず、わたくし達はこれを採りません。判例・通説の立場からは、裸の行為論は、結局、行為の一般論を問題にするにすぎず、実際上、意味をもたないことになります。しかし、裸の行為論は、行為論には、①基本要素としての機能、②結合要素としての機能、③限界要素としての機能、④統一要素としての機能という四つの機能があるから、犯罪の独立の成立要件であると主張していますので、それを検討することにしましょう。

まず、①基本要素としての機能は、犯罪の基本となる行為が構成要件を超越することを示す機能であるといえます。しかし、前にも述べましたように、構成要件の実現として犯罪を把握すれば、行為はそれに包括されますので、犯罪の独立の成立要件として解する必要はないことになります。

次に、行為には②「結合要素としての機能」があるとされます。つまり、行為は、構成要件該当性、違法性および有責性を結びつける機能（結合機能）をもつとされるわけです。しかし、行為それ自体が結合機能を有すると解する必要はなく、構成要件該当性の段階で行為を議論すればよいのであって、後はその行為が違法であるのか、そして、その違法行為をおこなうについて行為者に責任があるのかという観点から、犯罪の成否を考察していけば十分なのです。

さらに、行為には、犯罪行為とそうでないものを振り分ける機能、つまり、犯罪と非犯罪とを「限界」づける③「限界機能」があるとされます。刑法上、「単なる思想は罰せられない」という大原則があり、「犯罪は行為である」という原理に従うべきですから、「行為」こそが犯罪と犯罪でないものとを「限界」づけることになるとされるのです。たしかに、そのように解することもできますが、しかし、罪刑法定主義のもとでは、「構成要件」によって「犯罪行為」が明確に規定されていますから、行為を一般的に議論する必要はなく、「構成要件的行為」として把握すれば足ります。その意味において「限界機能」は構成要件の段階で十分に果たし得ますから、犯罪の成立要件として独立して行為一般を考える必要はないといえます。

犯罪概念を統一するものとして行為を基礎におく④「統一要素としての機能」は、行為を「構成要件要素」として位置づけたばあいには、その意義を失います。行為を独立の成立要件としてなくても犯罪論の構成は可能ですから、行為の統一要素としての機能をみとめる必要はありません。

このように行為の四つの機能は決定的なものではありませんので、「裸の行為論」の主張する一般的行為概念は不要であるといえるのです。

通説は、行為の基本的要素としての側面をまったく否定しているわけではありませんが、しかし、行為が独立の犯罪要素であることをみとめるものではないのです。要するに、行為は、三つの犯罪成立要件のそれぞれの枠の中で重要な意味を有することを理解しておけば足ります。すなわち、構成要件の段階では「構成要件的行為」として、違法性の段階では「違法行為」として、そして有責性の段階では「有責的行為」としてその特性を考えていけば足りるわけです。つまり、犯罪の成立にとって独立の機能をみとめる必要はないといえるのです。そこで、通説は行為論の中心部分を構成要件の範囲内で考察する立場を採ります。

それでは、「構成要件的行為」に関して、どのような行為論があるかを見ることにしましょう。行為論として、①有意行為論（因果的行為論）、②目的的行為論、③人格的行為論、さらに④社会的行為論が主張されています。現在の通説的な見解は、社会的行為論です。

目的的行為論によれば、従来の通説であった有意行為論は「因果的」行為論にすぎないから妥当でなく、目的的行為として把握されるべきであるとされています。しかし、判例・通説は目的的行為論を採っておらず、目的的行為論は少数説にとどまっています。なぜ目的的行為論を採り得ないかといいますと、目的的行為論がいう「目的性」は、たしかに故意行為についてはその存在がみとめられますが、しかし、過失行為については目的性の存在を論証できないからです。

次に、目的的行為論者の多くが、不作為は行為ではないとして「目的性」を否定します。つまり、不作為は「行為をしないこと」であるとされますが、しかし、通説の立場においては、やはり不作為も行為であると解されなければならないことになります。そして、そのことを前提にして「犯罪は行為である」という基本的な命題が確立されているわけですから、それを真っ向から否定するのは妥当ではありません。「不作為の行為性」を十分に説明しないかぎり、目的的行為論は支持され得ないといえます。

目的的行為論の支持者はあまりいませんが、しかし、目的的行為論がもたらした正当な成果は、率直にみとめられるべきであるとおもいます。すなわち、「目的的行為論それ自体が妥当でないから、すべてその結論も妥当でない」

とされるべきではありません。目的的行為論が提起した従前の犯罪論に対する批判は、非常に重要な意義をもっています。わたくしは、違法性論において、二元的人的不法論の立場に立っていますので、結論的に目的的行為論に近い点が少なくありません。必ずしも理論的に全面的に否定すべきだという偏狭な態度をとる必要はありませんが、しかし、目的的行為論が学説としては絶対少数説であることは、知っておく必要があります。

行為論としてわたくしは、「構成要件的有意行為論」を提唱しています。これは「有意行為論」の一種にほかなりません。目的的行為論は、従来の見解を「因果的」行為論として批判しますが、内容に即していいますと、「有意」行為論として特徴づける方が、学問的には公平であるとおもいます。つまり、因果的行為とされるものの実体は、行為を「有意性」と「有体性」をもつものとして捉える有意行為なのです。有意性は、「意思活動」としての行為の側面であり、有体性は、「身体的な」動静としての行為の有形的側面です。有体性は、積極的に体を動かしたりすることだけでなく、一定の積極的な作為をおこなわない不作為にとどまっているばあいをも含みます。犯罪を「行為」として捉える以上、故意行為・過失行為と作為・不作為とを包括する行為論が必要であり、その観点からはやはり有意行為論が妥当であるとおもいます。

さらに、有意行為論以外の行為論を検討する必要があります。まず、目的的行為論は、前に述べましたように、過失犯の「目的性」と不作為の「行為性」を十分に説明できない点で妥当でないといえます。次に、社会的行為論における「社会的に意味のある行為」の内容は、非常に不明瞭です。つまり、それは抽象的すぎて内容的には中身のない議論であり、行為論としての意味はないとの批判は正当であるとおもわれます。人格的行為論は、行為を人格の主体的現実化として説明しますが、しかし、行為を議論するに当たって多義的で認定の困難な「人格」を議論する点に批判が加えられており、さらに人格の「主体的現実化」も不明確であると批判されています。そこで、有意行為論のように故意行為と過失行為、作為と不作為を包括できる概念は、「有意性」と「有体性」しかないと考えられるわけです。

しかし、従来の有意行為論は、まず有意性、つまり、意思の「存在」を構成要件あるいは行為論の段階で議論し、意思の「内容」を責任論の段階で議論する点において、妥当でないものがあります。すなわち、これは「故意の体系的地位」の問題とも絡みますが、故意の「存在」と故意の「内容」を構成要件と責任に分属させた点に、じつは重大な疑問が生ずるのであり、目的的行為論によって厳しく批判されたのもこの点なのです。この問題については、いろいろなところで検討することになります。たとえば、違法性論においては、故意・過失の違法性の問題として議論されますので、その詳細はそこで説明します。

ともあれ従来の有意行為論が、意思の「存在」を構成要件に位置づけ、意思の「内容」を責任に位置づけた点に欠陥がありますので、この欠陥を克服するためにわたくしは、有意性と有体性をすべて構成要件該当性の段階で考えるべきであることを提唱しているのです。つまり、構成要件該当性の段階で、有意性・有体性の「存在」によって「構成要件的行為」として位置づけられ、故意・過失の「内容」も構成要件要素として議論できることを指摘しているわけです。この考え方によれば、一定の内容を有する故意行為と過失行為も、行為としての作為と不作為も、それぞれ構成要件の段階で区別できることになります。その類別機能によって故意の「内容」と過失の「内容」は、構成要件的故意・構成要件的過失という観点から、明らかにされ得るわけです。このように解することによって、意思内容を責任論に位置づけることの不当性を解消できるだけでなく、構成要件の段階で類別機能をも意思内容に即して果たし得るというメリットがあります。むしろ「構成要件的有意行為論」の主眼は、そこにあるのです。

二　構成要件的故意・過失とは何か

「構成要件的有意行為論」を前提にして、構成要件的故意・過失を見ることにしましょう。もっとも、有意行為論を採らなくても、構成要件的故意・過失という概念をみとめることは可能であり、現に通説はこれをみとめています。

「故意の内容」は、「犯罪事実の表象・認容」として特徴づけることができます。これを「事実的故意」といいます。「事実的」故意といわれるのは、認識・意欲の対象が「事実」にかかわることを示すためです。換言しますと、これは構成要件的結果を実現しようとする意思にほかなりません。つまり、構成要件的結果を表象・認識し、それを意欲・認容する意思として概念づけがなされるわけです。

故意の基本形態を考えてみますと、確定的故意がその概念内容をもっとも「厳格に」包含しているといえます。その意味でそれは、故意の「最高限度」ないし「最大限」の内容をもっています。確定的故意は、認識の程度および意欲する程度がもっとも高いのですから、その意味で完全な内容を備えたものであるといえるわけです。通常のばあいは確定的故意です。たとえば、AがBをピストルで射殺するばあい、Bを殺すという「実現意思」があるわけですが、そこにBがいることを確実に認識したうえでBをピストルで撃ってBの死亡という結果を意欲どおりに実現したといえるのです。

これに対して「認識」面に不確定部分が生ずるばあいがあります。これを「不確定的」故意といい、「概括的故意」、「択一的故意」および「未必的故意」がこれに包含されます。認識内容に不確定の要素がある分だけ、認識の程度が低くなっています。

概括的故意とは、一定の範囲内にあることは確定していますが、そのうちのどれであるかが特定されていないばあいのような故意をいいます。たとえば、ある部屋の中にいる者の何人かを殺すようなばあい、そのうちの誰かは特定されていませんが、少なくともその部屋の中にいる者の誰かという限度で特定されていることになります。その範囲内で概括的に故意があるといえるのです。

次に、択一的故意とは、客体が二者択一的にみとめられるばあいです。たとえば、Aが、BとCのうちのどちらか一人を殺す意思を有しているばあい、BとCのうちのどちらか一人であることは決まっていますが、そのどちらかが決まっていないのです。このばあいには、認識の部分について、確定性の程度が低くなっているわけです。

さらに「未必の故意」ないし「未必的故意」があります。これは、構成要件的結果を「確定的に実現」しようとしているわけではありませんが、その結果が発生しても構わないという形でこれを承認している事態です。判例・通説は、未必的故意を、「意欲の程度」の問題として考えております。つまり、このばあいには、少なくても構成要件的結果について「積極的な」実現意思がなく、「消極的に」これを「認容」・承認する意思しか存在しません。その意味において認容説と称されるのであり、これが現在の判例・通説の立場となっています。

故意の「認識内容」の問題として、違法性の認識(意識)も故意の内容かどうかが争われます。これについては後で責任論において詳しく検討しますが、違法性の認識ないしその可能性を「責任の要素」として捉えるのか(責任説)、それとも「故意の要素」として捉えるのか(故意説)が争われています。「故意説と責任説の対立」も、故意の内容としてどこまで包含するのかという点にかかわります。少なくてもそれが「構成要件的故意」の問題ではない点においては、学説は一致しています。見解が一致している部分と見解が対立している部分とをつかんでおかないと、議論が混乱するだけですから、その点に留意する必要があります。

故意の「認識の程度」の問題は、錯誤の問題、つまり、「錯誤論」と表裏の関係にあるのです。錯誤論は、刑法総論の中でも難しい問題であるとされています。「事実的故意」の問題として説明するかぎりにおいて、それが「認識の程度」の問題であることを、はっきりつかんでおけば、これから錯誤論を検討するに当たって、さほど困難はありません。それが分からないまま、いろいろな錯誤学説を覚え込もうとしますから、錯誤論は難しいと感じられるだけの話しです。錯誤論の問題は、別講で詳しく検討します。

さらに、「故意の体系上の地位」の問題があります。先にこれについて少し触れましたが、故意には違法要素としての性質と責任要素としての性質があるとするのが多数説の考え方です。しかし、わたくしは、「責任要素としての故意」（いわゆる「責任故意」）をみとめるべきではないと解しています。つまり、故意は「事実的故意」に尽きるのであり、それ以外の故意をみとめる必要はないと考えているのです。これは責任説を基本的立場とすることを意味します。責任要素としての故意をみとめる立場は、理論的には故意説を採ることになります。責任説を採りますと、責任要素としての故意を否定するという結論になるのです。故意の体系上の位置づけとしては、故意は「構成要件」要素であると解する構成要件要素説の立場が妥当であると考えられます。

三　作為・不作為

故意行為・過失行為とは別の行為形態として、作為と不作為があります。作為は、通常の積極的な動作をともなう行為ですから、作為犯についてはさほど問題はありませんが、とくに問題となるのは不作為犯であり、その中でも不真正不作為犯について難しい問題があります。不真正不作為犯とは、作為犯を規定している構成要件の結果を不作為によって実現する犯行形態をいいます（「不作為による作為犯」）。たとえば、母親Aが、殺意をもって自分の乳児Bに「授乳しない」という「不作為」によってBを死亡させるばあいです。このばあい、Aは殺人罪として処罰されるかどうかが問題になります。常識的には、Aの不作為が殺人行為とされるべきことは明らかなのですが、それを理論的にどのように説明するかはかなり難しいのです。といいますのは、罪刑法定主義の見地からは、一九九条は「作為による」殺人罪を規定しているのに、これを「不作為による」殺人にも適用するのは「許されない類推解釈」に当たると解される余地があるからです。一九九条の殺人罪の通常の形態は、作為によるばあいです。つまり、一九九条が想定している行為態様は、人をピストルで撃ったり、殴ったり、包丁で刺したり、首を絞めたりする作為で人の死亡という結果を引き起こす形態です。そうしますと、一九九条は、法規範としては、「人を殺してはならない」という「禁止規範」を意味することになります。ところが、母親Aが自分の乳児Bに授乳しないでBを殺害するばあい、「自分の乳児に授乳しなさい」という「命令規範」に違反した点が問題となるのです。「命令規範」に違反する「不作為」によって結果として一九九条の「禁止規範」に違反している事態がそこにみとめられるわけです。そうしますと、罪刑法定主義の観点からは、一九九条は「禁止規範」に違反する行為（作為）しか処罰していないはずなのに、「命令規範」に違反する行為（不作為）をも一九九条で処罰することは「許されない類推解釈」ではないかという疑問が生じます。

このような疑問に対して判例・通説は、罪刑法定主義に違反しないと解しています。すなわち、「作為との同価値性」や「作為義務」の観点から、犯罪としての成立範囲を限定することによって、実質的な不当性を克服できると解していますが、形式的には「規範論」の観点からも基礎づけています。すなわち、前の事例におけるAは、「命令規範」に違反する不作為によって一九九条の結果を生じさせていますが、それは最終的には「禁止規範」に違反していることになりますから、命令規範違反それ自体を「類推解釈によって」処罰しているのではなくて、「禁止規範」違反行為そのものを処罰しているのです。このように、規範論の見地からも類推解釈ではないことが論証され得ることになります。

実質的にも、「限定的に」処罰していますから、判例・通説の立場は、けっして罪刑法定主義に違反するものではありません。すなわち、規範構造の観点からも正当性があり、さらに「作為との同価値性」の要件、つまり、不作為が作為と同視できる程度のものであることという要件を加えることによって、価値論的な観点から不真正不作為犯の成立範囲を限定している点、および、すべての不作為ではなくて「作為義務に違反する」不作為だけを処罰している点で、実質的にも罪刑法定主義に違反する不当な結果とはいい得ないわけです。

次に、作為義務の問題を見ることにしましょう。「法的な」作為義務に違反する不作為が不真正不作為犯を構成するのですが、その作為義務の「発生根拠」がまず問題になります。この問題は、きわめて大きな実践的意味をもっています。といいますのも、せっかく「作為との同価値性」という要件を要求しても、作為義務が発生する範囲を非常に広げてしまいますと、実際上、構成要件によって限定しようとした意味が損なわれてしまうからです。そこで、作為義務の発生根拠を狭めようとする傾向が見られます。

通説は、発生根拠について、いわゆる「形式的三分説」という立場を採っています。すなわち、①法令、②契約・事務管理、③慣習・条理の三つを根拠にして作為義務が発生すると解しており、これは「形式的」にこれらの三つに分けて説明していることになりますから「形式的三分説」と称されるわけです。その中の③の条理の意味内容がはっきりしませんので、これをどのように類型化して、作為義務の成立範囲を限定するのかがまさに問題となっています。勉強する際には、たんに条理に基づいて発生するのだというような抽象的な捉え方をしないで、「どういうばあい」に、「どういう状況」のもとで、「どのような内容」の作為義務が発生するのか、「どのような限定」を加えるのか、というように、具体的に考えるようにしてください。この部分が欠落しますと、不作為犯論の理解としては不十分ですから、それを押さえておく必要があります。

それから「作為義務の体系上の地位」の問題があります。通説は「保障人説」を採っていますが、作為義務を「違法要素」として捉えるのか、それとも「構成要件要素」として捉えるのか、が現時点では重要な意味をもっていま す。実践的には、作為義務の錯誤の取扱いのいかんによって結論に差が生ずる点で意味をもっているのですが、理論的には、犯罪理論の構成という観点から、もっと重要な意味をもっているのです。といいますのも、作為義務を「構成要件要素」とするか、「違法要素」とするかによって、その有無の「判断の性質」が犯罪論の全体構造において性格づけを異にするからです。

構成要件該当性判断が定型的・類型的で抽象的な判断であるのに対して、違法性判断は非定型的・個別的で具体的な判断であり、有責性も同じです。つまり、違法性判断および有責性判断は、いずれも非定型的・個別的・具体的な判断であるという特徴があります。作為義務がそのいずれに属するかは、それぞれの「判断の性質」に適合するかにかかっています。

ところで、作為義務はきわめて具体的・個別的なものです。その作為義務を「構成要件要素」として捉える立場は、後で述べる「区別説」との対比において「統合説」といわれます。統合説は、構成要件該当性の段階で不作為犯の成立範囲を狭める点では筋が通っているといえます。しかし、その段階において個別的・具体的・実質的な判断をせざるを得ないという難点があります。そこで、「区別説」は、「保障人的地位」が構成要件要素であるのに対して、「作為義務」それ自体は違法要素であるとして両者を区別して考えるわけです。このように区別することによって、保障人的地位が類型的に画定されるという意味において、定型的な構成要件該当性判断になじむことになり、また作為義務違反は個別的・具体的な問題ですから、違法性の問題としてこれを捉えることができることになります。このように、区別説は整合性をもった理論として不作為犯論を展開することができるのです。
さらに、「錯誤」の問題も区別説でうまく、処理ができることになります。つまり、保障人的地位についての錯誤が「構成要件的事実の錯誤」として故意を阻却するのに対して、作為義務それ自体の錯誤は「違法性の錯誤」（法律の錯誤）であると解されることになります。このように保障人的地位と作為義務とを区別することによって体系的な整合性が得られることになります。

これまで項目ごとに「重要論点」を指摘してきました。しかし、何が「重要論点」なのかは、体系書を読んだだけではなかなか分からないことが多いのです。本に書かれていることは全部重要であるようにおもえてきますが、最初のうちはやむを得ません。勉強を進めていくうちに、だんだん分かってきます。いわゆる「見えてくる」体験をすることになるのです。何が重要であり、なぜそれが重要なのかという点を押さえて、本を読む訓練をしていけば、必ず良い成果が得られます。体系書を書く立場からしますと、当然、分かっているはずであると考えられる事項はどんどん省略して書いていかざるを得ません。なぜならば、全部の事柄について細かくていねいに書いていきますと、どんなにページがあっても足りなくなってしまうからです。判例・通説との対応はどのようになっているのかを考えながら読んでいけば、体系書をうまく読み込むことができることになります。体系書を読むばあいにも、ただ重箱の隅をつつくようにして読むのではなくて、その基本ないし大筋を早くつかんだうえで、「相互関係」を明確にするように努めると良いとおもいます。「行間を読む」というのは、そういう趣旨なのです。

第四款　基本行為と結果の因果関係

一　因果関係論の意義

結果的加重犯のばあい、次に、「基本行為」と結果との間の「因果関係」の存在が要求されます。基本行為の結果として重い法益侵害という結果が生じたことが必要とされるわけです。「結果犯」においては、因果関係が重要となります。結果犯とは、構成要件上、結果の発生が必要不可欠のものとされている犯罪類型です。結果的加重犯も、先程いいましたように、「結果犯」ですから、当然、因果関係が問題になります。現在では、刑法総論において「因果関係論」は一般論として議論されていますが、もともとは、刑法各論における結果的加重犯がその問題の出発点だったのです。つまり、結果的加重犯においては、重い「結果」が発生したから「重い刑罰」が科せられるわけですが、重い刑罰は苛酷ですから、その範囲を限定する必要があります。その意味において、因果関係論は「限定のための理論」です。刑法上、因果関係の存在が肯定されることは、その行為が原因となってその結果を引き起こしたと評価できることを意味することになります。

因果関係の存否を議論するのが「因果関係論」です。もともと結果的加重犯において議論された因果関係論が、次第にそれ以外の結果犯についても議論されるようになったことは、先程、述べました。たとえば、過失犯も結果犯です。わが国の刑法においては、過失の未遂犯は処罰されませんので、結果が発生したばあいだけ過失犯として処罰されることになります。その意味において、過失犯は結果犯とされますから、過失犯についても因果関係論が重要性を有するわけです。

かつて「因果関係論不要説」という考え方が主張されたことがありますが、これは、主観的帰責としての「責任」

と客観的帰責としての「因果関係」とを混同するものであって妥当でないと解するのが現在の通説です。つまり、因果関係論不要説によれば、因果関係論は罪責を限定するためのものですから、結局、責任の問題に帰着し、独立して因果関係論を問題にする意味はないとされたのです。しかし、これは正当ではありません。因果関係論においては、行為と結果との因果関係を検討するに当たって、行為者ないし行為者の人格を離れて、その意味において「客観的に」考察されるのです。因果関係論においては、あくまでも「行為」と「結果」との原因結果の関係の存否を考える点にポイントがあります。

二　条件説と相当因果関係説

因果関係論としては、条件説と相当因果関係説が主張されていて、基本的には条件説がわが国の判例の立場となっています。これに対して通説は、相当因果関係説を採っています。そして、相当因果関係説の中で、さらに見解が分かれています。すなわち、①主観説、②客観説、および③折衷説がありますが、その分岐点・分かれ目はどこにあるのかが重要な論点となります。それは、いわゆる「判断基底」、つまり、「判断の基礎となるべき事実の範囲」です。すなわち、学説の対立は、因果関係の「相当性」を判断するに当たって、「どの範囲の事実」を基礎とするのかをめぐる争いにほかなりません。①主観説は行為者の認識した事情を基礎にし、②客観説は行為当時に存在したすべての事実を基礎にします。③折衷説は、行為者が知っていた事実および一般人なら知り得た事実を基礎にして相当性を判断します。それぞれの説が「なぜ」そのように解するのか、具体的にそれによって「どのような差」が生ずるのか、を明確に押さえておく必要があります。各説の具体的適用の結果をはっきりさせておく必要があります。

なお、近時、「客観的帰属論」という考え方が有力に主張されるようになっています。

第五款　結果責任と意思責任

一　意義

これまで結果的加重犯に関して、行為と結果の「客観的な側面」について説明してきました。さらに「主観的側面」、「責任主義」との関連が問題となります。これは、「結果責任」と「意思責任」をどのように捉えるかという問題です。結果責任とは、意思活動とは関係なく、結果が発生したことを理由に課せられる責任です。結果責任をみとめた古代の刑法においては、重大な結果が起こった以上、これについて誰かに責任を負わさなければならないとして、何か関連のありそうな人を見つけ出して処罰するという傾向があったとされます。しかし、犯罪行為をおこなった行為者に対して刑罰が科せられる理由は、その行為が悪い行為（違法行為）であり、その行為者がそういう悪い行為をおこなったので、法的に非難し処罰することによって、二度とそういう犯行をしないように「特別予防」を図るとともに、他の人もそういう行為をおこなったばあいには同じように処罰されることを示すことによって、「一般予防」を図るためなのです。その意味において、結果が発生したことだけを理由に責任がみとめられて処罰されるのではなくて、犯罪行為をおこなったことに責任がみとめられて処罰されるのです。これを「行為責任」といいます。行為は「意思活動」ですから、責任は意思に基づく行為責任として把握されるべきであって、結果が発生したことだけを根拠にして処罰されるべきではありません。行為者が「犯罪的な意思」をもって結果を実現したからこそ、「責任非難」を課せられ処罰されるのです。この意味において行為責任は、「意思責任」となります。「意思活動」としての「行為」が「責任非難」の基礎になりますから、これを「行為責任」というのです。その人の「性格」が悪いから責任非難が課せられるのではありません。特定の重い結果をもたらす違法行為を「意思活動」としておこなったがゆえに処罰されるとしますと、結果的加重犯においては、重い結果が発生したがゆえに重く罰せられますから、これは「結果責任」をみとめるものではないかという批判が提起されるのです。

二　責任主義との調和

発生した結果について故意または過失がなければ罪責を問うことはできないとする法原則を、従来、「責任主義」と称してきました。しかし、現在では、故意・過失が「責任要素」なのかについて争いがありますので、責任主義の内容を再検討する必要があります。責任がなければ、その行為者を処罰してはならないとする意味での「責任主義」については、争いはありません。その意味での責任主義は近代刑法の基本原理であり、結果的加重犯は、その責任主義に反するのではないかという疑問に対しては、種々の反論がなされています。

結果的加重犯においては、故意行為が基本行為であり、その「基本行為」から結果が発生する「蓋然性」は高いといえます。たとえば、人に怪我を負わせれば出血多量などによって被害者が死亡する蓋然性が高いわけですから、「基本行為」としての傷害行為をおこない、それによって発生した死亡という結果について罪責を負わせても、行為者にとって「不意打ち」とはいえません。その意味において、結果的加重犯は単なる結果責任をみとめるものではありません。さらに、その結果について過失を必要とすることによって、責任主義との調和がはかられるはずです。つまり、発生した結果について過失を要することは、別の観点からは、結果発生の「予見可能性」を要求することになります。したがって、結果が発生するかもしれないことを予見できなければ、結果的加重犯としては処罰できないことになるわけです。このような考え方が通説となっています。わたくしは、責任主義との調和という観点から通説を支持しています。

三　責任主義と原因において自由な行為

責任主義の問題は、いろいろな局面で出てきますが、結果的加重犯はいわばその典型例といえます。さらに、たとえば、「原因において自由な行為」の局面でも、これが議論されています。原因において自由な行為は、責任能力の問題との関連で議論されます。通常のばあいには、責任能力者が自己の「自由な意思決定」に基づいて違法行為をおこなったことを理由にして刑罰が科せられます。これに対して責任無能力者については、責任非難が不可能ですから、罪責を問い得ないことになります。「責任能力」とは、行為の是非を弁別し、それに従って行動する能力です。自分の行為が良いか悪いか（適法か違法か）を理解できない行為者について責任を追及できないことは、責任主義の見地からは当然のことです。とくに道義的責任論の立場においては、自分の行為が道徳的に見て悪いと知っていながら、あえてその行為をしたからこそ、道義的非難が加えられることになります。そうしますと、是非弁別能力がない者については、責任追及ができませんので、その意味において責任能力は「有責行為能力」であるといえるわけです。

原因において自由な行為においては、たとえば、酒を大量に飲んで自らを責任無能力状態（「心神喪失」状態）に陥れ、その状態を利用して人を殺すようなばあい、責任無能力者（「心神喪失」者）の行為として責任阻却をみとめて、犯罪の成立を否定すべきかどうかが問題となります。心神「喪失」者といいますと、まったく「意識がない者」とおもわれがちですが、けっしてそうではありません。心神喪失者も行為能力はありますから、構成要件に該当し、違法な行為をおこない得るのです。ただ、是非弁別能力がないため責任無能力とされて責任がなく、したがって犯罪は成立しないとされるにとどまります。責任無能力者にはまったく「意思能力」がないというのであれば、行為は存在せず構成要件に該当しませんから、そもそも責任の問題は生じないはずです。そうではなくて、責任無能力者は違法行為をおこなえるのであり、是非弁別能力がないため、責任がみとめられないというだけの話しなのです。

たとえば、Aが、酒を飲んで、自らぐでんぐでんに酔っ払って心神喪失状態を作り出し、その状態を利用してBを包丁で刺殺したばあい、責任主義の原理を貫きますと、AがBを殺す時点では心神喪失状態にあるため責任無能力ですから、Aを処罰することはできないことになるはずです。しかし、国民の法感覚からは、その結論はおかしいといえます。すなわち、Aは、自ら責任無能力状態を作り出してそれを利用してBを殺害するという犯罪的結果を実現しているにもかかわらず、「無罪」となる結論は不当と感じられるわけです。通常の責任能力者のばあいと比較しますと、今のばあいに刑罰を科さないのは、いかにも不均衡であるといわざるを得ません。その結論は正義の観念に合わないとされるわけです。今の事例におけるAを処罰すべきであるとする観点から主張されたのが、「原因において自由な行為」の法理にほかなりません。

今の事例において、意思決定の段階ではAは完全な責任能力を有しています。Aは、原因を設定する行為(原因行為)、つまり、飲酒行為の時点では責任能力があり、自由な意思決定に基づいて責任無能力状態を自ら作り出しているのであり、その後、その責任無能力状態を利用しているわけですから、責任能力がある時点での責任を問うべきであるとされます。このように、Aが現実にBを刺し殺した時点で、責任能力がなかったことを理由に不問に付するのは不当であるとして、原因設定行為時における責任能力を基礎にして完全な責任非難をみとめる理論が「原因において自由な行為」の理論です。問題は、この理論が責任主義の要請をみたし得ることをどのように論証するかです。

責任主義の結論である「行為責任主義」の見地からは、「行為」の時点で「責任」能力がなければならないことが要求されます。これを「行為と責任の同時存在の原則」といいます。これは、違法行為をおこなう時点で責任能力がなければ、責任を追及できないとする法原則です。犯罪行為の時点で、つまり、「実行行為」の時点で責任能力があるときにだけ罪責を問い得ることになりますと、「実行行為」と「責任能力」は同時に存在しなければならないという結論になります。その原則を厳密に貫きますと、Aは、酒を飲む時点ではたしかに責任能力はありますが、しかし、ぐでんぐでんに酔って心神喪失になってBを包丁で刺殺した時点では責任能力はありませんから、罪責を問い得るとするのは不当であることになります。

未遂犯が絡んだばあいには、別の問題が生じます。たとえば、前の事例におけるAが、酒を飲んで酔った時点で、殺害計画を放棄してBを殺すのを止めてしまったばあい、これは殺人未遂なのか、殺人予備なのかが争われます。このばあい、「実行行為」の意義、「実行の着手」の意義、自らを利用する行為の捉え方に関していろいろ見解の相違が生じます。問題の根源は、「行為と責任の同時存在の原則」の根拠をどのように捉え、それとの対応関係で未遂における「実行の着手」概念の中身をどのように捉えるのかにあります。実行の着手概念にとって重要な意義を有する「危険の発生」の中身をどのように解するのかが、通説と修正説の対立の根源なのです。さらに、「心神耗弱者」についても「原因において自由な行為」の法理を適用できるかという問題があります。これは、責任無能力者と限定責任能力者との間の取扱いの均衡の観点から説明できます。

四　責任の基礎と限界

責任の「基礎」と「限界」については、いろいろな観点から説明が可能です。道義的責任論を採れば、違法性の認識（違法性の意識）が故意責任の中核をなすと解されます。つまり、道義的責任を追及するに当たっては、あくまでも自分の行為が道義的に許されないものであることを知っていながら、あえてそれをおこなったばあいに、故意責任がみとめられて、重い罪責追及がなされることになります。これに対して過失は、そのことを知らなかった点で責任が軽いので、軽い過失責任を負うと説明されます。

しかし、道義的責任は「倫理」の問題であり、刑法における責任は、道義的責任・倫理的責任を問題にするのではなくて、「法的責任」を問題にするのです。法的責任とは、違法行為をおこなった点について法の立場から加えられる非難を意味し、けっして反道義性・反倫理性を問題にするものではありません。道義的責任論は、「違法性の認識」が「故意」責任の基礎をなすと解しますから、「故意説」に結びつきます。これに対して、「違法性の認識ないしその可能性」は故意の要素ではなくて責任の要素であると解する「責任説」があります。法的責任論を徹底しますと、当然、責任説に結びつくと考えられます。わたくしは、責任説の立場に立っています。その理論的基礎づけについては、後で別の講において詳しく説明します。責任説を採りますと、違法性の認識の可能性は、故意とは別個の要素ですから、過失犯についても議論されるべきことになります。

「責任の限界」の問題として、期待可能性の問題があります。期待可能性とは、「適法行為」をおこなうことを「期待できる」状況にあることを意味します。期待可能性（期待不可能性）は、故意または責任を基礎づける要素なのか、それとも期待不可能性が責任を阻却する要素なのかなどの問題がありますが、わたくしは「責任を限界づける要素」、つまり、「責任阻却事由」であると解しています。すなわち、適法行為の期待可能性がないことによって非難可能性が失われ、責任が阻却されるわけです。

次に、判断の標準・基準をめぐって争いがあります。つまり、期待可能性の存否について何を標準ないし基準にして考えるのかをめぐって、行為者標準説、一般人標準説、国家標準説などの説が主張されているのです。通説は、一般人標準説であり、わたくしも通説と同じ立場です。つまり、一般人・平均人を基準にして責任阻却を考えるわけです。もし行為者を基準にしますと、行為者はそうせざるを得なかったわけですから、すべて責任がないということになりかねません。国家が基準になるとしますと、どういうばあいに期待可能性がないのかを議論しているのに、国が期待可能性がないとしたばあいだというのではトートロギー（同語反復）ないし循環論法になってしまうと批判されます。

それから、期待可能性があるにもかかわらず、ないとおもったばあいの錯誤をどうするかについても見解が分かれます（「期待可能性の錯誤」）。

第六款　結果的加重犯の未遂

一　基本犯は未遂で重い結果が発生したばあいの処理

結果的加重犯の「未遂」の問題を見ることにしましょう。犯罪の遂行形態として、構成要件該当の行為がおこなわれて結果が発生するばあいが既遂犯であり、これが基本型となります。これに対して、行為はおこなったけれども結果が発生しない事態が、未遂犯です。

ここで結果的加重犯の未遂の問題を見てみます。基本行為は未遂にとどまったが、重い結果が発生したばあい、結果的加重犯の未遂として処罰すべきかが問題となります。たとえば、強盗殺人罪において、強取の点は未遂に終わったばあい、つまり、強盗殺人行為に出て被害者を殺害したけれども、財物を強取できなかったばあい、強盗殺人罪の未遂犯として処罰すべきかどうかという問題です。この点について判例・通説は、重い結果が発生しているます。

以上、結果的加重犯の既遂犯として処罰すべきであるから、結果的加重犯の未遂という観念はいらないと解してい

二「故意ある結果的加重犯」の肯否

さらに、重い結果の発生を認識して基本行為に及んだが、重い結果が発生しなかったばあいをどのように取り扱うか、という問題があります。これは、「故意の結果的加重犯」をみとめることができるか、という問題に還元されますから、通説によれば、この観念をみとめる必要はないことになります。

三　未遂犯論について

本講では、刑法の全体像、刑法理論の全体構造を把握するという観点から説明していますので、未遂犯に関する一般論について若干コメントしておくことにします。「犯罪の実行に着手」したが結果が発生しなかったばあいを未遂といいます（四三条）。「実行の着手」前の行為を予備行為といいます。したがって、実行の着手時期が予備行為と未遂行為の限界線をなすことになります。

結果犯のばあい、既遂犯が原則形態であり、未遂犯は例外的な形態です。既遂犯処罰を原則とし、未遂犯は例外的に処罰する旨を四四条が規定しています。刑法は、重要な法益を侵害する犯罪類型についてだけ、未遂犯を処罰しています。すなわち、法益としてそれほど重要でないものについては、既遂犯だけを処罰しますが、重要な法益の侵害行為については未遂犯をも処罰しているのです。未遂でさえ例外的に処罰されるのですから、その前の段階である予備行為は、さらにきわめて重要な法益の侵害行為を内容とする犯罪類型に限って処罰されることになりま

す。条文上も、重大な犯罪についてだけ予備罪処罰の規定が設けられています。

前にも述べましたように、実行の着手時期は、未遂と予備を分ける基準になりますが、さらにいいますと、予備行為を罰するのは、きわめて例外的ですから、処罰される行為と処罰されない行為の限界線をなすことになります。その意味において実行の着手時期は、実際上、大きな意味をもつのです。理論上、大きな意味をもつのは、「実行行為」と「実行の着手」との関係をどのように捉えるか、結果発生の「危険性」をどのように把握するのか、という点です。形式的客観説や実質的客観説はなぜそういう考え方を採るのか、折衷説はなぜ主張されるのか、についでは、後で別講において改めて説明することにします。学説が三つあるところに意味があるのではなくて、「なぜ」そのように考えるのか、が大事ですので、それを検討する予定です。

未遂犯に関連して「不能犯」の問題があります。ここで不能犯の問題に深く立ち入ることはやめますが、少なくとも「危険」概念をどのように捉えるのか、そしてそれが違法性論とどのように絡むのか、などの問題点があります。

それから、未遂犯には中止未遂（中止犯）もあり、これについてなぜ刑の必要的減免がみとめられるのか、その要件は何か、などが争われます。

第七款　結果的加重犯と共犯

一　意義

犯罪の遂行形態の問題として共犯論があります。ここでは結果的加重犯との関連で共犯の問題を見ることにしましょう。

結果的加重犯は、基本行為としての故意犯と重い結果の惹起としての過失犯との結合形態であると解されています。故意行為を共同しておこない、重大な結果を過失で惹起したとされるばあい、たとえば、傷害行為を共同しておこない、その結果、被害者を死亡させたばあい、傷害致死罪の「共同正犯」の成立を肯定できるのでしょうか？これが、結果的加重犯の「共同正犯」の問題です。

次に、結果的加重犯の「教唆犯」の問題があります。たとえば、AがBに対してCに傷害を負わせることを教唆し、Bがその教唆に基づいて犯行を決意して傷害行為に出てCに怪我を負わせたところ、出血多量によりCが死亡してしまったとします。このばあい、Aの罪責は「傷害罪の教唆犯」にとどまるのか、「傷害致死罪の教唆犯」となるのかが争われます。これが結果的加重犯の教唆犯の問題です。

二　犯罪共同説と行為共同説

結果的加重犯の共犯に関して述べた諸問題は、単純に考えれば、共同正犯であり、教唆犯であると考えられるかもしれませんが、ここには一つの大きな問題が生じます。それは「過失犯の共犯」の問題にほかなりません。これがなぜ問題になるかといいますと、次のような事情があるからです。すなわち、伝統的な共犯論は、「犯罪共同説」という見解です。これは、通説の採る立場であり、それによれば、共犯は、一個の犯罪を二名以上の者が共同して実行する遂行形態ですから、故意行為を共同するばあいに限られることになります。つまり、意識的に共同して遂行できるのは故意行為に限られますから、過失犯の共犯はあり得ないことになります。したがって、六〇条は、故意行為を一緒におこなうという意思のもとに一緒に実行行為をおこなったばあいを意味しますので、現行法上も過失犯については共同正犯はみとめられないという結論になるわけです。そうしますと、結果的加重犯のばあい、基本行為は傷害行為としての故意行為ですから、その限度で共同正犯がみとめられます。しかし、発生した結果については過失犯であるとされますから、理論上、これは過失の共同正犯をみとめないかぎり、結果的加重犯の共同正犯の成立は否定されることになります。

共犯に関しては、別の観点から共犯の捉え方が問題になります。もう一つの捉え方として「行為共同説」という見解があります。わたくしは、この見解を支持しています。行為共同説によりますと、共同正犯は、二人以上の者が、それぞれ「一定の行為だけ」を共同して実行して、それぞれの意図した結果を生じさせる遂行形態です。そうしますと、故意「行為」と過失「行為」の共同実行もあり得ますし、「過失行為」の共同実行もあり得ることになります。したがって、過失の共同正犯は当然、みとめられることになるわけです。

判例は、かつて過失犯の共同正犯をみとめなかったのですが、最高裁の判例は過失犯の共同正犯の成立をみとめています（最判昭28・1・23刑集七巻一号三〇頁）。過失犯の共同正犯をみとめる実益は、次の点にあります。共同正犯においては、「一部実行の全部責任」の原理がみとめられる点に最大の特徴があります。「一部実行の全部責任」とは、共同行為者が一部の行為を実行して結果が発生したばあい、各人は全部の結果について責任を負うことを意味します。たとえば、共同正犯関係にある三名の者が共同実行に出て、そのうちの一人が結果を発生させたばあい、残りの二人もその結果を帰責させられることになります。これを全部責任というわけです。「一部実行の全部責任」の原理の観点からは、共同正犯は「行為」を共同することに意味があるのであって、発生したすべての結果については、それぞれの者が、それぞれの意思内容の範囲内で責任を負えばよいことになります。こういう捉え方が行為共同説の理解です。

三　共犯に関する個別問題

「一部実行の全部責任」の問題との関連で「共謀共同正犯」が問題となります。すなわち、「一部実行の全部責任」の原理は、共同正犯の要件として「実行行為」の「共同」を要求しますので、共同謀議に参加して主導的役割を演じたが実行行為を一緒にしなかった者の罪責をどうするかが争われるわけです。共謀者に対しても正犯としての罪責をみとめる見解が共謀共同正犯論です。

過失犯の教唆も問題となります。教唆とは、そもそも故意行為を決意させることを意味すると解する犯罪共同説の立場においては、過失犯の教唆はあり得ないことになりますので、結果的加重犯としての傷害致死罪のばあい、傷害の限度で教唆犯の罪責を負うという結論になります。しかし、過失犯についても教唆があり得ると解する行為共同説を採れば、このばあいにも結果的加重犯の教唆犯が成立することになります。

共犯論の根本問題については、別の講で検討します。共犯の処罰根拠論なども学界で大いに議論されていますが、その問題がなぜ出てくるのか、それについてどのように考えるのかを議論する必要があります。ほかにも「間接正犯」の問題、「共犯の錯誤」の問題、「身分犯と共犯」の問題など種々の問題がありますが、これまで述べてきた基本的な観点から刑法の全体構造との関連において把握していけばよいわけです。これらについても、別講で改めて説明する予定です。

第五章　刑法総論と刑法各論との関係

第一款　刑法総論および刑法各論の意義

刑法総論において検討されるのは、「犯罪論」と「刑罰論」です。なかでも犯罪論に重点がおかれます。刑罰論の現象的側面の多くは、刑事学（犯罪学および刑事政策学）において考察されます。刑法総論においては、刑罰の理念的側面と法的側面が考察されることになります。犯罪論は、犯罪が成立するためにはどのような要件が必要か、を考察する領域です。犯罪の成立要件は、①構成要件該当性、②違法性、③責任（有責性）の三つから成ります。「成立要件」が備わって一定の犯罪が成立したばあいに、犯罪に対する「法律効果」として刑罰が科せられます。刑罰の理念がどういうものか、刑罰にはどのような種類があって、いかなる目的の下に科せられるのか、を議論するのが刑罰論です。このように刑法総論においては、「犯罪と刑罰」について一般的な議論がなされているのです。

刑法総論において強調されるのは、「犯罪一般」の問題として「普遍的な要素」は何か、ということです。つまり、すべての犯罪に「共通する要素」は何か、を明らかにすることが眼目となるわけです。あらゆる犯罪の共通性を求めて「成立要件」というかたちで包括的に議論しますから、犯罪論は非常に抽象的とならざるを得ないといえます。そもそも犯罪とはどういうものか、その保護法益は何か、あるいは故意における認識の対象は何か、過失犯の成立要件である注意義務の内容と根拠は何か、というかたちで、「刑法上の犯罪」に共通する要素を抜き出してきて、それがどのような意味をもつのか、そしてそれを犯罪論体系の中でどのように位置づけるのか、という「共通性」を先に論じますから、刑法総論における議論は、非常に抽象的となるわけです。

これに対して、刑法各論においては、犯罪類型についての普遍性・共通性を探求することよりも、むしろ各犯罪類型の特殊的・個別的要素の内容を明らかにして犯罪類型の「特殊性」の追求に重点がおかれます。たとえば、殺人罪という「個別犯罪」について議論するばあい、殺人罪において何が特徴的なのか、を明らかにする必要があり、人を殺すこと、つまり、故意に基づいて人を自然死に先立って死亡させることが重要なのです。「人を殺す」とは規範的に何を意味するのか、に重点がおかれます。すべての犯罪、つまり、財産犯や暴力犯罪などを含めたうえでの犯罪一般を議論するのではなくて、特殊な個別的な犯罪の特徴を具体的に明らかにするところにポイントがあるのです。

総論においては、共通性を強調しますが、しかし、たとえば、「身分犯」のばあいには身分犯としての特殊性がありますので、身分犯という特殊性を基礎にして、それと他の犯罪との相違点・差異を議論しなければなりません。また、たとえば、「不作為犯」のばあいには、作為犯に対してどのような特殊性があるのか、どのような違いがあるのか、を議論します。各論においては、窃盗罪と横領罪とはどう違うのか、あるいは背任罪とどう違うのか、というように、相違点を議論します。しかし、これらの犯罪類型には共通の要素もあります。たとえば、窃盗罪と強盗罪とは、盗取罪として、他人の財物を奪い取る点で共通しますから、ここで共通する罪質は何か、奪取するとはどういうことを意味するのか、などの共通の要素を明らかにすると同時に、個別的な相違点を明確にして、その犯罪を特徴づける内実をより詳しく考察する作業がなされることになります。ここに総論と各論の相違点と共通点があることを把握しておいてください。

各論において検討する各犯罪類型の条文は、抽象的に規定されています。それを具体化していくばあいには、個別的なケースを想定して、こういうばあいにはどうなるのか、という考察方法が重要性をもちますから、当該問題については一定の判例があることを知っていることは、きわめて重要です。つまり、犯罪類型を個別化するに当たっては、個別性をより内容豊かにするものとして、判例が重要な役割を演ずることになります。この条文についていったいどういう事態が問題となり得るかを考えるとき、わたくし達の想像力・イマジネーションだけでは考えつかないようなケースが、現実には事件として起こっています。そこで、わたくしは、「判例は小説よりも奇なり」と表現して、イマジネーションを超える判例の面白さを強調してきています。そのような事件について、さまざまな判断が下されますから、それについてどうするのかを考える際の基礎材料として、判例が重要性をもっているのです。その意味で、各論においては、とくに判例を重視する必要があります。

第二款　刑法各論の対象

刑法各論の考察の対象は何か、換言しますと、刑法各論の範囲はどこまでかが問題となります。まず、刑法典における「刑法各則」が各論の対象となることは、いうまでもありません。刑法典の「第二編　罪」、つまり七七条（内乱罪）以下が、刑法の「各則」といわれるものです。七三条から七六条までは、かつて皇室に対する罪が規定されていましたが、法の下の平等を謳う新憲法の制定に伴って削除されました。そのため、現在では、七七条以下が刑法各則ということになります。

ところで、「刑法各則」以外にも犯罪類型を規定する法律があります。これは「特別刑法」といわれるものです。刑法には「形式的意義における刑法」と「実質的意義における刑法」とがあります。形式的意義における刑法とは、「刑法」という名が付けられている法律を意味します。つまり、刑法典のことです。実質的意義における刑法とは、法律の名称いかんにかかわらず、犯罪と刑罰について規定している法律を意味します。「特別刑法」は実質的意義における刑法に当たることになります。たとえば、「道路交通法」という法律は、道路交通に関する行政的な取扱いを規定している行政法規ですが、その中には、酒酔い運転をはじめ各種の違反行為について刑罰を科する罰則があります。その罰則部分は、刑法、すなわち特別刑法ということになります。ですから、行政法規の中にも特別刑法は数多くあり、「行政刑法」として特別刑法の一部を成しています。実際の社会では、刑罰を科せられる行為のかなり多くのものが、特別刑法の中に規定されているのです。しかし、この講義では、主として「刑法各則」の犯罪類型に対象を限定してお話ししていきます。たしかに、現実の社会では、特別刑法上の犯罪はかなり重要な意味をもちますが、しかし、ここでは、「基本的な犯罪類型」である刑法典上の犯罪を理解することに重点をおくことにします。といいますのも、刑法典上の犯罪は、犯罪類型の「基本型」としての性格を有しますので、それをまず正確に把握していただきたいからです。基本を把握していれば、あとは応用がききますので、基礎的問題に焦点を合わせてお話ししていきます。特別刑法は、刑法典の「例外」ないし「修正」として捉えることができますから、どの部分が修正を必要とし特別刑法で規定されたのか、という点をおさえておけば、特別類型としての内容の把握が容易にできるのです。基本型をおさえたうえで、それについて「どのような観点」から、「どのような修正」が施されているのか、を理解しておけば十分といえます。基本型の基礎がどこにあるのかが解釈論の重要問題となるわけです。

第三款　刑法各論の体系

刑法各論においても「体系的な理解」が大事です。どのように体系化していくか、という観点からは、法益（保護法益）が重要な役割を演じます。法益とは、法によって保護されている利益・価値をいいます。その侵害が違法性の中核を基礎づけるという意味で、法益は違法性の重要な要素ということになります。法益侵害だけで違法性が基礎づけられる（結果無価値論）のか、さらに行為態様の側面をも含めてはじめて違法性が基礎づけられる（行為無価値論）のかについて、理論上の対立があります。行為無価値論が通説・判例の立場です。この点については、違法性のところで詳しく論ずることにします。いずれにしても法益を基準にして各論が体系化されていることを知っておいてください。

法益の分け方については、公益と私益とに分ける二分法もありますが、現在では三分法が判例・通説によって採用されています。それは、法益三分説といわれるもので、個人的法益、社会的法益、国家的法益の三つに分ける考え方です。すべての犯罪類型が、このうちのいずれかの法益に分類されることになります。分類することをとおして、刑法各論の体系化がはかられているわけです。わたくしも、この三分説の立場に立っています。考察の順序としては、通説と同様に、個人的法益を最初に議論し、それから社会的法益、最後に国家的法益という順番で議論するのが妥当であると考えています。

犯罪類型は、最初に「個人的法益に対する罪」、次に「社会的法益に対する罪」、最後に「国家的法益に対する罪」という順序で配列され、それぞれの個所において各種の犯罪が考察されます。そのばあいにも、ただ形式的に羅列するのではなく、一定の観点から順序立てがなされなければなりません。どのような意味でそういう順序になっているのかを知ることによって、刑法各論の中で、その犯罪類型がいかなる位置を占めているのかが、すぐに分かるようになります。このような観点から勉強していくのが、一番能率的なのです。その意味において、体系的に把握することが、理解のスピードアップにつながるわけです。刑法は体系的なシステムですから、それについての正確な理解と、その習得方法を覚えておくと非常に楽です。そのような学習方法についても、随時、お話ししていきたいとおもいます。

犯罪類型の体系的な把握だけでは不十分であって、もっと個別的なケースで学ぶべきであるとする考え方もあります。つまり、ケース・メソッドです。これは、演繹的な方法よりも帰納的な方法を採る方がよい、という考え方です。徹底したケース・メソッドを採用しているのが、アメリカのロースクールです。

ケース・メソッドにおいて重要なのは、具体的ケースに関していかなる処理をするかについて考察するばあい、まず、関連判例を調べなければならないということです。実務家と同じ作業を要求されるわけです。日本は大陸法系に属していますので、わたくし達のばあいは、成文法群を収録した六法全書があり、それに基づいて議論をすればよいわけですが、アメリカでは、その件について判例を熟知していなければ、それだけでアウトです。ケース・メソッドによる授業においては、この件についての先例はこのようになっていると報告し、それについて教授から違うといわれれば、この点で同じだから先例になると反論しなければいけないわけです。判例について、そのようなトレーニングを積んだロースクールの学生には、該博な判例の知識が蓄積されていることになります。これに比べますと、成文法主義の国の法学生は非常に楽なかたちで法律を学んでいることになります。なぜならば、体系的な把握に基づいて議論することは、ある意味で楽なことだからです。体系的な把握の方法論さえ知っていれば、どういう問題が出されても、そこから解き明かして、妥当な結論にたどりつく道筋が見えてくるようになります。そのような能力を、本講義を通じて修得していただきたいとおもいます。

判例の結論さえ知っていればよい、と考える人もいるかもしれませんが、それでは本当の意味で判例を知ったことにはなりません。判例がその事実関係の下でなぜそういう考え方を採るのか、当該事件における問題点にどのように対応したのか、その判例の判断がどこまで及ぶか、つまり、判例が及ぶ範囲（「判例の射程」）について理解する必要があります。当該事件とこの判例は事案が同じだから、同じ結論に到達すべきであると主張するわけです。逆に、当該事件とこの判例とはこの点で事案を異にするから、この判例を援用すべきでないと主張することになります。ですから、判示事項をどのように論証するのか、どのように広げるのか、どうすれば裁判所を説得できるのか、という点に関する実力が、弁護士の能力の差として明瞭に出てきます。判例は、現実の社会で「活きている法」ですから、その判例をどのように理解すべきかについても考える必要があります。そうすれば、問題点にどのように対応するか、それがどういう意味をもっているのか、がすぐに分かるようになります。そして、判例にはこのような実質的な背景があるからこの点が問題になるのだ、という裏返しの発想法を修得できるはずです。

ここで、各論の「体系的な把握」についてもう少し述べておきましょう。すでにお話ししましたように、犯罪類型の位置づけに当たって、個人的法益、社会的法益、国家的法益という順序で議論がなされます。そのような取扱いにも、一定の論拠が必要です。個人的法益はきわめて重要ですから、これを優先的に検討すべきであるとする見解もありますが、わたくしは、その見解は採りません。わたくし達の社会生活においては、まず個人があり、それが社会を形成し、さらに抽象的な存在としての国家を構成するという段階的な思考が妥当であるとおもいます。このように、より身近なものからより遠く抽象的なものへと考察を進めるという観点から、法益の順序を考察する方がよいと考えているのです。たしかに、個人的法益の方が優位に立つと考えることもできますが、そういうかたちで法益の間の優劣関係を議論するより、わたくし達にとってより分かりやすい点から入っていった方が、能率的に理解できると考えられます。もちろん、個人的法益の中で、生命・身体がもっとも重要である点については、争いはありません。

刑法の条文上、個人的法益は一九九条の殺人罪から始まります。しかし、各則の最初に規定されている七七条の内乱罪は国家的法益に対する罪です。刑法典は、基本的には、最初に国家的法益に対する罪、次に社会的法益に対する罪、そして最後に個人的法益に対する罪という順序で各犯罪類型を規定しています。これは、抽象的な存在からより具体的な存在へ移行するという発想です。そのような観点から条文が配列されているわけですが、その中には、必ずしも社会的法益とは断言できないものが社会的法益に対する罪にまぎれ込んでいて、いろいろな問題が包含されています。

第四款　法定刑のもつ意義

一　法定刑と罪質

前に、保護法益によって「犯罪類型の分類」と「構成要件の内容の解釈」がなされることについてお話ししましたが、さらに、それぞれの犯罪類型について、条文において「法定刑」が規定されています。法定刑は、法律で、一定の犯罪行為に対しては一定の刑罰を科するというかたちで個別的に規定されています。たとえば、一九九条の殺人罪を見てみますと、「死刑又は無期若しくは五年以上の懲役」という具合に、刑罰の「種類」と「分量」が定められているわけです。そして、法定刑を見ることによって、刑法がどのような法益を重要視しているか、がはっきり分かります。一九九条は、殺人罪に対する法定刑として、まず、刑罰の中で「一番重い」死刑を規定しています。次に、懲役刑の中でも「一番重い」無期懲役を規定し、有期懲役の下限も「かなり重い」五年以上としています。「五年以上」というのは、一二条の規定によりますと「五年以上二〇年以下の懲役」を意味します。このように見てきますと、殺人罪の法定刑は、非常に重いことになります。そうしますと、「刑法典は、生命という法益を非常に重要視しているから法定刑をかなり重くしているのだ」と解することができるわけです。これから、種々の犯罪類型を見るばあい、法定刑にも関心をもつようにしてください。

二　法定刑と処断刑・宣告刑

現実の裁判では、法定刑がそのまま適用されるわけではありません。法定刑をもとに科刑上の規則に従って「処断刑」が算出され、その範囲内で「宣告刑」が言い渡されることになるのです。まず、法定刑の段階では、死刑とか懲役刑、罰金刑とかの刑の種類と、三年以上または一〇年以下の懲役または禁錮とか、五〇万円以下の罰金とかの形で刑の分量が規定されます。この法定刑の中から、どの種類の刑罰を科するかを選び出し、法律上の加重減軽の規則に従って処断刑を導き出し、そこから宣告刑が言い渡されるわけです。裁判では、「被告人を死刑に処する」とか、「被告人を懲役五年に処する」とかの形で判決主文が言い渡されますが、このばあい、必ず判決の言渡しの時点において、その「刑の種類と量」が確定的に宣告されるのです。

実務では、刑の加重減軽は、大きな意味をもちます。実務教育――現実には司法修習ですが――を受けますと、加重減軽をほどこして刑を確定し、一定の宣告刑に至る筋道を文章で正確に表現できるようになります。そのばあい、掛け数の書き方なども、徹底して教えられるわけです。刑の掛け数、刑の加重については、四五条以下に規定があり、併合罪なら四七条で一・五倍まで加重できるとか、累犯なら五七条で二倍まで加重できるとか規定されています。そして、刑の加重減軽の方法については、六八条以下に規定があります。その順序については、七二条に「同時に刑を加重し、又は減軽するときは、次の順序による」という規定があり、まず再犯加重、次に法律上の減軽、それから併合罪の加重、最後に酌量減軽、という順序でおこないます。この加重減軽を誤りますと、その判決には法令の適用の誤りがあるとして上訴されて、破棄されてしまいます。このように、法定刑があらかじめ定まっていて、処断刑が導き出され、その処断刑の範囲内で宣告刑を言い渡すことが現実の裁判の場でおこなわれているわけです。

これで法定刑が、犯罪類型の性質を定めるうえで、かなりのウェイトを占めていることを、お分かりいただけたとおもいます。法定刑は、犯罪の性質、罪質の強弱を、より強く反映しているといえます。

第六章　刑法学の展望

○**司会**　それでは時間になりましたので、研究会のほうを始めさせていただきたいと思います。それでは、よろしくお願いいします。

○**川端**　明治大学の川端でございます。よろしくお願いいたします。

本日はこの研究会にお招きいただきまして、まことにありがとうございます。わたくしに与えられたテーマは、「今後の刑法　刑法学の展望」でございます。この点について勝手なお話しをさせていただきたいとおもっておりますので、後でいろいろご意見を承りたいとおもいます。

今後の展望ということでございますが、もともと展望というのは、過去からの延長線上の先を見定めることを意味しますので、その前提として過去と現状を把握しておくことが必要だとおもわれます。それに必要な限度で刑法あるいは刑法学の歴史的な側面について簡単に見ておくことにします。その観点から、刑法と刑法学の将来について考えの一端を述べさせていただきたいとおもっております。

これは、すでにご案内のことですが、今申し上げた観点がございますので、お話しの都合上、簡単に刑法の歴史について触れさせていただきます。

日本の刑法は、中国法制から西洋法制に明治時代に移行したものであります。その意味において、法の継受という観点から見ますと、「西洋法の継受」が近代日本の刑法の出発点になっております。当初、中国法制のいくつかの制度を参考にして、一時期、これを施行した時期がありますが、その後、旧刑法が制定されて以来、西洋の刑法学の影響を受けて来ている次第であります。当初、旧刑法については、ボアソナードを招聘してフランス刑法をモデルにして草案を作って、それを基にして旧刑法が制定されたという歴史がございます。

このように当初、フランス刑法、すなわちナポレオン刑法典をもとにして、日本の近代刑法が出発したということが厳然とした事実として存在いたします。そのような経緯がありますので、フランスの当時の自由主義的なフランス刑法の影響を受けていたといえるわけです。その後、明治政府は、ドイツ帝国を模範にして近代化を進めるという方針のもとで、刑法典もドイツ帝国刑法を模範にして法案を作成して、それに基づいて審議をし、それを刑法として制定したのです。旧刑法と称されるのは、その中身を元にして現行刑法に続いているからです。つまり、その中身は現行刑法に引き継がれておりますから、明治時代の刑法は今なお生きているといえるわけで、それが我が国の刑法の根幹を成しております。明治時代に制定された刑法が今なお生き続けているという点は、現行刑法の一つの特徴といえます。

そういう形でドイツ帝国の刑法典の継受に成功したといいますか、それが成り立ったといいますか、現行刑法が誕生したのです。当時、明治政府は、「西洋に追いつき、追い越せ」をモットーにして非常に強引な近代化を押し進めて行ったわけでありまして、刑法もそういう観点から、「法律の西洋化」について重大な役割を演じたのであります。

このように、刑法も、近代化の一つの手段として意味をもっていたわけですが、とくに近代資本主義の基盤を強化するという観点から、刑法は重要な役割を演じて来ております。それはどういうことかといいますと、資本主義をより強固にするという観点から、財産刑法をより重視していたといえるのであります。すなわち、財産権の侵害に対して、日本の刑法はかなり厳しい姿勢で臨んで来ております。罪種が多いこともそうでありますし、それに対する法定刑がけっこう重いのであります。たとえば、窃盗の法定刑の上限として「懲役一〇年以下」が、ずっと堅持されてきております。だいたい基本となる財物罪については「懲役一〇年以下」というのが基準になっています。

これは、自由権の侵害との比較という観点から見ますと、自由の侵害、たとえば、逮捕・監禁による自由の侵害よりも財産権の侵害のほうが重く処罰されているのであります。これは、やはり当時の資本主義体制の基盤を強固にするためには、「財産秩序の維持」がきわめて重要な意味をもっていたことを示すものであると考えられます。少なくともわたくしは、そのように考えております。このように、財産刑法が、かなり徹底した形で確立されて来たといえるのであります。それが、法定刑の「基準」として重要な意味をもっていると考えられます。後で触れますけれども、現在、「法定刑の見直し」が立法論としていろいろ取沙汰されていますが、このように財産犯を重視したという歴史的事実を、「どのように評価し、さらにそれをどのように見直すか」が重要なポイントになるとおもいます。これが第一点であります。

次に、秩序を維持するという観点から、現行刑法は、国家的法益と社会的法益の侵害に対してかなり厳しく臨んでおります。国家主義が明治政府を基礎づけ、そして国家主導で西洋化を押し進めて行くという姿勢の現れとして、国家的法益に対する罪がきわめて重く処罰されております。その点に、「自由よりも財産を」、さらに「個人よりも秩序、国家、社会を」という基本的な姿勢が当初の刑法典に色濃く残っておりますし、あるいはそれが実現されているといえるとおもいます。

相対的に日本だけの話ですが、基本的人権としての「自由」を保護するという点では、西洋並みの「体裁」を整えております。したがって、近代国家として、日本がきちんと西洋でも通用し得る体制を整えていたという意味では、非常に進んでいたと評価できるのであります。人格権などについても、保護はきちんとしていたといえます。ただ・現代の視点からしますと、相対的にはかならずしもそうではないといえるわけです。西洋並みの刑法が、そこに実現されております。それで「追いつき、追い越せ」という要請は、十分に実現されていることになるわけでございます。

その後、日本は帝国主義化を押し進めて行き、列強諸国に伍するために軍国主義体制を強化する基盤を構築する時期がございまして、軍国主義体制の強化を目的とする特別刑法がかなり多く制定されました。それらの法律が厳格に執行された時期があります。治安維持法や軍刑法も含めて、いろいろな形で軍国主義を刑事罰で実現して行ったのです。こういうものとして刑法も利用されて来たという歴史的な事実があります。

国民の基本的人権の抑圧が見られるのが、この時代であります。そういう時代があったにも拘らず、刑法改正事業が進められておりました。当初の明治時代からの刑法典が西洋の刑法との対比において、「行き過ぎた部分がある刑法典」、逆に「遅れている部分がある刑法典」を「理論的に、また比較法的に検討して、改めたい」という意欲が非常に強かったと解されます。このようにして刑法改正事業が粛々とおこなわれていたことは、大いに注目されるべきであるとおもいます。

強烈な軍国主義が進む中で、このように大局的な観点から法改正の議論が冷静におこなわれたことについては、わたくし自身はいろいろな資料を読んで意外に感じました。自由な言論が押さえ込まれていて、刑法改正の論議などできるはずがないのではないか、と予断をもっていたからです。その審議状況を読んだりしていますと、かならずしもそうではないことが分かって、「これはすごいな」とおもい、予断・偏見を打ち砕かれたのであります。

その時の議論が、その後の日本の刑法改正に数多く取り入れられている事実があります。日本の立法作業が、かなり冷静になされる状況もあったということは、ある種の驚きであり、またこれからもいろいろな時代変化の中で、冷静に改正事業がおこなわれる可能性があることを示したものとして、重要な事実であるとおもっております。今後もこのような観点から、刑法の改正作業を見直してみたいとおもっている次第であります。

刑法の全面改正事業は、戦時体制がどんどん進んで行く中で、結局は頓挫することになりまして、全面的改正事業は事実上おこなわれなくなったのであります。

第二次大戦後に、まったく新たな時代の変化が生じて、また刑法典もいろいろな問題に直面することになりました。すなわち、新憲法が制定されたことを契機に、従来の刑法典の規定の中で、新憲法の趣旨に適合しない規定を「削除」する作業がなされました。これも、刑法の改正事業の一環であります。全面改正ではなくて、新憲法の見地から見て、刑法の在り方として望ましくないと考えられる規定を削除する応急措置としての性格を有する刑法の一部改正ということになります。

たとえば、皇室に対する罪が全部削除されました。戦時体制下に至るまで皇室に対してはかなり保護を厚くし、刑罰で厳格に処罰して来たといえます。そこで、不敬罪などを一切廃止しました。また、同じ犯罪類型であっても、皇室を対象にするばあいには、通常のばあいよりも刑が加重される加重類型として重く処罰する種々の規定も全部削除されました。これが一つの基本的な特徴になります。

それから姦通罪が、この時に「削除」されております。ただ、姦通罪の削除につきましては、いろいろないきさつがありまして、皇室に対する罪と同じようなレベルで議論されたわけではございません。韓国刑法にはまだ姦通罪がございますが、この時に日本は削除したのであります。これは裏話的な話しになるのですけれども、姦通罪規定を存置したばあいには愛人を囲うと本罪で処罰されることが取沙汰され、新憲法下では処罰されることになるということが話題になって、それは大変だというので削除されたという噂話があります。それはともかくとして、要するに、新憲法の理念に整合しない処罰規定が削除されたのであります。

次にもう一つは、「法定刑の変更」であります。すなわち、基本的人権の尊重という新憲法の理念の下で、従来から存在する犯罪類型である「人格犯」に対する法定刑を重くしております。人格権の侵害をもたらす犯罪行為に対する法定刑を全部引き上げております。ただし、犯罪類型ごとに法定刑に幅がありますので、一律何年という形ではなくて、それぞれの罪について、相応の法定刑を上げたことになります。

今、法定刑の引き上げについて申し上げましたが、刑法上、法定刑は、一定の犯罪行為に対して、たとえば懲役何年とか、あるいは禁錮何年とか、という具合に、法律で刑罰の種類と刑量を定めております。これを法定刑といいますが、その範囲内で裁判所は刑を言い渡すのです。つまり、裁判所は、量刑の段階で法律の規定に従って刑の加重減軽をおこなって科すべき刑を決めて、最終的に宣告刑を判決で言い渡すのです。宣告刑と違って法定刑は、一定の犯罪の行為に対して、刑の種類と刑の重さ（刑量）が事前に法律で決められているわけです。

法定刑は、我々にとって重要な意味をもつものであります。これは、刑法によって守られるべき利益としての法益に対して法秩序あるいは国家の側がそれをどれ位重要視しているかを示す目安になるからです。言い換えますと、「評価の基準」あるいはその「評価の例」を法定刑が示していることになります。

重要な法益を侵害すれば、より重い刑罰を科するというシステムになっておりますから、それだけ基本的人権としての人格権を守ることになりますと、それを侵害する行為に対する法定刑は、それだけ重くなるべきであるという発想のもとに、「法定刑の引上げ」がなされたわけであります。

法定刑の引上げは、今も個別的に刑法の一部改正の要求の段階で、「もっと刑を上げろ」という要請が生じて来ますので、それを考慮して現実におこなわれております。その意味において、法定刑は、実践的にも重要な役割を演じております。

戦後いち早く、このような意義を有する法定刑の引上げがなされたことは、重要な意味をもっているわけであります。

戦後、すぐにそのような刑法の一部改正がおこなわれたのですが、その後、前にもお話ししましたように、刑法の全面改正に関して、新たな声が出て来たのでした。すなわち、戦前からの「連続」ではなくて、新憲法下のもとで、新たな刑法典を作るという意味での刑法全面改正問題が生じたのであります。

「刑法の全面的改正が必要である」ことが強調されて、刑法改正事業が開始されたのですが、まず最初に、法務省に刑法改正準備会が設置されました。その準備会の座長が小野清一郎博士であります。小野先生を中心に、高名な学者や実務家が論議を重ねて「刑法改正準備草案」を作成して、これが公表されました。この改正準備草案をもとに、学会でもいろいろな議論がなされ、マスメディアにおいても「全面改正はどうあるべきか」ということが大いに議論されたのであります。その後、法務大臣が、法制審議会に全面改正の可否とその内容について諮問いたしました。このように刑法改正は、「社会問題」となって国民一般の関心を引き起こしたのです。マスメディアは、刑法改正に反対する立場から一大キャンペーンを繰り広げました。法制審議会は、特別部会を設置して、学者や実務家などの専門家が集まって改正の審議をいたしました。その結果、刑法改正の特別部会案が出来上り、それを元にして法制審議会の総会で審議され採択されて「刑法改正案」が公表されました。

　それを元に刑法改正をおこなおうとしたわけですが、これに対しては、反対運動が起こりました。「どういう観点からの反対か」という点なのですが、内容的には、前から続いていた中身の問題です。つまり、戦前の「刑法改正仮案」がかなり意味をもち続け、それが準備草案の中にもいろいろ検討事項として取り込まれて、さらに準備草案が提示した問題点などが検討の対象とされましたので、「改正草案」までそれが影響を及ぼしていたわけです。その意味では、かなり精錬された中身の良い改正案ができていたことは事実なのです。その点については、わたくしは、内容的に優れた面があったと評価しております。

　しかし、それと同時に、この一般的な反対運動が生じたのは、「改正草案は重罰化をもたらす。当罰的でないものをも犯罪化しているし、しかも重く処罰するものである」とか、「国家主義的な観点から処罰する規定が多すぎる」とかの反対意見があって、「これでは国民の権利・自由が侵害されてしまうのでダメだ」とされたのでした。さらに、「構成要件がかなり細分化されてしまって、不必要なものがどんどん入って来ており、いろいろな観点で犯罪理論的にもおかしい面があるうえに、一番まずいのは、刑事政策的な配慮がまったく欠けていることだ」などと批判されました。すなわち、「世界中でいろいろな観点から『矯正というもの』、刑事政策的な観点から『犯罪者処遇というもの』を重要視して、さまざまな制度ができ、種々の実験がなされ成果をあげているにもかかわらず、それに対してまったく配慮がなされていない」という「欠陥が多い」とする批判が展開されました。マスメディア関係からも「基本的人権・自由の侵害」とかの批判があって、「これは望ましくない」ということで反対運動が非常に強くなったのでした。結局、これは国会で審議するための政府提出の法律案とはならなかったのであります。

そのことによって、事実上、全面的な刑法改正は、ここで頓挫いたしました。ある意味で、刑法改正はタブー視されるに至ったといえるのであります。

それは、わたくしが日本刑法学会に入ったばかりの若手の頃でした。刑法改正に関して、ドイツでも刑法改正問題があって、「対案グループ」という中堅の教授達が刑法改正の対案を公表し学会やマスメディアにおいて議論が華々しく展開されておりました。ドイツにおいては、非常に活発な論議が積み重ねられて改正作業が成功して行ったのですが、我が国ではそうはなりませんでした。日本にも「対案グループ」と称される研究会が組織され、その研究会に所属される先生方が身近にいらっしゃいましたので、その先生方の議論を聞いたり、その成果が論文として発表されて行くのを見たり読んだりしながら、刑法改正がいかに大変かがよく分かりました。国民的なコンセンサスが得られて実現する可能性がなくなり、全面改正がいよいよ遠のいたというのが、当時の我々刑法学会員の実感でございました。

刑法学会でも、刑法改正問題をテーマにして議論がなされた大会があったのですが、そこでは怒号が飛び交うような一コマもありました。「これはなかなか実現しそうにないな」という印象をもって見ていたのです。その意味では刑法改正に関して熱気のある状況があったわけです。現在では、全面改正の声は聞こえて来ませんので、刑法改正は、重要な課題を抱えたまま、静止状態が続いているというのが現状でございます。

そうした中で平成七（一九九五）年に「刑法典の現代語化」が実現いたしました。これは、全面的に刑法典を現代表記に改めたものであります。従来の刑法典は、漢字とカタカナまじりで、カタカナには濁点も半濁点も付されておらず、句読点も付されていない条文で、一般の人には非常に読みづらかったものであります。法学部で刑法を学ぶ学生としては、それをちゃんと読めることを誇れた点で、ある種の優越感を与えられた条文でもあったわけです。とくに刑法の三八条二項なんていうのは、丸暗記できるぐらい読み込んだのです。いつの間にか暗唱できるほどでありましたした。今でも覚えております。「罪本重カル可クシテ犯ストキ知ラサル者ハ其重キニ従テ処断スルコトヲ得ス」と規定されていました。法学部の学生は、このような条文をお互いに六法を見ないで引用して議論して楽しんでいたという状況でありました。

これは刑法の「行為規範」性の観点からしますと、とんでもない話でございます。わたくし自身は、刑法の「行為規範性」を強調しているものであります。刑法は、たんに「裁判規範」であるだけではなく、まず「行為規範」であることを強調して来ているわけであります。

かつての通説は、須らく法律は裁判法であるという立場に立ち、「裁判官の見地から、その内容を把握し、そしてそれを適用すれば、それで十分だ」と解していたといえます。「これは国民が知る必要はない」という前提で解釈論が展開され、体系書なども、そういう具合に書かれて来たという歴史があるわけですが、これは御案内の通りであります。

しかし、刑法に関してわたくしは、そのように解すべきではなくて、第一次的には刑法は「行為規範」であると解すべきであると考えているのであります。すなわち、市民である行為者に向けられた刑法は、行為者が理解できるようなものでなければならないという立場を強調して来ております。その観点からしますと、やはり刑法は、市民が読んだだけでもその内容がすぐに理解できるようなものでなければならないことになりますから、わたくしは平成七年の法改正には大賛成でした。東京や周辺の刑法研究者も、時々刑法改正に関する研究会が開催され、そこにおいて、法務省の担当者から「条文をこのように直したいけれど、意見はどうか」というように意見を聞かれたことがありました。その時もわたくしは、わかりやすく理解できるような形での立法が望ましいので、研究会に積極的に参加して協力したことを記憶しております。

この改正に当たっては、東大名誉教授の松尾浩也先生が、積極的に関与されており、まず案文を作られ、それを元に種々の機会に議論が重ねられ、そして原案を提示されて、さらにそれを検討するという段取りで改正作業が進められたのであります。わたくしは、松尾先生のお力がなければ、平成七年の改正は実現しなかったとおもっております。松尾先生は、名文家であられ、文章に非常に明るく表現力に富んでおられますので、それが平成七年の法改正に大いに生かされております。

今、六法に載っている刑法の条文がそれなのですが、読みやすくて、意味が通りやすくなっております。ただ、そうだからといっても、法律の素人にその内容のすべてが理解できるわけではありません。その内容を的確に知るためには、専門家の手助けが必要となります。刑法の詳細な内容がすぐに全部分かってしまうのであれば、我々プロは失職してしまいます。その条文についても「解釈」する余地が多く存在するのであります。すなわち、それぞれの条文について解釈の余地が十分にあるのですから、それをきちんと理論的に明らかにする必要が生ずることになります。それは専門家に任せなければなりませんが、その法改正によって難解な法文が平易なものに改められ日本語の文章としてちゃんと現代人にもすぐに分かるようになったという点で、大きな成果をあげたのであります。これまでお話ししたような経緯で、刑法の全面的な改正は、終わっているのであります。

刑法の全面改正はできない状況になっておりますが、時代状況はどんどん変わって来ております。時代状況が変化する中で、「罰すべきものは罰しなければならない」という社会の声は大きくなるばかりです。そのような時代の要請に応えて、新たな刑罰法規の制定が、どうしても必要になってまいります。そこで立法当局は、この点については「刑法の一部を改正する法律」という法律で部分改正を積み重ねて来ております。「何条の二」とか「何条の三」という形で新たな条文を追加して、その中に新たな犯罪類型を包含させ、それに一定の法定刑を科するという形で対応して来ております。

わたくし自身は、このような法改正は、外見上は、かならずしも美しいとはいえませんが、内容的には非常にうまく行っていると考えております。つまり、全面改正はできておりませんが、時代状況に合わせて、立法事実を見極め、そしていろいろな意見を聴取したうえで、それに基づいて法制審で審議をして、そして内閣法制局できちんと整備したものを法律案として国会に提出して、国会で審議をしております。国会でも、法務委員会で細かい議論をするわけであります。わたくしも、法務委員会に参考人として何度か呼ばれて、専門家としての意見を陳述したことがあります。法務委員会において法律案が修正を受けますし、それでよいだろうということでそのまま通ることもあるわけです。このように国会で民意を反映して法律化がなされております。

国会議員の先生方は、選挙区との関係がいろいろあって、有権者との交流があり、直接、住民の意見を聞く機会がありますから、民意の反映という点で、きわめて重要な役割を演じておられるとおもっております。このような観点からも、法改正は、十分に適切になされているといえるのであります。

全面改正こそできませんが、一部改正により内容的には大きな成果をあげております。先ほども述べましたように、外見上、条文を見ますと、あちこちに「○条の二」などのように枝番号付きの新設規定が合って、見栄えはあまり良くありません。このように、内容的には、「西洋の刑法に負けていない」し、「いい規定がある」とおもっております。しかしながら、それでもまだ整備されていない部分がありますので、これについては、今後の展望という観点から後で触れることにいたします。

法改正がなされて、立法事実が明らかにされますが、その場面で重要な役割を演じているのは、「被害者」の立場であります。従来、被害者は、泣き寝入りせざるを得ない存在で、捜査に当たっても、事情を聞かれるだけであったといえます。被害者またはその家族は、事件全体の事実がわからないまま、訴訟法上は単なる証拠でしかないという扱いを受けていたといってもけっして過言ではありませんでした。犯罪に巻き込まれた「当事者」であるにもかかわらず、その立場は、まったく無視されたに等しい状態が続いていたわけであります。

これは、刑法学においてもそうでありまして、犯罪論の中で被害者の地位は、あまり重要視されていないのです。このようになおざり［等閑］にされて来た被害者達が団体を作って、その声がしだいに我々にも聞こえて来るようになりました。そして、それが法務大臣にも要望書などが提出され、それに対応して立法が動き出したという面が特徴的であります。

我々は、やはり被害者の重要性ないし被害者の立場の重要性に着目して被害者ないしその家族などの意見をよく聞いて、きちんと立法することが大事だとおもっております。

ただ、被害者が冷静に対応するばあいと感情的になってどうしても話が折り合わないばあいが出て来ます。法律の精神にのっとってきちんと整備して行くという姿勢で、被害者の声にじっくり対応していかなければならないとおもいます。感情的だからいけないという意見もありますけれども、わたくしは、かならずしもそのようには考えておりません。それは大事なのですから、できるだけその意見が通るような議論があれば、それに基づいてきちんと対応して行くべきだと考えております。

すでに今後の展望の話しに入っているわけですけれども、刑法の一部改正が頻繁におこなわれているという状況下で、「刑事立法の時代」を迎えていることになります。それに即応した観点から、我々は立法論をこれから大事にして行くべきだと考えております。現在も学会における研究の主流は、解釈論です。解釈論が重要なことは間違いないのですが、「解釈の限界」がありますので、それを踏み越えるときの立法の役割に我々は大いに関心をもち、そしてそれに寄与できるような学問的な成果をあげていく必要があるとおもっているのであります。

ここには「立法と学問の関係」という難しい問題が存在します。立法ですべてに片がつくわけではありませんし、また学問がどこまで意味をもち得るのか、が問題となりますし、政治的な要素も加わって来ます。立法論は純粋な学問といえるのか、というような疑問も出て来るかもしれません。しかし、立法に反映できるような学問的知見を出し合って、さらにそれをもっと高度の観点から検討して、学問的な体系性を与えて行くような努力をしなければいけないのではないだろうか、とおもったりしているところであります。

時代の要請を満たすことは、刑法の部分的な改正でまかなえるわけですから、それに対応する態勢を研究者の側も備えておかなければならないと考えているのであります。

社会の変化についていいますと、現在、グローバリゼーションということで、国際的な動きが、ただちに立法事実に影響して来ます。たとえば、国連の条約を受け入れたからとか、あるいは外国との国際条約を締結したからとかの理由に基づいて、それを実現するための国内法を整備せよという要求が頻繁に外国から来ております。

そういう現状において、「日本には日本の特性があるから、日本独自の態度で臨めばいいのだ」という主張は、今はもう通用しなくなっています。かつては「日本は日本独自の文化があるから、法文化もそれでいいのだ」という言い分がまかり通った局面もあったのですが、今はそれが通用しなくなっているのであります。やはりいとおもいます。

国際基準の中で、日本も日本の国情に合う範囲で、国際協調の協力体制をきちんと作っていかなければならないとおもいます。

そういう意味で、外国からの圧力も、一つの重要な立法事実になっているというのが実感であります。

その点についても、我々は、たんに外国法と比較するのではなくて、立法の観点から、「その国情に合った法律をその国はどういう具合に立法したのだろうか」、「そのプロセスはどうなっているのだろうか」という問題意識をもって研究する必要があるとおもいます。このように、従来、我々があまり重視しなかった点についても、これから学問的な分析方法を用いて研究して行く必要があると考えているのであります。

それから、立法に対して、刑法学会と立法当局者といいますか、法務省の幹部といいますか、法案を作成する担当機関としての法務省の方々との関わり合いが、刑事立法に大きな変化をもたらしております。

かつては「法務省が作る案に対しては、刑法学会は全面的に反対する」とか、「学会としてそれは受け入れられない」とかいう形の議論が主張された時期があります。そういう主張が強いばあいには、立案当局者の側も、「それでは学会は学会でどうぞ御自由に」とか、「我々は我々でやります」とかいうような溝ができてしまいます。従来、両者の間で、こういう傾向がまったくなかったわけではございません。

立法をより良いものにするという観点からしますと、そのような両者の溝は、望ましいものではないと考えられるようになった事実があるといえます。それで学会の側も、法務省の立法に関わる方々、あるいは学者検事とか学者判事といわれる学問に関心もち、研究業績をあげておられる実務家の方々との交流を密にして行く努力が積み重ねられてまいりました。多くの実務家が刑法学会に入会され会員として、互いに共通認識を深めて行くということが積み重ねられてまいりました。

それで立法問題が現実に生じたばあいにも、これが学会のテーマとして分科会で共同討議することによって議論が深められ、それがより良い法律案の作成に寄与して来ております。

かつては法務省の高官に学会に来ていただいて特別講演を開催しても、まっこうから反対意見が主張されて、批判だけがあるという時期もあったのですが、今では、そういうことはございません。今は、皆が建設的に、「こういうばあいはどうするのだろうか」とか、「どうしてこうなるのだろうか」というような率直な意見交換がなされて、学問的成果も立法にどんどん取り入れられるようになっております。わたくしは、これは非常に望ましい傾向だと考えております。わたくしも、今後とも学問的な観点から、立法問題についての議論に参加して、より良い立法を実現して行くための役割の一端を担いたいとおもっております。

各研究者にとって、こういう形での立法作業への関与は、今後、重要な役割になるのではないかと考えている次第であります。このような立法傾向は、今後も続いて行くとおもいます。「今後の展望」として、わたくしはこのように見ております。

このような良好な立法状況が続いているのですが、それでもなお未解決の立法課題がいくつかあります。うまくいっている部分がある一方で、なおこれからも検討しなければならない課題がいくつかありますので、「今後の展望」としてそれをあげておくことにいたします。

第一は、先ほどもお話ししましたが、「法定刑の全面的見直し」という問題であります。現行刑法における法定刑の根本は、制定当時の国家観に基づいて定められておりますが、これを現代の視点からもう一度捉え直す必要があるとおもいます。法定刑の改定を部分的に実施するのではなく、全面的に実施しなければいけないのです。法体系の中で、法定刑としてどの法益に対する罪がどの程度の重さをもっているのかを、きちんと整理し直して、法定刑として一律に、一定の観点から根拠づけて、これだけの法定刑でまかなうべきだとする法定刑の見直し論が、残された課題として重要だと考えております。

そういう話も時々聞こえて来ますが、なかなか実現しない状況にあり、いずれやらなければならない問題でありますます。部分的に、いわゆる弥縫的な形で手直しをしても、また時代が変わって変更しなければならなくなります。そうしますと、法定刑のデコボコがなかなか直らないことになります。財産犯の法定刑は、このままでいいのだろうか、という疑問がありますが、これは全面的見直しの観点から検討すべきだろうとおもいます。

第二は、法人処罰の問題であります。わたくし自身は、自分の体系書である『刑法総論講義』の中で、法人の犯罪能力を肯定しております。つまり、「解釈論」として、わたくしは、法人を処罰することができると考えております。しかし、判例・通説は、そうではなくて、法人の犯罪能力否定論が優勢であります。例外的に特別刑法が法人処罰を規定している限度で、処罰してもよいのだという扱いをしております。役員や使用者などの自然人と法人をともに罰する「両罰規定」があるばあいに、法人も実際に処罰されているわけです。

しかし、これでは現実の法人の活動の実態に即した対応とはいえません。現実にいろいろな社会生活の局面において、法人が社会に重大な損害を生じさせている事態があるのであります。それに刑法が適切に対応できないのは、おかしいと考えられます。

マスメディアにおいて、最近、法人の処罰の必要性が取沙汰されることが多くなって来ております。つい先日も、ＮＨＫの報道番組でも取り上げられました。そのほかにもニュースなどでも伝えられることがありますが、英米法並みに、法人も処罰の対象として扱うべきだとおもいますので、これからの刑法改正の議論の中でその点を明確にさせたほうがよいとおもっております。

そのばあいに、わが国の刑法体系が大陸法系であるという理由で否定するのではなくて、英米法が現実に機能している部分を参考にして取り入れるべきところは取り入れたほうがよいと考えております。

立法課題は、他の場面においても存在します。それは、「性刑法」、すなわちセックスに関連する刑法の問題であります。従来、性刑法については、日本の刑法は、刑法典に規定されている犯罪類型だけでありまして、これは、法的対応としては西洋の基準によれば遅れているといえます。男性中心社会の時代に制定された刑法典は、主として男性の立場から作られた刑法であり、性に関して非常に不平等な規定がそこにあるわけです。性刑法は、現在の世界のレベルから見ますと、ものすごく遅れている分野であります。それで、これは比較法的な観点からきちんと対応すべきだと考えられます。法定刑についても、もちろんそうであります。

スウェーデンなどの社会福祉国家における男女平等社会でおこなわれている性刑法は、我が国の刑法とは違う対応をしております。たとえば、強姦罪がそうであります。日本における強姦罪の対象は、女性だけです。それから構成要件的行為は、性行為だけが対象になっておりまして、姦淫行為に限定されています。つまり、強制力を用いて姦淫をおこなうことだけが強姦ですが、スウェーデンでは違います。器物を用いたばあいも、強姦になります。それから男性に対しても強姦罪があります。性刑法それ自体も、社会的変動に対応すべきであり、その観点から立法も整理して行かなければならないとおもいます。

性刑法に関しても、「被害者」の側に告訴権があります。「親告罪の在り方」という問題が、新たに注目されています。強姦罪や強制わいせつ罪の被害者は女性が多いので、多くのばあい、告訴権は被害者の女性に与えられているわけです。男性社会の目から見て、「告訴して裁判で公になると、二次被害、第二次レイプが起ることがあるから、裁判するかどうかは被害者に任せましょう」という形で親告罪にしているという姿勢で臨んでいるわけです。しかし、今は女性の側からしますと、かならずしもそういう観点からの意見だけではないのです。つまり、強姦罪の被害者は女性ですから、女性に告訴権限を与えることは、裁判にしてよいかどうかの判断が個人に任せられていることを意味します。告訴権者の立場にとっては、「このような判断を任せられるのは、荷が重すぎる」という声が聞こえて来ているのです。裁判にするかどうかは「公の問題」であるにもかかわらず、被害者である「個人」がそれを背負い込むのは辛いというのです。告訴権を与えている側の論理と違う受け取り方があるのであります。これから親告罪をどのように考えるのか、という問題も、性刑法の一環として出て来るわけです。このような事情がありますので、これはトータルな観点から見直さないと、十分な対応はできないだろうと考えられます。こういう深刻な論点を含んでおりますので、これからの重要課題として考えるべきだとおもいます。

それから「コンピュータ犯罪」の整備も、まだ十分になされていないとおもっております。これは最近では、「サイバー犯罪」という側面が非常に強くなって来ていますので、サイバー犯罪に関して適切な対応をしなければならないのです。サイバー犯罪に対する適切な対策が残されております。

サイバースペースは、国境の枠を超えてまさにグローバルの規模になっており、従来の発想では捉えきれなくなっています。それにどのように対応していくか、という問題があります。コンピュータ犯罪に関しては、文書偽造との関係で、わたくしは、法的対応を主張し、ある程度、立法的解決を見たことがあります。すなわち、日本においては、当初、文書偽造の一環としてコンピュータ犯罪を考えようとしておりました。わたくしは、コンピュータ犯罪は、「情報犯罪」であって、文書偽造罪などの「偽造罪」の対象ではないことを主張いたしまして、情報犯罪としてのコンピュータ犯罪に対する法整備の必要性を強調して来たわけです。

現在、刑法典の中に電子的記録に関する犯罪がコンピュータ犯罪の一環として規定されておりますが、まだいろいろ抜けているものがありますから、これを整備する必要があります。「サイバー犯罪の問題」にからんで、「著作権侵害の問題」も生じて来ておりますので、いろいろな「コンピュータ」あるいは「ウェブ」とのからみあいで生じている犯罪をきちんと体系的に整備する必要があるとおもいます。

それから、古くからの問題と新しい問題に関わりますが、「安楽死」という問題があります。安楽死については、古くから大議論があって、刑法理論の中でも見解が対立しております。安楽死の問題は、医療技術の進歩とともに、かなり身近になって来ており、「老齢化社会」の問題と「先端医療」との関連で深刻な事態が生じているのです。「終末医療」と経済的負担について決断しなければならない場面で、死を選びたい人もいるのです。安楽死の問題は、さらに「自己決定権」の問題とからんでまいりまして、「生命の質」、「クオリティ・オブ・ライフ」(quality of life, QOL) という新たな観点から、人間の生命、生き死にを考え直したり、捉え直したりするという大きな流れがあります。それとの対応において、安楽死の問題は、古典的ではあるけれども、安楽死を法制化する必要があるのかないのか、を考えて行かなければならない時期に来ております。わたくし自身は、安楽死は法制化すべきではないと考えていますが、「いや、やはり明確にすべきだ」という立場からすれば、法制化の必要性が強調されます。安楽死を法制化するに当たっては、基準を明確にして、第三者委員会にその判定をさせるとか、いろいろな方法論があり得るわけで、それについてもきちんとした対応をしなければいけないのではないか、と議論されることになります。

さらに「尊厳死」の問題があります。生命維持装置が普及して、多くの人が、この問題に直面せざるを得なくなって来ている現状があります。それにどのように対応するのかも、生命に関する問題であり、クオリティ・

オブ・ライフの問題でもあります。つまり、これも自己決定権の問題であります。

最先端医療との関連では、「医療倫理の問題」が関わってまいります。倫理委員会の問題も出て来ますので、「先端医療と生命倫理」、そしてそれとのからみで「自己決定権」をどこまでみとめることができるのか、などの非常に根本的な問題がございまして、じっくり考えて対応していかなければならない課題だとおもっております。

それから「刑罰」に関する課題として、「死刑」の問題があります。死刑廃止論と死刑存置論の対立があって、まだ決着はついておりません。世論調査において、数値はまちまちな結果になっているのであります。世論調査するばあいの聞き方によって、回答にかなり差が出て来ますので、本当に国民の意識がどうなっているのかは、まだ明確にはなっておりません。死刑の存廃と犯罪率との関係は、科学的には立証しにくい問題でありますが、国際的な潮流としては、死刑廃止国が圧倒的に増えて来ています。存置しているのは、アメリカのいくつかの州と日本が、先進国の中で目立っております。「死刑をどうすべきか」について、考え続けて行かなければならないとおもいます。

これは、ただ待っているだけでは解決しない問題なのです。ある時点で、立法的に解決しなければならない問題であるのです。死刑の廃止を法律で決めようと審議した時に国民は反対したけれども、立法府がバシッと決めて死刑廃止を実施した国が多いのです。ＥＵ諸国がすべて死刑廃止国になった背景には、そういう流れがあったわけです。たとえば、フランスにおいては、時の首相が、「これは政治決定なのだ」とか、「国民の意識がどうのこうのいっている問題ではなく、国会ではっきり決めた後、国民の支持が得られて行く問題なのだ」という趣旨の発言をしたと聞いております。日本でもこういうことが議論の対象となる可能性がないではないといえます。

法務省内で死刑問題をテーマにした検討会を立ち上げて議論をしたけれども、まだそれが立法段階には来ていないといわれております。現実はそういう状況でありまして、将来の課題として死刑の存廃論をあげておきます。

わたくし自身は、刑法学者として死刑廃止論者なのですが、死刑存廃についての問題の議論が政治日程に上がることがあるとすれば、そのばあいには、立法できちんと対応すべきだと考えております。個人的な信条の問題としてではなくて、「法制度」として死刑をどうすべきかを明確にする必要があるとおもうのです。

その他の問題としては、「国際刑法」が、先ほどお話ししたグローバリゼーションとの対応において大きな意義を有することになります。つまり、「国際刑法」をどのようにするかも考えていかなければならないとおもいます。

特殊な問題ですが、「胚胎種」の保護の問題があります。これも、生命倫理の問題とからんでまいりますが、生命の最初の部分としての「胚胎種」の扱いもいろいろ問題を抱えております。いずれこれも立法的に解決を迫られて来るだろうとおもいます。ドイツなどでは、すでに法律を作って対応しておりますが、我が国はまだそこまで行っておりませんので、これをどうするかについても大いに議論されなければならないだろうとおもいます。

以上が「刑法の展望」としてお話ししたかった中身であります。

次に「刑法学の展望」について触れることになりますが、まず歴史的にいいますと、旧刑法時代に日本の「刑法学」も出発しているわけです。その時点で、すでにいわゆる「注釈書」が学問的に重要な役割を果たしております。旧刑法時代にできた注釈書は、実務家が書いているものが多いのですが、これによって実務が動き、またそれに基づいて法律学校における刑法教育がなされ、その他の場面でもそれが大きな役割を担っていたといえるのであります。

その後、法律学校や後の大学で教授がおこなった「講義録」が出版されて、これがいわゆる体系書として世に普及して行ったのであります。その後、先ほどお話ししましたように、現行刑法が出来まして、現行刑法の初期から第二次世界大戦まで、ドイツ刑法学の影響が非常に強かったわけであります。ドイツで一九世紀に展開された主観主義と客観主義の対立、つまり「新旧両学派の争い」がありまして、それがそのまま日本に「輸入」されて、日本でも大正から昭和にかけて、両学派が激しく対立する時期がありました。

その後、前にお話ししました軍国主義化の波の中で、「日本法理の自覚的展開」として、小野博士が「日本法理」を刑法学においても強調された時期がありました。それは、それで一定の意味をもっており、学説史研究の重要な対象となりますが、軍国主義・国家主義と結びついたという観点から、戦後、大きな問題になったのであります。

第二次大戦後、刑法学が再出発したのですが、小野博士の所説は、なお強い影響力をもっていたのです。「不連続の連続」という言葉が用いられて、戦前からの考え方がそのまま通用することが主張されたのであり、これが戦後の学問領域において大きな底流をなしていました。

戦前からの見解がそのまま踏襲されるという傾向は、判例においても見られるのであります。すなわち、最高裁の判例が、大審院時代の判例を判例として援用することによって、大審院判例の中身がそのまま戦前からのリーディング・ケースとして引き継がれたという事実があります。ここには、「断絶」はございません。最高裁の判例が存在しない部分は、すべて大審院の判例を援用して、それに基づいて判断を示すという時代が続いて来て、今でも、我々はそのまま大審院時代の判例を判例として承認しているのであります。

戦後も主観主義刑法学と客観主義刑法学の対立は、当初続いたのですが、その後、主観主義刑法学の中で、牧野英一博士の高弟である木村亀二博士がドイツで有力化した目的的行為論という見解を取り入れたうえで構成要件理論を採用されたことによって、客観主義への歩み寄りないし客観主義へのアウフヘーベンが始まりました。

客観主義刑法学の中でも、小野博士の高弟である団藤重光博士が、人格行為論・人格責任論と人格主義の観点からの刑法理論を展開されたことによって、主観主義と客観主義のアウフヘーベンがなされたのであります。このようにして、主観主義刑法学と客観主義刑法学の対立が、実際上、刑法学会からは消滅したわけであります。

その後、目的的行為論の延長線上で、ヴェルツェルが主張した「行為無価値論」という考え方と古い客観主義を基礎とする「結果無価値論」という考え方が対立することとなったのであります。行為無価値論の方がよいという立場が主流になりました。ドイツでは現在もそうですし、その後の日本の刑法学でも、行為無価値論が判例・通説によって受け入れられております。

ただし、行為無価値論は、純粋な主観主義的な捉え方ではなくて、「法益侵害ないしその危険」という客観的な要素を踏まえて、「行為的な要素」も行為無価値として重要であることを主張する見解であり、その意味において「二元的な行為無価値論」が主流になり、現在に至っているわけです。

このようにして通説が形成される中で、これにアンチテーゼを提示されたのが、平野龍一博士であります。

平野博士は、古い客観主義とされた結果無価値論を再評価すべきであるとして、改めて結果無価値論を強力に展開されました。そのため、今度は「行為無価値論と結果無価値論の対立」という図式が、我が国で新たに明確になって来たのです。

平野博士が、なぜ新たな観点から古い見解であるはずの結果無価値を改めて主張されたか、については、非常に興味深いものがあります。わたくしは、大学院で平野博士の授業に参加しましたので、個人的にいろいろお話しをうかがう機会がありました。ですから、その事情は分かるのです。平野博士は、結果無価値論を古いままの客観主義として主張されたわけではありません。国家主義的な小野刑法学、つまり、古典的な道義的責任論をベースとする国家主義的小野刑法学の客観主義に対抗するものとして、結果無価値論という形に再構築して個人主義的な観点から新たに「徹底した結果無価値論」を主張されたのです。つまり、古い客観主義に逆戻りするのではなくて、「新たな角度から人権を保障する」という個人の人権を守る方法論として、「客観」という要素をベースにして刑法理論を再構成して、「道義的責任」を追及するという従来の古い客観主義による刑法の適用の過剰な干渉を排除して「個人を守ろう」という発想のもとに、結果無価値論がここで再生したわけです。わたくしは、そのように解しています。これがドイツとまるで違う理論状況になってしまった理由です。ドイツ刑法学から見ますと、なぜ日本は古い一九世紀の理論を今さら大事にするのか、という疑問をもたざるを得なかったといえますが、背景にはそういうことがあったわけです。わたくしは、平野博士の信条ないし平野説の目的・狙いを理解していたつもりでしたので、それはそれで分かるけれども、しかし、刑法の違法性の実体・本質という観点からしますと、客観的な面だけでは、行為が善いのか悪いのかは判断できないと考えています。法益を侵害した点では、たしかに悪いといえますが、それについては行為者の主観が影響を及ぼしますので、主観も重要な意味をもちます。そこで、行為無価値と結果無価値を考慮すべきだとする判例・通説の立場を「二元的行為無価値論」と名付けてこれを支持して、その論争の一端を担って来ているのであります。「二元的行為無価値論」・「二元的人的不法論」という名称を作ったのは、わたくしであります。

現在でも、行為無価値論と結果無価値論の対立は、残っていますが、それは、その観点からだけですべてが解決するのではありません。これからは個別的な問題点について考え直して行こうとか、解釈論的に再構成して行こうとか、あるいは、ある論点をきちんと見直そうとか、という傾向に変わって来ております。それは、よいことだとおもっております。いたずらに対立図式を作って、それだけですべての問題が解決できるわけではありません。根本は、実体にどのように迫って行くかにありますので、その実体に即して議論をするというのは、従来の議論をさらに深化させるものであると考えております。したがって、現在の傾向はよいことだとおもっております。この傾向は、これからもどんどん進んで行くだろうとおもいます。そこには、解釈論を新たな立場から展開して行くという流れがあるのであります。

たとえば正当防衛論が、その一つです。松山大学の明照博章教授は、今、正当防衛論を新たな角度から捉え直して、解釈論として再構成をしておられます。これも、その動きの一つであります。また、同じく松山大学の今村暢好准教授は、行政刑法の観点から新たな問題意識のもとで、経済刑法などを再構成すべく研究を進めておられます。これも、新しい動きの一環といえます。このように、一定の重要な論点をより深く研究して体系的に再構成して提示して行こうという流れが、非常に強くなっています。

刑法の若手の研究論文集などについても、同じことがいえます。たとえば、過失の共同正犯とか、共同正犯の正犯性とか、いろいろな論点について、より深めて行こうとする流れができておりまして、今後もこれは続いて行くとおもいます。今後の展望として、そういうことがありますので、若い研究者が挑戦して、その成果を学会に反映させていただけたらいいなと個人的におもっております。

個別的問題を重点化し総合化することは、総論部分で、別の角度からいいますと、たとえば、ドイツからの議論の輸入版になるわけですが、「客観的帰属論」があります。この議論は、わが国では「因果関係論の危機」を救うものとして大いに喧伝されましたけれども、ドイツ法的な客観的帰属論が、我が国の今の流れの中でそのまま通用するかどうか、について、わたくしは疑問をもっております。それはそれとして、客観的帰属論は重要な成果をあげて来ておりますので、これもさらに深めてもらいたいとおもいます。

規範論の観点から、ロクシンなどが提唱する「制裁規範」観念を導入し、我が国でそれを展開している論者もおられますが、これについても、別の角度からの検討が必要だとおもっております。わたくし自身は、「制裁規範」という観念は要らないと考えていますが、その立場から議論して行きたいとおもっています。

このように刑法総論は総論で、全体的な観点から論点が集約化されていますが、それをさらに総合化、体系化する動きも出て来ておりますので、これも新たな流れとして注目しておく必要があるとおもいます。

もう一つは、「学問的な危機」と考えられる状況です。これは、法科大学院との関係において生じている問題であります。法科大学院は、御案内の通り、実務法曹を育てるための教育をおこなう専門大学院とされていますが、その中に研究者教員が数多く動員されておりまして、彼らは、法科大学院の学生の教育にかなり時間を取られております。これは、先ほどの学術講演においてもお話ししたことですが、法科大学院の学生の要求は、司法試験に合格できるための教育さえ受けられればよいので、学問がどうのこうのというのは聞きたくないというのです。法科大学院に多くの若手教員が動員されており、若手でない我々も動員されているのですが、「学問的な情熱」がそこで削がれてしまう面があるのであります。学問的成果はまったく要らず、判例の知識だけが欲しいのだという人にはそれを与え、「パンを求める者」にはパンを与えなければなりません。「パン」を求める者に「石」を与えてはいけないという喩えがありますので、学問との関係で、どのように折り合いをつけて行くのかが、研究者にとって大変むずかしい課題になっています。

それ自体は研究者が各人で解決できますが、後継者養成の問題は「制度の問題」であります。この点について我々は、危機に瀕しているわけであります。法科大学院にかなりのマンパワーを取られ、さらに法学部の学生が法学研究科に進学せずに、法科大学院に多くの学生が進学するという時代を迎えております。本当に学問に興味をもっている人が法学研究科に来なくなっているという実情が、全国的な規模で広がっているようであります。そういう実情のもとにおいて、研究者の後継者をどのように育てていくか、が喫緊の課題として突き付けられているのです。法学部も全国的に人気が低迷しているという噂も聞こえて来る状況で、これから「本当に研究が好きで好きでたまらない人」を見つけ出して、育て上げていくことができるのだろうか、という嘆きの声が聞こえて来ます。将来の展望の中でこのような暗い面が出て来ております。しかし、わたくしは、楽観主義者でございまして、研究者になりたいとおもう学生達はかならずいるはずであると考えておりますので、そのような学生を見つけて育てて行くことができると信じております。そういう意気込みと情熱をもって自分自身が研究を進めていれば、後継者を育てることは可能だとおもっているのであります。

その意味で、従来以上に基礎研究を互いに大事にして、法曹教育の過程において生じて来ている判例・通説だけを知っていれば足りるという安易な風潮に、研究者として惑わされないで、「自分の研究をきちんと学問的方法論にのっとってまとめあげていく」という姿勢で臨んでいただきたいなとおもいます。

「判例研究」に関しては、学者の側から学問的に考察し、批判的見解を実務家に対して提示していく必要があると考えられます。すなわち、その判例をどのように位置づけるべきか、について緻密に検討したうえで、実務家と張り合うぐらいの情熱をもって判例研究をおこなっていくことが必要となるとおもいます。判例を実務家とは違う別の角度からきちんと研究し直して、それを成果として積み上げて、それが共有財となるようにして行けるように頑張っていけば、かならずいい結果が得られると考えています。それは、後継者養成にとっても役立ちますし、学会にとっても役立つことになります。このような研究が積み重ねられて行くだろうという展望をもっておりますので、わたくしは、落胆はしておりませんし、失望も絶望もしておりません。まだまだ希望がいっぱいあるとおもっております。こういう流れの中で、我々はさらに外国法の比較研究、外国文献の翻訳紹介もどんどんおこなって、互いにそれを成果としてみとめ合い、研究の糧とし、研究者としての精神のよりどころにして学問を続けていく姿勢を堅持することが大事だとおもっているわけです。より多くの研究者が、「学者としての気概」をより強くもっていければ、かならずよい展望が開けて来るとおもいます。

つたない話で申し訳ございませんが、以上でお話を終わらせていただきます。どうも御静聴ありがとうございました。

○司会　どうもありがとうございました。学部・大学院からご指導をいただいている者にとっても、改めて勉強をさせていただく貴重な機会になったとおもいます。あと少し時間がございますので、ご報告いただいた点について、討議をしてゆきたいと存じます。よろしくお願いいたします。

○会場①　では、すみません。中央大学出身の松田でございます。渥美［東洋］先生・椎橋［隆幸］先生を師事しております。刑法は故人になられてしまいましたが、その桜木澄和先生にご指導いただきました。そういう背景ができたことはともかくとして、ちょっといくつか。今回のお話を聞きまして、今まで断片的に考えていた点を一本のものにしていただいたという点で、まず感謝を申し上げた上で、教えていただきたいとおもいます。よろしくお願いします。

新規の立法ということにけっこう積極的であられるということは、かつて論文を拝見して存じあげております。それについて聞きたいのは、新規の立法を嫌う傾向というのが、学会全体のというか、かなり強い傾向で、未だに存在するというふうに私は理解していますが、ケースバイケースといわれるかもしれないのですが、こういうふうな傾向がどこから出てるかというふうな点は、先生はどういうふうにお考えなのかということを、まずお伺いしたいなとおもいます。

○川端　ある程度具体的にお願いいたします。

○会場①　でもけっこうです。

○川端　どういう問題についてでしょうか。

○会場①　たとえば、先ほど聞いたのであれば、たとえば法人の処罰についての新法規定、ないしは組織犯罪処罰の件でもけっこうですし、あるいはそうですね、サイバースペースの件でもけっこうですが。

○川端　ご質問いただいて、ありがとうございます。たしかに、立法には、一つの結論が伴います。良いか悪いか、は、好きか嫌いかという言葉で言い換えてもよいとおもうのですが、立法は、一定の争点についてどのように考えるか、を明確化する作業でありますので、どうしてもそれについては、従来の考え方のもとで、それでよいのだと考えている方々は、それに対しては反対であると明確に意思表明をされることになります。それは、それで結構だとおもうのです。

やはり反対は反対として、きちんと意見を述べていただいたほうが、それではどの点を改めればよいのか、が鮮明となり、立法の中身をきめ細かに検討し、より優れた法律案ができ上がって行くことになりますが、立法論についての議論にはかならずしも十分に慣れていない面が、学会全体にあるとおもわれます。

政治的なプロパガンダを述べただけでも十分に立法論を主張したことになると考える人もいるでしょうけれども、そうではなくて、立法作業においては、細やかな案文などをもとに、その文言でどこまで及び得るのかとか、濫用の恐れはないのかとか、いろいろと議論をしなければならないことがありますので、忌憚のない意見交換をする必要があるとおもいます。意見が違う所は違うでしようがないのです。立法は、一定の立場決定であり、一つの決断ですから、そういう段階で、立場の相違を互いに明示したほうがよいとおもっております。反対意見が出て来るのは、むしろ当然だと考えております。

○会場①　その意見が違うというところで、今まで止まっていたのではないかと。そういう印象を持っていたんですが、それは肯定していただけるとおもってるんですが。その意見が違う、とりあえず「すり合わせをしてみた」、「学会で両方の主張をしてみた」。そこで止まっていたのではないかと。そこをすり合わせて、たとえばさっきいった、どちらを選ぶかという決断のところまで至っていなかったんじゃないかというふうな漠然とした印象をもっていたんですが、そういう理解で。

○川端　その点は、まさにおっしゃるとおりだとおもいます。従来は議論をしても、本当の議論にならなかった時代がありましたので、立法論を議論すること自体が無駄だというような潜在意識がかなりあったとおもうのです。最近では、そうではなくなって来ています。目に見える形で、次々と刑事立法が進行して行きますと、立法に至る段階で主張すべきことははっきり主張したほうが、自分の立場にとっても良い成果が得られますから、まずい点はやっぱり反対しておこうという流れが、これからもっと大きくなって行くのではないかと考えております。

○会場②　私は、専門が商法であり、大学では商法が担当なものですから、［刑法は］専門外なんですけれども、ちょっと企業法という観点から、その広い意味では商法にも、刑法の刑罰がありますから、そういう面で関心をもっているんですけれども。とくにちょっと企業関連ということなんですけれども、とくに独禁法とか、金商法では、課徴金制度が導入されているわけですけれども。実際問題、それとは別に刑罰規定もありますので、［刑罰と課徴金の］併科が理論的には可能なわけなんですけれども、実際、実務においてですね、その課徴金と刑罰規定のバランスをとる必要があるのかないのか。刑罰は刑罰規定と整合的に考えればいいのかどうかという問題について、ここらへんの何か考えがありましたらお教えいただきたいと存じます。

○川端　御質問ありがとうございます。その点については、わたくしは、詳しい議論を知りませんので、なんとも申し上げにくい気がいたします。むしろこれは、今村准教授の研究領域である経済刑法に関わる問題だとおもいます。

実務家が課徴金との関係をどういう具合に考えているか、については、実際上、よく分かりません。そこは、まだ学問的にも明確には示されていない状況ですので、これからの問題だろうとおもっています。まったく答えになっておりませんので、申し訳ございません。

○**会場②**　今後の展望・課題ということが分かりました。

○**会場①**　簡単に関連してということのがよろしくないかもしれませんが。いわゆる懲罰的損害賠償、ピュニティブ・ダメージという形で、ノンクリミナル、刑事でない形で同等ないしは、それに相当するような抑止効果を求めるという考えに関しては、どのようにお考えかということでご質問したいのですが。

○**川端**　御質問ありがとうございます。これは、ダイバージョンの問題に関わるわけですが、刑法に関していいますと、立法事実として、そういうのをやるべきかどうか、という議論になって来ます。アメリカ法のような形で、いきなり日本に導入するのは、かなり難しい面がありますので、その点についての立法論としては何もいえないというのが正直なところです。

ただ、もしそれが一般的な国民意識の中で受け入れられる状況が生じたばあいには、立法したほうがよいとおもいます。そのように立法することによって法律は社会状況にきちんと対応していることを国民に示すことができるとおもいます。

○**会場③**　全く門外漢の立場でここに参加させていただいて、とりわけ財産刑法の歴史的経緯という滅多に聞くことができない貴重な内容を非常に勉強させていただいて感謝申し上げます。先ほど解釈論と並んで立法論にも注目すべきという話しで、研究者と実務家の協力関係の構築が望ましいということでしたが、たとえば、最近の共謀罪をめぐる立法論について、両者の在るべき関係をどのようにお考えでしょうか？かつての「軍国主義化と刑法学の結びつきの反省」という観点からしても、研究者と実務家が協力関係に立つだけではなく、時には、対立関係に立って抑止力となることも必要ではないでしょうか？

○**川端**　御質問ありがとうございます。今の問題は、非常に政治的な要素がからんで来る状況について、どのように考えるか、という点も含まれているとおもいます。現実に立法された法律が動き出して行く場面では、かなり政治的な要素が入っているわけですが、それについて研究者は、研究者の立場から、その守備範囲で、どこまでその法律が適用され、どういう状況になるかについては、学問的な分析が可能ですので、きちんと分析・検討する必要があるとおもいます。

いわゆる共謀罪については、わたくしも法務委員会で参考人として意見を述べております。いわゆる共謀罪の新設について政治的観点からの反対意見も強かったのですが、いろいろな要請がありました。先ほど述べましたグローバリゼーションの流れの中で、国際条約に基づく国内法の整備という国際化の流れの一環として出て来ている側面もあるのです。ですから、従来の日本の刑法の枠組みと若干違う要素がありますけれども、その枠組みの中にはめ込むような形で立法化しようという作業がなされたのです。それでは十分でないので反対だという意見は意見としてあるわけですし、逆に国際条約を締結し誠実にそれを実現するという国際的協調を優先すべきとする意見もあるわけです。わたくしは、国際条約を実現するための国内法の整備はきちんとしなければならないという観点から、できるだけ我が国の法律制度に適合し得るような規定を置くべきことを学者として主張したわけです。それぞれの立ち位置としては、自分の考える刑法理論の枠組みに、どういう具合にして適切にはめ込めるかの判断にかかっており、それに誠実に対応すべきであると考えております。

○**司会**　どうもありがとうございました。時間となりましたので、このあたりで、研究会を終了させていただきます。では最後にもう一度拍手をお願いいたします。（拍手）

研究会「今後の刑法　刑法学の展望」
日時：二〇一三年九月二八日　一六・〇〇～一七・三〇
場所：松山大学法学部会議室

第七章　刑法学の魅力と判例と立法と

日　時：二〇一三年九月二八日（土）一三：三〇〜一五：〇〇
場　所：松山大学カルフールホール

○**司会**　それでは時間となりましたので、松山大学法学部、学術講演会を開催させていただきます。まず法学部長から開会の挨拶をさせていただきます。それではよろしくお願いいします。

○**学部長**　皆さん、こんにちは。法学部長の村田でございます。学術講演会の開催に当たりまして、一言ご挨拶を申し上げます。

本日は日本を代表する刑法学者であられる明治大学法科大学院教授、川端博先生に松山大学においでいただき、刑事法に関する最先端のお話をしていただけるということを大変光栄におもっております。ご多忙にもかかわらず、遠路松山においでいただきました川端先生には、改めて厚く御礼を申し上げたいとおもいます。

また、ご出席の皆様にも御礼を申し上げますと共に、この講演会が有意義なものとなりますことを祈念いたしまして、簡単ではございますが、開催に当たりましての挨拶とさせていただきます。本日はどうぞよろしくお願いいたします。

○**司会**　どうもありがとうございました。それでは本日の講師である川端先生にご登場いただきます。拍手をもってお迎えください。

本日は「刑法学の魅力と判例と立法と〜刑法を楽しく学ぶために〜」という論題にて川端先生にご講演いただきたいと存じますが、その前にまず、先生の略歴をご紹介させていただきます。

ご学歴といたしまして、先生は、一九六七年に、明治大学法学部法律学科をご卒業になりました。司法試験に合格された後、司法研修所における修習を終えられ、その後、東京大学大学院法学政治学研究科修士課程を修了されました。さらに、一九八七年には、明治大学から「法学博士」の称号を授与されておられます。

ご職歴といたしましては、一九八三年に、明治大学法学部専任教授にご就任になりました。さらに、二〇〇四年から、明治大学法科大学院専任教授にご就任され、現在に至っております。その間、早稲田大学、慶應義塾大学非常勤講師、放送大学客員教授を歴任されました。

社会活動といたしましては、日本刑法学会常務理事、同監事、日本学術会議員、旧・新司法試験委員を歴任された他、現在、法制審議会「新時代の刑事司法制度特別部会」第二作業部会長、同「少年法部会」部会長、内閣府「死因究明等推進計画検討会」座長、同「死因究明等推進会議」委員などを務めておられます。

長くなりましたが、それでは、川端先生にご講演いただきたいと存じます。盛大な拍手をお願いいたします。

○川端　只今ご紹介いただきました明治大学の川端でございます。本日、お招きいただきまして、非常に光栄に存じております。松山大学は、今年創立九〇周年を迎えられたということであり、こういうめでたい年にお招きいただいたことに二重の喜びを感じております。

わたくしは、一一年前にも松山大学を訪問いたしまして、講演会に参加したことがございます。二〇〇二年の七月四日に、日本学術会議第二部主催の講演会で、「生活の安全・保障と刑事法」というタイトルで、ここで講演させていただいたわけでございます。その時の全体の講演録等は、松山大学地域研究所が発行している『松山大学地域研究ジャーナル』第一三号に掲載されております［参考：川端博「生活の安全・保障と刑事法」『松山大学地域研究ジャーナル』第一三号（平一五年・二〇〇三年）五三―六二頁］。その時の模様は、それをお読みいただければ、お分かりいただけるとおもいます。

そういうこともございまして、本日、お伺いした際に、非常な懐かしさを覚えました。その時にもキャンパスをご案内いただきましたし、本日もご案内いただきました。落ち着いたいい環境で勉強できる皆様方をうらやましいな、と改めておもった次第でございます。

こういった意味で非常に親しみをもっている本大学で講演会を催すことができまして喜ばしいかぎりでございます。

本日のタイトルは、ややこしいのですが、三題噺みたいな形で勝手に付けさせていただきました。このようにしたのは、刑事法学者としてわたくしが歩んで来た道について自由にお話しすれば、「刑法学」というもの、あるいは「刑法」というものについて、皆さんにいろいろお考えいただけるだろうと考えたからであります。

現在、裁判員裁判が定着しておりまして、皆さんもいつの日か裁判員として刑事裁判に参加することが十分にあり得るわけであります。そういう事情もございますので、刑法を身近に感じていただきたいと考えた次第であります。さらに「刑法を楽しく学ぶために」というサブタイトルを付けさせていただいたのは、じつは「刑法は難しい、よく分からない」という嘆きの声がよく聞こえてきますので、「そういうことはありません」といいたかったからなのです。刑法について分かりやすく話しながら、刑法に親しんでいただきたいという趣旨でこういうタイトルを選ばせていただいたわけでございます。

そういうことで、これからつらつらお話しすることになりますが、なんらかの形で刑法を楽しく学ぶヒントを少しでも得ていただければありがたいと考えております。どうか皆さん、気楽にお聞きください。

わたくし自身が刑法学の魅力に取りつかれていますので、まずその点から始めることにします。わたくしは、三〇年以上、刑法学者として刑法学にのめりこんで来ております。周りから見ると大しておもしろくもないはずの刑法学という学問に、こんなに没頭しているのは、おかしいとおもわれがちですので、まず、刑法学にどういう魅力があるのか、についてお話しいたしたいとおもいます。それをお分かりいただければ、刑法を楽しく学ぶためのステップになるのではないかと考えている次第でございます。

先ほどお話ししましたように、「刑法学は難しい」、あるいは「刑法を学ぶことは大変だ」とよくいわれますが、じつはわたくしも、そういうおもいをした体験をしているのであります。わたくしと刑法学との最初の出会いは、法学部の一年生の時に「刑法総論」という科目を学んだ時であります。それが刑法学との出会いであり、真面目に授業には出ていたのですが、先生がおっしゃることがよく分からなかったのです。何をお話しされているのか分からないという状況がずっと続いておりました。

「なぜ分からないのだろうか」と、その時に自分なりに考えたりしたのですが、答えは見つかりませんでした。しかし、徐々にその原因が分かってきたのです。原因の一つは専門用語が、いきなり授業で出て来ることです。数多く専門用語が出て来て、それを連ねて先生がお話ししているような感じがしました。

その専門用語の中身を、先生は教えてくださらなかったのです。刑法はこういうものだと、ダダダッとお話しされるものですから、それについて行けなかったという気がいたしました。その時に、法律家が使う専門用語をもう少しかみくだいて説明してほしいな、という感じをもったわけであります。

これはどの学問分野でもそうですが、テクニカルタームという専門用語を用いまして、その領域における高度に技術的なことがらを表現するのです。専門家同士が、お互いの符牒のようにそれを使って、レベルの高い話を進めて行きます。専門用語をひとこと発するだけでお互いが全部了解し合うという状況が出て来るわけです。法律学においては、そういう面が非常に強かったような印象をもたれております。伝統的に日本の法律学は、官僚法学といわれまして、明治時代から「西洋に追いつき追い越せ」というモットーの下で、専門的な法律家がいて、法律を解釈して、国民を統治するシステムの中で、法律用語や法律の中身は専門家としての法務官僚だけが知っておればよく、国民はそれを知らなくても適用を受ければいいのだ、というような発想が根強かったように考えられます。その観点からしますと、「知らしむべからず、由らしむべし」という言葉があるように、国民は法律を知らなくても、それに従っていさえすればいいのであり、法律はそういう権威をもっているのだから、それを敬っていればいいのだ、という風潮が生じかねないわけです。現にできるだけ法律用語を皆に分かりやすく説明しようとする動きは、日本ではあまり早くからは生じていないのです。専門家だけがそれを独占している状況の中で、刑法学も刑法理論をドイツから輸入し法律用語もドイツ語を日本語に訳したものをそのまま使って学生に講義していたという状況があったわけでございます。

高校を卒業し大学入試を通過して法学部に入ってきた者に、授業でいきなり法律用語が示されるのです。これでは刑法が理解しにくいのは当然のことだとおもいます。今にしておもえば、そうなのですが、当時は、刑法がなぜ分からないのか、が分からなかったのです。理解できない専門用語が非常に頻繁に出て来たことが、刑法は難解であると感じられた理由の一つでございます。

原因のもう一つは、刑法学というものが刑法の「解釈学」を中心としていたのですが、当時はそのことを知らなかったことです。

刑法の授業だから、いろいろおもしろい犯罪の話しとか、犯罪者とはどういう人なのか、刑罰にはどういうものがあるのかとか、刑務所はどうなっているのとかを聞けるものとおもっておりました。しかし、実際はそうではなかったのです。刑法の解釈論といって、このようなばあいは犯罪として成立するのかしないのかとか、違法性があるのかないのかとか、責任があるのかないのか、というような非常に抽象的な議論がそこで展開されていたのです。

法律用語は分からないし、さらに法の解釈論という新たな方法論がまったく分からないまま、その説明を聞かされていたことになります。現在でも刑法が苦手だという学生諸君の多くも、そこに原因があることが多いようです。

刑法は、法の解釈の問題として、犯罪の成否をどのように理解し、それを論理的にどのように説明していくのか、が要求されているにもかかわらず、そのことを理解できないということがありますので、それが刑法は難しい、わからないという印象につながっていったのだとおもいます。

先ほど、裁判員制度の観点から、一般市民も刑法になじみをもつ必要があることをお話ししましたけれども、初めて刑法の本を読んで、それをすぐ理解できるかといいますと、かならずしもそうはいきません。といいますのは、法の解釈論という一つの関所があるからです。その部分を早めにクリアしないと、結局、何度読んでも分からないという状況が生じます。そういうわけですから、逆に刑法をおもしろく学ぶためには、解釈論の方法論をきちんと理解し、それを自分で使いこなせるようにすることが大事だとおもいます。

まえにも触れましたが、刑法学を学ぶに当たって、すでに常識的に一般的な観点から、刑法に対する一定のイメージをもっております。犯罪という現象に対して法がどのように対応するかが、ここでの問題なのですが、そもそも犯罪は、人間が追い詰められて、どうしようもない状況の中で法を犯してしまうという場面でありま す。すなわち、犯罪は、いわゆる人間の実存状況の中で、限界線である刑法を踏み越えてしまったような非常に同情すべき場面における行動です。もっと理解を深めるべき人間の限界行動です。犯罪は、実存状況における人間の切実な行動であり、人間存在の大きな意味をもつ現象にほかなりません。

犯罪者に対して刑罰が科せられるのですけれども、これも小説などの重要なテーマになっています。「罪と罰」という観点から、多くの作家が、このテーマに切り込み、人間性の奥底にあるものをえぐり出して、それを読者に訴えるというパターンで作品を物にしています。このように刑法は、文学との関わりがあります。それから人間がそういう限界状況に陥ったばあいに、人間学的にどうなるのか、というような、非常に奥の深い問題点もあります。そこには哲学の問題もありますし、社会学や心理学や政治学などの問題点もあります。犯罪は、いろいろな問題点を包含し実体を伴ったものであり、人間の生き方・人生観や国家観などもからんで来ます。非常に奥深く、考えただけでもゾクゾクワクワクするような世界が、そこにあるはずだ、という思い込みがあるのであります。

刑法学を本当に根本的に考察するばあいには、そこまで考え抜かなければいけないのですけれども、少なくとも刑法というものに対してもつイメージを聞かれたときには、今述べたようなことが走馬灯のように頭の中を駆けめぐるはずであります。

このように非常に奥深い人間の本質的な側面、あるいは心理学的な側面を探求したいという思いをもって、刑法の授業がなされている教室に臨むことになるわけですけれども、刑法学ではそういうことは教えてくれません。そういうことは、刑法の授業の対象外だとされて、一切、いや一切というとオーバーになりますが、あまり触れられません。そういう観点からしますと、刑法は、自分がもっていたイメージとあまりにも違いすぎるから、刑法は、どうも変だなと、自分が考えていたのと違うな、という違和感ないしギャップを強烈に感じ取らされる科目だとおもいます。

今までお話ししたことは、後からおもい起こせば、そういうことだったのだということであり、一年生の授業の当初は訳が分からないまま、刑法の授業が進んで行ったのであります。
その時の刑法総論の担当の先生が、当時、日本の刑法学界を代表する木村亀二博士というとてつもなく偉い先生でしたので、なおさら近寄りがたくて、刑法に距離感をもって接していたという懐かしい思い出があります。

刑法の授業に出ても分からないままではおもしろくないので、仲間と自主ゼミを組んで、教科書をもとにして、「これはどういうことなのだろうか」と疑問をぶつけ合い、お互いに知っていることを述べてディスカッションをしながら刑法を学んで行こうということになりました。こういうゼミを続けて行くうちに、「なんだ、こういうことだったのか」という小さな成功体験が増えて来て、それから授業内容が理解できるようになったのであります。

そうなるとしめたもので、「さて次はどういうことを話すのだろうか」「どういうことがテーマになって来るのだろうか」「これについて、どう考えるべきなのだろうか」というように、自分なりにテキストを読んで勉強して理解することができたのです。友達に議論を吹っかけたりして一緒にディスカッションをして理解を深めて行くようになったのです。そのようなことを繰り返して、なんとか刑法に対する違和感から脱却できたことをおもい出すのであります。これが一年生の時の話しです。

二年生になって、今度は「刑法各論」という科目を学びました。「刑法総論」の授業が、犯罪の成立要件とか刑罰論とか、一般的・抽象的な議論を教わるものであるのに対して、「刑法各論」は、個別的な犯罪類型の詳しい中身についてお話しを伺うという授業でございます。「総論」に比べますと、「各論」はかなり具体的な内容を教わりますので、非常に身近に感じられます。

まず殺人罪から始まって傷害罪などの生命・身体に対する罪や、逮捕監禁罪などの自由に対する罪や財産犯、それから社会的法益に対する罪、国家的法益に対する罪という大まかな順序で、それぞれの犯罪類型について詳しいお話しを伺うという授業でございます。これについては、お話しを聞いていれば、あるいは条文を読んでいれば、その中身はかなり分かります。ですから、大学によっては、「刑法各論」の授業から始めるところもありますが、一般的には、理論的観点からまず「刑法総論」を学んで、それを前提にして「刑法各論」を学ぶというようにしております。

刑法各論ではいろいろな犯罪類型が、次から次へと出て来ますから、どういう具合に全体をつかむかが、各論の難しさになります。刑法各論においては、いろいろな犯罪類型が出て来るわけですが、刑法改正も、部分的な刑法改正という形で、いろいろな犯罪類型が時代の変化と共にどんどん出て来るわけです。それらをきちんと整理して学び取ることもけっこう大変なのですけれども、総論に比べれば、理論的な難解さ、難しさは、そんなに感じない科目だろうとおもいます。皆さんも、各論を学ぶばあいには、そういう気持ちになるかもしれません。

わたくし自身は、一人だけで勉強するのではなくて、仲間と一緒に学ぶことが多かったので、苦労をあまり感じませんでしたけれども、一人で学ぶばあいには、どういう形でそれをフォローアップして行くか、に関して、一苦労があります。最近の若い皆さんは、インターネットを駆使していろいろな情報を獲得していますので、自分自身でさまざまな問題点をどんどんたどって行けるという強みがあります。このような具体的な観点からの事実の探求・探索については、皆さん方のほうが非常に恵まれているとおもいます。我々の学生時代には、今のような情報機器類やウェブ世界がございませんでしたので、本や法律雑誌を読んだりするのがせいぜいのところで、現在のように欲しい情報がパッと手に入るという時代ではありませんでした。情報量が限られておりました。情報量が限られているというのは、ある意味では幸せなのです。現在のようにビッグ・データをもっている人は、あまりいませんでしたので、一定の範囲内で知っていれば足りますから、その予定調和の中で、いろいろな議論ができますし、時間も有効に使えるわけであります。

物事は、なんでもそうですが、必ずプラスとマイナスの面があるわけですが、我々は、それはマイナスだとはおもっておりませんでした。今から見ますと、情報量が少なすぎたのは、マイナスだという気がします。しかし、現在では、あり余る情報をどのように選択するか、あるいはどのように意味づけるのか、という新たな課題が生じますので、その時その時で、いろいろと状況は違って来ます。あの時が良かったとか、あの時は楽しくて良かったというような回顧談にふけるわけにもいかないのです。つねに法律というものは、時代の流れに対応できる即応力をもったものでなければなりません。我々はそのように考えておりますので、皆さんは皆さんの環境の中において、それを大いに生かして勉強を進めて行っていただきたいとおもいます。

友達と学ぶという点についていいますと、明治大学には法制研究所というのがございまして、司法試験の受験を希望する者が、それに属して一緒に勉強するというシステムがありました。法制研究所には基礎研（「基礎法学研究室」）があり、それは一年生を対象にしたものであり、そこに入って、友達ができましたし、二年になってから法制研究所の上級研の法学研究室に入って、皆と一緒に学んだのです。こういうシステムがありましたので、その点は恵まれていたとおもいます。

それから三年生になった時に、正規のゼミナールに参加しましたが、当時はゼミナールは必修でございました。当時、AゼミとBゼミという二つのゼミがあって、Bゼミが必修科目で、Aゼミは選択必修科目でした。

それぞれ好きな科目を取れるようになっていました。

わたくしは、当初、民法のゼミを取りたいと考えていたのですが、一緒に自主ゼミをしていた仲間が、「いや刑法がおもしろいから刑法ゼミを取ろう」というので、わたくしはあまり自主性がなかったものですから、彼と一緒に刑法のゼミに参加したのであります。

その時のゼミの先生が、木村先生のお弟子さんの阿部純二先生という方です。阿部先生も偉い先生でございます。阿部先生は、後になって母校の東北大学に異動され主任教授になられましたけれども、わたくしがゼミに参加した頃は、新進気鋭の助教授でございました。そのゼミで仲間と一緒に議論をしたり、合宿をしたりして楽しい時期を過ごしたのです。刑法科目ですから、刑法の重要問題について割当てがあって、事前に学説・判例を詳細に調べ上げて報告し、それに従って議論するという方式でしたので、刑法の勉強が楽しくなって来ました。前にもお話ししましたように、一年生の時に仲間と一緒に勉強していたものですから、けっこう勉強量は多かったのです。そこで「川端は刑法ができる。学説・判例に詳しい」といわれて一目置かれる存在になっていて、ゼミでもヤアヤアやりながら、大いにディスカッションを楽しんだのでございます。

四年生になって六月頃から就職活動の時期が始りまして、「さあ、どうしようか」と考えざるを得なくなりました。当時の法学部生の選択肢は、だいたい就職か、大学院に行くか、司法試験を受けるか、の三つのうち、どれかを選ぶという時代でございました。

それでわたくしは、大学院に進学して刑法を研究したいと考え、阿部先生にご相談したところ、「自分は若くて何もいえないので、主任教授の先生にご相談したほうがいい」というお答えを頂きました。それで主任教授の先生に相談に行ったら、「明治大学では、研究者になるにはまず助手に採用される必要があり、助手になるためには司法試験に受からなければダメである。明治大学法学部は、司法試験に受かった人だけを助手にするのだから、研究者になることを希望するならば、司法試験を受けて合格しなさい」という趣旨のお答えを頂きました。それで就職活動はしないことにして司法試験受験のための勉強を本格的に始めたわけです。

当時の司法試験の受験科目は七科目でした。法律科目は憲・民・刑・商、訴訟法、法律選択科目がありました。さらに教養科目というのがありました。この七科目で司法試験を受けるわけで、憲・民・刑の基本三法について短答式試験があって、それに合格した者が七科目について論文式試験を受け、その合格者が口述試験という面接試験を受けたのです。わたくしは、教養科目は心理学を選択しましたが、心理学についても筆記試験があって、面接試験もあった時代でございました。

このような経緯で司法試験の勉強をして、司法試験に受かったので、それでは助手にしていただけるのかとお伺いしたら、「いや、それだけではダメで、刑訴法の研究者になるのだから――当時、わたくしは刑法ではなくて刑訴法のポストが空いているから刑訴をやったらどうかという話しがあって、刑訴法を研究することになっていたのです――実務をきちんと学んだほうがいいので、司法修習をするように」と勧められたのであります。

その後、司法修習をして、終わりかける頃、主任教授の先生にご相談したら、「大学院に行ってちゃんと学者の研究、学術の基礎も学んだほうがいいので、東大の大学院を受験しなさい」といわれました。わたくしとしては、すぐに助手になれるとばかりおもっていたのですけれども、東大の大学院を受験することにしたのです。大学院を受験したところ、幸いにも受かったものですから、司法修習を修了してすぐに大学院に入学し、団藤重光博士のもとで刑法を学ぶことになったのです。大学院生になって、日本刑法学会に入会し研究生活に入ったのです。以上がわたくしと刑法との関わりの当初の部分でございます。

司法修習生時代には、もちろん実務を学ぶわけですから、そこで実務の勉強をしながら刑法学も学んでいたのです。実務修習に入る前に、司法研修所で前期修習といわれる実務教育を受けるわけですが、指導教官は、「学説はまず忘れろ。実務では判例が絶対だ。判例だけ知っていればいいのだ」という趣旨のことをいわれました。つまり、判例の勉強を勧められて、学説を忘れろというような教育を受けたわけであります。

わたくし自身は、研究者になりたいので、学説をさらに深く学ぶつもりだったのですけれども、実務教育の段階においては判例中心主義ですので、「判例がこういっているのだから、こうすべきである」とされたのです。わたくしは、一定の学説に従って自分なりに起案をしたら、「これは実務と違う」として直されたりして、実務教育を受けたわけです。

司法修習修了後、大学院で、今度は研究者としての立場で刑法を学ぶことになったといういきさつがございます。

実務の一端を司法修習において学び、改めて大学院において刑法学を学び始めることになって、大いに違うことに戸惑いを覚えたのであります。実務は判例中心で、判例を知っていれば十分だという点があるのですが、刑法学はそうではなくて、刑法を明確に的確に把握するためには、先ほどいいましたように、刑法がもっている深さ、広さを把握しなければなりません。それを知ることが刑法学の魅力になるのであります。刑法学で問題点のすべてを理論的にまとめあげる方法論をきちんと基礎的な訓練を受けて学ばなければならないのであります。

その際、どういうことをしなければならないのかといいますと、まず理論的に刑法を学ぶことであります。

たんに過去の学説を読んで学ぶだけではなくて、その延長線上において自分自身がオリジナリティのある理論を形成して行かなければならないのです。そこが実務と違う点です。実務は実務で、新たな事実が事件として取り扱われるばあいに、それを判例・実務の処理の仕方に従って適切に処理する能力が要求されます。そのような観点から事実を見る目、つまり、実務家として事案を見る目が必要とされるのであります。

この人は筋がいいなとか、悪いなとかいう評価は、要求される一定の観点からきちんと物事の本質を掴み取れるかどうか、にかかっているのです。実務家としての観点と学者としての観点は、決定的に違いますので、わたくしは両方を学んだことによって、逆にそれぞれの対照的な観点を他の人よりも強く意識することができることになったのです。わたくし自身は、非常に回り道をしたという思いをもっておりますが、同時に、けっして無駄ではなかったという思いももっております。いわゆる「無用の用」ということで、無駄なようであるけれども、別の観点から見ると、必ずしもそうではないことがあるのであります。

このような対象の違いが、テーマとしてあげている「刑法学の魅力」につながるわけです。実務家にならずに学者になったことは、学問としての刑法学の魅力に取りつかれてしまったせいであるといえます。先ほどもいいましたように、刑法学の対象が人間であり、非常に追い詰められた実存状況の中でなされる犯罪行為であって、これを一定の角度からきちんと把握して、それを理論化するという要請があり、それをオリジナルに充足していくという楽しみがあります。それは、文学的な側面を社会科学的観点からどのように分析して表現するかという問題ともからんで来ますので、そこにまたおもしろさがあるのです。

過去の学説を学ぶばあい、わたくしは、学説史がきわめて重要であることを研究者として教えられたのであります。まず学説史をきちんと押さえたうえで、問題処理に限界が出て来たばあいに、それに対してどのように対応するか、という点で、オリジナリティを示せる場面が出て来るわけです。きちんと自らのオリジナリティとして出すべきであるということです。ここに研究者としての愉しみと喜びがあります。

最近、若い人達の研究を見ていますと、オリジナリティの尊重という部分がかなり薄れてきており、目新しさだけを追いかけるという形で、学問的な厳密さが失われつつあるように感じられます。その意味において、今、学問的な危機が生じているとの思いにかられているところであります。法科大学院時代が始まって、研究者も法科大学院の法曹教育にかなり時間を取られておりますので、じっくりと腰を据えて地道に学説史をフォローないしトレースすることが非常にやりにくくなっています。時間的に余裕がないし、精神的にも余裕がなくなっている状況のもとでは、厳密な学問的方法に則った研究をおこなうのが非常に難しいのです。刑法学自体には魅力があるのですけれども、その魅力を満喫しながら学問的にそれを取り扱っていく方法論の修得と実践にとってまずい状況が生じていますから、刑法学の魅力が今少し薄れつつあるのではないか、と危惧しております。

刑法学の魅力は、先ほど述べましたように、解釈論にあります。これは、ギリシャ、ローマ時代から展開され、その成果が積み重ねられて来ております。解釈学は、ヘルメノイティク（Hermeneutik）といわれまして、非常に奥深い哲学の一種であり、法解釈学は法律におけるその応用編であるわけです。これが精錬されて行って、それを駆使することが自由にできるようになりますと、非常に楽しいのです。おもしろいのです。皆さんも今、刑法を学んでいるわけですが、こういうばあいにはこのように解決するのだ、ということを学べば、どういう法律問題に対しても解釈で対応できるようになるはずです。それができるようになりますと、法律学の勉強が非常に楽しくなるのです。自分でどういう問題も処理できるのだ、という自信をもつことができます。

そのことを実感できますから、それを伸ばして行くことで、自分でも専門家と同じようなレベルで解釈論を戦わすことができることになりますので、これを大いに鍛錬して行って、ここで誰にも負けない解釈論を展開できる喜びを感じれば、これが刑法学の魅力を知ることになります。解釈論を今度は理論的にまとめあげて行く必要があります。いろいろな考え方を整理・検討して、それを理論化して独創性を発揮するという喜びがあります。これが学者になったばあいの喜びでありますし、他の人と議論してその人を説得するという場面でも、論理化して明確に矛盾なく説明ができることになれば、それ自体が非常に楽しいものですから、どうか皆さんにもその楽しみを味わっていただきたいとおもいます。

日本だけではなくて、外国の法制度はどうなっているのだろうか、という観点からの外国法との比較もまた新たな発見をもたらすものであります。同じ法律状況であっても、外国では違う処理の仕方をしていることを知り、それをわが国でも応用してなんとか生かせないかというような形で、外国法についての興味も湧いて来ます。それで研究者は、外国法の問題についても比較法的方法で研究することに力を注ぐわけです。我々もそれをやっているわけで、皆さんも将来、いろいろな実務家になって、難しい法律問題が出たばあいに、この点について、外国はどうやっているのだろうか、という疑問から出発して調査したことが大きなヒントになることがあります。このようにして、さらに視野がグローバリゼーションの中で広がって行く面もありますので、これは刑法の世界でも大いにあり得ることですから、これも刑法学の魅力の一つだとおもいます。

今、わたくしは、学問的な観点から見た刑法学の魅力をお話ししたわけですが、そのような専門家のレベルではなくて、学生のレベルではその域に達し得ないので、刑法を楽しく学ぶことはできないではないか、という疑問が生ずるかもしれません。

昨年、わたくしは、台湾の刑法学の先生方とお話しする機会がありました。わたくしは、台湾刑法学会と日本の刑法学会の交流に努めております。台湾での講演会の際に大学生達から質問を受ける機会があって、「刑法は難しいから、楽しく学ぶ方法はないか」という質問に対して、今述べたような刑法学の魅力を話したら、台湾の先生方からブーイングを受けました。「刑法学は楽しくない」と先生方がおっしゃるので、教える側も楽しくなくてはまずいから、刑法学それ自体が楽しめることを考えたほうがいいという観点から、判例を素材に勉強するとよいのではないか、とお話ししました。すなわち、判例を刑法学習の重要な要素に組み入れることが大事だろうと述べたわけです。わたくしは、もともとそういう意見をもっておりまして、現在でもそういうことをいっております。

判例という言葉を皆さんはよく聞くとおもいますが、「判例って一体何だろうか」という問いに対して分かりやすく説明するのは、じつはなかなか難しいのです。具体的な事件が起きたばあいに、これを検察官が起訴しますが、その起訴された犯罪事実に対して、裁判所が一定の判断を下して事件を解決します。それは判決という形で示されますが、その時に出された裁判所の判断を裁判例といいます。その裁判例の中に示されている普遍的な判断内容が、判例として、他の類似のケースにおいて適用されます。裁判所が公式に示した判断が判例として重要な意味をもって、わたくし達の日常生活に重大な影響を及ぼすことになります。

日本は大陸法系に属しております。刑法は、最初はフランス刑法を、後になってドイツ刑法を取り入れています。外国の法制度を「法の継受」という形で取り込んで今に至っているわけです。そのばあいに、大陸法系の国では「成文法主義」といいまして、国会などの立法機関が決めた法律が強制力をもつものとされます。とくに刑法においては、「罪刑法定主義」がとられておりますので、刑法はすべて法律で決まっていなければならないのです。したがって、実際に国民生活の場において、「犯罪をおこなう行為者」に対して適用される刑法は、成文法であります。成文でできていて、何々に関する法律という形で、法律として国会で制定されたものであります。その法律を適用するに当たって、裁判所が法律を解釈して、それを公訴事実に当てはめて事件を解決するのが大陸法系の成文法主義です。

これに対して英米法系においては、「判例法主義」がとられております。判例法主義の下では、法律がなくても、判例が法律と同様の役割を担っており、それが日常生活で適用されるという法システムであります。判例が法としての役割を果たしている国が、イギリス法系の国々です。

判例は、ケースローといわれ、その事件に関して作られた法ということになります。ある事件について、そのケースは、この判例に従ってこういう形で処理をし、別の事件については別の判例を適用してこういう具合に処理するのだというように、判例は法として機能しています。

それからもう一つ言い方がありまして、判例は「ジャッジメイドロー」ともいわれます。これは、裁判官が作った法律という意味です。議会が法律を作るのではなくて、裁判所が下した裁判例に普遍性がみとめられたばあいに、裁判所が決めた法としての判例となります。法として国民一般が認識・承認しており、それに従うというシステムが判例法主義であります。

判例法主義のもとにおいては、判例集が、法律を知るための六法全書と同じ意味をもちます。アメリカもそうですし、イギリスもそうですが、判例を知らなければ法律を知らないことになるわけですから、一生懸命判例を調べる作業が非常に重要な意義を有することになります。適切な判例がアメリカにないばあいには、イギリスの古い判例までさかのぼるという事態も生じます。適切な判例を調べ上げる能力が重要な法律家の能力になっております。

今はコンピュータで容易に検索できますから、かなり楽にはなっておりますが、そのことによって法律家の役割として判例を調べることの意義が減ったかといいますと、けっしてそうではありません。じつはケースローというのは、このケースについてはこういう意味をもつけれども、事実が変わるとこのケースローは使えないとか、あるいはこういうばあいには使えるとかいうふうに、「解釈」が必要になります。それぞれのケースローがどこまで及ぶか、つまり、判例とされたものが、どういうケースまで及ぶか、を判断するに当たって、具体的な事実の分析が要求されます。ですから、判例を知っていることだけではなくて、それがどこまで及ぶのかというういわゆる「射程距離」の問題が出て来るのです。その点に関して、法律家の能力が要求されることになります。

この事実は判例の事実関係に似ているけれども、じつは違うのだとか、本質は判例のこの部分だから、これが異なるので、判例は適用されないのだとか、といったような形で、ロースクールの学生は判例を勉強するのです。

その意味において、大陸法系の成文法主義のほうが、勉強するほうは楽なのです。なぜならば、六法を見れば、ちゃんと法律が印刷されており、教科書がそれについて説明をしていますし、それについて判例はこうですよ、という形で、詳細な説明がなされているからです。判例法主義の学生達の勉強に比べますと、成文法主義の学生達の勉強は、非常に楽だとおもいます。

「いや、それはそれで大変だ」という人がいるかもしれませんが、比較の問題としていいますと、学説や判例を調べるには本を読めばわかるわけですから、その点では、かなり負担は軽減されているのです。皆さんは、負担が軽くなっている分の時間を大いに有効に使っていただきたいとおもいます。

これからグローバリゼーションが進み、いろいろな国との交渉が生じて来ますから、安閑としておられませんけれども、少なくとも日本国内で法律を学ぶ際には、これは楽なものだと考えておいたほうがいいとおもうのです。

判例は、大陸法系のもとにおいては、「法源」性をみとめられておりません。法源とは、法の存在形式を意味します。「罪刑法定主義」をとる刑法の世界では、判例は法源としてはみとめられないのです。判例は慣習法の一種でしかないわけです。つまり、判例は、法としての効力をもたないのであります。

ところが、実際上は、判例がわたくし達の日常生活を規律しております。つまり、わが国は成文法主義ですけれども、判例が重要な役割を果たしているのであります。それはどういうことか、といいますと、同じような事実関係について、起訴されたばあい、たぶん前と同じような判断が裁判所から下されるだろうという予測が可能になります。裁判の結果の推測ができるのです。そうしますと、裁判において、こういうばあいには、こういう処理になるということが、あたかも一つの法命題として出来上がっているような状況が生じます。

このように判例は、事実上は「法規範」としての役割を果たしているのです。我々はそのように考えていますから、判例それ自体が刑法の学問的研究においてもきわめて重要な意味をもち重要な役割を担っているといえるのであります。

学生の皆さんや裁判員裁判制度のもとで刑法を学びたい市民の皆さん方にとっては、判例は、「刑法的なものの考え方」を身につけるための有用な教材になります。それはなぜか、といいますと、まず第一に判例は、先ほど述べましたように、一定の「事実」に関する裁判所の判断だからです。

歴史的・社会的な「事実」をもとに、これが法律的にどういう意味をもち、どういう形で事件として検察官によって再構成されているのか、を知ることができます。検察官による起訴事実、つまり訴因に対して、検察側と弁護側の意見が対立するばあいに、法廷で「法律論」が展開されます。その場面で、どの立場が妥当か、の判断を裁判所が示すわけですが、「事実関係」に基づいて「法律構成」がなされる点で、事実に基づいていることが非常に学びやすくなります。学生諸君や市民の皆さんにとっても、それは現実に生じた「事実」でありますから、身近さを感ずることができます。身近に感ずることができる社会的な実態がそこに示されているわけです。自分自身が追体験するような形で「事実」を見て、それを分析することによって、抽象的な「刑法理論」が、具体化されて、日常生活の場面で、それが再現されることになります。判例集や判例教材を容易に見ることができるとおもいますが、それをそういう観点から読んで、自分なら、このばあいにどうするかとか、どういう具合に考えたほうがいいのだろうかとか、いうように、「刑法的に考える」ための素材となります。判例には、かなり興味深いものがありますので、大いに役立つとおもいます。

判例に注目して、事実関係を明らかにして、そこで展開されている法理論が妥当なのかどうか、を考えることが大事だとおもいます。まず事実関係を分析し、それから法的構成を考え、解釈論を展開して一定の結論を導き出すのです。このような考え方を展開して行くことを何度かやっていると、判例の読み方が分かって来るとおもいます。

刑法を学ぶばあいと同様に、我々法律家が、法律に携わるばあいに注意しているのは、つねに「具体的妥当性」と「法的安定性」のバランスをとることであります。

法律家がもっとも法律家らしく判断する場面は、具体的妥当性の判断と法的安定性の要請に関してバランスをとるところです。これが、もっとも「法律的な思考力」が働く場面であります。それを皆さんも意識していただきたいとおもいます。具体的妥当性とは、結論が、わたくし達の国民感情にぴったり合うことを意味します。国民意識のもとで、誰でもそういうばあいには、そういう取扱いを望むはずであると考えられる結論が、具体的妥当性のある結論であります。

法律は生きております。生きている人間を対象にしているのです。ですから、法律的な処理の場面で、わたくし達は、生きている人間、生身の人間、つまり切れば血が出る、叩けば涙も出るという生身の人間が生きている場面で、いろいろな法律的状況のもとで行動をしているわけですが、そのばあいの解決策として、国民一般が納得のいく線を出せるかどうか、が重要です。それをきちんと結論として導き出せるかどうか、が勘どころなのであります。国民意識から離れた法の適用は、ナンセンスだとおもいます。法は、国民のためのものであります。法は、わたくし達、つまり、「生活している」、「生きている」人のためのものであります。そういう「人のために役に立つ」ような生きた法でなければならないのです。結論は、つねに具体的に妥当なものでなければならないとおもうのです。

具体的に妥当であれば、それだけでいいのかといいますと、必ずしもそうではありません。ある事案においてはいいかもしれないけれども、別の事案では、「それはその時さ」、「自分達とは関係ないや」として、それを放り出すのではなくて、やはり他の場面でも通用するような公平で普遍的なものでなければなりません。そうでなければ、法律というのは基準のないグラグラしたものになってしまいます。法律が普遍的な要素をもっていることが、一般的な観点からの「法的安定性」というものです。法は安定的にわたくし達の生活を守るものでなければならないわけですから、法的安定性が必要であります。ですから、具体的妥当性と法的安定性のバランスをつねに意識しながら考えなければなりません。

判例を見るばあいに、それが非常に重要な要素になります。裁判官は、裁判官として、その現実の法律的な紛争である事件の解決を求められております。それは、やはり国民に支持され得る結論とそれを支える的確な論理をもっていなければならないことになりますから、皆さんもその観点から、きちんと事実関係を読んで分析する姿勢をもって判例に当たりますと、刑法を学ぶことが楽しくなってくるはずであります。

新聞やテレビなどのマスメディアでも、いろいろ裁判の模様や裁判例などのほか、いろいろな刑事事件が報道されています。つい先日も福知山事件判決の報道がありました。判決の言渡しの際、裁判長がどのように述べていたかといいますと、国民の皆さんには納得いかないかもしれないけれども、日本は法人処罰規定がまだ一般的にはみとめられておりませんので、法人の犯罪行為の処罰は限定的にならざるを得ないと述べたのです。つまり、実態は法人の犯罪行為であるとしても、現実の裁判においては、その法人を構成している自然人としての役員や末端の個人の責任を追及することになります。刑事責任の追及という場面において、被害者の側からしますと、明らかに法人の事業のもとで被害が生じているにもかかわらず、法人や役員を処罰することができないという事態が生じます。そのばあいには、法人の刑事責任あるいは犯罪能力という問題がありまして、それについては刑法総論で大きな議論になっているところであります。その観点とこの事故に関する判決はどのようにつながっているのだろうか、を考えてみるとよいとおもいます。具体的な生の事件において、被害者が泣いてテレビで訴えている場面を見ることがありますし、逆に、被疑者・被告人の家族の声も聞こえてきます。このように、現実の事件についていろいろな場面があるわけです。それを裁判所としては、「罪刑法定主義」の下で、この点についでは、「厳格な証明」が必要だとする「訴訟法上の原理」があるから、この点については、過失の認定はできませんので、犯罪不成立、無罪だという判断を下したりするわけです。個別具体的な事件においては、このような法理論が、逆に見えにくくなるのです。

こういう判決が出たのだけれども、「その結論は非常識ではないか」と怒る人も出て来ますし、「いや、これは法原則からして当然の結論だ」という意見の人も出て来ます。それではどうすればいいのか、という問題が生じてくるわけです。これは、最終的には立法による解決を待たなければならないことになるばあいもあります。

判例には判例としての限界があります。法律的に事件を処理するという角度から、いろいろな解釈技術を駆使したり、いろいろな事実認定の方法を用いたりして、事件を裁いて一定の判断を示しているわけですが、そこには法律で決められた枠内でという大きな制限があります。これが、判例の限界であり、解釈論の限界であります。

このように、刑事裁判には大きな限界があります。その限界を無視して、結論だけ正しければいいのだという議論をここでおこなうことはできません。それではその限界はどこにあるのか、本当にそれは限界なのだろうか、を理論的に詰めて行くようにするとよいとおもいます。現実の事件と理論との往還を何度も繰り返して行きますと、生きた知識のもとで、最先端の議論が展開できることになります。これも勉強の有効な方法の一つであります。

教材を生の現実的な事件に求め、こういう問題はどうすべきか、さらに立法論にまで及んで考えて行くことができるようになります。

今、判例の問題を説明しておりますが、判例との関連で、学問的な観点から危機に直面している点があります。それは、法科大学院の法曹教育との関係であります。

法科大学院時代になって、研究者も司法試験に関連して教育上の大きな負担を抱えています。法曹になるためには、法科大学院を出て司法試験を受けて合格後、司法修習を修了して、実務法曹になるという道ができています。司法試験に合格するためには、判例をよく知っていなければなりません。わたくしも法科大学院で教えておりますが、学生諸君の関心は、判例を知ることにあります。判例はどうなっているのか、判例だけを教えてくれ、という要望がよく出て来るのです。それはそれで、分からなくはありません。法曹教育においては、判例を知ることが必要であり、大事であるといえるからです。これは、わたくしが司法研修所で教わった「実務は判例だ」という主張につながります。

そこで、法科大学院の学生達は、「学問的な論点や成果は無駄であり、とにかく判例だけを教えてくれ、それだけで十分だ」と考えるようになって来ているわけです。教師としてその要求を満たすことはできるのですが、それを満たしてあげますと、「判例が、なぜそういう立場を採っているのか。それによって、どういう解決が示され、それが将来に向かってどう動いて行くのか」ということなどをまったく理解しないまま、ただ覚え込もうとする弊害が生じて来ているのです。

そうしますと、今度は「判例絶対主義」という考え方が芽生えて来ます。そのばあいには、判例が権威をもちすぎることになります。「判例さえ知っていればいい。判例で全部まかなえるのだから、判例が絶対に正しいのだ」という方向に進んで行きます。ここまで来ますと、先ほどお話ししたような現実の事件と裁判との関わり合いが、国民の立場から見たばあいに、批判的な視点が抜け落ちてしまうのです。そうしますと、裁判所がすべてを決めてしまい、それに従えばよい、ということになって、判例がもっている問題性とか、危険性とかについて一切考えないまま、それがそのまままかり通って行くことになりかねません。その意味で「判例万能主義」という事態が生じ得るのです。

刑法を楽しく学ぶという観点からは、そのような絶対的なものを、ただ信じ込むのではなくて、それを相対化して、こういう状況やこういう事実関係のもとならば、それでもよいのだけれども、それがこういう具合に変わるとまずいのではないのか、とかいうような批判的な目で判例を見ることができるようになっていただきたいとおもうのです。学生の皆さんも、これから裁判員裁判に関わる市民の皆さんも、裁判員裁判についても、たんに判例に従うのではなくて、生の事実を見て、そのばあいの適切な処理は何なのか、という観点から見て行く必要があるのです。すべてが判例にしばられるというのでは、成文法主義の中における判例の位置づけとしては正しくないとおもいます。

わたくし達は、つねに新たな社会状況に対応して、それを適切に処理しなければなりません。それがまさに時代の要求するところであり、また時代の波は、そういう具合に動いて行くのです。激動する時代の真っ只中で、しっかりと足を踏ん張って、正しい方向を見定める力を付けていただきたいとおもっております。

法律はわたくし達のものなのです。わたくし達の生活のためのものなのです。そういう観点から、法律や判例をきちんと見つめ直しておくことが大事だとおもいます。判例が重要な意味をもっていることをそのような観点から捉え直していただきたいとおもいます。

次に、研究者と「判例」との関係という観点からお話ししますと、わたくし自身は、大学院に入った時に、東大を中心とする「刑事判例研究会」という組織に所属しました。これは、戦前から東大を中心にして続いている研究会で、東大の有名な先生方をはじめ、東京近辺の大学の先生方、それから最高裁調査官、高裁や地裁の裁判官、さらに最高検や高検、地検の検察官のほか著名な弁護士など優秀な方々が会員となり、そこで判例研究をおこなって来ているのです。

会員の院生にも必ず事件の割当てがあって、当該最高裁判例について研究した結果を報告することになっています。その判例のもつ意味とか、他の判例との関係とか、射程はどこまでかとか、について報告して、偉い先生方のご批判を受けるわけです。かなり手厳しい批判を受けて、気分が滅入ったりすることもありました。それでくじけてはいけないので、それをもとに判例評釈をまとめ上げなければならないのです。判例評釈は、一種の論文みたいなものですが、それを書いて、当時は刑事法専門の『警察研究』という月刊誌がありまして、それに掲載してもらうことになっていました。活字になったものが批判を受けたり、引用されたりして勉強して来たわけです。我々は判例の研究にかなり時間を割いております。すなわち、学術論文を書くと同時に、判例評釈も書くという研究生活を送って来ているのであります。わたくしは、若い時代から五〇代前半近くまで、判例評釈を通して判例に影響を与えたいと考えて来ました。そういう観点から、判例研究を続けて来たのであります。

その際に、最高裁のこの判例はこういう点でおかしいではないか、と批判をしたりしました。それに対して裁判官といろいろな機会に意見交換をしたこともありました。判例が絶対的に正しいわけではないとして、こういう点でこの裁判例はおかしいではないか、と疑問をぶつけて、実務家の見解を教示していただきました。このように判例評釈の中で判例批判をしたこともありますが、これは妥当であると賛同したり、この点はもっと深めたほうがよい、というような形で、判例評釈をして判例に影響を与えようという意気込みで判例研究を進めたのであります。

その研究の一つの成果が、『文書偽造罪の理論』であります。わたくしが文書偽造罪の研究を始めたころ、写真コピーが文書偽造罪の対象になるかどうか、について意見の厳しい対立がありました。地裁の裁判例の段階から、対立がありました。ゼロックスコピーがはやり出した時期でございました。文書の原本をコピーして、それに、虚偽内容を記載した紙を貼り付けて、それをさらにコピーしますと、もともとそういう内容の原本があったかのような写真コピーができ上がります。つまり、虚偽内容の原本があったかのような形態のコピーができ上がるのです。このような写真コピーの作成が文書偽造になるのではないか、という問題が生じたのです。

わたくし自身は、これは文書偽造になるのだという考えを強力に主張していたわけですが、当時は、「これは罪刑法定主義に反する」とする意見も有力でした。つまり、「これは類推解釈だ」とか、「これは、原本ではなくて、写しとしてこの写真コピーを作り出したにすぎないので、文書偽造罪にならないのだ」という考え方が非常に強かったのです。しかし、わたくしは、「実際に文書の証明力を偽っているのだから、偽造になる」という論陣を張りました。高裁段階でも有罪、無罪の両方の判決が出て、最高裁において、「文書の写真コピーも偽造罪の対象になり、写真コピーの作成が文書偽造になるのだ」とする趣旨の最高裁判例が出ました。つまり、最高裁の判例は、肯定説を採ったのです。

その論拠になったのが、「文書のもつ証明力」という観念です。それは、従来、刑法学では使われておりませんでした。判例にもなかったのです。それを言い出したのは、じつはわたくしなのです。「証明力」という観点から文書偽造罪を捉え直すべきであり、理論的に今まで一般に主張されて来たのと違って、「文書のもつ証明力」を悪用することこそが、文書偽造を処罰する根拠なのだと主張したのです。「証明力」という概念で文書偽造を理論化するために「制度としての文書」をキーワードとする文書偽造罪論を再構成して、これを「文書偽造罪の理論」という学位論文にまとめ上げたわけです。最高裁は、写真コピーに関して「文書のもつ証明力」が文書偽造罪の処罰根拠であることを、初めて最高裁判例としてみとめたのであり、現在ではそれは定着しております。このように、判例に影響を及ぼそうという観点から、判例研究を進めて来たのであります。

先にも述べましたように、判例は公権力による法律の解釈ですから、そこに限界があります。その限界をどうするかが、次の課題であります。それを解決するのが「立法」であります。解釈で解決できないことに関しては、法律を作ればよいのです。あるいは法律を作り替えなければいけないのです。次にわたくしが出会ったのが、立法に関わることであります。

立法というものに関わったそもそものきっかけは、法制審議会の刑事法部会委員に任じられたことであります。法制審議会は、法務大臣の諮問機関として、重要法案の作成のための審議に関与するものであります。法制審議会は、長年重要な役割を果たして来た伝統をもっている非常に有力な機関でございます。法務大臣が、一定の事項について立法や法改正の必要があるかどうか、あるとすれば、どういう内容の法律を作るべきか、あるいは改正すべきかについて、法制審議会に諮問を出します。その諮問に関して、法制審議会は、通常、部会を設置します。専門的な有識者が部会委員に任命され、委員が集まって詳しい議論をして案をまとめ、そのまとまった案を法制審議会の総会に報告し、そこで検討して決議すれば、そのまま法務大臣に諮問の答申としてお渡しすることになります。その諮問について法制局からの意見を踏まえて作成された法律案を法務大臣が閣議に出して、まとまれば政府案として今度は国会に提出して法律になって行くというプロセスで立法がおこなわれることが一般的であるといえます。

法制審議会が対象としている法律は、基本法です。基本的な法律については、必ず法制審の審議を通してから立法がなされるという扱いになっております。すなわち、法制審答申後、内閣の法制局でいろいろ法律的観点からの修正がなされてから、政府案として国会に提出され、そこで審議されて行くという段取りになります。

わたくしは、その法制審議会の部会に何度か参加させていただく機会がありました。その後、総会委員を拝命し、約一〇年間総会の審議に参加したり、部会長に任ぜられたりしました。そこにおいて専門家の立場から、こういう立法事実があるから、こういう具合にすべきだという意見をお互いに述べあって、そして立法提案として要綱案をまとめ上げて行く過程の中で、立法作業の一端に関与したしたわけです。「法律は、こういう具合に作っていくのか」というのが、自分自身の体験として実感したことです。立法過程の一部を目の当たりにしたことになります。

衆議院および参議院の法務委員会に参考人として呼ばれ、専門家としての意見を述べる機会も何度かありました。このようにして、立法作業に関心をもつようになりました。我々は立法史を学ぶばあいに、法制審議会の議事録を読めば、どういう審議状況のもとでこの法律ができたのか、立法者はどのように考えていたのか、が分かるようになっています。そういう観点からの研究は何度かしたことがありますし、今でもそれをおこなっております。

たとえば、昭和一五年の法改正について調べたことがありまして、戦時体制の雰囲気が非常に強くなって来ている状況の中で、法制審議会で刑法改正仮案が出き上がったのですが、非常に緻密な議論がそこでなされていたのです。戦時体制がどんどん進んでいる中で、法律論がきちんと展開されていることが議事録を読んで分かったわけです。そのことを知って大いに驚いたことがあったのです。

そのようなことが、現実の議論の場でどういう具合になされていくのか、を知ることができて、非常に勉強になりましたし、その後、立法学を勉強して、立法の在り方を大いに自ら学び取りました。それを基礎にして立法作業に参加して行ったのであります。

現在、刑法典の一部改正という形で刑法改正が頻繁におこなわれ、刑事立法が進んでおります。

かつて刑法を全面的に改正しようとする動きもありましたけれども、それが頓挫してしまった関係で、刑法の一部を改正する法律によって、いろいろな刑法の条文が改正されたり、新設されたりしております。

わたくしは、危険運転致死傷罪の新設の審議に関わりました。交通事故の悲惨さは、従前からよく知られていました。この頃から被害者の声が広く聞こえて来るようになりました。それまでは、刑事法学では被害者の立場は、あまり重要視されていなかったように解されます。刑法上、被害者が告訴権者であるとされ、刑事訴訟法上、告訴は訴訟条件とされ、被害者やその家族などは証人として法廷に呼ばれて証言をし、その証言が証拠として扱われるにとどまる状況が長く続いたのです。わたくし達の国民生活の場で、わたくし達はいつだって被害者になり得る立場にあるのです。被害者の立場について、きちんと考える必要があります。そのことが一般に理解されるようになって来ました。今、いろいろな観点から新法が出来ておりますが、そこでも被害者の声をきちんと反映できるように配慮されております。

わたくし自身、いくつかの部会の部会長として案をまとめた場面でも、きちんとそういう意見を聞くべきであるという立場から、ご意見を聞いて、そして国民が納得いく線でその案をまとめようと努めたのであります。こういう観点から刑事立法が進められて来ております。

わたくし自身が見るかぎり、現在の刑法改正は、国民の声を反映してうまく行っていると評価できます。新たな事態が生じれば、それに対応できるような形で立法がなされ得る状況になっております。現在、まさに「刑事立法の時代」であります。そういう時代であるからこそ、国民にとっていい刑法を作りたいし、それに協力したいと考えております。

皆さんも、立法についていろいろとパブリック・コメントが求められますから、学んだことをもとに自己の意見を大いに主張していただきたいとおもいます。今求められているのは、国民の声であります。国民の声として皆さんがそれぞれの意見を発していただきたいのです。これからの刑法の改正に、皆さんの声を生かしていただきたいとおもいます。刑法は皆さんのものなのです。わたくし達のものなのです。そういう意識をもって、わたくし達にとってよりよい刑法を作ろうというのが、新たな立法という場面におけるわたくし達の置かれている立場であります。刑法を楽しく学びながら、さらに将来の自分達の子どもや孫にとっても住みよい安全な社会を作る必要があります。その基盤である刑法をきちんと作り上げ、守って行きたいとおもいますので、皆さんもどうぞ、そういう形で臨んでいただきたいとおもいます。

わたくしは、教師として刑法を教えて来ておりますが、刑法はとても重要な科目であり、刑法学は楽しい学問領域であって、それを学ぶことは楽しいものであるということを主張し、これからも訴え続けて行きたいと考えています。本日、講演の機会を与えていただいたことに感謝申し上げます。どうもご清聴ありがとうございました。

〇**司会**　どうもありがとうございました。それでは少し質疑の時間を取っていただいております。せっかくの機会なので、学生さんのほうから何点かあればとおもいます。

何か質問などがありましたら、お願いします。はい、ではどうぞ。

○**会場**　法学部三年の雄山です。本日は松山大学に講演に来ていただき、本当にありがとうございました。講演を聞いて、刑法学について、もっと深く学んで行きたいとおもいました。せっかくの機会なので質問させていただきたいとおもいます。

川端先生は刑法学の魅力にひかれて研究者になったとおっしゃっていましたが、一時期、弁護士登録もなされていたと聞きました。弁護士としてではなくて、研究者として進むということに関して、大きなきっかけみたいなものがあったんでしょうか？お聞きしたいなとおもいます。

○**川端**　今のご質問にお答えします。たしかにわたくしは、短期間でございますが、弁護士登録をしたことがあります。それは、大学院生の時です。先ほども触れましたが、当初、わたくし自身は、研究者になるために大学院に進学して勉強したいとおもっていたのですが、司法試験を受けたほうがよいと勧められて司法試験を受けて、実務修習を修了しておりましたので、弁護士になろうとおもえば、すぐに弁護士登録ができる状況でした。

ただ、その時に、大学院に進学していましたから、研究者として研究一本で行きたいと考えていたのですが、いかんせん貧乏学生でございました。生活費が足りないし、結婚もしておりましたので、知り合いの人の弁護士事務所で弁護士としてアルバイトをさせていただいたのです。

その後、明治大学法学部の助手に採用されましたので、ただちに登録を取り消しました。弁護士としての活動よりも刑法の研究が好きだったということになります。

○**会場**　ありがとうございました。

○**司会**　ありがとうございました。それでは、最後にもう一度盛大な拍手をお願いいたします。

第八章　わたくしの刑法体系

座ったままでお話しさせていただきます。今日は、『私の刑法体系』というタイトルで講演の依頼がありまして、時間は約三〇分でお話しすることになっています。体系書を出したのですが、それを全部読み通すのも大変だろうから、その骨格だけでも皆さんに分かっていただければという趣旨でお話しをするわけであります。

まず、わたしの本の書名、タイトルですが、最初出版した本は『刑法講義総論』で、今度出版したのは『刑法総論講義』で、ちょっと違います。それはなぜかといいますと、最初出版する段階では、『刑法総論講義』ということだったのですが、印刷所で担当者が『講義総論』という形にしてしまった関係で、上・中・下巻として公刊したのです。その後、刑法の一部改正がなされ、現代語化された新刑法ができたものですから、それに基づいて、実質上の改訂版を刊行することになったわけですが、合本していきなり改訂版というのもおかしいので、名前を元に戻して『刑法総論講義』としたわけであります。そのいきさつは、そういうことでございますが、その本のいちばん根本的な出発点になるのは何かといいますと、「刑法規範」の捉え方であります。この点について、従来は、通説的な見解として、裁判規範説が非常に強かったのですが、わたくしは、第一次的には「行為規範」であると主張しているのであります。そして、第二次的に「裁判規範」として作用すると解することを明言しているわけであります。その考え方をとりますと、刑法理論の様相がかなり変わってくるのですよね。それで理論体系として従来の考え方とかなり違う主張をせざるを得なくなったという面が多々あるわけであります。ですから皆さんも、そういう観点からわたくし自身の体系を知るに当たっては、まず刑法は「行為規範」であるのだということを出発点にして、理論構築がなされていることを御承知おきいただければとおもいます。それを前提にして、刑法は第一次的には行為規範であり、第二次的には裁判規範であるという考え方をとりますと、従来いわれていた罪刑法定主義の捉え方に、もろに響いてくるのであります。なぜかといいますと、今までの通説的な考え方は、罪刑法定主義の段階では行為規範的なことをいいながら、刑法理論においては、これが裁判規範に突如変わってしまうという矛盾した体系があったからです。これは、罪刑法定主義についていいますと、自分の「行為の結果の予測可能性」を行為者に向けられた規範が要求することになるわけであります。それを担保するものとして罪刑法定主義が、まず、第一次的に要求されるという捉え方が可能になります。つまり、行為者にとって予見可能かどうか、の検討があってはじめて行為規範としての意味をもち得るのであります。これは、裁判規範であれば、別に行為者が知っていようが知っていまいが、法秩序にとって罰すべきものは何か、罰せられるべきでないものは何か、を裁判官に向けて規定していればいいことになります。厳密にいいますと、これは、「政策決定」であり、行為者にとって予見可能なものを処罰することによって秩序の維持がはかれるのだという政策的な考慮が働くにすぎないのであって、絶対的な要請として出てくるものではありません。ところが、これを行為者の側から見ると、あらかじめ自分が予測できるものについて、はじめて罪責追及を受けるのだという議論を徹底しますと、やはり行為者の側から物事をどう見るか、が重要なポイントになるのですね。その観点から、派生的原則も全部「予見可能性」の視点から導き出すことができるのであり、さらに遡って行為者にとっての予見可能性の有する意義は何かといいますと、それは「自由主義」の表れといえるのです。行為者の自由を守るには、行為者自身が責任をもって行動できるようなシステムを作る必要があるという観点から、罪刑法定主義という大原則に行為者にとっての予見可能性の観点を導入することが、出発点とされているとえるわけですよね。罪刑法定主義の基礎づけとして、「民主主義」の要請とか、「責任主義」の要請とかの考え方もありますが、わたくしは、理論的にはあくまでも「自由主義」が論理的な大前提になるという発想の基に理論構築をすべきだと考えているわけであります。それで、犯罪論の体系をこれから見ていきますが、わたくし自身は、通説・判例と同様に、構成要件該当性・違法性・有責性という三元論の立場に立っています。それぞれの次元で、独特の意味をもつ成立要件を検討すべきであるという立場であります。

まず構成要件ですが、これは、ドイツの通説と同じように「違法行為」を定型化したものであるという捉え方をとります。違法・有責類型説は、わが国では有力ですが、これは、支持すべきではないと考えています。なぜならば、あくまでも行為として客観化されたものについてだけ定型化が可能であって、人格の深みの影響を受ける有責行為までは定型化すべきではないという基本的な発想があるからであります。定型的な構成要件ですが、それは、「違法行為」を定型化したことによって、「定型的な違法性」というのをみとめることになります。つまり、構成要件該当性というのは、「定型的な違法性」を具備した行為が存在することをみとめることであるという捉え方がここで可能になってくるわけであります。「定型的な違法性」というのは、余り強調されませんが、これは、一般的に見て、誰が見ても違法だと考えられるような行為類型という意味をもっているのですよね。定型的な違法類型については、そこはあまり強調されないで、違法性との関連で「違法性推定機能」が、学説上強調されますが、わたくしは、そうではなくて、まず第一次的には、類型的な違法・定型的な違法という観点が大事であるとおもうわけであります。このような観点から、類型的な違法性を肯定するかどうか、については、具体的な・実質的な判断を加えるべきではないとする考え方が出てくるのです。最近でも、可罰的違法性を構成要件段階で捉えようとする考え方が有力に主張されておりますが、わたくしは、それは理論的にとるべきではなく、具体的・個別的な判断として違法性論で考えるべきだという立場を堅持するわけであります。この点については、また違法性のところで触れますが、このように違法行為の類型性を考えて、あくまでも責任の問題をここに持ち込まないという考え方が出てくるのです。

それで、故意・過失の体系的地位に関して問題になってくるのは、主観的な構成要件要素をみとめるかどうか、ですが、それは、あくまでも類型的な違法性を基礎づける主観的な要素であるという捉え方をすることになります。したがって、故意・過失の事実的要素、いわゆる「事実的故意」といわれるものが構成要件に属するのだという理論構成をすることになります。それで、その裏返しとしての錯誤論も、あくまでもその点に限定すべきなのであって、それ以外に「違法性の認識」を喚起し得るような事実をここで議論するのは理論的に間違っていると捉えることになります。あくまでも事実的な表象・認容があってそういう行為をすれば、通常は定型的な違法性を具備するものとしてその行為を評価すべきなのであり、それが違法性の認識を喚起するので、「違法性の認識」が責任故意を基礎づける要素であると捉えるのは理論的矛盾だと考えているのであります。故意・過失の体系的地位の捉え方によって、犯罪理論は大幅に変わってくるわけです。これが違法性論とどう結びついていくか、という点で、また大きな問題が出てくるのであります。これが違法性論にどのように響いてくるのかといいますと、主観的要素を違法性論でどう取り扱うべきか、が大きな課題として出てまいります。その点について、主観的なものはすべて違法論から放逐すべきだするいう考え方がありますが、これは、結果無価値論といわれる立場ですね。わたくしは、これは物的不法論という観点で捉えるべきであることを強調しているわけであります。なぜ「物的」かといいますと、人間の精神活動の部分を全部排除して、身体的な動静、そしてそれに伴う客観的な側面だけを見て行為の違法性の有無を判断するのは、人間の精神活動を全部否定したうえで、ただ利益とか事実的に存在する物的な要素、ザッハリッヒな要素だけを考えていくことになるからであります。それで結果無価値論は物的不法論であると概念規定をしているわけであります。我々の人間の行動を見たばあい、行為者の主観を抜きにして、外形的なものだけでその行為の意味が定まるわけではありません。外形上、まったく同じように見えていても、その人の内面によって、その行為がもっている法的な意味が決定的に違ってくるのであります。そういった意味で、外形的な要素は非常に重要であるのですが、それだけでは違法性判断はできないのです。外形的な要素に法的な意味を与えるものとして、主観が機能していることをみとめるべきであることをわたくしは強張しているのであります。結果無価値というのは、端的にいえば法益侵害ないしその危険でありますが、法益侵害ないしその危険性は、それ自体としてはっきりしているように見えますけれども、中身に入って、本当の意味で、法が予定している侵害行為としてそれを禁圧すべきかどうか、禁止すべきかどうか、という面から考えると、行為者の主観を抜きにして、それは確定できないと考えられるのであります。そういった意味で結果無価値に本当に法秩序の見地から見て無価値であるという意味を与えるものとして、主観面を考慮に入れるべきだと主張しているわけであります。これは、結果無価値を否定する一元的な人的不法論ではありません。違法性の外形的で客観的な要素としての結果無価値は必要です。法益侵害に限定してお話ししますが、本当の意味で法益侵害がなされたといえるかどうかは、行為者がどのような意思の下にその行為おこなったかということを抜きにしては考えられません。これは我々の行動を見るばあいの社会的な常識であります。我々が一般生活を営むに当たって、行為者がどういう意図の下に動いたかということに非常に興味をもつわけですよね。現実の裁判でもそうであります。構成要件該当性の次元で、いわゆる要件事実があるわけですが、それだけで裁判は決着がつかないのです。みんなが要求するのは、なぜその行為者はそういう行動に出たのか、という動機面ですよね。その解明を求めてくるのです。マスコミなどを見ても御存知だとおもいますが、事件が起こると、必ずなぜそういう行動に出たのか、を解明することが要求されますよね。それから、アメリカではＦＢＩ

の心理分析官というのが出てきますが、それによるプロファイリングは犯人像を作り出すという点で、かなり心理学的な要素を含んでおります。犯人像を特定することによって、捜査に寄与するというやり方がとられているわけですよね。これは、我々の社会生活における常識なのですが、いざ刑法理論の次元になってくると、その事が全部吹っ飛んでしまって、論理のための論理、理論のための理論が先行しているのがわが国の学界の現状でありますから、わたくしは、それはおかしいのではないかという異議申立てしているわけであります。いまいったような形で行為者の主観面を考慮に入れると主観主義刑法学になるではないか、という批判が加えられます。しかし、はたしてそうだろうか？責任論になると、もっともっと主観化していくにもかかわらず、それは主観主義刑法という批判は出てきません。道義的責任論だからいいのだというような言い方をしますが、同じ主観的な要素は違法性論であれ、責任論であれ、刑法の世界で問題にするかぎり、質的な変化はないと、わたくしは考えております。ですから、刑法理論に主観的要素を取り入れるか取り入れないか、が問題なのであって、どの次元でそれを問題にするかによって質的な変化は生じないのであります。わたくしは理論的な立場からそのようにおもうのです。ただ問題は、どの次元にそれを属させるかは、まさに理論の問題なのであって、たんに機能的な観点から決められる問題ではないと考えているのであります。そういったことから、主観的な要素を入れる考え方が、即、主観主義だといわれるのは、余りにも我々の考え方、少なくともわたくしの考え方を曲げて解しレッテルを貼って罵倒する論法に過ぎないとおもうのです。相手を黒く塗りつぶしておいて、その黒さを理由にして叩くという論法が、よく用いられますが、わたくしは、これはフェアではないと考えております。やはりその中身が妥当かどうかについて議論すべきなのですから、そういったレッテル貼りの論争には、わたくしは一切加わらないようにしております。この本の中でも、きちっと理論的な立場を明確に示して、政策決定についてはあえて触れないという立場を堅持しております。そういった点がないと刑法理論は滅んでしまうとおもいますので、わたくしは、従来から構築されてきた日本の刑法理論の中核部分を承継して、それをきちんと次の世代に伝えていくという意味で、「正統性」を主張しているわけであります。その正統性というのは、正しいという意味の「正当性」ではなくて、妥当な伝統を継承しているという意味の正統性です。それをここで強調しているのであります。主観面をも考慮に入れる不法論が、わたくしのいう二元的人的不法論であります。その観点から違法性の本質を捉え直していくと、次のような結果になります。どういう結論になるかといいますと、「違法性の相対性」を真正面からみとめることになります。「違法性の相対性」という概念で、それを説明することが可能になります。なぜか。それは外形上まったく同じ行為であっても、それをおこなった行為者の主観がそれに影響を及ぼすことになりますと、それが違法かどうかは、個別的に見ていかざるを得なくなります。そうすると、行為者ごとに違法性の有無を検討しなければなりませんから、「絶対的な違法性」という概念が消えてしまいます。その意味において、行為者との相関関係のもとに違法性が定まりますから、これを相対的違法性といえるのであります。この考え方をとりますと、これはただちに共犯論に反映していくのであります。それは何かといいますと、「違法の連帯性」が従来当然のこととしてみとめられてきましたが、これがここで否定されてしまうのであります。「違法は違法であるが故に連帯する」のだと従来、通説はそのようにいってきました。しかし、これについては何の論証もなかったのです。要するに、違法性は客観的なものであるから、客観的なものはすべての人にとっても客観的な存在であるという形で「違法性の連帯性」がみとめられたわけですが、二元的な人的不法論をとりますと、そうはいかなくなるのです。行為者ごとに違法性の有無に違いがあり得ることになれば、共犯で同じ行為をおこなっても、共犯者ごとに違法性に違いが生じ得ることになります。これについても、後で共犯論のところで触れたいとおもいます。

それから、わたくしは、実質的違法論の立場を明確にとりました。つまり、形式的違法性に対立する概念として実質的違法性という概念を提起したわけであります。実質的違法性というのは、外形上は違法であるように見えるけれども、その内実に関わって検討するとけっして違法でないことをみとめるものであります。その観点から可罰的違法性を基礎づけていくべきだと考えているわけです。可罰的違法性というのは、違法性にいわばグレーの部分をみとめるものであります。まったく白の適法・無罪というわけではないけれども、完全に違法として処罰すべきだという真っ黒の有罪でもないという中間領域に属しているグレー部分をみとめそのグレーが薄ければ薄いほど適法性に近づいていくので、形式的な違法性はあるけれども実質的違法性がないという形で可罰性から解放する理論として捉え直しをしているわけであります。

行為者ごとに行為者の主観は違うわけですから、違法判断に当たっても、その部分が重要な意味をもち得ることになりますから、今度は違法性の「判断の基準時」を考えるに当たって、いわゆる「事前判断」が理論的に結びついてきます。つまり、行為者が行為をおこなおうとしたまさにその時の状況を基礎にして「一般人」の見地から違法かどうかを判断する捉え方が重要な意味をもつことになります。これがいわゆる「事前判断」です。厳密にいえば、これは「行為時基準判断」であります。前に刑法の「行為規範性」についてお話ししましたが、行為基準を定立するばあいには、「名宛人」という概念がどうしても必要なのです。規範は、ただ客観的に存在するのではなくて、その名宛人を必要とする点で、自然法則と違います。法則は、名宛人のいらない客観的に存在すればいいものですが、規範である以上は、これは、必ずそれを遵守すべき対象が必要となってくるわけです。その対象が「一般人」であることによって、構成要件該当性・違法性の段階では、「一般人」を基準にして考えるべきであるという捉え方が、実を結ぶのであります。そのようなものとして事前判断というのを考えております。このように事前判断を考えていきますと、どういう影響が出てくるか、が問題となります。それは、「正当化事情の錯誤」で決定的な結論の差をもたらします。「正当化事情の錯誤」は、行為の違法性に関する錯誤に属するわけですが、少なくとも、「違法性」のレベルで見たばあいには、これは「違法性」阻却事由の要件に関する錯誤という面があります。そこで、「違法性」阻却事由の要件の存在を何を基準にして判断するのかという議論になってくるのです。そのばあいに、従来の考え方は、違法性は、事後的・客観的な判断であるから、当然、「裁判時」を基準にして考えるべきだということになるのであります。裁判官の目から見て、その行為が絶対的に正しいのか正しくないのかを判断するのですが、その前提として要件を具備しているのかどうかを判断することになりますから、どうしても事後的・客観的な判断に結びついていったわけです。ここで、「裁判規範性」が如実に出てくるのです。裁判官に向けられた規範ですから、裁判官を基準にして考えることになるわけです。ところが、行為者を基準にして考えるべきであることになりますと、違法性阻却事由・正当化事由の客観的要素の存在についても、行為者を基準にして判断しなければなりません。ここでいう行為者は、一般人です。一般の行為者ならば、こういうときに、どのようにその存在について考えるかという観点から見ていきますと、たとえば、正当防衛のばあい、急迫・不正の侵害があったかなかったかは、事後的に定まるのではなくて、行為者の行為の時点で、一般人を基準にして判断することになります。つまり、一般人の目から見て、正当防衛状況があると考えられるばあいには、客観的要素を具備しているものとして扱うことになります。そのばあい、正当防衛そのものとして理論構成することができるのです。しかし、一般人の見地から見てもそうはいえないばあいには、これは、原則どおりの違法性の錯誤として責任論で議論すればいいと解する「二元的厳格責任説」を、わが国ではじめて提唱しているのであります。これは、ドイツではアルミン＝カウフマンが主張をしている見解ですが、立論の基礎は違いますけれど、結論的にはカウフマン説と同じであります。

違法性の問題は、まだ他にもありますが、次に責任論を見ることにします。責任の基本的な前提として、わたくしは、「相対的な意思自由論」をとります。「非決定論」の中で、人間は、素質と環境に支配されつつも自由に意志決定ができると解するのです。つまり、遺伝と環境の相互作用をみとめる相対的意思自由論を前提にして責任を考えています。責任は規範に違反することを基礎に加えられる「非難」であるとする「規範的責任論」の立場をとっております。行為者に対する責任を追及するばあい、決定論から捉えますと、行為者の意思が遺伝によってもうすでに決定されていることになり、それについて、行為者自身の意思責任を問うことは、理論的にできません。ですから、規範的責任論をとるわたくしは、新派刑法学の立場に属してはいないのです。その意味において、わたくしは、旧派に属しているわけです。もし素質と環境によって意思が決定されているのであれば、責任非難自体が無意味であり、その法的効果も刑罰ではなくて予防処分にすぎないことになります。わたくしは、その点はやはり、人間が人間として現実に生きていること、団藤先生の言葉でいえば、「主体的な」存在として生きてることを基礎にして考察すべきだと考えています。主体的な存在として社会に関わっているのだといえるわけで、その意味において、わたくしは、団藤理論は正しいものをもっているとおもいます。相対的意思自由論をとって刑法上の責任の実質をどのように考えるかという点になりますと、従来の道義的責任論と違ってわたくしは法的責任論の立場をとります。つまり、意思形成が法の見地から見て許されないということが責任非難であると考えるわけですが、その中身は、「法敵対性」という概念で説明していこうと考えているのであります。この「法敵対性」というのは、もともとメッガーが提示した概念であります。メッガーは、行状責任論を基礎づける概念として、それを用いたわけであります。しかし、わたくしは、行状責任論ではなくて、責任の本質を責任非難として把握し、それを基礎づけるものとして「法敵対性」の概念を用いるのであります。責任の実体は、法秩序に違反しようとする行為者の意思に重要な役割があるのだという捉え直しをすべきであることを主張しているわけであります。一定の価値を守るべきことを違法性論において「評価規範」としての意味をもたせておいて、『こういう行為をすれば、こうこうこうで罪となり、科刑として、懲役何年に処する』という形で、その行為に対する評価を刑法がおこなっているわけです。そのような評価があって、その行為が悪いと知りながら、あえてその行為をおこなったことが、その行為者の責任を基礎づけるという捉え方であります。法秩序にあえて逆らい抵抗すること、あるいは、法秩序を無視することが「法敵対性」を意味するのです。それは、結局は、違法性の意識ないしその可能性の中身にもなっているのです。自分の行為が違法であることを知っていながら、あえて違法行為をおこなう部分が「法敵対性」の顕著な表れになりますから、その点で、違法性の認識が責任を基礎づけるとする責任説が理論的に基礎づけられ得ると主張しているのです。違法性の認識の可能性は責任の要素ですから、過失犯についても同じことがいえます。過失についても、違法性の認識の可能性があったばあいに、はじめて責任追及が可能になるという論理構成をすることになります。

違法性の認識ないしその可能性の存在によって責任は十分に基礎づけられるわけですが、それに対して「期待可能性」というものをどう捉えるかが、問題となります。そういう「法敵対性」が微弱化したばあいに期待可能性論が意味をもち得るのです。つまり、誰が見ても、そういう状況であれば、そういう行動に出ざるを得なかったという場面があれば、その人の「法敵対性」は減少し、消滅したばあいには期待可能性の不存在が責任阻却事由となるという構成をすることになります。

それから、未遂犯ですが、これも人的不法論からの基礎づけが必要になります。未遂犯の処罰根拠として「法益侵害の危険性」、つまり構成要件的「結果発生の危険性」が前面に出てきます。客観的にその危険が決まるのではなくて、それに行為者がどう関与しようとしていたのかという主観面を考慮に入れてはじめて、「結果発生の危険性」

が認定可能になるとわたくしは考えます。その意味において、二元的な人的不法論の観点が、ここに導入されるわけであります。これがどういう効果をもたらすかといいますと、これは、中止犯の法的性質に関して違法・責任減少説に結びつくのです。「主観的違法要素」としての故意を放棄することによって、結果発生の危険性が減少する部分です。それからもう一つは、それだけでなら中止犯の説明は違法減少で説明がつくわけですが、しかし、中止未遂においては、中止行為の「任意性」が要件とされている部分もあります。主観的な要素の放棄であれば、これは、強制されようがされまいが、要するに、それを失わせれば、その限度で違法性は減少するはずですが、さらに「任意性」を要求する根拠は何かが問題となるのです。中止行為は、いったんは法秩序を破ったが、もう一度その法秩序に適合しようとする態度として評価することができます。いいかえますと、これは法敵対性の減少であります。いったんは実行の着手によって破ったけれども、しかし、もう一度法秩序の要請に復帰しようとしている部分が、法秩序に対する「敵対性」を失わせるまでは行かないけれども減少させることになるわけです。違法減少と責任減少が結びつくことになります。責任減少の部分は行為者ごとに違ってくるわけでありますし、違法性の減少面もそうであります。ここで、違法の連帯性が消えるのです。したがって、「共犯における中止未遂」においても、行為者ごとにこれを見ていくべきであるという形で、「相対化」がなされることに結びついていきます。

次に、共犯論についてお話しします。共犯を二元的人的不法論からどのように基礎づけるかといいますと、これは、団体主義的な観点からではなくて、あくまでも個人主義的な観点から考察する立場を堅持しております。それで、個人主義の立場を、より明確に出しているのは、行為共同説であります。行為者自身がどういう意図のもとに、どういう行為をしようとしているかが大きな意味をもちますから、「行為共同説」に理論的結びついていくと考えます。そのひとつの表れとして「共謀共同正犯」を「間接正犯類似説」で説明する努力がここでなされるわけであります。あくまでも行為者を基準にして、お互いがお互いを利用し合っているという点で、より単独正犯に近い「間接正犯性」をみとめて、それをベースに共謀共同正犯を考えているのです。行為を共同にしている限度で共犯の成立を肯定することになります。このようなものとして行為共同説を捉えますと、従来、共同正犯内部における錯誤、あるいは、「共犯と共同正犯の錯誤」という形で議論されていたものが、「行為共同説の適用範囲」の問題として捉え直されることになります。錯誤論として固有の意味をもつのではなくて、どの限度で行為共同がなされたのかという観点からこれを捉えると、このような結論の差をもたらすわけであります。

個人主義という観点から、どういう形で共犯に加わるかが、構成要件論の観点から、「正犯と狭義の共犯の区別」の問題につながっていきますし、「共犯と身分」の捉え方にもそれが出てくるのです。わたくしは、「共犯と身分」の捉え方に関して、真正身分犯については、これを純粋な「義務犯」として捉え、六五条一項は真正身分犯の成立・科刑を規定しているのに対して、二項は不真正身分犯の成立・科刑を規定していると解する見解を支持しているのであります。

わたくしは、「罪数論」につきましては、構成要件理論をベースに、構成要件を基準にして考える立場を貫いております。

つぎに刑罰論でありますが、先ほどお話しましたように、わたくしは、刑法を第一次的に行為規範として把握しておりますが、そのような形で、行為者に向けられた刑法という観点から刑罰を見ていきますと、行為者を基準にして考えるばあいには、単なる威嚇とか、あるいは応報とかではなくて、行為者がいったんは犯罪行為をおこなったけれども、それを再社会化していくという方向で考える教育刑の理念を肯定すべきであるとおもうのです。ただ、刑罰は強制的に科せられるという意味において、任意性がありませんから、その部分はあくまでも「害悪」としての要素でありますから、それが威嚇力を有するという捉え方であります。第一次的には教育であり、第二次的には威嚇力をもつ害悪として把握するという観点から捉えるわけであります。そういった点からしますと、死刑は、人格の抹殺でありますから、理論的には否定されなければならないと考えます。その意味において、わたくしは死刑廃止論に与しているわけであります。ただ、実定法上、死刑が規定されている以上は、その執行停止というような一時的な処理をするのではなくて、きちんと廃止論という形でこれを展開して立法的に解決すべきだとおもいます。ただ、現実の裁判では、死刑の適用範囲を狭めるという形で、解釈論で補っておりますが、その程度ならいいのですが、執行停止というところまで行くと、これは逆の意味で法律を無視することになりますから、そういう形ではなくて、できるだけ世論を喚起して、立法で解決する方向に進むべきだと考えます。その点に関して、この体系書にも書いてありますが、いたずらに人道主義を振りかざして存置論者を非難するだけではなくて、できるだけ歩み寄ってほしいことを強調しているのです。最近、存置論者と廃止論者のあいだでシンポジュームがあったようで、喜ばしいこととおもっています。歩み寄るのはどこまでかという点について、存置論者からの歩み寄りも講演会で示されたようであります。これは、法学セミナーの最新号に載っておりますが、わたくしは、わたくしの提言が、徐々に受け入れられつつあるという気がいたします。

時間が少しオーバーしてしまいました。以上で終わります。御清聴ありがとうございました。

博友会総会・「川端先生講演会」
日時：一九九六年五月一八日
場所：明治大学駿河台研究棟第一会議室

第二部

刑法総論における諸問題

第一章　不真正不作為犯論

第一款　はじめに

不真正不作為犯の問題については、すでに前にその概略を説明してあります。そこで、本講では各論的に検討することにしましょう。今回は趣向を変えて事例形式の問題を解くという観点から、不真正不作為犯の問題を説明します。ここで出題の形式としては、具体的な事例を示したうえで、そのばあいの「甲および乙の罪責を論ぜよ」という形を取ることになります。このような「甲および乙の罪責を論ぜよ」という問題をどのように解くかについてお話しします。なぜならば、司法試験を始め各種の国家試験や大学などの刑法の問題では、出題形式として、単刀直入に「甲および乙の罪責を論ぜよ」という形で問われますから、それにどのように対応するかという実践的観点から考察することも、初学者にとって非常に重要であると考えられるからです。

ポイントは、甲および乙の罪責を論ずるばあいに、どういう形で答案にまとめ上げていくかです。そのことを念頭に置きながらお話しを進めていくことにします。

第二款　出　題

それでは、事例形式の問題を出すことにします。

【問題】

甲の子供Aは、昼食時間に幼稚園から抜け出して隣接する公園の池の近くで遊んでいるうちに、足をすべらせて池の中に落ちてしまい溺れかけた。たまたま非番で会社を休んで公園のベンチで本を読んでいた甲は、溺れかけている子供を見たが、それは日頃から仲違いをしている隣家の子供であるようにおもわれたので、溺死しても構わないと考えてそのまま放置してその場から立ち去った。また、その幼稚園の教諭である乙は、近くのファミレス（ファミリーレストラン）で昼食を済ませて幼稚園に戻る途中で、Aが溺れかけているのを見たが、自分の受持担当のAが自分に従順でなかったため、積極的に救助しようとはせず、「勤務時間外である昼食時間中には、園児に対しては何らの義務を負わない」と考えて幼稚園に戻った。池の近くにはほかに誰もいなかったので、結局、Aは溺死した。

甲および乙の罪責について論ぜよ。

第三款　問題点の整理

まず問題の実体は何か、つまり、本問の実体をどのように捉えるか、が先決問題になります。第一点として、甲も乙も、Aが溺れかかっているのを見ていながら、ともにそのまま「放置」していることが挙げられます。ここでは「放置」という言葉を使っていますが、Aをそのままにして救助しなかったこと、つまり「不救助」という部分が「不作為」ですから、これは「不作為犯」の問題であることがすぐに分かるわけです。これをまずつかんでおいてください。

第二点として、甲も乙も錯誤に陥っていることが挙げられます。どの点に錯誤があるかといいますと、甲は、Aが現実に溺れているのを見ていながら、それが自分の子供ではないとおもっている点です。Aは実際には自分の子供なのですが、甲は自分の子供ではないと思い違いをしており、その点において錯誤があります。

乙は、溺れている子供Aが自分の勤務先の幼稚園の園児であることについての認識はありますが、それを放置しても構わないと勘違いをしています。つまり、自分の担当している園児が溺れているのを「助けなくてもよい」と勘違いをしており、その意味において、ここに「作為義務」についての錯誤があります。乙は、救助義務があるにもかかわらず、その義務はないという錯誤に陥っているのです。

この錯誤が「錯誤論」としてどういう意味をもつのか、が本問の根底にある実体です。これを見落しますと、話になりません。あとは何を書いても、関係のない余分な事項について叙述していることになりますので、まずこれを把握したかどうか、が問われるわけです。

次に問題になりますのは、甲も乙もAが溺死しても構わないと考えていた点です。Aの死の結果発生について認識と意思があるということは、Aに対する殺意があることを意味します。これは一九九条の殺人罪の問題として考えなければならないことになります。

ところが、救助しなかったことによってAが死亡している事態は、二一八条・二一九条の保護責任者遺棄致死罪の問題ともなり得ます。そうしますと、二一八条・二一九条と一九九条との関係をどのように解するか、という問題がここで生じます。すなわち、死亡の点について殺意があるという部分の評価として一九九条が出てきます。それから、本来、保護すべき立場にある者が保護しなかったことが、不作為による義務違反としての保護責任者遺棄致死罪との関連で二一八条・二一九条の問題になります。ここでは「不作為」自体がどの構成要件に関わるのか、を押さえなければならないわけです。

このように、一九九条と二一八条・二一九条との関連をどうするかが改めて問われますが、これは錯誤の問題に関連してきます。構成要件該当性の問題として、それぞれの中身を見ていかなければなりません。
これらの諸点を踏まえたうえで、どのようにして本問を解くのか、どのような形でこの中身を明らかにするのか、がこれからの課題になります。

第四款　甲の罪責――不作為犯と構成要件該当性――

一　問題の所在

まず、甲の罪責から検討することにしましょう。甲の罪責については、「殺意」があり、そのまま自分の子供が溺れるのを放置した「不作為」が問題になりますが、このばあいに、殺人罪の構成要件該当性をどうするのか、を先に考えることにします。

甲は、Aが溺れているのをそのまま放置していますが、溺れている子供は隣の子供であると考えていますので、自分の子供Aが溺れていることの認識はないことになります。現に溺れている自分の子供Aを助けていないという客観的な事実があり、その子供が溺死しても構わないという未必の殺意がありますので、この事実について殺人罪の構成要件該当性があるかどうか、を考える必要が出てくるのです。このばあいに、まず成立要件の概説が要求されますが、ここでは罪責を問題にする前提として、それにどのように結び付けるか、という観点から述べておきます。

一九九条の殺人罪が成立するとしますと、甲と乙は、「保障人的地位」を有しなければなりませんが、これをどのように論述するか、が問題です。成立要件として「保障人的地位」があると書いただけでは不十分です。どういう理由から保障人的地位が不真正不作為犯において要求されるのか、を明確に論述する必要があります。このばあいに、唐突に「保障人的地位にあるから」という形で書かれますと、読む側としてはしっくりきません。「なぜ急にこういうことを言い出すのだろうか」という疑問が生じますので、成立要件として、保障人的地位が要求される根拠を明らかにしたうえで罪責問題を解く姿勢を示さなければ、この問題について十分に答えたことにはならないわけです。

二　保障人的地位

刑法上、不真正不作為犯が成立するためには、たんなる不作為だけでは足りず、「保障人的地位」にある者の不作為がなければなりません。それはなぜかといいますと、こういう理由があるからだという形で、「保障人的地位の必要性」を保障人説の立場から書いていけばよいのです。「主体の限定」という実践的意義を前面に押し出して、その観点から保障人的地位を基礎づけることになります。そして、保障人的地位にある者の不作為だけが構成要件該当性を有し得ることを書くべきなのです。

このばあいに、親子関係にある者について保障人的地位がみとめられますが、その際に、保障人的地位と作為義務を一体化されたものとして考える「統合説」の立場があります。これに対して、作為義務は違法性の問題であって、構成要件要素としての保障人的地位と違法性の要素としての作為義務は区別されるべきであると解する「区別説」の立場もあります。その点については学説が対立していますから、対立点を明確に示しておく必要があります。どの見解を採っても構いませんが、このように学説が対立している状況において、学説が対立する由来について説明したうえで、自分の立場の根拠を明確に説明しなければ実力を示したことにはならないことに注意してください。

司法試験考査委員として答案を採点した際に感じたのですが、平板な書き方をする人が結構います。要するに、成立要件の要素を羅列していくパターンが多いのですが、あまり感心できません。なぜかといいますと、具体的事例における甲の罪責を問うという前提で議論をしているのに、具体的事実関係との絡みがありませんと議論としては軽くなり、形式的になってしまうからです。できるだけ密度の濃い論述をして欲しいわけですから、そういうばあいには、具体的事実におけるある部分がどのように絡んでくるのかについて、要件論の説明に即して議論を展開する論述方法が望ましいのです。

三　統合説と区別説——作為義務論に即して——

右で述べたような観点から、救助すべきであったかどうか、が甲の罪責に関わりますから、保障人的地位と義務の問題とを一体化して考える統合説を採ったばあい、作為義務の性格をどのように把握するか、という問題がストレートに出てきます。そこで、親子関係があるから作為義務が生ずるという形で、「作為義務の根拠」の問題に入っていくことになります。作為義務の根拠について、どういう理由で、何に基づいて作為義務が生じるのか、を説明していけばよいわけです。

作為義務の発生根拠について、通説は、形式的三分説を採っていますから、法令、契約、先行行為あるいは条理の三つの根拠が必要であることになりますが、本問のばあいはそのどちらに当たるか、という観点から考えていきます。このばあい、甲とAは親子関係にありますので、民法上の親権者の監護義務が作為義務の根拠となります。つまり、民法の八二〇条が根拠とされます。その際、なぜ民法八二〇条が作為義務の発生根拠として位置づけられるのか、をはっきりさせる必要があります。民法八二〇条は親権者の監護の権利および義務について規定しているだけであって、その監護義務がどうして刑法上の作為義務として意味をもち得るのか、その具体的内容はどうか、その理由は何か、については、刑法学の観点から明確に論拠づけなければなりません。そのような論述が欠けますと、ただ知識を羅列したにすぎないことになってしまいます。

これに対して、区別説を採ったばあいは異なります。すなわち、区別説は、保障人的地位と作為義務を理論的に分けて、「保障人的地位」は構成要件該当性の問題、「作為義務」は違法性の問題であると考えるわけです。保障人的地位は類型化されたものとして構成要件の要素となり得るのに対して、個別的、具体的、実質的な判断を要求する作為義務は、本来、違法性の問題であるとされます。

このように、構成要件該当性と違法性を明確に区別する理論的な根拠に基づいて区別説が主張されているのですから、その立場を採るならば、その点について統合説は両者を明確に区別していないから妥当でないという批判を書くことになります。それに対して、統合説からは、逆に両者の区別は理論的には可能かもしれないが、実際上は重なり合うので、区別できないという批判を書くことになります。このように自説の根拠と反対説の批判を書いて理論的な深みを増していくのが妥当です。

四　不作為犯と因果関係

客観的な要件として、さらに不作為と結果との間の因果関係が要求されます。これは結果犯のばあいは当然のことです。ところが、作為犯のばあいの因果関係と不作為のばあいの因果関係は形態が違います。それはなぜか、といいますと、「条件公式」の適用の場面で両者に差があるからです。それはどういう意味なのでしょうか？為犯のばあいは、「当該作為がなかったならば、その結果は発生しなかったであろう」ときに、「条件関係」がみとめられます。条件部分も結論部分も否定命題です。「その作為がおこなわれなかったならば」という条件部分においては、「おこなわない」という否定命題を意味します。さらに、結論部分において、不作為によって「結果が発生しなかったであろう」というのも否定命題です。このように作為犯のばあいには、条件部分と結論部分の両方とも否定命題になっていて、それによってはじめて条件関係が肯定されるという特徴があります。

これに対して、不真正不作為犯のばあいには、作為をしないわけですから、作為犯のばあいと同じように、「作為をしなかったならば」、「その作為がなかったならば」という条件設定ができなくなります。作為と不作為の「存在構造」が違いますから、このような相違が生じます。

条件関係をどのように把握するかについて、不作為犯においては、存在構造上の特殊性から、「期待された作為がおこなわれていたならば、結果の発生を阻止することができたであろう」というように、両者とも肯定命題の形で条件関係をみとめる考え方が通説となっています。それを否定する立場はほとんどありませんから、以上述べたことを書いておけばよいのです。これは「逆転原理」といわれるものであり、作為犯のばあいと逆の形で構造的な把握をすることが示される必要があるわけです。

このばあい、親であれば、そのような状況下においては、法律上、自分の子供を救助する作為が期待されています。

五　作為の可能性

次に、救助する作為が可能であったかどうか、つまり、「作為の可能性」が問題となります。その作為をおこなっていれば救助できたであろうばあい、換言しますと、救助するという「作為」をおこなっていれば、その子供の死亡という構成要件的結果を回避できたであろうばあいに、「条件関係」がみとめられることになります。条件関係が存在するばあいに、さらに「作為の可能性」があったかどうか、が問題になるのです。

作為の可能性が「なぜ」要求されるのかといいますと、不作為犯の主体を限定したとしても、その者の不作為一般をそこで問題にすることは妥当でないからです。その場に置かれた甲が、要求されている作為をおこない得たことを前提にしなければ、不真正不作為犯の成立範囲が不当に広がってしまいます。結局、この問題は「義務違反性」に関わるのですが、「義務」の問題として、「法は不可能を強制しない」という大前提がみとめられています。できないことを「義務」として強制しても、所詮、できないわけですので、その強制は「義務」としての意味をもちませんから、「義務は可能性を前提とする」という原則がみとめられているのです。そのことを踏まえて、このばあいに、「作為の可能性」があったかどうか、を検討する必要があります。

この設問ではその点については全然、触れられていませんので、可能性があるばあいとないばあいがあり得ることになります。たとえば、甲が泳げなかったばあいには、甲としてはAを助けようがありません。にもかかわらず「自分を犠牲にしてでも自分の子供を助けよ」ということを刑法上、要求できるか、が問題になります。倫理的にはそういう要求も一定の意味をもち得ますが、「法的に」そういう要求が可能かは問題です。なぜならば、刑法は道徳を強制するものではなく、あくまでも可能性を前提にして救助の要求をするからです。その観点からは、親が泳げなかったばあいには、つまり、期待された作為をおこない得ない状況下においては、作為の可能性がありませんので、不作為犯の成立は排除されなければなりません。

「作為の可能性」は、不作為犯の独立の成立要件要素なのか、それとも作為義務の前提となる要素なのか、については、理論上、対立があり得ます。これをどの観点から、どのように説明するのか、が一つの分かれ目となります。本問においてはどちらの立場でも構いません。どちらの立場を採っても構わないのですが、その理由づけが違うことを明確にする必要があります。それぞれの立場について、その根拠を知ったうえで、それを論述することが肝要です。ともあれ、「作為の可能性」があれば、当然、甲については、不真正不作為犯が成立する可能性が生じます。

六　作為との同価値性

助けなかったという「不作為」について「作為との同価値性」を要求するのが通説・判例の立場です。この点については、罪刑法定主義との関連が問題になります。通説・判例は、不真正不作為犯を「不作為による作為犯」として把握しています。その立場からしますと、本来、「作為」による殺人罪を予定しているはずの一九九条で「不作為」による殺人罪として処罰するというからには、すべての不作為を本条に包含させるのは必ずしも望ましいことではありません。それは、解釈の在り方として、妥当なものとはいいがたいのです。

本来、一九九条は、「作為犯として」処罰され得る行為だけを予定しているはずであるにも拘らず、なお、「不作為」をもこれに含ませるのであれば、その不作為は限られたものでなければならないはずです。つまり、限りなく作為に近いものでなければなりません。換言しますと、作為と同視できる程度の不作為としての性質をもつ必要があるのです。これが不作為の「作為との同価値性」の問題にほかなりません。このような立場を採れば、このばあいに、ただ放置しておくだけで作為によって殺したのと同じであると評価できるかどうか、を検討することが必要になります。

七　答案作成におけるバランス

これまで述べてきたことすべてを事細かくダラダラ書き連ねますと、答案にならなくなります。これまで、あくまでも成立要件論の一環として詳しく議論してきたわけであり、答案としてはやはりバランスをとることが大事です。法構造がどうのこうの、不作為の存在構造がどうのこうのと細部に入り込んで詳述していきますと、本来、求められている事項の部分がぼやけてしまいます。一定の容量が限定されているばあいに、ある部分を詳しく書くということは、別の部分の論述が希薄になることを意味します。これは当たり前のことなのですが、自分の得意なところはたくさん書きたくなるのが人情です。得意なのですから、自信をもってたくさん書きたくなるのも無理がありません。しかし、そうだからといって細かい事項を詳細に書くのは、答案としてはバランスを欠いて妥当ではありません。

もう一つ出てくるのは、ヤマ当たり型の答案です。ヤマが当たったから、覚えてきたことを全部書こうというので、とにかく記憶を吐き出すかのように書くパターンがあります。ヤマが当たりますと、誰だってそういう心境なるだろうとおもいます。これは人間の弱さにほかなりません。知っていることは全部書きたくなるものです。しかし、試験の答案は、「限られた時間で」書かなければならないことが大前提となっています。限られた時間で一定のことを書かなければならないばあいには、一定のバランスが要求されます。どの部分を強調すべきかは、当然、予定されているのです。その部分が抜けてしまいますと、答案として説得力がなくなってしまいます。一定の部分を強調して欲しいにも拘らず、関係のないところだけ強調しているというのでは、答案としてあまり良いものとはいえないのです。

構造論だけを詳しく書く人が多いのですが、それではだめなのであって、「不作為の作為との同価値性」をどのように論証するか、それを犯罪論体系上、どこに位置づけるか、について重点的に書く必要があります。作為との同価値性も、構成要件の問題ではなくて、作為義務の一つの要素であるという考え方もあり得ますので、その根拠と当否についてもきちんと押さえておく必要があります。これについてはいろいろ学説の細かい差が出てきますので、それを全部書こうとしても書けるはずがありません。一時間に一問を解くという前提があるばあいに、あれもこれも書きたいということになりますと、焦点がぼやけてしまいます。そういうばあいには、明確に論拠づけたうえで一定の立場を採って、その立場から問題点を明らかにしていくようにすればよいのです。それに対して反対説がどうして主張されるに至るのかを踏まえたうえで、反対説に対して自分はどのように考えるのかを示しておく必要があります。これが答案として要求される事項です。

八　一九九条と二一八条・二一九条との関係

客観的な要件としては、上述の要素がありますが、次に主観的要件の問題があります。殺意があるばあい、放置する不作為によって救助すべき義務に違反する行為が存在するのですが、これと二一八条・二一九条との関連をどのように理解するか、という問題が、生じます。両者は構成要件が違いますので、「実体」としてそこに「一個の不作為」があるにもかかわらず、「二個の構成要件」による評価が可能となり得る事態がそこにありますから、これはどちらかに振り分けなければなりません。どのようにそれを振り分けるのかについて、見解の対立があります。この点については、「作為との同価値性」の問題として把握されるべきであるとする見解が妥当であるとおもいます。その理由について、以下に述べます。

従来、一九九条と二一八条・二一九条との適用について、通説は、殺意の有無で分けてきました。つまり、通説は、殺意があるばあいには一九九条が、殺意がないばあいには二一八条・二一九がそれぞれ適用されると解してきたわけです。しかし、はたしてそれでよいのか、が問われるようになっています。すなわち、「殺意の有無」ではなくて、不作為の「作為との同価値性」の程度の問題として解する見解が有力に主張されているのです。つまり、これは、殺人行為としての作為との同価値性をもっているものについては一九九条が適用されるが、同価値性のないものについては二一八条・二一九条が適用されるという考え方です。これは、「不作為の程度」の問題として捉える立場であるといえます。つまり、「殺人行為としての実行行為性」を有する不作為といえるかどうか、を基礎とし、それから外れたものは二一八条・二一九条を適用すべきであって、殺意の有無とは直接、関係がないとする考え方にほかなりません。

この考え方においては、「作為との同価値性」が「実行行為性」との関連で重要な意味をもつことになります。そこで、殺人罪の実行行為性をみとめることができるかどうか、という観点が重要なのであり、殺意があるばあい、二一八条・二一九条の成立もあり得るが、同価値性があるときには、一九九条の構成要件該当性をみとめることができるという論述をしていけばよいわけです。書き方はいろいろありますが、そのような観点から今述べたことを書けばよいことになります。これが客観的な要件の問題です。以上の考察により、甲は、客観面については、一九九条の要件を具備し得ることになります。

これまで「同価値性」の中身そのものについては触れませんでしたので、もう一度その問題に戻って改めて詳しく説明することにします。

甲が、Aを救助せずに放置したという不作為は、「作為との同価値性」をもち得ると解されます。なぜならば、Aが溺れている現場にいて、Aを池から出せば助かる状況なのに、甲がそのまま放置して立ち去ったというのは、甲自身が自分の子供Aの首を締めるなどの行為と同じような価値的な評価を受ける「実体」をもっているからです。つまり、助けようとおもえば容易に助けられる状況であったのに、そのまま放置したことは、単なる不作為でなくて、その不作為によって積極的に首を絞めたりして自分自らが手をかけて殺したのと同じであると評価され得る実体があるという意味において、「作為との同価値性」があるといえるわけです。

事例式問題の解答に当たっては、作為との同価値性があることを設問の事実関係に即して、より積極的に説明していかなければなりません。このばあいには、作為の可能性があって、助けようとおもえば容易に助けられたのであり、さらに、池から救出する作為以外に方法はないわけですから、その状況において、それしか方法がないにもかかわらずそのまま放置したことは、まさしく作為と同視できる実体がそこにあるとの評価を可能にする事実といえるのです。客観面についてはそのように解することができます。

九　不作為犯と錯誤

主観面に関しては、たしかに、当初、殺意（殺人罪の故意）はあったのですが、溺れている子供は自分の子供Aではなくて、隣の子供だとおもったという甲の「錯誤」をどのように扱うか、が問題になります。

自分の子供を助ける義務がありますが、他人の子供に対しては、救助義務について法令上その他の根拠はなく、作為義務はみとめられません。もっとも、「緊急救助義務」という観念を肯定すれば、隣の子供であっても緊急状態においては助けるべき義務が生じ得るのですが、緊急救助義務を通説・判例はみとめていません。「なぜ緊急救助義務がみとめられないのか」について一言述べておく必要があります。緊急救助義務は「法に基づく義務」とはいえず、「道徳上の義務」にほかなりません。作為義務は「法的義務」でなければならないという前提からすれば、緊急救助義務は「道徳的義務」であり、これをみとめますと、道徳を強制する結果となります。したがって、通説の立場からは、緊急救助義務の観念をみとめるわけにはいきません。その観点から見たばあい、甲は、溺れているAを隣の子供とおもっていたのですから、その子供を助けるべき状態にあるとは認識していないことになります。このようなばあいにも不作為犯の成立をみとめてよいかどうか、が問題になるのです。

区別説によれば、自分が溺れている子供の親であること、つまり、親子関係があることについての認識があってはじめて、作為義務の前提となっている「保障人的地位」の「認識」がみとめられます。この点について錯誤がありますから、「保障人的地位」という客観的構成要件要素についての「認識」が欠けていることになります。行為者としては、溺れている子供を自分の子供であるとはまったく認識していませんから、その意味において、自分自身の「保障人的地位の認識」がないわけです。そうしますと、甲については殺人罪の故意の成立をみとめることはできないはずです。甲は、溺れている子供が死んでも構わないとおもっていますが、それは、あくまでも隣の子供だと思い込んで、放置してもよいと考えているわけですから、その点について、故意を阻却し得るかどうかという観点から考えるべきことになります。

統合説においては、これもストレートに「作為義務の錯誤」の問題として扱います。すなわち、このばあいには、「作為義務の認識」はありませんから、構成要件的故意が阻却されるという扱いが可能になります。これに対して、区別説においては、「保障人的地位」そのものが客観的構成要件要素ですから、それについての錯誤は構成要件的事実の錯誤であり、構成要件要素の認識が欠ける以上、一九九条の故意が否定されて不真正不作為犯としての殺人罪の成立は主観面において排除されることになります。

「実体」の問題として考えますと、このばあいに故意をみとめるのは難しいといえます。すなわち、親子関係を前提とする救助義務があり、その子供を助けなかった点についての故意犯かどうか、がポイントとなりますので、こういう点で扱いは難しいのです。

主観面については、さらに別の問題があります。それは、溺死しても構わないという「未必の故意」の問題です。これは乙についても問題になりますので、後で乙の罪責のところで話すことにしましょう。乙についても、「それでもよい」とおもったというのは、内容的には「未必の故意」です。積極的に殺すために、結果を発生させる状況を作り出そうとしているわけではなく、故意としては、「そういう結果が起こってもやむを得ず、それでもよい」という消極的な形で結果発生を認容していることになります。不真正不作為犯における故意は「未必の故意」で足りるかどうか、が別に議論されているわけです。それは一つの論点として考えておく必要があります。

甲の罪責として、故意犯の成立がみとめられないことになれば、過失致死罪の成否が問題になります。そこで、自分の子供であることについて認識すべきだったかどうか、が問題になるわけです。それが容易に認識可能であったかどうか、をめぐって、過失の問題が生じ、その点について過失があれば、過失致死罪が成立することになります。以上が甲の罪責の問題です。

第五款　乙の罪責——構成要件的事実の錯誤か違法性の錯誤か——

一　監護義務

乙の罪責に関して、客観的な事実関係としていえることは、乙は自分の受持ち担当の園児Aが現実に目の前で溺れているのを見て放置していることです。それを前提にして、幼稚園の教諭である乙は、自分が担当する園児については保護しなければならない立場にあります。幼稚園が園児を保護者から預かり、教諭が保育をしている間については、その預かっている子供の生命・身体などに危害が及ばないようにする義務が、少なくとも雇用契約ないし委任契約に基づいて生じます。このようにして、乙には監護義務がみとめられます。

しかし、このような監護義務が客観的に存在するにもかかわらず、乙は、勤務時間外だから自分にはその義務はないと考えているのです。つまり、乙は、一般論としては監護義務を根拠として生ずる作為義務の存在はみとめていますが、自分についてはその義務はないとおもっていますので、「作為義務の錯誤」が存在します。すなわち、客観的には作為義務はあるが、一定の局面では、自分についてはその義務は及んでいないと思い込んでおり、この思い込みが作為義務の錯誤にほかなりません。この錯誤がどういう効果をもたらすのか、がここでのポイントなのです。

二　構成要件的事実の錯誤

「作為義務の錯誤」は理論的な観点からは、「構成要件的事実の錯誤」なのかどうか、に関わります。これが構成要件的事実の錯誤であれば、ただちに故意阻却の肯否という問題が生じますが、しかし、これは「義務」に関する錯誤ですから、義務に違反すれば普通は「違法」という評価がなされますので、義務違反に関する錯誤は行為の「違法性に関する錯誤」ではないのか、という疑問が生ずるのです。この錯誤を何れに振り分けるか、という視点がここで要求されます。つまり、「構成要件的事実の錯誤なのか違法性の錯誤なのか」に焦点が絞られるのです。作為義務を構成要件要素であると解する立場を採れば、当然、これは構成要件要素に関する錯誤ですから、構成要件的事実の錯誤として故意阻却をみとめることになります。

さらに、「作為義務の錯誤」を違法性の前提となる「事実」に関する錯誤と解する立場もあるのです。つまり、乙の錯誤は、「違法性そのもの」に関するものでなくて、「違法性を基礎づける事実」に関する錯誤であるという考え方を採って、「事実の錯誤」として扱うべきであるとされるわけです。このばあい、「錯誤の対象」は「義務」なのですが、それが「事実」の錯誤といえることをどのように説明するか、がポイントとなります。事実の錯誤説を採るばあいには、その点を明らかにする必要があります。

区別説を採りますと、この錯誤の問題を明快に処理することができます。すなわち、甲のばあいには、構成要件要素である「保障人的地位」についての錯誤ですから、構成要件の外部的・客観的要素についての認識の有無の問題として考えることになります。これに対して、作為義務は「違法要素」であり、作為義務違反をとおして不真正不作為犯の「違法性」を基礎づけることになりますから、作為義務の錯誤は「違法性の錯誤」とされます。つまり、Aが溺れているのを放置しても構わないと考えているということは、「放置する行為は違法でない」と考えていることになりますから、「自分の行為は許されている」と考えていることを意味するわけです。

三　違法性の錯誤の取扱い――故意説と責任説――

乙は自分の行為は違法でないとおもっているわけですから、これは「違法性の錯誤」そのものにほかなりません。違法性の錯誤の扱いについては、故意説と責任説の対立があります。ここで違法性の錯誤をどのように説明するかを明確にする必要があるといわなければなりません。

故意説は、違法性の認識ないしその可能性は故意の内容を成すと解します。そこで、故意説を採りますと、故意には構成要件的故意と責任故意とがあり、責任故意を基礎づける要素が欠ければ、故意の成立はみとめられないことになります。違法性の認識ないしその可能性は責任故意の重要な要素ですから、違法性の錯誤があるばあいには、責任故意が阻却され得るのです。責任「故意」が阻却されるばあいには、改めて責任「過失」の存否が問われます。そうしますと、乙についても過失致死罪の成否の問題が生じます。このばあい、乙には業務性がありますから、業務上過失致死罪が成立し得ることになるわけです。

これに対して責任説は、違法性の認識の可能性は責任の独立の要素であって、故意とは直接、関係がないと解します。責任説においては、違法性の錯誤があれば、少なくても「違法性の認識」が欠けますから、「違法性の認識の可能性」があったかなかったたか、が問題となります。これが責任の有無に関わるわけです。そこで、乙について、「違法性の認識の可能性」の有無が問われます。乙は、幼稚園の教諭ですから、園児に対する保護義務についての知識を十分にもち得るはずです。乙は、現実には義務を負わないと考えていたのですが、他の教諭や園長に聞けばすぐに分かるはずですから、そういう義務があることを認識する可能性は十分にあるといえます。義務が存在しないと思い込んだらすべてが許されるわけではないのであって、義務関係についてちょっと調べれば分かるはずであるという意味で、「違法性の認識の可能性」はあると解されます。したがって、責任説を採ったばあいには、「違法性の認識の可能性」があるという前提で殺人罪の成立をみとめ得ることになります。ここで不作為の「作為との同価値性」の問題が絡んできますが、乙についても、甲について述べたのと同じことがいえますから、殺人罪が成立し得るという結論になります。

このように、「違法性の認識ないしその可能性」の問題が関わりますので、それが「故意の要素」なのか「責任の要素」なのか、について、どの立場を採るにしても、この事例において、「違法性の認識の可能性」の有無についてまで論述する必要があります。その論述が欠けますと、罪責にストレートに結び付かなくなります。この事例問題ではそれが問われているのです。

このように具体的な事例に即して出題されたばあいには、それぞれの要件に当てはまるかどうか、についても論述しなければ、問題に十分に答えたことになりません。要件論は非常に詳しく書くけれども、あとは機械的に結論だけ書くというパターンの答案が、結構、見受けられます。しかし、事例問題として問われているばあいには、事例をどのように分析してその要件論に当てはめるかが問われているわけですから、それについて十分に論述していなければ、答案としてはあまり良い印象をもたれません。

第六款　不作為犯の故意

一　問題の所在

先ほど留保していた「故意の内容」の問題をここで検討しましょう。つまり、不作為犯における故意は作為犯のばあいと違うのか、について考えることにします。

これについては、未必的故意では足りず確定的故意を要求すべきであると解する立場があります（藤木英雄博士の見解）。その出発点は、不作為は広がりがちであるから、それを限定するために故意で絞りをかけるべきである、とするところにあります。すなわち、未必の故意はその内容が「消極的」な意欲ですので、少なくても不真正不作為犯として作為犯と同様に処罰するのであれば、故意の内容面において、「積極的」で「より強度」のものだけに限定して処罰の対象とすべきであるとされるのです。したがって、未必の故意では足りず、「確定的故意」が要求されるわけです。

作為犯のばあいには、行為者は「積極的な」作為をとおして結果実現に向かっていますから、主観面においては「消極的な」未必の故意でも十分であると考えられます。つまり、結果が発生しても構わないという形で認容するだけでもよいといえるのに対して、「消極的な」不作為を内容とする不真正不作為犯のばあいには、「積極的な」結果発生の意欲が必要とされるわけです。確定的に結果が生ずることを意欲しているという側面があれば、これによって不作為犯の成立範囲を限定する機能をもち得ると主張されているのです。しかし、通説はこの主張に反対しております。なぜなのでしょうか？

二　通説の立場

通説は、客観面においてすでに「作為との同価値性」の要件によって絞りをかけており、さらに、作為義務の発生根拠などでも絞りをかけていますので、主観面での絞りは大した意味をもたないと解しています。したがって、不真正不作為犯において、未必の故意であっても、故意である以上、差をつける必要はありません。積極的な作為と消極的な不作為の差は、「実行行為性」の側面で「作為との同価値性」として検討すれば、おのずからそこに限定の作用が働きますので、それだけで十分であるといえます。

仮に主観面で絞りをかけたとしても、それほど差は生じないと考えられます。つまり、未必の故意で足りるとしても、不作為犯の成立範囲がそんなに広がるわけではなく、少なくても、故意犯と過失犯との限界の問題として未必の故意を考える以上、これについてはそれほど限定の意味をもたないといえます。むしろ客観面で限定を加えるほうが、罪刑法定主義との関連で有意義であるといえるでしょう。

以上の叙述は通説の立場からの説明であって、藤木説を採るのであれば、そうではなくて、限定をさらに加えるべきであることを強調すればよいのです。そのばあい、なぜ限定する必要があるのか、について明確に叙述する必要があります。先ほどから説明していますように、作為と不作為の存在構造上の相違、つまり、存在論的な違いがあることを明確かつ簡潔に書けるようにすることが大事です。

初学者も、本問の問題文を見て、「これは簡単だ。論点は明々白々であり、こんなのは誰でも書ける」と考えるに違いありません。ところが、一時間で「これについて罪責を論じなさい」という問題を出されますと、非常に書きにくいといえます。書きにくいからこそ、答案として差が生ずるのです。書きやすければ、みんな同じようなことを書くわけですから、そんなに差はつきません。しかし、やはり試験である以上、答案にはどうしても差がつくのです。むしろその差を明確にしていくところに、試験制度の意味があるといえます。逆説的にいえば、誰でも書けそうな問題は、実は難しいのです。差がつきにくい論述において、出題者が要求している部分に焦点を合わせて問題点を深く深く追求して、それを詳しく論述することが求められているわけですから、その点を十分に知っておく必要があります。

第七款　不作為犯と共犯

不真正不作為犯については、これまで説明した論点のほかに、さらに共犯の問題があります。これは初学者には少し難しいのですが、不作為による共犯と不作為に対する共犯の二つの側面があります。これをどういう観点から説明するのか、という問題があるわけです。本問では事例の中に論点として挙がっていませんので、これについては触れませんが、不真正不作為犯の問題においては、これも考えざるを得ませんから、今後、それなりに勉強していけば、真正不作為犯のどういう場面の問題が出題されても、今述べてきたことを前提にして処理が可能になるはずです。

第八款　構成要件の実質化

一　問題の所在

「構成要件の性質と実質化の肯否」の問題は、すでに作為義務の体系的地位の問題との関連でも触れましたが、ここでまとめて説明しておきます。区別説は、まさしく「構成要件の実質化」を避ける理論にほかなりません。「構成要件の実質化」は、前田雅英教授が有力に主張されている見解ですが、少数説にとどまっています。学界において受け入れられていない理由は、これは従来の通説・判例が採ってきた体系を崩してしまいかねないからです。

なぜ前田説があえて「構成要件の実質化」を主張されるのかといいますと、これは実務家にとって（とくに警察官にとって）有用な観念であると考えられるからです。一般に実務家は、実質的な価値判断を理論の形では示したがらない傾向があるといえるとおもわれます。善いか悪いかについていちいち明言していますと、後で法廷で、「そういう判断は妥当でない」と弁護人側から反論されたりしますので、そういう場面では、「これは正当な行為であって違法でない」とか、「これは実質的には善い行為なのだ」とか、「これは実質的に悪い行為なのだ」とかいうように理論的観点からの実質的判断を明示的にはあまりいいたくないと推測されます。それよりも、「構成要件に当てはまらないのだから、だめだ」という「形式的な」判断形式のほうが実務家としては処理しやすいと解されます。構成要件の内容を「形式的に」限定するよりも、「当罰性の有無」によって処罰・不処罰を「実質的に」判断できる裁量権をもつ方が刑法を現実化する実践の場においては便利といえるわけです。また、起訴裁量も全部構成要件該当性の段階でまかなえれば、訴追機関としても違法性や有責性における価値判断を示さずに、「実質的な価値判断」を構成要件該当性の問題として位置づけることができることになります。そうしますと、「これは実質的見地から見て罰すべき行為ではないから罰しない」という言い方でなく、「これはこの形式的な構成要件に当てはまらないのだから、罰しない」という言い方なのです。これは見方によっては、「判断形式」を変えることによって実質判断を隠蔽する一種のカモフラージュと解されても止むを得ないかもしれません。

二　定型説

構成要件はできるだけ形式的で明確な方がよいという観点から、構成要件の定型説は「構成要件の限定機能」に配慮して主張された学説です。それを構成要件理論として定着させて厳格に理論化したのが団藤重光博士の定型説です。団藤説に対する反対説として藤木説があり、そして、その延長線上に前田説が出てきたと図式化できます。藤木説および前田説は構成要件段階で「当罰性」の問題をまかなおうという発想につながっています。これは、「罪刑法定主義」という成文法主義の下で、「形式原理」による「犯罪の成立範囲の限定」を強調する定型説の立場を否定する方向におもむきます。換言しますと、「罪刑法定主義の実質化」をもたらします。罪刑法定主義を実質化しますと、罪刑法定主義の本質がそこなわれ「形骸化」してしまうと解するのが通説・判例の立場です。

通説・判例の立場からしますと、構成要件は「形式的な枠」として、行為を刑法の世界に入れるか入れないか、をまず判断し、そして、刑法の世界に入ってきたものについて、善いか悪いかは違法性・有責性の段階で判断するという理論体系が望ましいことになります。それを厳格に維持しようというのが現在の通説であり、わたくしもその立場に立っています。

三　実質的構成要件理論の内容

「構成要件の実質化」は、当罰性判断にほかなりません。罰すべきか罰すべきでないか、を構成要件段階で決めてしまおうとする発想においては、責任論もそこに入ってきてしまいます。そういう前提を採りますと、違法性の問題がまず構成要件に入ってきてしまいます。区別説が作為義務を違法性の問題として性格づけるのは、実質的判断を構成要件該当性ではなくて違法性の次元で確保しようとするからです。これは、構成要件該当性の段階では具体的な当罰性判断をあまり入れるべきではないとする考えから主張されているわけです。

通説に対しては、過失犯において、「構成要件的過失の内容として客観的注意義務を問題としており、これは構成要件の実質化をみとめるものではないか」との批判が加えられます。しかし、通説は、過失犯において構成要件の実質化を主張しているわけではないのです。過失犯における客観的注意義務に関しては、一般的・客観的な注意義務として「類型化された義務」を議論しているわけですから、構成要件要素としての義務は類型的なものであって個別的なものではありません。

四　定型説・区別説の正当性

客観的注意義務は、一定のばあいに一定の行為をなすべきであるという客観的な義務です。それは類型化されているからこそ、構成要件要素なのです。

構成要件を実質化してはいけないという観点から、区別説は、「保障人的地位」が類型化されるのに対して、保障人的地位にある者がどういう「具体的な義務」を負うか、つまり、「作為義務」の内容の問題は違法性の次元で検討すべきであるとするのです。すなわち、構成要件該当性の段階では、こういう状況ではこうすべきだとする「具体的な義務」の問題は出てこないわけで、一定の地位・関係が抽象的に類型化されているだけの問題として扱われるのです。まず、「保障人的地位」にあるかどうか、が吟味され、保障人的地位にない者は、不作為があったとしても、構成要件該当性なしとされて、刑法の世界から排除されます。保障人的地位がみとめられた者の「不作為」について、今度は違法性の段階で議論するために、「作為義務」の存否を検討するのです。その義務は何を基礎にして生ずるのか、具体的にどういう内容をもっているのか、を個別的に見ていくことになります。このように、これは「構成要件の実質化」を避けるための議論でもあり、構成要件該当性判断はあくまでも定型的・抽象的な判断であると解する考え方を維持すべきであるとするのです。これが罪刑法定主義との関連で捉えられる構成要件の問題ですから、通説は、構成要件の実質化に対しては非常に批判的な態度を堅持しています。

第九款　おわりに

本講においては、不真正不作為犯論を取り上げて、具体的な事例形式の問題について答案を書くという観点から説明しました。解答に当たって、問題点は多岐にわたりますが、主として不作為の「作為との同価値性」の問題、因果関係の問題、作為義務の位置づけの問題、さらに、主観的要素として「作為義務の錯誤」と不作為犯の故意の問題を取り上げたわけです。実際に答案を作成するという実践的立場から不真正不作為犯の論点を検討しますと、初学者にとっても、論点の由来と深さが理解しやすくなるとおもわれます。教科書などの説明を表面的に読み流すのではなくて、自分に突き付けられた問題点を自ら解決するという態度でそれらを熟読するようにしますと、刑法理論を理解することがますます楽しくなると考えられます。

第二章　因果関係論

第一款　出　題

今回は、「因果関係論」に焦点を絞ってお話しすることにしましょう。
事例形式の問題の解き方にポイントを合わせることにして、まず択一的競合の問題について検討した後、行為後の事情の介入の問題を見ていきます。択一的競合とは、複数の行為がそれぞれ独立して同じ結果を発生させることができたであろうばあいをいいます。

〔設問1〕

AとBは、意思の連絡なしに、それぞれ別個独立にXを殺害しようとして、致死量の毒薬をXのウィスキーに混入して、それを飲んだXを死亡させるに至った。AおよびBの行為とXの死亡との間に条件関係がみとめられるか。

〔設問2〕

Cは、Yを殺害しようとしてナイフでYの腹を刺したが、重傷を負わせたにとどまり、その場から逃走した。付近にいた人が、一一九番通報し、Yは救急車で病院に収容されたが、医師Dの手術ミスにより死亡した。CおよびDの罪責はどうなるか。

第二款　問題点の整理

ここで理論上、意味をもつ事実は、AとBの間に「意思の連絡がない」ことです。これは、同時犯であることを意味します。まず、そこをつかんでください。それから、「別個独立」というのは、――これは同時犯ですから、当然、そうなのですが――そこに意味があるのではなくて、それぞれの毒が致死量に達している点が重要なのです。つまり、同時犯である以上、別個独立の正犯行為が二つ並行しておこなわれているという状況があるのは当然であり、AとBが別個に、致死量の毒薬を与えたという点にポイントがあるわけです。

AとBがXを殺害しようとしている点で、殺意が認定されます。殺害する意思が存在するということは、当然、傷害の故意が排除されていることを意味します。AとBは殺意をもって、それぞれ致死量の毒薬を盛っていますが、ここで意味をもつのは、毒をウィスキーに混入している点です。独立して致死量の毒をまったく別個に与えたわけではありません。毒がウィスキーに混入することによって、AおよびBのどちらが混入したものかが分からなくなっている点が重要なのです。

仮に毒物が固形物であって、それぞれ別個の毒薬としてそれぞれが致死量であるばあいには、通常はどちらかを先に飲む（服用する）ことになりますから、先行者の行為と結果との間の因果関係は明白であり、その意味において択一的競合は問題になり得ません。

択一的競合は、それぞれの致死量の混入したウィスキーを飲んで死亡したところに意味があります。そのウィスキーを飲んだことによって死亡したということは、殺人罪の実行行為性がみとめられた後に、実行行為の客体が死亡しているばあいの因果関係をどのように考えるかという問題にほかなりません。通常の形式からいけば問題はないのですが、これが別個独立の致死量が混入されたウィスキーを飲んでいるところに難しさが生ずるわけです。

第三款　択一的競合の意義

択一的競合のばあい、それぞれが択一的に結果を発生させ得るのです。別の言い方をすれば、そこに重畳的な関係がみとめられることになります。択一的ということは、どちらか一方でも結果が発生することを意味します。

このように、刑法学上、いろいろな形で名前がつけられておりますが、その意味内容を明確につかんでおくと後々役に立ちます。学説の名前も専門用語もそうです。どういう意味でその名称がつけられているかを知るだけでもかなり力がついてきます。わたくしは、授業などでいつもそのことを強調しているのですが、意外と学生諸君はそういう点には関心がなく、やみくもに学説を丸暗記しようとすることが多いといえます。丸暗記はある程度有効なのですが、根本的な問題点に遡って考えるばあいにはまったく無力です。応用がきかないのです。

択一的競合はどこに問題があり、それがどういう関係で生ずるかを知っていれば、形を変えて問われても、そこについて十分答えることができます。ところが、初学者の多くはそういう勉強をしないで、諸論点をアトランダムに覚え込もうとするのです。それで、その論点の相互関係を問われてもよく答えられないし、さらに遡って問われるとなおさら答えられないという現象が一般に見られます。

第四款　学　説

AとBが意思の連絡をもって、つまり共同加功の意思で前記の行為に出ていたのであれば、共同正犯となってA・Bともに殺人既遂の罪責を負うこととなり（六〇条）、問題はありません。なぜならば、共同正犯のばあい、「一部実行の全部責任」の原則がみとめられ、Xの死亡がA・Bのいずれの行為によるかを確定する必要はないからです。しかし、同時犯のばあい、Xのウィスキーに致死量の毒薬を混入するAおよびBの行為とXの死亡との間の因果関係を個別的に判断しなければなりませんので、まず条件関係の存否を判断する必要があります。Conditio公式（条件公式）をA・Bの行為に当てはめますと、次のようになります。すなわち、Aの行為がなかったとしても、Bの行為によってXは死亡したと考えられますから、「Aの行為がなかったならば、Xの死亡という結果は生じなかったであろう」とはいえないことになり、Aの行為とXの死亡との間の条件関係は否定されるべきことになります。また、Bについても、Bの行為がなくてもAの行為によってXの死亡という結果が生じたであろうから、Bの行為とXの死亡との間にも条件関係はみとめられません。したがって、AもBも致死量の毒薬をウィスキーに混入し、それを飲んだXが死亡しているにもかかわらず、それぞれ殺人未遂の罪責しか負わないことになります。しかし、これは不当な結論といわざるを得ません。なぜならば、AまたはBが、独立して同じ行為をおこなえば殺人行為としてXの死亡との間に条件関係がみとめられるのにもかかわらず、たまたまAおよびBの行為が同時におこなわれますと条件関係が否定されてしまうのは、不均衡であるからにほかなりません。

しかし、択一的競合のばあいに、A、Bの行為とXの死との間の条件関係を否定する学説も主張されており、それは次のように分類されています。すなわち、第一説は、条件関係を規範的に把握し、それに事実関係の確定を超えた刑事責任限定機能をみとめる立場を基礎にして、択一的競合のばあいは、当該行為を差し控えることによって結果を回避し得なかったのであり、回避不能な結果を帰責することは許されないということを、その根拠とします。これは、条件関係の公式（条件公式）を文字どおり適用して得られた結論をそのまま刑事責任限定の結論とするものです。第二説は、条件関係の公式は刑事責任の基礎を明確化し限定づける機能を有効に果たさせるため、厳守されるべきであり、その公式に従えば、未遂とすることが残された方途であると解します。第三説は、致死量の半分を飲ませたばあいに条件関係がみとめられることと対比すればいかにも不当のように見えますが、「疑わしきは被告人の利益に」の原則上やむを得ないということを根拠とします。これに対して通説は、条件関係の公式に修正をほどこして、条件関係をみとめています。すなわち、通説は、A・Bの行為が「全体としてなかったならば、Xは死亡しなかったであろう」という形で条件公式を修正したうえで条件関係を肯定しているのです。

さらに、択一的競合についてばあいを分けて考える見解もあります。すなわち、まず、A、Bのどちらの毒薬が効いたか証明できないばあいは、A、Bいずれの行為についても条件関係を否定します。これは「疑わしきは被告人の利益に」の原則からの結論であるとされます。次に、効いた時間の前後関係が証明されれば、後に効くはずであった方に対しては条件関係を否定し、先に効いたことが証明された方にのみ条件関係を肯定します。たとえば、Aの毒薬が先に効いてXが死亡したばあい、Bの行為を取り除いても同一の結果が発生しますので、もしAの毒薬が先に効かなければBの毒薬によって死亡したことが確実であっても、現実に発生したXの死とBの行為との条件関係を否定します。最後に、同時に効いたことが証明されたばあい、「結果」を具体的・個別的に把握しますと、実際上、ほとんどのばあいに、Aの行為、Bの行為のいずれも条件関係を肯定することになります。これらのばあいにおいては、条件関係の公式がそのまま適用されています。

このように見解が分かれていますが、わたくしは、具体的妥当性の見地から、条件公式を修正し、A、Bの行為が全体としてなかったならばXは死亡しなかったであろうばあいに条件関係の存在を肯定する通説の立場を支持しています。設問に対する解答との関連で、後で通説の内容について再び触れることにします。

第五款　因果関係論の錯綜

ここで、因果関係論として、第一に択一的競合の問題を取り上げましたが、現在、刑法学界で因果関係論が重要なテーマになっている背景について若干説明しておきたいとおもいます。

一　「相当因果関係説の危機」の意味

今、因果関係論で問題になっているのは、いわゆる「相当因果関係説の危機」です。相当因果関係説は役に立たないという類の批判が強くなっています。現在、通説は相当因果関係説の折衷説を採っていますが、それは因果関係論として役に立たないと批判されているわけです。

それはなぜかといいますと、一方において、判例が条件説を採って、条件説の枠内で因果関係の範囲を限定していこうとしているという状況があります。他方において、ドイツでは、客観的帰属の理論が有力であり、これをわが国に導入しようとする動きがあります。客観的帰属の理論は戦前から主張されているドイツの考え方であり、わが国の通説はそれを踏まえたうえで、なお相当因果関係説を採るべきであると主張してきているのです。

その相関関係をどのように捉えるかを明確にしておきませんと、現在の学界の議論と学生諸君の学んでいる議論とがかみ合わないという現象が生じます。それを今ここで整理しておきますと、非常に役に立つだろうとおもわれます。

客観的帰属の理論が主張されてきた背景には、「規範の保護目的」という考え方があります。これは、規範が何を保護しようとしているかという規範的な観点から結果の帰属を考えていこうとする捉え方です。その前提には、因果関係論では正確な帰属論を展開できないという発想があります。

二　客観的帰属論

客観的帰属論とは何かを理解するためには、まず「客観的帰属」の意味を知る必要があります。「客観的」帰属に対して「主観的」帰属という対立概念があります。主観的帰属は、従来、責任論として議論されてきていますので、問題はないといえます。客観的帰属論というのは、因果関係とは別個に、その行為から生じた結果について、その結果を行為に帰属させることができるという発想に基づいて主張されているわけであり、この発想自体は、因果関係論の思考と違いはありません。

三　因果関係論の意味

それでは、因果関係論がなぜ刑法上、問題になるのかという根源に遡って考えてみましょう。この点について、あまり突っ込んだ説明はなされておりません。刑法の授業や教科書などではそこまで立ち入った説明はなされませんが、因果関係論というものがそもそも問題になるのは、「行為」の意義に関わっているからです。行為には「広義の行為」と「狭義の行為」とがあります。「広義の行為」は、「狭義の行為と結果」を含みます。「狭義の行為」と「結果」の関係を因果関係といいますが、「狭義の行為」とは、構成要件的行為論として主張されている「有意的な行為」を意味します。つまり、有意的な身体の動静にほかなりません。前講で取り上げました不作為犯論のばあいは、行為の中の「静」の部分をどのように捉えるかにポイントがあったのですが、因果関係論はそうではなくて、さらにその行為と結果を含めて、その相互関係を帰属という観点からどのように捉えるかという問題なのです。そのようなものとして因果関係論が主張されてきているわけです。

因果関係という概念を使いますと、これは、当然、自然科学やその他の社会科学における因果関係と共通の基盤をもたなければならないことになります。その共通の基盤は、「条件関係」にほかなりません。条件関係を前提にして考えていくというのが因果関係論の出発点です。その根本にあるのは、すべての科学分野における因果論と共通の要素を基礎にしていることにほかなりません。

自然科学では、この条件関係があれば、それだけで因果関係がみとめられます。近代科学が発展してきた理由は、条件関係を厳密に解することを通して、その条件の内容を特定し、因果関係を厳密に解してきたことに求められます。本来、自然科学が予定しているのは、仮説と検証の世界です。まず仮説を設定して、それが検証されたばあいに真理とされます。因果関係についても、条件関係さえみとめられれば因果関係の存在が検証ないし実証されたことになります。

ところが、これが法規範の世界でもそのまま通用するかどうかとなりますと、客観的帰属という観点から問題があります。たしかに、条件関係が存在すれば、その行為からその結果が生じたといえますが、しかし、それだけでは法規範が要求している範囲内にあるかどうか、という観点が抜け落ちてしまうのです。条件関係がみとめられる範囲は非常に広いのです。条件関係の存否という形で議論されますと、法規範が要求する範囲という観点は完全に欠落してしまうわけで、純粋に自然科学的な因果関係だけがそこでみとめられることになってしまいます。

ドイツにおいては、一九世紀から二〇世紀にかけては自然科学が優勢となった時代であり、古典物理学を基礎にして科学的な思考によってすべてを処理していこうとする捉え方がなされてきたといえます。これは法思想史上、顕著なことであり、フォイエルバッハなどの考え方も、そのような基本的な思潮の影響下にあったと見ることができるとおもいます。いわゆる前期古典学派の刑法理論は、古典物理学を基礎にした自然科学を模範にして作られた刑法理論なのです。

現在、物的不法論ないし結果無価値論が主張しているのは、まさしくこれと同じことですから、物的不法論は先祖帰りをして、結果無価値という古典的観点から議論をしていることになるのです。いわゆる前期古典学派の主張の根本にあるのは古典力学であり、メリメが書いた「人間機械論」とまったく同じように、結局、人間も一つの機械にしかすぎないと解していることになります。人間の心理もヴントの「要素心理学」によって理解し、人間をメカニズム・機械にすぎないと把握しますので、その各要素を分析していけば人間の全部が分かってくるという発想の下に作られた理論にほかなりません。

物的不法論が思考枠として暗黙のうちに前提としている「機械」のイメージとして分かりやすいのは時計です。時計が近代を創り出した面があるのです。すなわち、「時間」の観念を時計による「時刻」という形で具体化して、それをモデルにして近代科学が確立されていったといえます。そして、それをさらにモデルにして刑法理論が作られたのであり、これが旧派の理論にほかなりません。客観と主観を完全に分けて、人間の行動やその他の事象をあくまでその要素によってしか把握しないのです。これは、客観的な要素と主観的な要素を組み合わせれば全体が見えてくるという考え方です。

そのような考え方は、死体解剖の思考に似ています。つまり、いわゆる前期古典学派の主張は死体解剖学に類似しているのです。そこにおいては、人を各要素に全部分類していくと人間そのものが分かると考えられたわけです。ところが、人間は各要素に切り刻んでいきますと死んでしまうのです。要素に分解することによって近代科学が発達したのと同じように、刑法における客観的帰属も条件関係の確定だけでいけるというのがドイツの通説の立場です。

そうしますと、行動の客観的帰属という観点から見たばあい、はたしてその人がその行為をおこなった結果について、刑法上、何らかの形のサンクションを受けるべきかという議論になってきますと、少し広すぎるといえます。ここでは刑法が目的としている刑罰を科することによって達成される法益保護の目的が実現され得るか、がポイントとなります。

このような目的論的な考察をすべきかどうか、は別個の大きな問題です。昨今、刑法の実質化を主張する見解も見られますが、これは、形を変えた一九世紀的なプラグマティズムの表われにほかなりません。これは、実用主義・プラグマティズムですから、実務には非常に受け入れやすい考え方といえるでしょう。理論的にはともあれ、要するに、当面の問題の処理に役に立てばよいとするプラグマティックな考え方からしますと、むしろ客観的帰属の理論の方が妥当であることになるはずです。なぜならば、目的論的な観点から見て、どの範囲までその行為のせいにすることができるかという発想が先行すれば、自然科学的な因果関係の存在を厳格に要求する必要はなくなるからです。刑法の目的が刑罰によって犯罪を抑圧することにあるとすれば、自然科学がどうであろうと、要するに、合目的的で有効・適切な範囲で処罰できればよいわけですから、客観的帰属という観点から規範の目的を強調することになります。

そうしますと、これは全部「規範」の問題であって「事実的」基礎は消えてしまいます。事実はともあれ、規範が何を要求しているかが重要なのですから、法律が勝手に決めることができるはずです。そもそも法律の保護目的にかなう範囲で限界づけを考えればよく、その基準の設定が重要となります。

通説が、他の文化領域におけるのと同じような意味での因果関係を前提にすることを主張してきたのは、そうすることによって、たんに法律だけが孤立した世界に存在するのではなくて、他の分野と共通の要素をもっていて、それを基盤にしてさらに法律の観点からより適切な範囲を限定して、具体的に妥当な結果を導けるという確信があるからです。プラグマティックな観点からではなくて、一つの文化現象として把握するという観点からの思考が根底にあります。法律が他の分野とかけ離れた特殊な世界であって、他の人は知らなくてもよいという状況ではなくなっています。他の分野と共通の言葉でもって、他の人々をも納得させることができるような観点から法の解釈をおこなうべきなのです。

このような基本的な発想の下に、自然科学が予定しそれを前提にして社会科学全般がみとめている因果法則を基礎にして考察していこうとしているわけであり、これが因果関係論の「事実的基礎」にほかなりません。この点ははっきりつかんでおいてください。

このように、通説の基礎にあるのは、自然科学が前提とする因果関係という概念であり、さらに客観的帰属という規範的概念であり、その観点から、「相当性」の概念によってその枠を狭めていこうとするわけです。それで、わが国では、相当因果関係説が通説となっているわけです。

四　ドイツにおける因果関係論

ドイツでは相当因果関係説は通説とはなりませんでした。それは、わが国の通説の見地からは不思議な現象のように見えます。ドイツにおいては、一九世紀の科学主義が刑法理論の根底にありますから、条件関係だけでよいとする自然科学主義的な因果関係論が承認されたと考えられます。そして広すぎる因果関係の範囲を別の観点から限定する思考方法が採られました。まず故意によって限定しようとしたわけです。すなわち、「結果が認識できなかったばあいには、故意は及ばないから、その結果について責任を追及はできない」として、主観面による限定を加えます。さらに、錯誤論においては具体的符合説が採られました。つまり、因果関係がみとめられる範囲が広いから故意の認識対象を厳格に解するわけです。わが国において相当因果関係説が優勢となったのは、このような限定が既にある程度できているからなのです。ドイツのばあいには、条件関係だけで因果関係をみとめてしまうことになりますので、客観的帰属の理論というある意味での限定の理論が必要とされ、その限定作用をどのような観点から働かせるかという問題が生ずるわけです。

ところで、相当因果関係説においては、「相当性」という概念が重要な意義を有します。この「相当性」という概念は、刑法上、いろいろな場面で出てきます。これは、ある意味で日本人好みの論理を示すものですから、いろいろなところで出てくるのです。たとえば、防衛行為の「相当性」も、ドイツ刑法学ではあまり強調されませんが、わが国の刑法では防衛行為の相当性は、過剰防衛との限界の問題としてきわめて重要な意義が与えられています。実務においては、相当性の枠づけの伸縮によって過剰防衛と正当防衛との限界づけがうまくおこなわれていると考えられています。さらに、違法性論においては社会的「相当性」という概念が用いられます。

このように、判断を融通無碍におこなえる概念として、「相当性」というものが大きな意味をもっているわけであり、これはいわば日本人好みの概念であるといえます。因果関係論においても、この「相当性」概念によって枠づけをして客観的帰属の理論と同じ結論を導き出すことができることを主張しているわけですが、これに対して、客観的帰属の理論の支持者からは、条件関係の認定そのもの自体に問題があると批判されます。その例として挙げられるのが択一的競合です。

五　択一的競合と相当因果関係説の危機

択一的競合のばあいに、客観的帰属の理論と同じような意味で限定ができるかという批判が加えられます。それに十分に答えられなければ、ここに相当因果関係説の危機があるとされます。これに対して、通説の立場からは、危機的状況は存在しないと反論しています。

相当性の判断の基準としても、客観的帰属の理論が主張していることを使えますので、あえて客観的帰属の理論という形で規範の保護目的を強調する必要はないと考えられます。したがって、通説にとってはけっして危機的状況は存在しません。むしろ客観的帰属の理論のように保護目的あるいは規範の目的という抽象的な概念を立てることによって、「事実的基礎」から離れてしまうところに難点があるのです。つまり、事実を基礎としないで規範目的が先行して、必罰主義の議論に転化していく危険性があるとすれば、やはり事実的な基礎を立論の前提に置いておいたほうがよいと考えられます。そのような前提で択一的競合を見ていけばよいわけです。

条件関係の確定の問題の一環として択一的競合があり、論理的にはその後に「相当性」による枠組みを作るという観点から相当性の中身の問題を考える必要があります。相当性の中身の問題としては、その前提となる基礎事実、つまり「判断基底」の問題と「相当性そのもの」の問題との関係、すなわち、判断の「前提」と「内容」の論理関係をはっきりつかんでおかなければなりません。

「判断基底」とは、相当性判断をおこなうための基礎となるべき事実を意味します。どういう事実を前提にして相当といえるかどうかを判断しますから、それに関する学説によって基礎事実の範囲に差が生じ結論の違いをもたらすことになります。したがって、どの学説を採るかは重要性をもっているわけです。判断基底に関する学説は、主観説、客観説、折衷説に分かれます。なぜこのような学説が主張されるのかを明確にしておく必要があります。すなわち、なぜそういう主張をするのかについてまで考えなければならないわけです。ここまで考えることによってはじめて因果関係論の実質がはっきり分かるようになります。

六　広義の相当性と狭義の相当性

「広義の相当性」と「狭義の相当性」という概念がありますが、これはドイツの刑法学者エンギッシュが主張したものです。それが、最近、いろいろな形で採り入れられているわけですが、この「広義の相当性」と「狭義の相当性」との関係もはっきりさせておく必要があります。

通説の立場においては、その概念は不要とされます。それは、「狭義の行為」の問題を「実行行為性」の問題として把握するかどうかの問題に還元されます。「実行行為」という概念を基礎に置いて、その「実行行為」と「結果」との間の因果関係を相当因果関係として把握すべきであるという捉え方をしますと、実行行為に当たるか当たらないかという点に本質的な問題が生じます。これが「広義の相当性」という問題として立ち現われてきます。これは、本来の意味における「相当性」ではありません。なぜならば、実行行為に当てはまるかどうかを議論しているにすぎないからです。つまり、実行行為という概念に当てはまるかどうかという「包摂」を判断しているのであって、けっして「相当性」の判断をしているわけではありません。にもかかわらず、広い意味では相当性の枠に入ってくるとして、「広義の相当性」という概念が必要かどうかは別問題です。すなわち、ここで有意的な身体の動静という形で、構成要件的な行為を前提にして、その行為と結果との間の因果関係を考えようとしているわけです。「構成要件的行為」は、実行行為そのものではありません。

それでは、ひるがえって、いったい実行行為とは何なのかについて考えてみることにしましょう。ここで出てきますのは、危険発生の具体的な要請の側面です。結果発生の危険という概念をここでどのように評価するかということです。通説によりますと、あくまでも因果関係は条件関係を前提にして考えるべきですから、まず構成要件的な行為があって、それと結果との間の条件関係の存在を判定して、さらに「相当性」の存在を判断する必要があります。その後で構成要件該当性の概念の問題として「実行行為」を考えなければならないわけです。少なくともわたくしはそういう主張をしてきています。

通常のばあい、人を殺す行為、今の事例でいえば、毒を盛る行為は、実行行為性を帯びていますから、広義の相当性を問題にする必要はありません。すなわち、通常は実行行為があって、それとの間の因果関係が当然、みとめられますが、論理的に因果の存否の問題として考えたばあいには、まず「構成要件的行為」を想定し、それとの間の因果関係の存在を判定したうえで、その行為が実行行為性を帯びるかを構成要件の当てはめの問題として考察するわけです。つまり、個別的な殺人罪の実行行為に当たるかどうかという基準でふるいにかけていくという操作をします。しかし、それが明確にされていないという点では、通常、議論されているのは、殺人罪の「実行行為」性を有する行為と結果との間の因果関係にほかなりません。論理的にはそのようにいえますので、これをあえて「広義の相当性」の問題として議論する必要はないことになります。したがって、広義の相当性という概念は通説にとっては不要なのです。

それでは、「狭義の相当性」とは何なのでしょうか。これは、通説がいっている「行為後の介在事情」の問題にほかなりません。「相当性」という概念を、一般的な概念として明確に理論的に位置づけた後、さらにそれをどういう形で整理していくかは、学問の手順としては重要なことであり、通説はその学問的な手順を踏んでいます。エンギッシュがなぜこういうことを主張するのかといいますと、彼は客観的帰属の理論を前提として、条件関係だけを考慮し、あとは限定の論理をどう働かせていくかの問題として考えればよいのですから、実行行為性を要求したわけです。わが国の通説が既にここで議論しているものを、彼は客観的帰属という観点から議論しなければならず、「広義の相当性」とか「狭義の相当性」とかいう概念を用いざるを得なかったのです。しかし、通説にとってはそれは無用の概念であるというだけの話しです。また、客観的帰属の理論についても、通説は必ずしもこれを採用しませんが、先に述べましたように、その主張している基準を相当性判断の基準類型の設定段階において使用できると考えています。

第六款　〔設問1〕の検討

前述の検討を踏まえて、**〔設問1〕**を見てみますと、択一的競合が純粋の条件関係論という観点からは、やはり泣き所であることは否定できません。それぞれが独立して結果を生じさせ得るわけですから、条件関係は存在しないといわざるを得ません。それを無理して否定しますと、矛盾が生じます。このことをみとめたうえで、どのように処理すべきかを考える必要があります。

この点について、通説は、条件公式を修正したうえで条件関係をみとめます。このばあいに、あくまでも修正という形を採るのです。修正は「否定」ではありません。つまり、条件公式そのものをみとめるけれども、択一的競合のばあいには一定の修正をほどこして、なお条件公式は維持していこうという立場にほかなりません。

自然科学が予定している条件公式それ自体を維持しませんと、因果関係における「事実的基礎」が失われてしまいますので、やはり条件公式は維持しなければなりませんが、現実に条件公式を適用したばあいに生ずる非常識な結果を回避する必要があります。そこで、通説は、非常識な結果にならないような形で帰属関係を明らかにしていこうとしますから、客観的帰属の理論とは違います。「修正」は原則に対する「例外」ですから、それだけでだめだといわれるなら仕方ありませんが、それがだめだから原則も全部だめだといわれるところに問題があるのです。

しかし、やはり原則は原則なのであって、たった一つの例外があるから原則全体が無意味であるということにはなりません・自然科学における法則（ないし仮説）においては、一つでも例外があれば、仮説の法則性が崩れてしまいます。しかし、わたくし達は法規範の世界に生きているのであって仮説の世界にいるわけではありません。条件公式を維持することの意味は、事実関係を基礎にすることにあります。ここに重要な意義がありますから、それに役立つ範囲で修正を加えることについては問題はないと考えられます。したがって、択一的競合について説明がつかない以上、条件公式のすべてがだめであるから、規範の保護目的によって決着をつけるべきであるとするのは、極論といわざるを得ません。客観的帰属の理論を採るばあいには、問題は、なぜそうしなければいけないのかということです。行為と結果との相関関係という「事実的基礎」を無視して、規範の保護目的に合致するかどうかという観点から捉える方法がいいのか悪いのかについて検討する必要があります。

通説の修正論は、あくまでも常識的な立場であり、具体的に妥当な結論を追及する議論といえます。たしかに、これは純粋な理論的考察という観点からは、問題があります。しかし、あくまでも規範が要求している客観的な帰責という観点から、具体的に妥当な結論を求めることにも合理性はあります。

それでは、どういう意味で常識に合わないのでしょうか？「択一的競合において条件関係を否定するのは常識に合わない」とされるばあいの常識の内容をはっきりさせる必要があります。具体的妥当性がないとか、常識に反するとかを論拠として挙げているばあい、どういう意味で常識に反して具体的妥当性に欠けるのかを説明しませんと、これは法律論ではなくて単なる床屋談義になってしまいます。

わたくし達の意識の中に常識的に存在するものは、「弱い原因よりも強い原因を提供した方が法的により強く帰責されるべきである」という考えです。逆にいえば、より少ない原因を生じさせた方がより強く帰責されるのはおかしいという感覚です。これは当たり前でしょう。これを倫理的な観点からいいますと、非難の程度が低いものよりも、程度の重い方がより強く非難されるべきであるということです。今、「非難」の「量」の問題としてお話ししましたが、これは「量」の一般問題に還元しますと、すべてのことにいえるのです。

択一的競合のばあい、因果関係における条件関係の存否の問題としては致死量の五〇%・五〇%という形で出てきます。つまり、致死量の五〇%の毒を盛れば、帰属の対象となる条件関係の存在はみとめられるにもかかわらず、毒が一〇〇%になると、突如としてこれがみとめられないこととなるという結論がおかしいのです。しかし、これはまだ帰属そのものの次元の結論の問題ではないことに注意してください。ここで引っ掛かってしまう初学者が多いのですが、ここでは帰属論ではなくて帰属論の「前提」を問題にしているのです。つまり、条件関係がなければ、それだけで因果の系列の世界から離れて、刑法の世界に取り込まなくなってしまうわけです。刑法の世界に取り込まないというのは、あくまでも結果の帰属の側面にほかなりません。このように結果そのものについては、刑法の世界で問題にしないことになってしまいますが、それでいいのかが問題となります。

答案にその点をきちんと叙述していなければ、「常識に反する」と書いたとしても、本当にその内容を理解しているのだろうかという疑問が生じます。本当に分かっていることを、形で示せるかどうかが答案として差のつくところです。つまり、法律学の答案で差がつくのは、知ってはいるけれども、本当に分かっているのかどうかです。「知る」と「分かる」は違います。本当に分かっていることを示すためには、この部分を自分なりに正確に論述できることが必要なのです。因果関係論については、何度も基本書を読み、講義で聞き、ゼミなどで議論をして、いろいろな形でその問題に触れてきているにもかかわらず、実際は分かっていないことが多いのです。ですから、そういう観点からより深く突っ込んで考察することがいかに大事かを理解していただきたいとおもいます。できるだけ根本的な部分にまで遡って考えて欲しいわけです。

「実行行為」性の問題や危険の問題は、これからもいろいろな場面に出てきます。広義の相当性の問題として「実行行為」性を強調しないのは、ここでは「危険」概念はあまり意味をもたないと考えているからです。広義の相当性における「危険」は、「一般的な危険性」の問題にほかなりません。つまり、これは「抽象的」危険です。抽象的危険を実行行為概念に取り込むのは、方法論的に妥当ではありません。刑法理論において危険を問題にするばあいには、法益侵害の具体的危険の関連においていかなる意味をもつのか、という観点が前面に出てくるのであり、そこにおいて、実行行為性を主張すべきであると考えられます。

たとえば、わたくしは、正犯と共犯の区別の基準として、「実行行為」を用いる実行行為性説・形式説を採っています。つまり、「実行行為」をおこなうのが正犯であり、それに関与する者が共犯であると解し、直接的な法益侵害への危険性を惹起した者という観点から正犯を捉えますから、共同正犯についても同じ基準で判断します。それから、「実行の着手」の判断基準についても、「実行行為」を問題にして「実行行為」の開始時が実行の着手であると解する形式的客観説が主張されています。しかし、わたくしは、実行行為の開始ではなく、「具体的な危険」の惹起の開始時が実行の着手であると捉えています。このように、「狭義の相当性」を問題にする前提として、「広義の相当性」を議論する必要がないのは、因果関係の段階で抽象的危険を問題にする必要がないからなのです。そういう危険性の発生の有無も、ある意味では因果関係の問題そのものになりますから、それは別の観点で検討を加えていくべきであると考えられます。

択一的競合の問題については、今述べたような観点からの議論があり、これについて学説が分かれているわけです。その際、先ほども触れましたが、毒物をウィスキーに混入したばあいとそうでないばあいをどのように整理するかという論点があります。通説は、「全体として、AとBの行為がなかったならば、その結果は発生しなかったであろう」という形で条件公式に修正をほどこして、「全体的な行為」という観点から条件関係を肯定しているのですが、これに対しては、はたしてそれでよいのかという批判が加えられています。

「疑わしきは被告人の利益に」の原則に従いますと、AとBは同時犯ですから、疑わしい点があれば、自己責任の原則の観点から、「疑わしきは被告人の利益に」の法理が妥当します。論理的にはまさにそのとおりであり、わたくしもそれは否定しません。しかし、ここで前提となりますのは、混入されたウィスキーを飲むばあいに、飲んだ量のウィスキーがAの入れた毒の部分なのか、Bの入れた毒の部分なのかは判定できないということです。それが判定できるのであれば、その判定された事実に従って判断すればよいだけの話です。ところが、ウィスキーは液体ですから、どの部分がどうのこうのということはできないのであり、それが仮にはっきり判定できるのであれば、Aが混入した毒に対しては速く作用したが、Bが混入した部分についてはそうではなかったといえるわけですから、そういう前提で条件関係を考えればよいことになります。そのばあいには、「そのAの行為がなかったならば、Xの死亡の結果は発生しなかったであろう」という形で条件関係がストレートにみとめられますから、これは択一的競合の問題でなくなってしまいます。択一的競合の問題においては、AまたはBの毒のどちらが効いたか分からないという前提があります。それが分かるのであれば、そのそれぞれに分けて考えていけばよいわけです。そうしますと、今のようなばあいは択一的競合という概念自体に当てはまりませんから、通常どおり、原理・原則が働くことになります。

それから、AとBが致死量の毒をそれぞれ盛ったため毒の量が二倍になったから早く死亡したと評価できるかどうかが問題になります。その評価が可能であるばあいには、通常のばあいよりも早く死亡したことが立証できたことになり、短時間でも早く死亡させた部分が殺人既遂であることになるのです。その殺人既遂をもたらす行為をおこなったのはAなのかBなのかは特定できません。その点をどのように評価するかということになって、これは堂々めぐりにならざるを得ません。

通説は、「疑わしきは被告人の利益に」の原則を否定しているわけではないのです。通説が前提にしている択一的競合は、毒の効果の発生時期の先後を判断できないばあいを意味していますので、「疑わしきは被告人の利益」の原則が働く範囲については、反対説が主張しているのと同じなのです。

第七款　〔設問2〕の検討

次に、**〔設問2〕**におけるCおよびDの罪責の問題を検討しましょう。Cが殺人の故意をもって、Yをナイフで刺した行為は、殺人罪の実行行為性を有しています。通常のばあい、殺人の実行行為性をもっており、この段階では重傷を負わせたにとどまっています。そのまま放置しておけば、あるいは死んだかもしれないという事態が、その基礎にあります。Yがそのまま死亡したばあいには、Cの殺人既遂が成立し問題はまったくありません。ところが、Yは、救急車で病院に収容されて、その後、病院の医師Dの手術を受けたのですが、Dが手術上のミスを犯し、それによってYは死亡したのです。このような事実関係が前提となります。

このばあい、Dの手術上のミスがあり、これは過失にほかならず、しかも、甲は医者ですから、業務上過失です。ここでは手術上のミスという過失があるにとどまり、殺人の故意はありません。手術行為が傷害罪の構成要件に該当するかどうかという問題がないではないのですが、ここでは重要な論点とはなりません。要するに、死亡の点に関しては、故意の問題は出てきません。

手術行為それ自体は故意による傷害行為にほかなりませんが、これは刑法三五条によって正当行為として違法性がないとされています。被害者の承諾、さらに医療行為・治療行為という観点から、手術行為、つまり傷害行為それ自体は構成要件に該当しますが、違法性はないと解するのが通説です。

死亡した点は、業務上過失による死亡とされます。これをきちんと書けるようにしてください。いきなり結論を示すのではなくて、どの点についてどういう問題点があり、それについてこのように考えるべきであるということを明確に分析的に捉えて叙述することが大事なのです。それができなければ、事例形式の法律問題を解いたことにはなりません。ここは本問のポイントではありませんから、それに時間をかけて詳細に論述するのは無駄なことですが、少なくともそういうことを簡潔に叙述できるようにしておく必要があります。それを叙述できなければ、その論点を分かっていないとされてしまいます。知ったうえで、分かっていることを示さなければいけないわけです。これはわたくしがいつも強調しているところです。

そうしますと、Cの最初の行為とYの死亡との間には条件関係があり、その条件関係を前提にして、Dの手術のミスによる業務上過失致死行為があるわけですが、それによってYの死亡を引き起こしている点が、Cの行為の帰属の問題として「相当性」の枠内にあるかどうかが重要な問題となります。これは「相当性」の問題として考えることになりますが、はたして「判断基底」の問題なのか、それとも「相当性」の有無の問題なのかを明らかにする必要があります。

本来、因果関係は、あくまでもその行為と結果との必然的関係を議論するものですから、おこなわれた行為自体を前提にして結果発生の方向に向かっていく状況を見なければいけないはずです。通常の場面と刑法上の議論の場面とを混同することが起こりがちですが、それは刑事訴訟をよく知らないからなのです。

通説がここで刑法理論として主張しているばあいの前提には、当然、刑事裁判において、あくまでも刑法は適用される法律であるということです。つまり、事実認定がなされた後、どういう法律効果が生じるかを明らかにするのが刑法にほかなりません。このことが正確に理解されていないから混同が生ずるのです。

このばあい、「因果関係というけれども、結局、Ｙが死んでいる以上、Ｙが死んだことを前提に議論せざるを得ないから、後から行為を見ていくことになるのではないか」という趣旨の批判を受けます。実際上の問題としては、まさにそのとおりなのです。実際上、誰も死んでもいないのに殺人罪がいきなり出てくるわけはありませんから、死体の存在が確認されたばあい、これは自然死なのか否かが確定されなければなりません。検案医が、これはどうも自然死ではない可能性があると判断したとします。さらに犯罪行為によるものか、それとも自殺によるものかを判定しなければなりません。それが他殺によることが分かったばあいには、誰が殺したのかを明らかにするために捜査が開始されます。そして、証拠が収集されて、行為者のその行為と死亡との間の因果関係をみとめることができるかを立証していくことになります。これは刑事訴訟法における問題であり、立証の段階での議論です。わたくし達は、その段階ではなくて、犯罪事実の立証がなされた後、刑法はどのように「適用」されるかを議論しているわけですから、後から生じた事件自体が現実の裁判で問題になるのと同じような思考順序で考察すべきだというのは、「理論」的な批判として成り立ち得ません。あくまでもわたくし達は、客観的帰責論としての因果関係論をどのように解するのかという場面を基礎にして「理論」構成しているのですから、その基準で見ていかなければ、学問的な論理の問題にはなりません。

そこで、この場面で通説は、これを「判断基底」の問題として説明します。なぜ判断基底の問題となるのでしょうか？先ほども述べましたように、その行為がおこなわれた時点の状況を基礎にして、当該行為と発生した結果との間の「相当性」を議論していますので、当然、「判断基底」の問題は「行為後の状況」を前提にして考えるべきことになるからなのです。このように、行為後の状況を基礎に「相当性」の有無を判断するのですが、そのばあい、後から生ずる状況は、あくまでも行為がなされた後で出てくるのであり、行為のときには存在していないのです。したがって、客観説を採ったとしても、今述べましたような形での因果関係論を前提にするかぎり、本来、「行為後の状況」は取り込むことができないはずです。なぜならば、行為時に客観的に存在した事実を判断基底と解する立場が客観説にほかならないからです。ところが、これを判断基底の問題として捉えますと、判断基底という「実体」は実際にはなくてもよいことになります。すなわち、判断基底の問題は、「判断の基礎となる事実」をどこまで広げていくかというだけの問題ですから、ある意味で「操作概念」であって、「実体概念」ではないのです。判断基底という「実体」が現実に存在するわけではなくて、どの範囲の事実を判断の基礎とするかという「操作」のための概念にほかなりません。この操作概念の中に、「行為後の状況」をどのように包含させるのかといいますと、「行為の時点」で「客観的に予見可能」であったかどうかという形で取り込むのです。

これが客観的予見可能性、すなわち、事後的判断による予見可能性（「客観的事後予測」）の問題にほかなりません。これは、行為の時点に遡って、そういう事態の発生が通常、予測できるかどうかという観点を取り込んで、「行為後の状況」を予見可能性の枠内で取り扱う思考方法です。そのばあい、客観的にその事実の発生が予測できるかどうかを「事後的に」判断することになります。それを前提に**〔設問2〕**を読んでみますと、この関係がはっきりします。これがこの問題の基礎になる根本的な背景ですので、よく理解しておいてください。

第八款　おわりに

因果関係の問題は、たとえば、結果的加重犯における因果関係などいろいろな場面に出てきますが、根本にあるのは、本講で述べた客観的帰責論をベースにして主張されている基本論点ですから、それをつかんでおけば十分に対応できるはずです。

第三章　構成要件的事実の錯誤と過剰結果の併発

第一款　出　題

本講では、「構成要件的事実の錯誤と過剰結果の併発」の問題を検討します。前に、刑法の基本的な考え方についてお話ししたのですが、本講ではかなり技術的な点についてもお話ししていきたいとおもいます。まず、事例式の問題を出題することにしましょう。

〔設例1〕

Aが、Bを殺す意思でピストルを撃ったところ、その弾はBに命中し、Bを死亡させたうえ、さらに側にいたCにも当たりCを死亡させた。Aの罪責はどうなるか。

〔設例2〕

右記の例で、Bには傷害を負わせただけで、Cを死亡させたばあい、Aの罪責はどうなるか。

第二款　過剰結果の併発

一　問題の所在――「符合」の程度――

まず、過剰結果の併発というのは、錯誤論の前提を踏まえて、具体的符合説ではなく、法定的符合説を採ったばあいにとくに問題になることを頭に入れてください。つまり、錯誤の典型例として説明される方法の錯誤などの問題についていえることは、認識と結果の「符合の程度」を問題にするということです。具体的符合説と法定的符合説の観点から議論が展開されているのですが、この符合の程度がポイントなのです。すなわち、故意の認定にとってどの程度の事実の符合が必要かという形で、符合の程度を議論するわけです。これは、「程度」の問題とされますけれども、構成要件の中身の問題として、その対象のもつ意味をどのように捉えるかという「意味の把握」に関わっていることに注意する必要があります。

これは、「具体的」に符合することを必要とするのか、それとも「構成要件の概念の範囲内」という形で抽象化された程度の符合で足りるのかという争いです。このように「程度の問題」として扱われますが、「意味内容」を捉えるという点においては、これは「質の問題」にほかなりません。形式的には「程度」を問題にしますが、実質的には、故意の「質」の問題としてどういう内容を認識していなければならないのかを議論するわけです。たとえば、法定的符合説によりますと、「人」という点の認識があればよいとされますから、現実にはAがBを殺すばあいの意思内容として、Bを認識していますが、具体的なBを認識していること自体が重要なのではなくて、Bという「人」を認識していることが重要とされるのです。そうしますと、構成要件的故意は、質の問題としては、客体が「人」であることを認識していればよいことになります。その意味において、法定的符合説は、構成要件を前提にしたうえで、構成要件的故意の質として構成要件に規定されている客体である「人」であることの認識が必要であると解しているのです。

しかし、「具体的な認識」を前提にしますと、法定的符合説における構成要件的故意の内容は「抽象化」されていることになりますので、どこまでその「抽象化」が許されるのかという形で、認識内容の「程度の問題」が立ち現われて来ます。一般的には「程度」の問題は「量」の問題なのですが、ここでは、「抽象化の度合い」という意味での「程度」を問題にしていますから、どのような認識内容をもっているのか、にポイントがあるわけです。したがって、その意味において「質の問題」として捉えてよいことになります。

もともと錯誤とは、行為者が「認識した事実」と「現実に発生した事実」との間に不一致・食い違いがあることを意味します。これは、別の観点から見たばあい、つまり、故意の正面から捉え直したばあいには、「行為者が認識して意欲したとおりの結果が実現されたかどうか」という問題にほかなりません。すなわち、構成要件的事実の錯誤を「実現意思」の観点から考えたばあい、錯誤は、その意思どおりに結果を実現したかどうかという問題にほかならないのです。そうしますと、行為者が認識して意図したとおりの結果が生じたばあいには、そこには錯誤は存在しないことになります。逆にいいますと、錯誤が存在する事態は、行為者が認識・意欲したとおりの結果を生じさせていないこと、すなわち、行為者の認識と結果との間に不一致があることを意味することになるわけです。このように、実現意思という観点から見ますと、錯誤は「実現の程度」の問題なのです。

「どの程度その意思を実現したか」を問題にするばあい、「完全に」実現したときには何ら問題は生じないのであり、「不完全に」実現したにとどまるときにこそ、錯誤の問題が生ずるのです。その意味において、錯誤論は「故意の充足の程度」の問題となります。すなわち、行為者が意図したとおりの結果を生じさせているか否か、という観点から見ますと、まさしく錯誤論は故意論そのものの一環であることになるわけです。「錯誤論は故意論の裏面である」といわれることの真意は、ここにあります。

二　過剰結果の意味

ここまで述べてきたことを踏まえて、過剰結果の併発という問題は何を意味するのか、について考えていくことにします。どの部分が「過剰」なのか、「併発」というのは何を意味するのかを明らかにしましょう。

まず「併発」とは、本来、意図した結果と別個の結果が並列的に生じたことを表現する言葉として使われます。それではなぜ「過剰」の問題が出てくるのか、がここでのポイントとなります。過剰結果が併発したかどうかは、別の観点からいいますと、現実に発生した結果が、行為者の認識・意欲どおりの結果として包括され得るかどうか、つまり、「故意の包括力」の問題なのです。すなわち、「故意」を基準にして考えたばあい、過剰結果がそれに包括されているのかどうかの問題であり、その意味においてそれは「故意による包括の範囲」の問題にほかなりません。

ところで、符合の問題のばあい、たとえば、方法の錯誤においては、結果が発生した客体は、はたして行為者の意図したとおりの客体であったかどうか、を問題にしています。そして、意図した客体とは違う客体に結果が生じたという事態を、行為者の認識・意図した事実と符合するかどうか、という観点から議論するのです。これに対して、過剰結果の併発のばあいには、発生した結果が、本来、行為者が認識・意図した対象の範囲内に入るかどうか、を議論するのであり、その意味において、これは「認識対象の範囲」の問題であることになります。これは、質の問題とは違います。すなわち、「人」であるかどうかという「質」の問題とは違って、その「人」の中に「どの位の数」が入るのかという範囲の問題です。どの程度のものまで含めるかという観点から、「人」という概念の中に何人まで包括できるか、という問題として捉えるわけです。

三　一故意犯説と数故意犯説

現在、学説上、一故意犯説と数故意犯説の対立があります。これが何を意味するのかをまず頭に入れておきませんと、学説の結論だけに振り回されることとならざるを得ません。刑法学において学説が対立しているばあいには、その根本にあるのは何かを把握するのが学習上のコツです。初学者は、論点とそれに関する結論だけを覚え込もうとして、根本に遡って解決策を見出すことができず、結局、記憶力に頼らざるを得ないという方向に赴くのですが、それは妥当ではありません。

そうではなくて、たとえば、併発事例のばあい、一故意犯説と数故意犯説が対立する根本の原因はどこにあるのか、を押さえることが大事なのです。誰がどの説を採っているのかは、末梢的な問題にすぎません。その対立の根本は何かをつかむことが重要ですから、学説をたくさん知っていること自体は必ずしも有利ではないといえます。いろいろな論点や学説を知っているけれども、その根本部分を理解せずに結論だけを知っているにとどまるというのは、あまりよいことではありません。

法律問題に対する答案として論述するばあい、知っていることは何でも書きたがる傾向が見られます。あれも知っています、これも知っています、というように細々したことを書きたくなるのです。しかし、それを書き綴っていきますと、内容が非常に薄くなってしまいます。「器用貧乏」という言葉がありますが、何でもできる人は実は本格的なことは何もできないのと同じで、何でも知っているような顔をしているけれども、じつは根本をまったく理解していないことを証明していることになってしまいます。したがって、効率的な勉強方法としては、何度も強調してきましたが、基本を押さえることが大事なのです。

このように、基本を押さえるべきであるとよくいわれますが、じつはよく勉強しないと「何が基本か」が分からないという面があります。その意味で堂々めぐりの観がないではありません。しかし、それは大事なことであり、対立の根本、背景を把握することを意味します。得てして根本問題を分からないまま、上辺の現象的な部分だけに振り回される現象が見られます。問題の背景から考えて、それを理解していくという勉強が一番能率的なのですから、回り道のようですけれども、そのようにすべきなのです。

このような観点から、一故意犯説と数故意犯説との対立を見ていきましょう。これは「故意の個数」の問題であるといわれますが、初学者にはその意味がよく分からないとおもわれます。すなわち、故意の個数の問題において、故意が一個か二個かということの意味が明確に理解されているとはいえませんので、これについて説明しておくことにします。

先ほど、過剰結果の併発は量の問題であり、その認識対象の範囲の問題であると述べました。ここで、その意味を明らかにしましょう。まず、「人を殺す意思」、すなわち殺意に関する典型例として方法の錯誤が問題となるばあい、その殺意が「別の客体」に及ぶかどうかという観点から議論がなされます。これは、「人」という点について認識があるかどうかという観点から、それを基礎づけていく思考パターンです。これに対して、一故意犯説か数故意犯説かという問題では、「一人の人」を殺す意思かどうかがポイントになります。

それでは、なぜ「一人の」人を殺すということが重要な意味をもつのでしょうか？ここで一人か二人かという人数が認識対象であり、これはいろいろな問題に還元されますが、ここでは、AがBを殺そうとしている場面で、B以外の者をも殺そうとしているものとして評価できるかどうか、が意味を有するのです。

「一人の人」を殺す点は、「量の問題」といえます。「人を殺す」という点では錯誤が存在しない以上、問題はありませんが、しかし、客体が一人か二人かについては錯誤がありますので、そこに問題の焦点が移行します。一人か二人かは、もともと数量の問題ですから、この量をどのように捉えるかということで、一個か数個かという問題がすでに隠れているわけです。一個か数個か、あるいは一人か数人かというのがどうして故意の数に関わるのかを明らかにする必要があります。

このばあいに、発想の出発点として捉えておかなければいけないことは、「故意が一個か二個か」という言葉のもつ意味です。つまり、なぜ故意が「個数の問題」に転化するのかということです。

ここで前面に出て来ますのは、客体が一人か二人かという「客体の数」なのですが、いつの間にか「故意は一個か二個か」という問題にすり変わっています。じつは故意の個数の議論が先行しているところに問題があるのです。すなわち、なぜ「客体の数」が「故意の数」に変わっているのかが把握されていないまま、故意が一個か二個かという議論が展開され過ぎているといわざるを得ません。

客体の数が故意の数になるからくり（絡繰）は、次のように説明できます。それは、発生した結果に対応するだけの故意があるかないかという議論であり、現実に一人の人が死んだばあい、または二人の人が死んだばあいに、その数に見合うだけの故意を認定できるかという問題です。つまり、一人の人を殺す故意の範囲の問題であり、一人であろうと二人であろうと構わないとして範囲が広がるのをみとめる（数故意犯説）のか、それとも、一人の人を殺す意思は一人の人にしか及ばず、他の人には及ばないとして、そこまで範囲は広がらないと考える（一故意犯説）のかが争われるわけです。背景にあるのは、発生した結果に見合うだけの故意をみとめてよいかどうかという問題です。

故意の対象は一人の人についてしかみとめないとしますと、一個の故意犯しか成立しませんから、一故意犯説が妥当であることになります。一個の故意犯しか成立しないということは、故意は一個しかないことを意味します。つまり、他の人には故意はみとめられませんので、故意は一個しか存在しないことになります。

客体が複数あるばあいには、数個の故意犯が成立しますが、それは、その数に見合うだけの故意を認定することを意味しますので、たとえば、二人であれば故意は二個あることになります。その点を故意の個数という観点から捉えているのです。そのことを知って答案を書くのと、たんに故意の個数の問題として提起されている点について、この説とこの説があるという書き方をするのとでは、まったく説得力が違います。「内容をよく理解していて、論理がきちんと展開されているな」という印象を与えるのが、いわゆる「説得力のある答案」です。したがって、この関係を明確につかんでおきますと、錯誤の根本問題について非常に深く理解できたといえるのです。

以上のことを前提に、次に設例に即して具体的に考えていくことにします。

第三款　〔設例2〕の検討

一　数故意犯説による処理

次に、〔設例2〕を検討しましょう。Bにけがを負わせたにとどまり、Cを死亡させたばあい、数故意犯説によりますと、Aは、Bという人を殺そうとしてCという人を死亡させていますので、当然、これは方法の錯誤ですから、BについてもCについても殺人の故意があることになります。そして、Bについては「殺人」未遂罪が、Cについては「殺人」既遂罪がそれぞれ成立し、二個の「殺人罪」は観念的競合となります。すなわち、一方は殺人未遂で、もう一方は殺人既遂ですから、「殺人の故意」という点では故意が二個みとめられ、「二個の故意犯」の成立が肯定され、行為は一個ですので、一個の行為で二個の犯罪を成立させたことになるわけです。これは同質の犯罪ですが、一身専属的法益を侵害していますので、それぞれ独立に評価されるべきですから、観念的競合であるという結論に到達します。

二　一故意犯説による処理

一故意犯説を前提にしたばあいに論理的に考えられ得る見解としては、AはBという人を殺そうとして殺害していませんので、Bに対する殺人未遂罪とCに対する過失致死罪との観念的競合をみとめる立場があります。要するに、故意は一個しか存在していませんので、殺人の点は未遂か既遂のいずれかになるわけです。そして殺人未遂罪が成立すれば、余分な部分は過失致死罪として評価されることになります。これは論理的には成り立ち得ますが、こういう考え方はあまり主張されていません。なぜかといいますと、この見解によりますと典型的な方法の錯誤のばあいと比べて、明らかな不均衡が生ずるからです。どの点が不均衡かといいますと、Bに何の傷害も負わせていないばあいには殺人既遂罪一罪となり、犯罪的な結果としてBに傷害を負わせてBの法益をも現実に侵害したばあいには、殺人未遂罪と過失致死罪が成立して、逆に刑が非常に軽くなってしまうことです。これは不都合ですから、このような考え方は採れないわけです。

そこで、大塚仁博士は、Bに対する部分は殺人未遂罪ではなくて過失致傷罪であり、Cに対する部分は殺人既遂罪であって、両者は観念的競合となるという処理をされるわけです。わたくしは、この見解を支持しています。この見解を採る背景には、前に述べましたような処理が不均衡を生じさせる不都合を避けたいという実質的配慮があります。一故意犯説を採ったばあい、合理的な処理の方法としては論理的にはこれしかないと考えられます。

そうしますと、一故意犯説を採ったばあいには、先ほども触れましたように、これが錯誤の問題であることを論証しなければなりません。どの点に錯誤があるかといいますと、Aの認識・意欲はBの殺害で、結果はBの傷害とCの死亡ですので、そこに食い違い・錯誤があります。

Bが死亡したばあいとの違いは、このばあいには、Bに対する殺意がまだ完全に実現されておらず、故意は充足されていない点にあるのです。故意が充足されていないかぎり、この部分については行為者が意図したとおりの結果は生じていませんので、錯誤が問題となります。Aとしては、あくまでもBを殺害することを目標にして、そういう行動に出ているのですが、現実にはBを死亡させてはおらず、Bの傷害とCの死亡が現実的な結果として生じていますから、これは錯誤の問題にほかなりません。

錯誤の問題として解するかぎり、一人の人を殺す意思で一人の人を死亡させた限度で法定的符合説の見地から殺人罪の既遂をみとめるべきことになります。したがって、この部分は方法の錯誤として処理して、殺人既遂罪として扱うわけです。

残ったBの傷害の点ですが、これを殺人未遂として処理しますと、二人について殺人罪（Bに対する殺人未遂罪およびCに対する殺人既遂罪）の成立をみとめることになります。しかし、それでは発生した結果に対応する複数の故意を肯定することとなって、一故意犯説の筋からはずれてしまいます。したがって、この場面では、Bに対する結果を故意犯として評価してはいけませんし、また、評価できないのです。故意犯としての評価が不可能であるとしますと、過失犯としてしか評価できません。Bは現実に傷害を負っていますから、犯罪的結果としての重大な法益侵害が生じている以上、これについて刑法的評価が必要となります。そしてこの部分は、過失犯として評価されるべきなのです。したがって、過失致傷罪として扱い、一個の行為で二個の犯罪、つまり、一個の故意犯と一個の過失犯を生じさせていますので、Cに対する殺人罪とBに対する過失致傷罪の観念的競合が成立するという結論に到達します。

三　一故意犯説に対する批判

1　過失の擬制という批判

一故意犯説に対しては、故意の実現という観点からCの死亡について殺人の故意を実現したという形で説明しながら、Bについては過失犯として扱うのは、あまりにも技巧的すぎるとの批判が加えられています。これは、現実の実態に合わないという批判にほかならず、数故意犯説の見地からは当然の批判です。その観点からは、現実には存在しないBに対する過失を擬制するものと解されるわけです。すなわち、Aとしては現実にはBを殺そうとしたにもかかわらず、Bに対して過失があると解するのは、過失を擬制したことになるとされるのです。

生の具体的事実を前提にしますと、Aが殺そうとした客体はBであったわけですから、「Bに対する殺意」しかみとめられないはずです。ところが、一故意犯説によりますと、これは過失犯として評価されますので、「Bに対する殺意」はどこへ行ってしまったのかという疑問が提起されるわけです。

たしかに、一故意犯説は、AのBに対する意思を過失として「評価換え」をする点で技巧的であるといえますし、Bを殺す意思という「具体的」事実だけを強調しますと、その評価換えは常識に反するではないかという疑問には、もっともな理由があります。ところが、法定的符合説の観点から見たばあいには、別の側面が顕在化します。すなわち、殺人罪における構成要件としての「人」の範囲内にあることを重要視するのが法定的符合説の出発点なのですから、数故意犯説が、今述べましたような形の批判を強調しますと、逆に法定的符合説の根本に違背して自分の首を絞める結果となります。なぜならば、そこでは、「人」であるという点が重要ではなくて、客体がBであるという「具体的」事実が重要視されていることになってしまうからです。すなわち、Aは現実にBを殺そうとしたのですから、Bに対しては殺人の故意しかみとめられないはずであるという形で批判を展開するのは、まさに「具体的」に存在するBであることの認識を重要視することになって、「具体的」符合説と同じ思考方法を採っていることになります。これは、一方において、Cに対する故意をみとめる根拠として、「人」であることの認識が存在することを強調しながら、他方において、Bに対する故意については、「人」であることではなくて具体的な「Bそのもの」であることを強調していることになるのです。そうしますと、数故意犯説は、法定的符合説の故意概念に適合せず論理的にはおかしいといえます。つまり、ある部分では「人」という面を強調しながら、都合が悪くなりますと、客体が具体的なBであるという生の事実を強調するのは、あまりにも便宜主義的であり、法定的符合説としては筋が通らないのです。これに対して一故意犯説は、法定的符合説の筋を通して、一個の故意に対する構成要件的結果を一個の故意犯として評価し、それを超えた事実については過失犯の成否を問題にするわけです。

故意の数はどうでもよいということになりますと、人を殺そうとして人を殺した以上、一〇人だろうと二〇人だろうと構わないという論理になりますが、それはいくら何でも故意概念としては緩やかすぎます。一人か二人かという点では重要な意味があるとする構成を採れば、やはり「人」という面での評価を加えた以上、それはその限度にとどめるべきです。そして、他の部分については、法定的符合説によって「人」という限度で抽象化されてしまっていますから、これも「人」に傷害を負わせたという形で評価すべきなのです。つまり、Aは、「人」を殺そうとして「人」を殺し、そのうえ過失で「人」に傷害を負わせたのです。「人」という面で同じですから、そのように抽象化された点での「符合」の問題と、故意の射程範囲としての量の問題が一挙にここで矛盾なく説明できることになります。

一故意犯説は技巧的であると評されますが、「人」という概念の範囲内での抽象化を強調する法定的符合説の基本的思考と成立する故意犯の個数との整合性を考えるかぎり、一故意犯説の論理は正当であるといえるのです。

2　複数結果の発生と故意の及ぶ範囲に関する批判

一故意犯説に対する次の批判は、故意の及ぶ範囲に関するものです。すなわち、銃の性能が強力であったため、Cの他にD、Eなどにも飛弾して死亡させてしまったばあいの取扱いをどうするのか、という観点から批判が加えられています。そんなに強力な武器を使用したばあいには、未必の故意がみとめられる可能性が高いのですが、未必の故意の不存在が錯誤論の大前提ですから、その点はおくことにしましょう。

今の例では、一故意犯説によりますと、D、Eについては過失による致死傷罪の成立をみとめて、過失犯として評価することになります。もともと一個の故意犯しかみとめられませんから、殺人罪は一個成立するのですが、C、D、Eの三名が死んだとしたばあい、そのうちの誰に対する殺人罪が成立するのかが不明確であると批判されます。

仮にCに対する殺人罪が成立するとしますと、DおよびEについては過失致死罪が成立します。つまり、DおよびEの死亡の点に対しては故意は及びませんから、過失致死罪という評価を加えざるを得ませんが、複数発生した客体の誰に対して故意をみとめるのかを判断する基準が明確でないと批判されるわけです。

さらに、その延長線上で、現実の刑事裁判において、特定の者に対する故意の認定が決まりませんと、訴因の特定ができないではないかという次の批判が提起されます。すなわち、現実の刑事事件において、誰に対する殺人罪かを特定できなければ起訴状が書けないと批判されるわけです。客体が任意的に選ばれるとしたばあい、たとえば、民事の損害賠償請求が提起されたとき、過失致死罪で評価される被害者と殺人罪の既遂で評価される被害者とでは、民事裁判において、違法性の程度が違うため損害賠償額の点で大きな差が生じ不当であるとされます。つまり、選択の基準が明確でないため、損害賠償額に不公平が生じ、被害者にとって不利益であると批判されるわけです。

しかし、刑事事件において殺人罪が一個か二個かという個数の問題として扱っている以上、成立する殺人罪の客体は「人」であればよいのですから、それが割り当てられる客体が誰でも構わないはずです。要するに、刑事事件の処理としては結果が発生した客体のうちの誰か一人を殺人罪の客体として特定すればよいことになります。特定に関しては必ずしも基準を必要としませんし、理論的にはそれで構わないといえるのです。そして、殺人罪の客体から漏れた者については過失致死罪して評価すれば足り、客体の特定を強調する必要はありません。つまり、C、D、Eという客体の「個性」は問題にしなくてよいのです。法定的符合説を採る以上、「人」であることに意味があるのであって、いちいち客体の個性を問題にする必要はありません。そこにこそ法定的符合説の本来の特長があるわけですから、ここでもその趣旨を貫くべきなのです。

それがどの人かは、一故意犯説にとっては意味をもちませんので、何人の人を殺し、何人の人に傷害を負わせたかという「数の問題」として、量的な処理がここでなされるべきことになります。そのばあい、訴因が特定できないと批判されますが、それはその事案の立証の方針に従って検察官が選ぶことができるのであり、裁判所は検察官の主張どおりに認定する必要はないわけで、「立証された事実」について錯誤論を適用して、それぞれに対して故意犯と過失犯の成立を肯定していけばよいのです。そこには何らの不都合も生じません。

民事裁判において問題が生ずると批判されますが、民事裁判と刑事裁判はその目的と機能が違います。つまり、刑事裁判においては、一定の歴史的事実について殺人罪が成立し、その犯人を処罰すべきかどうかという観点からの議論が重視されるのであり、刑事裁判の結果がただちに民事裁判を左右すべきものではありません。両者は目的が違うのです。すなわち、民事裁判では、一定の被害が生じたばあいに被害の救済をどうするかを、損害賠償、慰謝料などの場面で考えて紛争を解決することが目的とされます。したがって、刑法上は、たとえば、正当防衛で違法性がないとされたばあいであっても、民法上は不法行為として損害賠償責任をみとめてもよいのです。また、損害賠償額の確定にあたっても、ホフマン方式など民事法特有の算定方法があり、刑法上の評価がそのまま影響を及ぼすわけではありません。したがって、一故意犯説から生ずるとされる不都合は、単なる杞憂にすぎず批判としては的を射ていないとされ得ます。

処罰するに値するだけの行為として評価できるかどうかという刑法上の問題と、被害者を公平の原理から救済できるかどうかという民事法上の問題とは、そもそも質が違います。法領域が違いますので、それぞれの法領域に固有の目的に適合する実質論理がみとめられるのであり、刑事法の論理を民事法において押し通す必要はまったくないと考えられます。

質の問題として故意を認定したうえで、後は量の問題として故意犯と過失犯に振り分ける操作をすれば十分であると考えるのが妥当であり、具体的には個別的な裁判において処理することが可能ですので、一故意犯説は、実体法の議論としてけっして無茶をいっているわけではありません。また現実の訴訟の場面でも、困った事態は生じません。起訴状が書けないではないかと批判されますが、このばあいには、Aは、Cを殺し、さらに過失によりDおよびEを死亡させたものであるという趣旨を記載すればよいわけです。要するに、故意の認定と過失の認定に整合性があれば、手続法上もまったく不合理は存在しないといえるのです。

このように、一故意犯説による処理には合理性があるのです。すでに数故意犯説による処理についてもお話ししました。どの立場を採るにせよ、それについてはこういう批判があり、これに対してはこういう反論があることを理解しておく必要があります。

第四款　おわりに――法廷弁論術と答案作成術――

自分はこの立場を採るのだから、ほかの立場は知らなくてもよいという態度は、法律を学ぶに当たっては、許されません。なぜでしょうか？法律学、とくに法解釈学は法廷弁論術に由来するからです。そこにはつねに当事者としての相手方がいますから、その相手方を法律論で論破しなければなりません。学者が書斎で本を読んで論文を書いているのとは事情が違います。自分が書きたいことだけを書いて批判を受けることをまったく意に介しない自己満足の世界に安住しているような類の学者とは、まったく無縁の論争の場です。法廷においては、瞬時に相手方と論争をし論破しなければならないのです。つまり、現実に一定の法律論を提起して、批判を受ければ、ただちにそれに反論し、再批判にはさらに再反論をしていくという形で渡り合う必要があるのです。そもそも論争というのは、一定の立場と別の立場とのインターラクション（interaction：相互作用）です。それをとおして一定の解決に向かって行くのが裁判ですが、法律学の試験における答案の作成も、法廷弁論術に似ているところがあります。突如出された法律問題に対して、限られた時間内で、しかも参考資料は条文だけという条件の下で解決策を提示する解答を論述しなければならないのです。それは法廷という限定された場所と時間内で勝負するのと同じです。書斎で多くの文献を参照しつつ、自己管理が可能で十分に余裕がある時間内で論文を書くのとは大違いです。

法律科目の試験などにおいて、反対説についても述べよという形で出題されることがあるのは、前述のことを踏まえているからです。自分の考えていることだけを叙述するということになりますと、これは暗記で対処できますので、他の立場をまったく考慮しなくてよくなり、バランス感覚を失することになります。バランス感覚は、法律学では非常に重要です。法律家同士が議論をするばあいに、極端なことを頑強に主張しますと、それに反対する側も反発して極端なことを主張せざるを得なくなり、妥協の余地がなくなってしまいます。その一方の立場だけを全面的に是認しますと、全面的に否認された側は猛反発します。そうしますと、逆に新たな紛争が生ずることになります。紛争を解決するためには、相手方を納得させなければいけないのです。「大体、この辺が落としどころだな」と考える調和点を明確につかんだうえで、妥協していきませんと、法律的な処理は不可能であるといえます。法律的な処理が新たな紛争を引き起こすのでは、解決には程遠いということになります。ですから、バランスをとって、どの部分を強調していくかをつねに考慮すべきなのです。

これは答案を書くばあいについてもいえます。バランスがよい答案とバランスの悪い答案がありますが、バランスの悪い答案は、論ずべきところを論じないで、どうでもよい部分を詳細に叙述しているものです。試験問題は、必要なことを聞いているのですから、必要なものについて論述してほしいのです。問題なのは、勉強していて何が必要であるかが分からないところにあります。そこで、不必要な部分についても重要な部分と同じ比重で書いていくことになります。それは余事記載にすぎず消極ミスであるからマイナス点にはならないといわれているようですが、けっしてそうではありません。余事記載は、わたくしにいわせれば積極ミスの一種なのであってマイナス点になります。それはなぜかといいますと、書くべき重要な事項について詳細に書くべきなのに、それについては十分に書かずに余分なことを書くということは、重要事項を把握する力がないことを意味するからです。言い換えますと、書かなくてもよいことを書いているというのは、重要なことと些末なこととの区別ができないことを示していることになるのです。ですから、何がポイントかを早くつかむことが大事なのです。それを把握したうえで、バランスよく論述するようにすることがよい答案を書くコツです。本講義で何が重要であるかを学び、バランス感覚を身に付けるようにしていただきたいとおもいます。

第四章　緊急行為論および共犯論

第一款　はじめに

只今、梓澤先生から御紹介いただきました明治大学の川端でございます。お話しがございましたように、梓澤先生とわたくしは、司法研修所で同期で、しかも同じクラスでした。当時の司法研修所では、司法修習生は約五〇〇名規模で五〇名単位のクラスが一〇組ございまして、同じ組でご一緒したという御縁がございましたので、サマーセッションの特別講義のご依頼があった際、すぐにお引き受けしました。しかし、日程の都合上、今日しか時間が取れませんでしたので、皆様には朝早くから参加していただくことになり、申し訳なくおもっております。

時間が限られており、しかもレジュメでお示ししてありますように、かなり多くの論点について講義をしようという企みをもって臨んでおりますので、早速授業に入らせていただきます。

レジュメの第一項が「緊急行為論」で、第二項が「共犯論」ということで、準備をしていただいてきているわけであります。問題は、なぜこの二つのテーマを選んだのか、という点に関わります。お話しをいただいた時には、できるだけ自分の大学の授業を再現する形が望ましいということでしたので、明治大学法科大学院における「刑法I」の四回分に相当する項目について質疑応答を省略してお話しをすることにしました。そして、テーマとして「緊急行為論」と「共犯論」の二つを選んだ理由は、これは、いずれも刑法総論のなかでも非常に大きな広がりをもっている論点である点にあります。

違法性論の中で緊急行為は、「違法性阻却事由」として例外的な現象になるわけですが、司法試験を含めて法律学の問題を出すばあいには、限界領域における「限界事例」を提示して、そこから「原則」に遡って論述させるという方式がとられます。そのような方法で法律的な「分析力」と「表現力」をためしているわけです。「緊急行為論」は、違法性論において広がりをみせ、さらに構成要件論や責任論、さらには共犯論にまで論理が及んでいるのです。「違法は連帯的作用する」といわれることがありますが、本当にそうかという問題が、正当防衛に関しても出てきますし、最高裁の判例でもそういうことが現実に問題になっております。そういうことについて具体的にお話ししたいとおもいます。

次に、「共犯論」についてですが、「単独正犯」が「原則」形態であるのに対して、共犯は、複数の者が関与するという「例外」形態です。例外現象であることによって共犯にはどういう修正が必要とされるか、が問題となります。それを原理的にどのように説明するのか、が重要な問題となるのであります。そういう観点から共犯の問題点を説明していきます。

皆さんは、法科大学院に入って司法試験を目指しているわけですから、司法試験合格のための勉強をどのようにしていくか、は皆さんにとって非常に切実な問題であるとおもいます。わたくし自身、旧司法試験に受かっており、司法試験考査委員を務めた経験がありますし、新司法試験についても、制度設計の段階におけるプレテストの作成に関与し、その後も数年間考査委員を務めました。現実に出題・採点をした経験をもっていますので、その意味におきまして、受験勉強について十分に理解しているつもりです。今日お話しすることは、皆さんの勉強に役に立つだろうとおもっております。

法律学の一般論にもつながるのですが、法律的に考えることと、それを論理的に叙述することとは大いに違います。それではどう違うかといいますと、次のようになります。つまり、考え方としては、わたくしは、逆向法ということを主張しております。逆から考えるというのは、「法的効果」の観点から「法律要件」の内容をどうするか、という形で考えていくことを意味します。事例問題のばあいには、「要件論」の見地から一定の事実がどの「要件」に当てはまるか、を評価していくのです。しかし、書くときは順向法といって、こういう原理がこういう理由からみとめられるべきであり、その原理からこうなるので、このばあいはこうなる、というように、論理的順序で適用を示していくのです。そのように書かれた答案などは、容易に読むことができますし、読んだら非常に楽に理解できます。

「知識」を羅列するのではなくて、「法的な考え方」を順向法に従って、論理的な順番を追って書いていくことによって、十分に説得力が出てきます。まず、このような考え方を教えていくことにします。

練習問題として、今日お配りしたものがございますが、これは最後に簡単に説明したいとおもいます。このような事例形式の問題にどのように対応するのでしょうか?これにはコツがあるのです。これを皆さんに提供して、それをもとに最後の段階でお話をさせていただくことにします。

第二款　緊急行為論

それでは、まず、「緊急行為論」についてお話ししたいとおもいます。

「一般的正当化事由」、つまり「一般的な違法性阻却事由」に対して「緊急行為」論が問題となります。刑法は、三五条で一般的正当化事由を規定し、例外的な現象として三六条と三七条に緊急行為を規定しております。すなわち、三五条は、一般的な正当行為を規定し、これを一般原則として示しているわけであります。さらに緊急行為について「例外規定」が設けられているのです。つまり、緊急状態において、人間は異常な行動に出ることが多いのですが、そのばあいに、「緊急は法をもたない」という考え方があって、人間が弱さゆえにそのような行動に出ることはやむを得ないとして、例外的にこれは違法ではないとされるわけです。ここに概念として「緊急行為」がみとめられるのです。それが、三六条の「正当防衛」と三七条の「緊急避難」です。

緊急避難においては、「緊急」という言葉が用いられていますから、これが緊急行為であることは明らかです。ところが、正当防衛には緊急という言葉は用いられておりません。緊急行為は、ドイツ語ではNothandlungといいますが、Notが「緊急」を意味し、handlungが「行為」を意味します。正当防衛は、ドイツ語ではNotwehrといいます。Notが「緊急」を意味し、wehrが「防衛する」ことを意味します。かつて正当防衛が「緊急防衛」と訳されたことがありました。言葉のうえでは、この訳語の方が緊急行為としての性格はすぐ分かるのですが、日本の旧刑法においては「正当防衛」という言葉が用いられていましたので、現行刑法にもこれが取り入れられたのです。しかし、これでは緊急行為であることが言葉それ自体からはピンと来ません。にもかかわらず、なぜそうなったかといいますと、これはフランス刑法の影響があったからなのです。フランスにおける défense légal（「法的防衛」、すなわち正当防衛）という言葉を日本語で「正当防衛」と訳出されたものを旧刑法が採用した関係で、現行法の三六条にそのまま残ってしまったのです。言葉の由来からしますと、緊急避難が緊急行為であることは明らかになりましたが、「正当防衛」については、三六条の「急迫不正の侵害」における「急迫」という文言が緊急を意味します。条文上、緊急避難のばあいは、三七条の「現在の危難」という文言が緊急を意味しています。

このような緊急状態における行為を刑法は、緊急行為とし、「違法性阻却事由」としてみとめているわけです。正当防衛と緊急避難は、緊急状態においておこなわれる行為という点で「共通性」がありますが、両者はいったいどう違うのでしょうか?この点については初歩的な説明がなされるところであります。これは、どの教科書でもどの体系書でも必ず触れられています。すなわち、「相違点」として、正当防衛が「不正対正」の関係にあるのに対して、緊急避難は「正対正」の関係にあるとされるのです。ここに両者に決定的な違いがあるわけで、皆さんもこのような説明を受けているはずであります。どの本でもそのように書いてあります。ところが、これがどういう意味をもつのかは、意外に理解されていないのです。その点について、これからお話ししたいとおもいます。

正当防衛は、「不正対正」の関係にあるのですが、これを「正対不正」と表現しているテキストもありますが、厳密にいうと「不正対正」の関係なのです。といいますのは、「不正対正」は、ドイツ語でいう Recht gegen Unrecht のことであり、「不正」に対して「正」の立場にある者の法益侵害行為を正当化することに意味があるからです。「正」に対して「不正」があるわけではないのです。急迫している「不正」の侵害に対して、正当に保護されるべき「正」の立場にある者がやむを得ずに防衛行為に出る点に正当防衛の特徴があります。防衛行為それ自体は、違法な侵害をおこなう者である相手方の法益を損なう行為ですから、これは構成要件に該当する定型的な違法行為です。その行為は、相手の不正な侵害行為から自分自身または第三者の法益を守るために、不正の侵害者に対してその者の法益を害することを通して、自己または第三者の法益を守ることになります。そこで誤解が生じやすいのですが、正当防衛として「正」とされるから、「正対不正」の関係にあると誤解する人が多いのです。しかし、けっしてそうではありません。

現実に急迫「不正」の侵害があるばあい、たとえば、AがBを殺す意思でBに襲いかかって来たばあい、この急迫不正の侵害に対してBが防衛行為として殺人行為をおこなうとき、これは、防衛行為として法益侵害行為である殺人行為をおこなっていますので、殺人罪の構成要件該当性がみとめられます。この構成要件該当行為の違法性を阻却するか、という場面で、「不正対正」という関係が重要な意味をもつことになります。これはどういうことかといいますと、ここでいう「正」とは何か、を明らかにする必要があるのです。ここでいう「正」は、正当防衛としてみとめられるから「正」なのではありません。Bの立場について見てみますと、Bは、なんら悪いことをしているわけではありませんので、法の保護を受けるべき正当な立場にあるのです。Bは、違法なことをおこなっておらず、むしろAの方が違法行為をおこなっているのです。これに対抗する行為の結果が「正」なのではなくて、「正」というのは、BとAを比べたばあいに、「立場として」Bは正当に保護を受けるべき法的地位にあることを意味するのです。ここで、「正」とはそういうことですから、法の立場からしますと、「不正な」侵害者を保護する必要はないわけです。相対的に見ますと、Aの立場は、法の保護を受ける点においては、「要保護性」の程度は低いことになります。これに対してBの立場は、法の保護を適正に受ける正当な地位にあり、法秩序は最優先してBを保護すべきであるということになります。したがって、AよりもBのほうを違法性阻却によって保護すべきであるという要請が強くなるのです。「不正対正」という関係において法が守ろうとしている法益の保護という観点からしますと、Bの立場はより強く保護を受けるべきことになるわけであります。そのような観点から、違法性阻却の問題が前面に出てくることになるのです。個別的にそれが「要件論」にどのように反映するのか、が次の課題になりますが、それについては後でお話しします。

これに対して、緊急避難は「正対正」の関係にあるとされますが、それはどういうことを意味するのでしょうか？たとえば、AがBに違法な侵害を仕掛けて来た時に、BがAに立ち向かって行けば、正当防衛の問題となります。緊急避難はそうではなくて、Bは、Aからの違法な侵害を避けるために第三者Cの法益を侵害することを通して、侵害されようとしている自己または他人の法益を守るような局面の問題です。このように、緊急状態にあって危難を避けるために第三者の法益を侵害する行為が、緊急避難にほかなりません。それは、この場面における法益侵害行為として重要な意味をもつわけです。「危難」は、別に「不正な侵害」に限られるわけではなく、法益侵害の危険を生じさせるのであれば、自然現象でも何でも構いません。つまり、危難は、違法行為に限定されないのです。

このばあい、BとCの関係においてなされる法益侵害行為が避難行為です。この場面でBは、一方的に法益の侵害を受ける危難にさらされていますので、法の立場からしますと、Bを守ってあげなければいけないのです。別にBは悪いことをしているわけではありませんから、Bの立場は「正」なのです。その意味で、守られるべき正当な地位にあります。その意味で、Bは「正」なのです。それからCだって、別に何も悪いことをしているわけではありませんから、第三者のために犠牲になる必要は本来ないのです。法の立場としては、Cも保護してあげなければいけません。その意味において、Cも正当に守られるべき地位にあります。つまり、Cも「正」なのです。この関係を「正対正」という言葉で表現しているわけです。

法は、本来、「正」の立場を守らなければならないのですが、緊急避難のばあいには、正当防衛のばあいと違ってBもCも平等に保護しなければならないことになります。そうしますと、BがCの法益を侵害した行為を「違法評価」という観点から見たばあい、両者はまるで違います。すなわち、正当防衛については、学説・判例上、これが違法性阻却事由であるという点で一致しております。なぜならば、AとBを比較したばあい、Bを保護すべきであることは明白であるからにほかなりません。これに対して、緊急避難のばあい、BとCについては、どちらも守るべきことになりますと、法の立場としては、緊急避難はすべて違法性阻却事由であるとはいいにくくなります。そこで、避難行為は違法であるが、しかし、BとしてはCの法益を犠牲にする避難行為をせざるを得ないので、これは期待可能性の問題であると解する考え方が主張されます。「緊急避難の法的性格」が争われる根本的理由は、ここにあります。すなわち、緊急避難を違法性阻却事由として一元的に解していいのか、それとも責任阻却事由として考えるべきか、が問題になるわけです。

緊急避難の法的性格に関して、判例・通説は、一元的に違法性阻却事由であると解しています。これに対して、これは違法行為であって責任阻却事由であると解する立場も主張されます。すなわち、BとCが「正対正」の関係にあり、Cの立場を守らなければいけない以上、避難行為は、行為としては違法だけれども、人間の情の面から見ますと、忍びない点があるので、責任を阻却して犯罪としないという捉え方になるわけです。それにもかかわらず、判例・通説が緊急避難を一律に違法性阻却事由と解する重要な根拠は、三七条の文言にあります。すなわち、三七条は、侵害される危険にさらされた法益と守ろうとした法益を比較して、守ろうとした法益のほうが大きいか、または等しいばあいには避難行為は罰しないと規定しています。これは、「法益衡量」を問題にするものであります。そもそも法益衡量というのは、対立する法益を比較して違法性の存否・程度を考える「優越的利益説」における基本的な思考方法ですので、これは違法性を問題にするものであります。違法性阻却の一般原理として行為をどのように評価するか、に関して、法益を比較して大きい方ないし高い方の法益、つまり「優越する法益」を守るという見解を優越的利益説といいます。これは、優越するかどうか、という観点から、優越する大きい法益を守るためには、それよりも小さな法益を犠牲にしてもやむを得ないと解する見解です。このような考え方は、そもそも法益衡量が違法性の問題であることを主張するものであります。そのことを理解していただきたいのです。これが優越的利益説の立場であり、通説・判例は、基本的にこの考え方をとっております。わたくしも、基本的にはそうです。すなわち、従来、優越的利益説と目的説とは対立するものであると解されてきましたが、わたくしは、そうではなくて、優越的利益説は目的説の主張を全面的に排除するものではなく、それを考慮に入れても構わないという見地から優越的利益説をとっているのです。

もう一つの文言上の根拠は、緊急避難規定である三七条が「自己又は他人」の法益という形で、「他人」の法益も保護の対象にしていることです。これが違法性の問題であることを示しているという捉え方なのです。それはどういうことかといいますと、もともと期待可能性の問題は、自分自身の法益を守るかまたは自分に近しい人の法益を守るという限定された関係で議論されるものです。それは、「一般的な」問題ではなくて、その行為者にとって適法行為が期待できないことを議論する「個別的・個人的」局面に関わる問題なのです。それは、行為者にとって当該行為以外の方法をとることが期待できないので、その行為者を非難できないとして責任の阻却をみとめる理論なのです。期待可能性がないことは責任阻却事由と解されることになります。

この点に関して三七条は、何ら限定を付しておりません。「他人」であれば誰でもいいのです。つまり、「自己又は他人」の法益に対する危難を避けるための行為であればよいとして、「一般的」な問題に広げておりますから、これは「個人」的な問題ではないのです。たとえば、自分自身の法益を守るとか、または自分の家族の法益を守るとかのように、近しい関係にある者の法益を守るための行為は、違法であるが、人間の情として適法行為を期待できないではないか、という理屈が通るわけです。しかし、三七条は、「他人」と規定するだけですから、限定された人間のためになされる「人間」的事情を問題にする「責任」論の問題ではないことになります。つまり、三七条は、緊急避難は責任の問題ではないということを明らかにしたことになるのであります。そのような観点から違法性阻却事由説が主張されているのです。

優越的利益説の立場からは、避難行為によって大きい法益を守ることは許されるべきことになります。現実に避難行為によって失われる法益は、犠牲にされる法益です。保護されるべき法益が大きいばあいには、より大きな法益を守るために、小さな法益を犠牲にしてもやむを得ないと考えるのが優越的利益説です。その限度で、違法性阻却の説明がつきますが、保護される法益と犠牲にされる法益が等しいばあいを三七条は含んでおります。法益侵害の程度が「超えない」ばあいというのは、双方の法益が「等しい」ばあいを意味します。三七条は、このように解釈されるのです。「超えない」ということは、「同じばあいを含む」ということを意味するのであります。後で三七条をじっくり読んでみてください。犠牲にされた法益と守った法益を比較して、守った法益が大きいばあいはもとより、さらに同等のばあいにも緊急避難がみとめられることになります。しかし、法益が優越しなくて等しいばあいに緊急避難をみとめることは、優越性を根拠に違法性を阻却する考えと矛盾するのではないでしょうか？ そこで、法益がまったく同等であるにもかかわらず、なぜ優越的利益があるといえるのか、と責任阻却説から批判を受けるわけです。

この点について、色々な考え方があるのですが、わたくしは、次のように考えております。すなわち、このばあいには法の立場としては、Bの法益を守らなければならないし、同時にCの法益も守らなければなりません。つまり、両方守るべきであるという立場なのです。言葉を変えていえば、どちらかに「優先権」を与えてはいけないのです。ですから法は、積極的に緊急避難をやりなさい、やってもいいですよ、というわけにはいかないのです。したがって、緊急避難は、厳格にやむを得ないばあいに限ってみとめるべきことになります。そこで、緊急避難の成立要件が非常に厳しくなっているのであります。三七条における「やむを得ない」というのが「補充の原則」を意味することになる理由は、ここにあります。これは、どちらかに一方的に与することは許されないことを意味します。つまり、それしか方法が無かったばあいに限って緊急避難がみとめられることを意味するのです。正当防衛については、こういう要請はありません。しかし、緊急避難のばあいには、これが要件として重要な意味をもちます。

緊急避難において、法益が等しいばあいにはどうするか、という問題に関しては、法の立場としては積極的にどちらか一方を守るわけにはいかないけれども、法益を守るために避難行為として法益侵害行為に及んだときには、自分自身または第三者の法益を守っているとして、これを保護しなければなりません。危難にさらされた法益を守ったことによって侵害された法益との関係を法秩序全体から見ますと、これは、プラスマイナス差し引きゼロということになります。すなわち、Cの法益を犠牲にした「法益侵害」行為がありますが、それはBまたは第三者の法益を守ったことになりますから、法の立場から見ますと、守ったものと失われたものを比べたばあい、全体としてプラスマイナスゼロ、つまり差し引きゼロということになるわけです。そのことによって、優越的利益説をとったとしても、なお違法性阻却の説明ができるのです。このようにして、判例・通説の見地からも、一元的に違法性阻却をみとめることが可能となります。一元的とか二元的あるいは三元的という言葉がしばしば出てまいりますが、一定の事柄の本質を一つの要素だけで説明がつくとする立場を一元論といい、二つの要素によって原理的に説明できるとする立場を二元論といい、三つの要素で説明できるとする立場を三元論といいます。こういうことを知っていることも学説を理解するばあいに、手助けになります。

各論点について細かい学説が非常に多く出てきますが、問題の背景にある根本的な理由を考えるばあいには、どういう対立点があるのか、なぜ学説の対立が生ずるのか、について知っておく必要があります。そして、それがどういう適用結果をもたらすか、を考慮したうえで、それにもかかわらず、なお自分の立場のほうが優れていることを明示するようにするとよいとおもいます。わたくしは、これを比較級思考と称していますが、そういう考え方で論述できれば、この論点についてよく知っている、よく考えていることを示すことができるのであり、そういう意味で説得力が出てくるのです。法律科目の試験においては、たんに学説の知識を披露することが求められているのではなくて、よく理解しているかどうか、が問われているわけですから、学説の対立の根本的理由を理解していることを明示することが重要な意味をもつのです。

我々は学説を分類する際に、その学説が有する内容を的確に表現できるように学説の名前を付けていますから、逆にその名前から学説の本質的な部分は何か、を理解することができます。これは、大事な視点です。このような考え方は、学説の本質を把握する手助けになるとおもいますので、あえてここで触れているのです。たとえば、いろいろな論点に関して主観説とか客観説とか折衷説とがよく出てきますが、そのばあいに、主観説はどういう意味で主観的なものを重視しているのか、つまり、どういうものを主観として問題にしているのか、逆に客観説はどういうものを客観として問題にしているのか、をつねに意識して学んでいきますと、非常に理解が深くなって前に進むことができます。その観点から、このような視点が大事だろうとおもっております。

先ほど述べましたように、正当防衛・緊急避難には「共通点」と「相違点」があり、これが「要件論」にどのように影響するのか、が次の課題です。

前にも触れましたが、要件論として見たばあい、正当防衛がみとめられるための要件はかなり緩やかになっています。つまり、緊急避難に比べて、法益権衡はそれほどシビアには要求されていません。ただ、過剰防衛との関係で法益の権衡が、行為の「相当性」の基礎として問題となり、その比較において程度を超えたときに過剰防衛になります。さらに、基本的に「補充の原則」はみとめられておりません。法益の衡量が厳格には要求されていないことは、「不正対正」の関係にあるからなのです。このように、要件に差が出てくることになります。

これから、正当防衛・緊急避難を個別的に見ていくことにいたします。それを通して違法性阻却あるいは違法性そのものの問題に遡って考えられるようにしていただきたいとおもいます。

まず、正当防衛から始めましょう。すみませんが、貴方、三六条一項を朗読して下さい。「はい。第三六条一項急迫不正の侵害に対して、自己又は他人の権利を防衛するため、やむを得ずにした行為は、罰しない」。はい、どうも有難う。いま読んでいただいたのが、三六条一項の条文です。解釈論においては、まず第一の手がかりは、条文であります。実定法を解釈する必要がある以上、条文に慣れ親しんでいただきたいとおもいます。まず条文を読みこなすことが実力の基礎の基礎なのです。そこで三六条を朗読してもらったのですが、「急迫不正の侵害に対してやむを得ずにした行為」は防衛行為を意味します。「防衛するため」というのはどの辺にありましたでしょうか？条文をもう一回朗読してください。

「はい。急迫不正の侵害に対して、自己又は他人の権利を防衛するため」です。はい、そうですね。条文上、自己又は他人の権利を防衛するために……やむを得ずにした行為は、罰しないとなっております。「罰しない」というのは、犯罪として成立しないことを意味します。「罰しない」という文言は、刑法典においてはそういう使い方がなされております。これは、犯罪の成立要件の何かが失わさせられることを意味しますので、犯罪としては成立しないことになります。今ここで勉強しているのは、刑法の「解釈」です。刑法の解釈論としてこれから色々と述べていきます。ここで「犯罪は成立しない」ということの意味については、学生諸君はよく誤解するのですが、これは「無罪」とは違うのです。「無罪」は、実定法上の概念ではなくて、刑事訴訟法上の概念です。刑事訴訟法においては、「犯罪として成立しない」ばあいにも、無罪になります。さらに、「証拠不十分」で犯罪事実が証拠によってきちんと証明されていないばあいも、「無罪」となります。証明不足の部分が、刑事訴訟法上、証拠法において挙証責任・立証責任の問題として議論されるわけです。しかし、実定法である刑法において犯罪不成立かどうか、について議論するばあいには、犯罪事実が証拠に基づいて認定されていることが論理的な前提とされているのです。すでに「事実関係」が証明されているという前提でいいわけですから、犯罪の成否の問題は「事実認定」の問題ではないことになります。刑法において事例として示された事実は確定しているものであるという前提で、「刑法上、これについて犯罪が成立するか否か」という議論が、刑法の問題なのです。それは、「事実」に関わるという意味では広義の事実認定といえますが、厳密にいえば、そうではなくて「事実」の「評価」なのです。事実認定は、証拠に基づいておこないますので、証拠がないかぎり、事実認定の当否は判断できません。したがって、事実認定をどうするか、を刑法において議論できないことは明らかなのですが、この点を間違えるわけです。事実が示されるばあい、刑法においては、その事実を犯罪の成立要件との関係でどのように「評価」するのか、が問題となるのです。後で練習問題でそのことを示しますが、どのように事実を評価するか、はじつは成立要件論との関連が重要な論点になるわけですから、逆に論点を知っていなければ、その事実の「正当な評価」ができないことになります。

この相関関係が法律問題で問われるのです。そこを誤解しないでいただきたいとおもいます。そういう観点から事例形式の問題を見ていきますと、法律の趣旨や理論の内容が明確になってきます。じつはこのように考えることが、「逆向法」に従って考えていることになるわけです。そして、書くときには、こういう事実は法律的にこういう問題に関係があるのであり、この問題の基礎にはこのような理論的論点が存在し、この事実から次のような理論的帰結が導かれる、というように「順向法」で書けるのです。このような思考法と叙述法を学んでいただきたいとおもっているのであります。

今、法の解釈論について説明をしていますが、ここで重要なのは、「分析」と「総合」です。刑法学でみなさんが学ばなければいけないのは、まず、一定の事実を法的にどのように分析するか、であり、そのばあいには「法的な分析力」が問われることになります。これは、法的に何が重要なのか、それはどうしてそうなるのか、ということを法的観点から理論的に捉えることを意味します。これが大前提になります。そういう観点から見たばあい、三六条の内容はどうなるのでしょうか？これは正当防衛の「要件論」にほかなりません。これから要件論の問題に入ることになります。

法律学では必ずこの要件論と効果論が問題になります。つまり、どういう要件ないし要素があるばあいに、どういう法的効果が生ずるのか、という観点からの問題です。今、正当防衛の要件論を取り上げようとしていますが、法的効果としては、先ほどいいましたように、違法性阻却という効果が生じます。それから効果論が法的性格論に反映していきます。正当防衛の成立要件として何が必要か、は三六条に示されています。三六条は、前に朗読してもらいましたような内容となっています。さぁ、これをどういう具合に「分析」するのでしょうか？この点について条文に即して具体的に示ことにしましょう。

具体的には、いったい「急迫」とは何か、「不正の侵害」とは何か、「自己又は他人の権利」とは何か、それから「防衛するため」は何を意味するのか、「やむを得ずにした」ということは何を意味するのか、を問うていくのです。まず、「不正の侵害」が問題になりますが、ここにいう「不正」の内容との関係において、これは違法行為に限定されるかどうか、が重要な論点となります。それはなぜなのでしょうか？つまり、その文言からなぜそういう議論が生じてくるのか、を明らかにする必要があるのです。この点について、判例・通説は、従来、「不正」とは「違法な」ということを意味すると解しています。そして「不正の侵害」は違法行為に限定されるべきであるという結論に到達しております。これは、「人間の行為」に限定されることを意味することになりますので、「対物防衛」をみとめてよいのかどうか、という議論に結び付いてきます。

ここでいう「急迫」性とは何か、という形で、「急迫」性の内容が争われています。これはどういう局面か、といいますと、一般論としては、急迫な侵害とは、法益が侵害される危険が切迫していることを意味しますが、そのばあいに、これは正当防衛の「客観的な要件」であるということが、重要な意味をもつことになります。すなわち、純粋に客観的に見たばあいに、急迫不正の侵害が存在すると解され得るときに、「積極的加害の意思」が加わると要件論に対してどういう影響が生ずるのか、が問われるのです。これは、「主観的」な意思が「客観的」要件である急迫性に影響を及ぼすかどうか、という議論となって、この点について最高裁の判例は、積極的加害の意思があるばあいには、急迫性は失われるという立場をとっております。わたくしも、同様に解しています。このように考えるのは「客観的な要件」の問題に背反しないのか、という論点が、ここで前面に出てきます。そうしますと、それではそもそも「違法性とは何か」という根本論にまで遡る必要が生じます。前に話しましたように、「例外から原則にたどり着いて行く」という思考法が大事であるということが分かります。今、まさにこの場面でそれが出てきているわけです。皆さんは、論点として「積極的加害意思」が急迫性に影響を及ぼすか、ということだけで問題を解決しようとしますが、そうではなくて、さらに遡って違法性の本質を考察する必要があるのです。

そこで、その観点から検討します。理論的な立場として、古くからからみとめられて来た「客観的なものは違法性へ、主観的なものは責任へ」というテーゼ・命題があります。このような基本的なテーゼ（命題）を基礎にして、古典学派の刑法理論が打ち建てられて来ました。このテーゼは、ベーリングの構成要件論を基礎にして提唱されて、通説によって承認されて来たものであります。これは、「客観的」なものはすべて「違法性」の問題であり、行為者の「主観」面にわたる要素はすべて行為者の「責任」に関わるものとして責任論に帰属させましょう、という立場です。これが一般的にみとめられてきたのですが、はたしてそうなのでしょうか?今、ここでこのような疑問が出てきているわけです。

客観的なものは違法性の問題であり、客観的なものはすべての者に共通するはずであるという立場から、客観的な要素を議論する違法性の問題は連帯的に作用すると解する「違法は連帯的に」というテーゼがみとめられています。「主観的に」というのは、「個別的に」ということを意味します。そこから、従来の考え方は、「違法は連帯的に、責任は個別的に」という原理を導き出しました。「主観的なものは、すべて責任の問題である」ということになりますと、「積極的な加害意思」という「主観的」なものは、客観的な要件である急迫性に影響を及ぼすはずがないという議論として展開されることになります。このような考え方からしますと、積極的加害意思の問題は急迫性には関係ないとされます。このような見解が有力であるにもかかわらず、判例はなぜこれが客観的な要素である「急迫性」を失わせるものであると解するか、が根本的な違法性論に関わってくるわけです。この点を、まず押さえておいていただきたいとおもいます。

今お話ししたことを基に、最高裁の判例の立場をどのように理解すべきなのか、が問われます。その観点から考察しますと、「積極的な加害意思」が有する意味がはっきりします。積極的加害意思は、主観的なものですから、その主観をもっている人だけに作用するはずです。つまり、責任の問題である主観的な要素は、つねに個別的に作用するはずです。これが「違法は連帯的に、責任は個別的に」というテーゼなのであり、このテーゼの当否が、今問われているのです。このテーゼは、共犯論においても重要な意味をもちます。共犯は、複数の者が関与する犯罪遂行形態です。共犯において、客観的な要素をどういう具合に見ていくか、それに対して主観的要素がどのような影響を及ぼすか、という問題が、根本的に出てまいります。これについては、後で共犯論においてお話しいたします。

急迫性の問題は、共犯関係においても出てきます。

急迫性は、違法な侵害が現実に差し迫っていることを意味しますから、「過去の侵害」に対しては正当防衛ができないことは、当然です。差し迫った危険に対して防衛するわけですから、すでに危険が終わってしまったばあいには、正当防衛という観念はみとめられません。急迫性が無いからです。

遠い将来の侵害に対しても、正当防衛は許されません。それは、侵害が急迫ではないから、差し迫っていないからにほかなりません。それでは、まだ法益侵害が差し迫ってない時点で設置され、それが差し迫った時点で作動する装置はどうなるのでしょうか？いわゆる「忍び返し」や自動銃などがその例です。たとえば、住居侵入を防ぐためや物が盗まれないようにするために、高圧電線を張ってそこに入ろうとしたら、反応しそれでケガをさせる行為が防衛行為として許されるか、ということが問題になります。これは急迫性の問題にほかなりません。つまり、遠い将来の侵害に対して電線を張っているわけですが、その電線を張る行為でケガを負わせることが正当防衛になるか、ということです。これを通説は肯定します。それはなぜかといいますと、たしかに、その準備をする段階では、まだ法益侵害は差し迫ってはおりませんが、しかし、その法益を侵害しようとする、まさにその時に、その装置が作動するからです。その時は、まさしく法益侵害の危険が差し迫っている状況であり、それに対して効果を発揮させる装置ですから、これは、急迫不正の侵害に対する防衛行為の性質を有しているといえます。その意味で、これは論理的にいえば、法益侵害の具体的危険なのです。

積極的な加害意思も、法益侵害の具体的危険という観点から説明しますと、そのような意思があれば、当然、法益侵害に対して迎え撃つ側は、十分に対応できますから、こちら側の法益侵害の危険が存在しないことになって、急迫性は存在しないことになります。判例はそのように理解すべきだとわたくしは考えております。

このような急迫の「不正」の侵害が人間の行為に限られるかどうか、という問題として、「対物防衛」の問題があります。「対物」とは、動物に対することを意味します。刑法上、動物の侵害に対してその動物を殺傷することが許されるか、が議論されます。これは、正当防衛の要件論の例外的な現象からどのように説明されるのでしょうか？原則的観点からこれをどのように処理するのか、が問題になります。今、いろいろな論点がこのような形で錯綜しておりますが、基本は要件論です。議論しているのは、どういう要件があったばあいに、正当防衛の成立がみとめられるのか、なのです。なぜその要件が必要とされるのか、が問題となり、この部分が論証できないと、正当防衛・対物防衛論も十分な説明がつきません。対物防衛という例外現象から違法性の本質をどのように考察するのか、という観点を見ていくことにしましょう。

皆さんは未修組で刑法を学んでいない方も多いとおもいますので、まず「対物防衛」の概念を説明いたします。たとえば、Aの飼い犬がBに襲いかかって来たという事例に即して考えることにします。大型犬が人を襲うことが結構ありますが、大型犬などは人間の急所を知っていて、首に噛み付いて頚動脈を食いちぎって人間を死亡させるケースがあります。そういう事件は、現実の裁判では重過失致死罪という犯罪が成立して判例集などによく載っております。そういうことが起こりますので、Bとしては、Aの飼い犬が襲いかかって来た際、自分の身を守るためにAの飼い犬を持っていた木刀で殴り殺したとします。他人の飼い犬を撲殺したばあい、刑法上、飼い犬は他人の財産としての器物ですから、撲殺行為は器物損壊行為という扱いを受けます。ですから、Bが、自分の命を守るために、噛まれないようにするために、持っていた木刀でAの犬を殴り殺したばあいには、Aの器物を侵害した行為になり、これは器物損壊罪の構成要件に該当します。そうしますと、Bが自分の命を守るためにAの飼い犬を撲殺した器物損壊罪の構成要件該当行為は、正当防衛としてみとめられるかどうか、が問題となります。

この点について、先ほどもいいましたように、「不正な侵害」は人間の違法行為に限られるとする考え方をとりますと、動物のこの侵害は、人間の行為ではありませんから、急迫不正の侵害ではないことになります。そうしますと、Bの行為は、正当防衛にはならないはずであります。ただし、これは急迫不正の侵害ではないけれども、現在の危難といえますから、緊急避難となり、違法性阻却がみとめられる余地があります。したがって、このような考え方をとっても別に問題ないではないか、という反論がなされます。たしかに、緊急避難として違法性が阻却されるのであれば、Bの行為は処罰されませんから、問題がないように見えます。ところが、前にも述べましたように、緊急避難のばあい、補充の原則が要求されます。つまり、それ以外に方法がなかったばあいに限って、緊急避難がみとめられるのです。それしか方法がないということは、他に方法があったら、その方法をとるべきであることを意味するのであり、これが補充の原則の内容です。このばあいに緊急避難の成立をみとめますと、不都合が生じます。それは何かといいますと、A自身がBに襲いかかったばあいには、BがAを殺しても、正当防衛となってその殺人行為は適法となります。つまり、殺そうとする違法行為に対する正当防衛だということで、それが許されるのです。そうしますと、Aの生命は犠牲になっても止むを得ないということになります。人間の違法行為に関しては、他に方法があったとしても、あえて立ち向かって行ってその人の生命を奪っても、正当防衛として違法性が阻却されます。これに対して、動物の侵害に対しては、それしか方法がなかったことが要求されますので、逃げることができるのであれば逃げるべきであるとされます。それしか方法がなかったばあいに限って、緊急避難として違法性が阻却されることになりますと、論理的には、「人間の生命」よりも「動物の生命」の方をより強く保護することになります。緊急避難については補充の原則が要求されますので、それしか方法がないという例外的なばあいにだけ違法性が阻却されるのです。

人間のばあいには原則的に殺してもいいということになりますと、刑法の基本的な立場と矛盾します。なぜならば、刑法は人間の生命が一番大事であるとして、非常に厚い保護を与えているからです。どういう具合にして、刑法が厚く保護していると判断できるかといいますと、それは法定刑を比較検討することによって可能となります。すなわち、人間の生命侵害に対する法定刑は、非常に重くなっております。法秩序の立場は、法定刑によって示されます。ある法益をどれだけ重要視しているかは、その侵害行為に対する法定刑の「種類と分量」によって示されています。このような観点から犯罪類型と法定刑を比較しますと、明らかに人間の生命を最大限に保護しようとしているのが、刑法の基本的立場であります。対物防衛状況において、緊急避難をみとめることは、人間の生命よりも動物の方をより強く保護する結果となるのです。これは、刑法の立場と相容れませんので、対物防衛を肯定する必要があるというのが、対物防衛肯定説の実質的な理由です。このように対物行為をみとめる実質的理由があるからといって、それが当然に論理的に説明できるか、は別問題であります。「必要性」の問題とそれを「論証」できるか、は別の問題です。対物防衛の「法的根拠」を合理的に説明することを可能にするのが「理論」なのであります。判例の立場はどうか、という観点が重要となります。

今お話ししましたように、対物防衛否定論からは、不都合が生じます。そこで、人間の侵害行為に限定する見解は、犬の侵害がAの故意または過失に基づいているばあいには、Aに対する正当防衛の成立を肯定してその不都合を避けようとしています。たとえば、Aが飼犬をけしかけたばあいには、犬を道具として使っていますから、A自身の違法行為として評価されます。それは、犬を使った違法な侵害行為に対する正当防衛であると説明できるとされるのであります。Aに過失があるばあいには、その過失行為に対して正当防衛をおこなっているということで、Aの違法行為に対する防衛行為をおこなっているのだと説明することになります。そうしますと、故意、過失がなかったばあいは、どうなるのでしょうか?そのばあいには、緊急避難として処理するしかありません。その限度で不均衡が生じ、刑法の基本的な立場と相容れませんので、違法性の本質の観点からするとおかしいのではないか、という批判が出てきます。そこで、我々は対対物衛を肯定するのです。

対物防衛の肯定の仕方にはいろいろあります。まず、客観的違法性説を徹底して「違法状態」という観念を作り出して、犬の侵害を「違法状態」と把握し、これを不正な侵害とみとめて対物防衛の成立を説明する立場がありま す。しかし、物的不法論を前提としないかぎり、「違法状態」という観念をみとめることはできません。そこで、我々は、受忍義務または甘受義務という観点から、法の立場から見てBはAの法益侵害行為をやむを得ないとして受忍ないし甘受しなければならないのかどうか、を判断すべきであると考えております。このばあいのBは、何ら悪いことをおこなっておらず、一方的な法益侵害を受忍すべき立場にはありませんので、Bの行為は正当防衛として扱われるべきであります。これが甘受義務説の捉え方です。ほかにもいろいろな捉え方がありますので、後でテキストを読んで整理するとよいとおもいます。

通常の正当防衛における「急迫不正の侵害」は、他人が一方的に襲って来るような場面が「原則」です。「例外的」に、自分が急迫不正の侵害を仕掛けたばあいは、どうなるのでしょうか?つまり、自分に対する法益侵害を相手方に仕掛けて、実際に相手方が襲って来たときに防衛行為として迎え撃つばあいも、なお不正の侵害に対する正当防衛がみとめられるか、という問題があります。これが、「自招正当防衛状況」または「自ら招いた正当防衛状況」という問題です。つまり、自分で急迫不正の侵害の状況を作り出しながら、なお法の保護を求めるのが許されるかどうか、が「違法性の本質」との関連で問題になるのです。これが、自招正当防衛の議論にほかなりません。

条文上、「自己又は他人の権利を防衛するため」という文言が使われておりますが、これは防衛意思を要求する趣旨かどうか、が争われております。判例・通説は、「防衛するため」という文言は、防衛意思を意味すると解していま す。文理解釈の問題として考えたばあい、日本語において「何々するため」という言葉は、行為の「目的」を意味します。三六条の文言は、防衛する目的でもって反撃行為をしたばあいに正当防衛になることを意味しますので、これは「防衛意思」を必要とすることの根拠となるわけです。これに対して、防衛意思はいらないとする見解もあります。違法は客観的なものであるので防衛意思という主観的なものを違法性の要素としていけないとする古い考え方をとりますと、防衛意思不要説が妥当であるということになります。すなわち、正当防衛の要件として防衛意思をみとめるべきではないという結論になるわけです。ところが、判例・通説は、「防衛するため」という文言を重視して、防衛意思必要説をとるべきであるとしますが、この点を強調しますと、「防衛目的」を要求するのが筋であるといえます。しかし、正当防衛がみとめられるためには「防衛目的」が必要であると解しますと、とっさに侵害に対して防衛行為をおこなっても、防衛目的がないから正当防衛はみとめられないではないか、という疑問が生じます。言い換えますと、相手が襲って来て、これに対してパッと反射的に防衛行為に出たばあいに正当防衛にならなかったらおかしいではないか、という批判が出てくるわけです。そこで、現在では「防衛目的」ではなくて、「正当防衛状況に対応する意思」でよいとして、その意思内容を緩和しております。

これも後で錯誤論として出てくる場面で問題となりますが、「やむを得ずにした行為」が防衛行為としてみとめられるためには、「相当な」ものでなければならないことが求められます。これが、防衛行為の「相当性」という論点です。これは、防衛行為としてふさわしいものでなければならないという問題です。その枠を超えたばあいには、「過剰防衛」となります。このばあいには、防衛行為として「相当」ではないとされるわけです。たとえば、AがBに素手で殴りかかって来たのに対して、日本刀で斬り殺したばあいには、殴りかかって来る行為に対して日本刀で殺害する行為は、防衛「行為」としての「相当性」を欠くことになりますので、これは、過剰な防衛行為をおこなったこととなって、正当防衛ではなく「過剰防衛」とされます。それでは、貴方、三六条二項を朗読してください。

「はい。防衛の程度を超えた行為は、情状により、その刑を減軽し、又は免除することができる」。はい、どうも有難う。この規定により、防衛行為が過剰になってしまったばあいには、犯罪としては成立するが、しかし、過剰防衛として刑の減軽または免除をみとめることができるとされます。つまり、過剰防衛は裁量的な刑の減免事由とされるわけです。このばあいには、行為としては違法です。しかし、過剰防衛行為は、違法性および責任が減少しますので、刑の減軽または免除をみとめましょうという扱いになります。そこで、「相当性」は、防衛行為として適切であるという判断を意味することになります。

それではいったい「相当性」とは何か、が問題となります。相当性の枠を超えると過剰防衛になるわけですが、「相当性」とは何か、について判例・通説は、侵害行為と防衛行為を比較して、均衡がとれているかどうか、を考えます。これは注意しなければいけない点ですが、相当性は侵害による法益の大小を問題にするものではありません。「行為」対「行為」を問題にするのです。つまり、侵害行為対防衛行為を比較するということです。先ほどから判例・通説という言葉を使って説明しているのは、司法試験に通用する力をつけさせるためです。司法試験は実務家を育てるための試験であって、諸学説を知っているか、どうかをテストするものではありません。将来、実務家として活躍できるようにすることを目標に法科大学院では法律科目を教えており、司法試験は、その成果を問うものなのです。その場面で、実務家として身に付けておくべき基本的な判例をまず正確に知っておくこと、それから学説の大勢がどうなっているかを知っておくことが大事なのであります。学説については、細かい点よりも、通説的な見解がどういう主張をしていて、具体的な論点に対してどのように対応しているか、をきちんと整理しておくことが必要とされます。この点について理解していただきたいとおもいます。

もともとわたくしは学者ですから、学者としていろいろな学説を主張しています。わたくしは、長い間、学問的な主張を著書として公刊して来ていますので、図書館に行けば数多くのわたくしの本を見つけることができるともいます。それらは、学者としての仕事ですから、法科大学院で教えるばあいには、自説の主張は控えて判例・通説が基本的にどのように考えているか、を正確に知っていただけるように、判例・通説の立場を重点的に教えています。それで、判例・通説の立場から基本的な論点をどのように整理していくか、そしてそれをどのように論述していくか、にポイントを置いて講義をしています。そういう訳ですから、学者として個人的にはいろいろな説を唱えていますが、それをここで詳しく述べることは遠慮しておきます。それは、皆さんの将来の楽しみにしてください。これはどういうことかといいますと、皆さんが将来実務家になったときに、「判例変更」に挑戦していただきたいので、その際に学説の知識が大いに役立つことを知ってほしいのです。判例が、必ずもつねに絶対的に正しい訳ではありません。時代が変われば判例の前提となる状況が変わりますから、当然、判例の対応も変わらなければならないはずです。そこで、判例変更が必要となります。どうぞ皆さん、判例変更に挑戦してください。そうしますと、良き法曹として国民のために役に立つ法理論を皆さんが作り出していくことになりますから、その基礎を今学んでいるといえるわけです。今学んでいる基本的な考え方を使って実務に応用する必要があります。その場面で、学説は、大いに役に立ちますから、力を入れて勉強していただきとおもっております。ここでは、基礎的な論点がなぜ論点とされるのか、その点についてどう考えるか、そしてそれをどのように論述するか、に重点を置いて授業を進めて来ております。

すでに防衛意思不要説について説明しましたが、防衛行為に関連してさらに三つの論点があります。これは、原則形態から離れた局面の問題です。まず、「防衛行為と第三者」という論点があります。たとえば、AがBに襲いかかって来たので、Bが防衛行為に出たところ、その防衛行為の結果が侵害者Aではなくて第三者Cに及んだとします。つまり、防衛行為としての法益侵害が第三者に及んだばあい、言い換えますと、第三者の法益を侵害してしまったばあい、その扱いをどうするか、が問題となります。これが、「防衛行為と第三者」という論点です。先ほどもいいましたように、正当防衛の原則形態は、Aが襲って来たのに対してBが反撃をしてAの法益を侵害する形態です。それと違って法益侵害が第三者に及んでしまったばあい、例外的にこれを正当防衛として扱えるかどうか、が論点となります。本来、これは正当防衛ではないはずです。なぜならば、先ほども述べましたように、正当防衛は、急迫不正の侵害に対して侵害者の法益を侵害する行為を意味するからです。

「防衛行為と第三者」の問題について、通説的な見解は、あくまでもAに対する防衛行為としての法益侵害行為が正当防衛ですから、第三者に結果が発生したばあいには、正当防衛ではなくて緊急避難が問題となると解しています。つまり、BとCは「正対正の関係」にあるので、Bの行為は緊急避難になると説明するわけであります。これに対して、Cに発生した法益侵害は、防衛行為としておこなった行為の結果ですから、当然、行為として正当化されるのであれば、その結果も正当化されて、これも正当防衛であると考える立場も有力です。わたくしは、この説を支持しております。さらに、これは、正当防衛ではなくて、結果は第三者に生じているので誤想防衛であると説明する立場もあります。この問題の基本はこの部分にあることをまず押さえておいてください。

これを論理的に見ますと、Bの行為について、まず構成要件該当性の段階で「方法の錯誤」があることに注意する必要があります。つまり、Bは、狙ったAではなくてCに対して法益侵害の結果を生じさせたことになります。法定的符合説をとる判例・通説によれば、Cに対する殺意がみとめられます。これが構成要件該当性の段階における問題です。次に、違法性の段階では「防衛行為と第三者」の角度からどのように考えるか、が問題になるわけです。

レジュメでは「防衛行為と第三者」の後に防衛意思の要否、誤想防衛という項目がありますが、これについては、順番を変更して先ほど説明しました。防衛意思必要性説によれば、防衛意思がない行為については、正当防衛は成立しないことになります。それが問題になるのが、「偶然防衛」であります。たとえば、AはBと対立抗争関係にあったため、「今度会ったらBを殺そう」と考えてピストルを持ち、Bを見つけてピストルを構えていたところ、Bも同じようにAに会ったら「Aをぶっ殺してやる」としてピストルを持って待機していて、Bの方が、先にピストルを撃ってAを殺害したとします。Bは、行為当時は知らなかったが、後に判明した事実として、Aもじつは Bを狙っていたのであり、Bの方が早かったからAを殺すことによって、自分の生命を守ったのであります。後から見ますと、Bは、Aを殺さなければ自分が殺されていたわけですから、結果的に自分自身の生命を守ったことになります。つまり、「防衛」したことになるわけです。防衛意思必要説をとりますと、このばあい、Bは、Aが襲っていることを知りませんから、急迫不正の侵害があるとは知らずにAを殺しているのであって、これは、正当防衛とはいえず、通常の殺人罪にほかなりません。

これに対して防衛意思不要説をとりますと、防衛状況の認識は不要ですから、Bは、急迫不正の侵害から自分の命を守ったとして、正当防衛が成立すると解します。つまり、防衛意思はいらないから、偶然防衛は正当防衛になると主張するわけです。これは、急迫不正の侵害に対する防衛を意図しなかったけれども、結果的に「たまたま」正当防衛がみとめられたということで、「偶然防衛」という名前が付けられています。これに対して判例・通説は、やはり防衛意思がない以上は、これはただの殺人既遂でしかないという捉え方をします。なぜこのような考え方の違いが生ずるのでしょうか?これは、違法性の本質論に遡って考える必要があります。

違法性の存否を判断するに当たって、行為者が行為当時に知っていた事情、または一般人が知り得た事情を基礎にして判断すべきであると解する立場があります。これが、事前判断説です。事前というのは、行為時を基準とすることを意味します。これに対して事後判断説が主張されています。この説は、裁判官の立場に立って、裁判時に客観的に明らかになった事実を前提にして、違法性判断をすべきであると解します。行為後である裁判時を基準にするという意味で「事後判断」なのです。事前判断説は、「事後」でないという意味で「事前」という言葉で表現されるのですが、厳密にいいますと、これは「行為時」を基準として考えることを意味します。事前判断説からしますと、Bは、行為当時、Aが自分を殺そうとしていたことは知らなかったわけですから、防衛意思がないので防衛行為にはならないと判断されます。

レジュメとは順番がいくらか前後してしまいましたが、それは、条文に即してその関連で説明しているからにほかなりません。要するに、本質的な部分は、違法性の問題とどのように関連するのか、に収れんされていくことを知ってほしいのです。

防衛意思必要説を採りますと、「過失による正当防衛」はあり得ないのではないか、という批判があります。そこで、過失によって正当防衛がみとめられるかどうか、という「過失と正当防衛」の論点を見ることにします。「防衛意思」の内容を「防衛目的」として捉えますと、過失犯についてはそういう目的性はみとめられませんから、そもそも過失による正当防衛はあり得ないことになります。しかし、「防衛意思」を防衛状況に対応する意思として把握すれば、過失についても偶然防衛があり得ますし、「認識ある過失」については正当防衛をみとめることができるはずです。

「過剰防衛」には、「質的過剰」と「量的過剰」があります。質的過剰は、前にお話ししましたように、侵害行為と防衛行為を比較して「相当性」を超えたばあいを意味します。これに対して量的過剰は、正当防衛行為をおこなったが、相手が反撃できない状態に至ったにもかかわらず、なお攻撃を続けたばあいを意味します。これは、厳密に見ますと、正当防衛状況が消滅していますので、防衛にはならないともいえますが、いわば防衛行為が勢い余って続けられたものとして把握し、なお過剰防衛に当たると解していることになります。

レジュメにおいて「正当化事情の錯誤」が最後に記載されてますが、これは、違法性論と責任論にまたがっている問題ですから、最後に置いてあるわけです。これは、従来「違法性阻却事由の事実的前提に関する錯誤」という言葉で表現されてきた論点です。しかし、この名称は、いかにも長すぎます。早口言葉としてもこれはいいにくいので、これを簡潔に言い換えたものが「正当化事情の錯誤」です。その典型例として「誤想防衛」を考えることにします。これは、錯誤の問題です。つまり、「誤想」とは、正当防衛の客観的要件について認識が間違っていることを意味しますので、ここに「錯誤」の問題が生じるのです。正当防衛の「事実的な前提」というのは、正当防衛の客観的な要件を意味しますので、正当化事情の錯誤は、正当防衛状況が無いのにあるとおもったことを意味するわけです。たとえば、AがBに道を尋ねようとしていただけなのに、Bは、Aが殺意をもって襲いかかって来るのだと誤解して防衛行為に出てAを殺害したようなばあいが、誤想防衛です。「Aが自分を殺そうとしている」とBが勘違いをしたということは、不正の侵害が無いのにもかかわらず、本人はそれがあるとおもって防衛行為に出たことを意味します。このばあいをどうするか、が問題になります。これがなぜ争われるのか、という点をまず考えていただきたいとおもいます。それは、錯誤の「対象」と「内容」について見解の相違があるからです。つまり、客観的な急迫不正の侵害という「事実」に関する錯誤であると捉えれば、「事実の錯誤」があることになります。これに対して、そうではなくて、これは「違法性」阻却事由の要件に関する錯誤ですから、「違法性の錯誤」であると解する考え方が主張されます。この点について、誤想防衛は「事実の錯誤」として故意を阻却すると解するのが、通説・

判例の立場です。これに対して「違法性の錯誤」説は、誤想防衛を違法性の認識ないしその可能性の問題として扱います。つまり、誤想防衛のばあい、正当防衛の客観的要件の存在について錯誤があったため、自分の行為は「違法」でないという「違法性の錯誤」が生じていると解するわけです。この説は、責任論において責任説をとるかどうか、をめぐって見解の対立が生じます。さらに、責任説の内部において、誤想防衛を事実の錯誤と解する「制限的責任説」とこれを違法性の錯誤と解する「厳格責任説」の対立があります。わたくしは、誤想防衛において違法性阻却の可能性をみとめる「二元的厳格責任説」という考え方を主張していますが、これは少数説です。

緊急行為として、さらに「自救行為」の問題があります。これは、例外的な場面で国家の救済を待つことができないばあいに、自己ないし他人の法益を救済する行為を違法性阻却事由として例外的にみとめるものです。

それから、「義務の衝突」の問題があります。これは、同時に二つの義務履行を要求されているばあいに、どの義務を優先させるか、という問題です。このばあいにも、優越的利益説の観点から、大きい法益を守るか、あるいは同等の法益守った行為には、違法性が阻却されると考えればよいことになります。すなわち、義務の軽重を比較して、より重要な義務を履行するために、程度の低い義務に違反したとき、または、履行した義務と履行しなかった義務が同等であるときは、その義務違反は違法性が阻却されるのです。

このように、緊急行為の本質的な部分からいろいろな論点が生じますので、その大きな広がりをご理解いただけたとおもいます。これは共犯論にも影響を及ぼします。それでは、時間になりましたので、一時限目の講義はこれで終わることにします。

第三款　共犯論

一時限目に違法性の問題について、本質に遡って説明しました。短時間で多くの論点を説明し、判例・学説の立場についてお話ししましたが、分かりにくかった点は、後で帰ってから調べて、わたくしが主張していたのはこういうことだったのか、と確認していただきたいとおもいます。それも勉強の一方法です。何が大事か、なぜ大事か、ということを、自分なりに考えて、どういうふうに解決すべきか、を検討することも必要であります。

さて、今回は、難しい領域に属するとされている「共犯論」について説明することにします。司法試験をはじめ各種の試験問題において、共犯論が多く出題されています。それはなぜでしょうか?その答えは、共犯論の特質を明らかにすることを通して見出されるはずです。これからの話の中から、ヒントをいくつかでも掴んでいただければとおもいます。

共犯は、読んで字の如く「共に」犯罪を「犯す」という現象です。これを「共犯現象」といいます。つまり、複数の人間が、犯罪の遂行に関与する形態を共犯というのですが、これは、従来の考え方によりますと、構成要件論の反映であります。構成要件論の考え方からしますと、単独正犯が基本形態です。つまり、「基本構成要件」は、単独正犯です。さらに構成要件の実現態様の基本形態は、単独正犯の「既遂」です。殺人罪を例にしてお話ししますと、一人の人間が一人の人を殺害したというのが、「基本型」となります。つまり、法益を侵害したという既遂が基本的な枠組です。これを「基本構成要件」として捉えるのです。

今まで議論してきた問題は、すべて一人でおこなった既遂犯を前提にしています。基本構成要件に修正を施したのが、「修正形式」としての「未遂」と「共犯」です。単独正犯が一人で正犯行為をおこなうのに対して、共犯は、

「二人以上の者」が犯罪を遂行する「修正形式」として規定されていることになります。

「基本構成要件」と「修正構成要件」あるいは「構成要件の修正形式」として捉えることは、何を意味するかといいますと、前にお話した観点からは、これは原則に対する例外現象です。このばあい、基本原則または原則形態の「例外」としていかなる性質を有するか、が重要な視点となります。つまり、「どういう意味」で例外なのか、そして「どういう効果」が生ずるのか、が問題となるのです。これは、要件論と効果論という考え方につながります。「例外」を聞くことによって「原則」を問うものであると前に述べた「発問」の趣旨の捉え方が、ここで明瞭に現れてきます。今度は、そういう観点から見ることにしましょう。

既遂という「基本型」に対する「修正形式」が、未遂です。通説においては、未遂犯がどういう意味で例外現象なのか、なぜそれが必要とされるのか、どういう要件が要求されるのか、が「要件論」と「効果論」の差という形で理論構成がなされています。基本書や参考書の根本にあるのは、こういう思考なのです。それを前提にしていろいろな議論をしているわけですが、その部分は、たんに本を読んでいても明瞭には見えてきません。といいますのは、そこは体系書などではいちいち書く必要がないからです。つまり、体系書を書くとばあいには、当然の前提はあまり書く必要はないのです。我々は、研究論文や著書の執筆に当たって、当然の前提とされていることに疑問があるばあいには、なぜそれがおかしいのか、という根本的なことから説明していきます。当然の前提の説明が基本書あるいは体系書からオミットされますので、「刑法は難しい」という印象を与えることになります。前提の省略は、体系書を書くばあいには、やむを得ないわけでして、いちいちそのような前提について説明していたのでは、本質的な重要問題について議論できませんから、そういうことになるのです。当然の前提とされたことに疑問があるばあいに、原理的に見ておかしいのではないか、ではどうすればいいのか、という理論構成をするわけです。このことを知っているだけでも、基本書を読むときに、おおいに役立ちます。今日は、このことを見える形で皆さんに示すようにしたいとおもいます。

単独正犯が単独で「正犯」となるのに対して、共犯は、犯罪を「共に」「犯す」点が前面に出てきます。これから「正犯」との対比において、「正犯でない」狭義の共犯について、見ていくことにしましょう。狭義の共犯は、教唆犯と幇助犯（従犯）から成ります。これは、「正犯でない」ものを処罰するという意味で、例外現象です。そうしますと、どういう論点が基本原則から生じるのか、は若干分かりにくいとおもいます。これについて、詳しく説明することにします。

「狭義の共犯」は、正犯ではないという点では共通しますが、しかし、広義の共犯は「共同正犯」を含みます。共同正犯のほかに、正犯ではあっても複数の者が関与して犯罪をおこなう形態があります。それは、間接正犯です。間接正犯は、単独正犯であり、第三者が関与するという意味で共犯に似ていますが、なお「正犯」であることは明らかです。「正犯」であることは間違いないのですが、自らは実行行為をおこなわずに「第三者」を「道具」として利用している点で、直接正犯に対して「間接」正犯といわれます。直接正犯は、自分自身が実行行為をおこなう犯罪遂行形態です。つまり、他人を利用しないで自分自身で犯罪をおこなうのが基本形態です。単独正犯は、直接正犯が基本原則です。他人を使って自分自身の正犯行為をおこなうのが、間接正犯なのです。他人を道具として使う点に、間接正犯の特徴があります。つまり、直接自らは実行行為をおこなわずに、他人を道具として使うことによって実行行為をおこなっていると評価されるわけです。しかし、間接正犯も単独正犯であることに違いはないのです。道具である人間が存在しますので、共同して実行行為をおこなっているように見えるけれども、じつは自分一人で犯罪を実現しているのです。他人を利用する点で間接的に犯罪を実現していますので、間接正犯と称されるわけです。

それで、共犯の種類をレジュメでそういう形で示しています。たとえば、A、BおよびCが同時に同じ場所でXを殺そうとしたばあいには、同時に単独正犯が三つそこでおこなわれていることになります。このばあいには、単独正犯が時と場所を同じくしてそこでおこなわれているわけですから、各人についてすべて原則通りに考えていけばいいのです。これを「同時犯」といいます。同時犯においては、同時にその場所で犯罪行為の遂行がおこなわれているわけですが、行為者たちはお互いにまったく関係がないので、A、BおよびCのそれぞれについて別個に考えるべきであることになります。つまり、原則通りにこれを考えるということです。

「狭義の共犯」としてレジュメに書いてあるのは、教唆犯と幇助犯です。狭義の共犯に対して、前にも触れましたように、共犯は、広い意味では「共同正犯」を含みます。これから狭義の共犯を含めて「広義の共犯」という言葉を用いて説明しますが、「狭義」という言葉は、もともとより狭いことを意味し、「本来の」という意味です。そういう意味で狭義の共犯は、教唆犯と幇助犯のことなのです。幇助犯を法律は「従犯」とも表記しています。

ここで誤解を招くといいますか、分かりにくくなるのは、「狭義の共犯」に対して「共同正犯」という概念があるわけですが、これは「正犯」にほかなりません。「正犯ではない」という意味で、狭義の共犯と正犯は「対抗概念」の関係にあります。同じ「共犯」という形で説明されますが、違いが明確に見えてこないのです。あくまでも「共同正犯」は、「正犯」です。そこをまず掴んでおいてください。ここで、「共同正犯」なのか「狭義の共犯」なのか、が問題として上がってまいりました。「教唆犯」と「共同正犯」の関係は、後で説明しますが、「共謀共同正犯」論において問題となります。

外見的な現象としては同じような行為形態ですけれども、「共同正犯」なのか「幇助犯」なのか、が争われるものとして「見張り行為」があります。これを共同正犯として把握するのか、それとも幇助犯として把握するのか、ということが議論になるのです。これはなぜかといいますと、「共謀共同正犯」のばあいには、主謀者になって共謀を主宰するけれども、狭い意味での「実行行為」をおこなわない人を「教唆犯」として扱うのか、支配的な関係があるから「共同正犯」として扱うのか、という観点から、共謀に参加しただけなのに、共同「正犯」として扱うのはおかしいではないか、という疑問が出てきます。この者は、たんに唆しただけであるという見解に対して、そうではなくてその者は主犯として犯行をおこなっているのであるという「評価」の問題が出てくるのです。

それから、「見張り」行為は、直接実行行為をおこなっているわけではなくて、実行行為をおこなう正犯の脇で見張っているだけであるという状況になると、これはただの幇助であるという捉え方と、そうではなくて一緒になって行動しているのだから共同正犯として扱うべきであるという捉え方が対立し、その当否が議論になります。そうしますと、ここにおいて狭義の共犯なのか正犯なのか、つまり、「区別の基準」が重要な根本的な問題として出てくるわけです。まず、そこを押さえていただきたいとおもいます。それを踏まえたうえで、これらの相互関係の中の本質的な問題についてお話しすることにしましょう。

共犯の種類として「任意的共犯」と「必要的共犯」があります。必ず複数の人間が関与する形で規定されている犯罪を「必要的共犯」といいます。つまり、必ず複数でなければ遂行できない犯罪です。これに対して「任意的共犯」は、先ほどもいいましたように、単独でも遂行できるのに複数の者が一緒になって遂行するばあいの犯罪であり、共犯として扱われるものをいいます。このばあいは、犯罪構成要件としては複数の関与を要求しておりません。共犯論においては、一般的にはこれが問題となります。

必要的共犯には、二つの種類があります。一つは、多衆犯です。これは、一定の多数の人間を必要とする犯罪です。たとえば、内乱罪や騒乱罪が、これに当たります。ある一定の人数がなければ内乱行為や騒乱行為はおこない得ませんから、これは必要的共犯です。これついては基本的には六〇条以下の一般的な規定は適用されないのが原則とされます。

もう一つは、対向犯です。これは、両者が向かい合った関係に立つ犯罪です。たとえば、収賄罪と贈賄罪が、これに当たります。収賄行為と贈賄行為は、刑法上、どちらも処罰されています。これに対して対向犯だけれども、対向関係にある行為のうちの片一方だけしか処罰しないとする規定があります。そのばあいに、もう一方の人を任意的共犯に関する規定を適用して処罰できるか、という論点があります。

これに関して、判例・通説は、立法者は二つある行為の中で一つだけを選んで処罰することとしたわけですから、他の行為は処罰しないことを明示したものであると理解しています。これは、立法者意思説と称されます。判例・通説の立場である立法者意思説によれば、もう一方は処罰されないことになります。ただし、原則として処罰されないけれども、共犯で何らかの形で処罰の対象となり得るのではないか、という議論は出てきます。判例・通説は、これをみとめません。それは、こういう必要的共犯として存在するから、あえて処罰しないとする議論が生じるという問題です。

これで共犯の大枠が見えて来たとおもわれますが、次に共犯の本質的な内容は何か、が改めて問題となります。いいかえますと、なぜ共犯は処罰されるのか、という処罰根拠論が、次の課題として出てまいります。

日本の刑法は、共犯として「共同正犯」と教唆犯・幇助犯を規定しております。この点を確認していきます。それでは、貴方、六〇条を朗読してください。「はい。二人以上共同して犯罪を実行した者は、すべて正犯とする」。はい、どうも有難う。これが「共同正犯」の規定です。それから次に、貴方、六一条を朗読してください。「はい。

六一条一項　人を教唆して犯罪を実行させた者には、正犯の刑を科する。二項　教唆者を教唆した者についても、前項と同様とする」。はい、どうも有難う。これが教唆犯の規定です。次に、貴方、六二条を朗読して下さい。「はい。六二条一項　正犯を幇助した者は、従犯とする。第二項　従犯を教唆した者には、従犯の刑を科する」。はい、どうも有難う。その次の六三条が幇助犯の規定になります。それでは、貴方、六三条を朗読してください。「はい。六三条　従犯の刑は、正犯の刑を減軽する」。はい、どうも有難う。ここで従犯という言葉が出てきます。これは、幇助犯を意味するのです。

このように、刑法は、六〇条・六一条・六二条において、共同正犯、教唆犯および幇助犯を共犯形態としてそれぞれ規定しております。これは、別の観点からしますと、「統一的正犯概念」を否定していることを意味します。「統一的正犯概念」は、オーストリアなどの立法でとられている立場で、刑法上、すべて正犯として処罰する立法主義です。これは、「共同正犯」とか「教唆犯」とか「幇助犯」を区別しないで、全部、正犯の犯罪行為として処罰し、量刑はその内容で決めるという考え方で、正犯として取り締まることになります。統一的正犯概念は、こういう捉え方ですが、日本の刑法は、そうでなくて、「正犯」と「狭義の共犯」をそれぞれ分けて規制しています。したがって、きちんと両者を区別しなければいけないのです。それで六〇条は、犯罪を実行した者が正犯であると規定しています。この六〇条の解釈をめぐって見解の対立があり、正犯は「実行行為」をおこなった者が正犯であると解するのが判例・通説の基本的な考え方であります。実行行為をおこなった者が正犯であり、その正犯に何らかの形で加担する者が狭義の共犯です。このように狭義の共犯を加担犯として特徴づけることができます。加担する形態として、教唆は、故意を有していない者をそそのかして故意を生じさせて実行行為をおこなわせるものであり、幇助は、実行行為をおこなう正犯を物理的または精神的に援助するものです。狭義の共犯は、いずれも正犯に加担するという捉え方です。こういう観点から両者を区別しなければいけないことになります。

「共犯」として、共同正犯を例にとりますと、六〇条に規定されている原理はなぜみとめられるのか、これをどう説明するのか、が議論になります。共犯の本質をどのように捉えるか、についてお話ししてまいりますが、まず「共同正犯」を共犯現象としてどのように捉えるか、について説明します。この点に関して、従来の通説的な見解は、犯罪共同説という見解をとっています。犯罪共同説は、常識的に分かりやすい捉え方であるといえます。これは、共同正犯の本質について一つの故意犯を複数の者が一緒になって実行行為をおこなって実現するものとして捉える見解です。つまり、これは、一個の犯罪を共同して実行するのが共同正犯であると捉えるのです。

この立場は、標語的に「数人一罪」という言葉で説明されています。「数人」というのは、六〇条の規定によりますと、「二人以上」を意味します。二人以上が犯罪をおこなうのが共同正犯ですから、「数人の者」が「一個の犯罪」、つまり、一個の故意犯を遂行する共犯形態を意味することになります。たとえば、AとBが一緒になってXを殺すばあい、殺人罪という故意犯の実行行為を一緒におこなうわけですが、これは、「数人」で一個の殺人罪という「一罪」をおこなうことを意味します。こういう考え方によりますと、基本的に過失犯を一緒におこなうことはできません。つまり、一つの犯罪を一緒になって実現しましょうというのが共同正犯ですから、その犯罪は故意犯に限られますので、「過失の共同正犯」は否定されるべきだという理屈になります。

前の講義からの説明の仕方を聞いていて気づいたとおもいますが、この学説ないし考え方は、基本的にはこうであり、したがって、論理的にはこういう結論になる、という形で説明をしております。それはなぜかといいますと、一定の考え方で特定のある論点をどのように説明するか、そしてそれによって他の学説との間にどういう差が生じるのか、をきちんとつかんで欲しいからなのです。そこで不都合が生じたばあいには、それをどのように克服するか、が問われるわけです。そこを汲み取っていただきたいとおもいます。そこが論点の中核ですから、基本的な理論的枠組みを示して、そこにおける基本形態は何か、例外の事態があるばあいには、これを基本からどのように説明するか、という勉強方法をとっていくとスムーズに理解することができます。そして、その問題について解答を論述しなければならないばあいには、順向法で書けることになります。つまり、こういう考え方は、基本的にどういう筋道で、どういう結果をもたらすのか、を詳細に明らかにする必要があるという趣旨です。

ところで、犯罪共同説に対して行為共同説という捉え方があります。これは、共同正犯の本質の把握に関して数人の者が一個の故意犯を一緒になって実現するものとして理解するのではなくて、犯罪「行為」を一緒におこなうことによって、それぞれが意図する犯罪を実現する点にこそ、共同正犯の共犯現象としての本質があると捉えるのです。この立場は、標語的には「数人数罪」と表現されています。これは、二人以上の者である「数人」がそれぞれの犯罪である「数罪」を「行為」を一緒にすることによって実現するという考え方です。この考え方によりますと、共同正犯者は、それぞれの犯罪を実現しているのですが、実行行為は行為者が一緒になっておこなっていなければならないのです。結果はそれぞれ別個に評価されますので、各人がそれぞれの犯罪を実現しているとされます。共同正犯をこのような共犯形態として捉える見解が、「数人数罪」説です。これは常識的な理解のもとにおいては、分かりにくいとおもいます。といいますのも、従前の古い学説とはかなり異なる新しい考え方をとっているからであります。

判例は、基本的には、犯罪共同説的な捉え方をしていますが、共犯の個々的な場面では、行為共同説の考え方をとっています。それで、この見地からは、「過失の共同正犯」は当然みとめられます。早くから判例は、過失の共同正犯の成立をみとめております。過失の共同正犯をみとめる理由の根本は、行為共同説でなければ十分な説明はつかないといえます。その意味で、判例は行為共同説をとっていると理解されるわけです。これだけではまだ分かりにくいとおもいますので、別の角度からさらに説明することにしましょう。

共同正犯については、共同して犯罪を実行する必要があるとする六〇条の規定があり、これは、前にも述べましたように、主観的には「意思の連絡」が必要であり、客観的には共同実行が必要であることを意味します。つまり、一緒に犯罪行為をおこなうという点で「意思の連絡」が要求されます。その点が同時犯と決定的に違うわけです。同時犯には、意思の連絡が欠けます。行為者は、それぞれ単独正犯として勝手に実行行為をおこない、ただそれが場所的・時間的に重なっているだけの話です。これに対して共同正犯のばあいには、意思の連絡があるという点で、同時犯とは違います。外形上は共同正犯は、同時犯に似ていますが、同時犯のばあいには、単独犯を構成する単独行為がそれぞれなされているのであり、「共同」してなされているわけではありません。単独の犯罪行為がそれぞれ「独立」してなされているにすぎません。「共同して実行する」という「意思の連絡」があってはじめて、一緒になって犯罪行為をおこなうという評価がなされ得るのであります。このように「共同実行の意思」の存在を示すのが「意思の連絡」であり、その存在が同時犯と違う点です。したがって、同時犯であるということは、逆にいえば、共同正犯ではないということです。ですから、共同正犯かどうか、については、「意思の連絡」の有無の分析が重要なポイントになるのです。これは、一定の事例において、はたして意思の連絡があったといえるかどうか、という「評価の問題」であります。前にお話しした事例問題における「事実の評価」をおこなうときの重要な「分析概念」となるわけです。つまり、ここでは「意思の連絡」があったものとして「評価」していいかどうか、という議論になります。たとえば、AとBが嫌がらせの目的で意思の連絡のもとに、Cの物置小屋に放火しようということになったとします。このばあい、放火行為を共同しておこないますから、「実行行為」は放火行為です。非現住建造物放火罪の範囲でそれが成立要件を満たせば放火罪の共同実行であり、犯罪共同説をとっても、行為共同説をとっても放火罪が成立します。それは当然のことです。

そのばあいに、六〇条の規定が何を意味するか、が問題になります。これついては後で別の角度から説明しますが、これは「一部実行の全部責任の原則」をみとめたことを意味します。「一部実行の全部責任」は、意思の連絡のもとに共同して実行行為をすれば、その一人の者がおこなった行為のすべての結果についても全員が責任を負うことを意味します。つまり、全員が結果を生じさせなくても、そのうちの一部の者が実行行為をおこなってそれによって結果を発生させたばあいには、全員が発生した結果について責任を負うというのが、六〇条の趣旨であります。「みな正犯とする」とは、そういうことです。

次に、「一部実行の全部責任の原則」がなぜみとめられるのか、についてご説明します。先ほど示した事例に基づいて考えることにしましょう。その事例において、AとBがCの物置小屋に放火することを共謀し、Bが放火行為をおこなうことになったとします。そこで、BがライターでCの物置小屋に火をつける行為をしたことになれば、点火行為は、放火罪の実行行為に当たりますから、Bだけが実行行為をおこなったことになるわけです。このばあい、AもBの一部実行によって生じた放火罪の罪責を問われます。当然、Bも責任を負います。これが六〇条の趣旨です。今、放火罪だけについての共同実行として話しをしたのですが、そうではなくて、その建造物にCがいることをAは知っていて、AはCを殺す手段として放火を選んだのですが、Bは、そこにCがいることを知らず、人の現在しない物置小屋とおもってそれに放火したときには、どうなるのでしょうか?これは一〇八条と一〇九条の問題となります。刑法を学び始めたばかりの方は分からないとおもいますが、現住建造物か非現住建造物かによって放火罪における成立犯罪の違いが出てきます。それは「錯誤」の問題にほかなりません。錯誤論固有の問題はここではおいておきましょう。

このばあい、Aは殺人行為として放火行為をおこなおうとしているのであり、殺人の手段として放火行為を使うのです。ところが、BにはCを殺す意思はありません。Aは、Bが放火したことによってCが死亡していますので、殺人の結果を実現しています。犯罪共同説をとりますと、殺人罪については共同実行についての意思の連絡は存在していませんから、まったく問題になりません。Bは、Cがそこにいるのを知りませんから、殺意はないといえるわけです。ですから、「殺人」罪の共同実行はないことになります。ただ、物置小屋に火をつける点についてだけ共同行為があるにすぎません。

Aにとってこれは明らかに現住建造物です。つまり、Aは、Cが現在していることを知っていてCを殺す意思・殺意をもっていると評価できるのです。犯罪共同説によりますと、AとBとの間には、「現住」建造物放火罪と「殺人」罪についての「意思の連絡」は存在しませんので、両罪の罪責を問えないことになりますが、行為共同説をとりますと、Aに現住建造物放火罪と殺人罪の罪責を問うことができるのであります。すなわち、行為共同説の見地からは、AはBと一緒になって放火行為をしており、ここに「共同実行」がみとめられます。放火行為を共同しておこなっている点において、「行為」を共同しているといえるのであり、その行為の意味は各人の意思内容によって決まり、それぞれその行為によって自分の犯罪を実現していると評価されます。したがって、Aは、現住建造物放火罪と殺人罪をBと共同正犯として実現し、Bはただ非現住建造物放火罪をAと共同正犯として実現しているにとどまります。Cの死亡についてBに過失があれば、過失致死罪が成立します。このように、行為を共同することになりますから、Aについては殺人既遂罪と現住建造物放火罪の成立が「一部実行の全部責任」としてみとめられます。

AとBの意思内容が違うときに犯罪共同説を徹底しますと、うまく説明がつかなくなることがあります。たとえば、AとBがXを痛めつけてやろうということで、AとB二人でXの部屋を訪れ刺突行為をおこなうという「意思の連絡」をもって、BがXをナイフで突き刺したのですが、Aには殺意があり、Bには殺意がなくて傷害の意思があったにすぎなかったとします。このばあいには、殺人罪と傷害罪について共同正犯が成立するか否か、が問題となります。これらは別の犯罪類型です。一方は殺意があって死の結果を生じさせる意思があり、もう一方は殺意がありませんから、死の結果は生じさせずに怪我を負わせるだけの意思があるにすぎません。厳密にいいますと、Aの意思とBの意思は実現しようとする犯罪が違いますので、「一つの犯罪」を一緒におこなったと評価することはできないことになります。厳格に犯罪共同説の論理を貫きますと、AとBは共同正犯とはなりません。Bは、傷害の意思でXを死亡させたことになり傷害致死罪が成立します。一つの犯罪を共同して実行しているわけではありませんから、筋としては共同正犯にならないのです。しかし、共同正犯が成立しないことになりますと、Aは殺人の実行行為をおこなっていないので、Aに殺人既遂罪の罪責を問うことができず、実質的にはおかしいといえます。そこで、犯罪共同説は、AとBの間に意思の重なり合いがみとめられる限度で「意思の連絡」の存在を肯定して共同正犯の成立をみとめるという形で修正をほどこします。傷害を負わせるという点で、傷害罪と殺人罪との間には重なり合いがあるとされますので、傷害の限度で共同正犯の成立が肯定されます。このように、一部の重なり合いがみられるばあいに共同正犯の成立を肯定する見解は、部分的犯罪共同説と称されます。

これに対して行為共同説よれば、「共同正犯」としてAは殺人罪の罪責を、Bは傷害致死罪の罪責をそれぞれ負うことになります。共同正犯として「一部実行の全部責任」の原則が適用されますから、Bが刺殺行為をおこない、A自らは直接実行行為をおこなっていなくても、Aは、殺人罪の既遂の罪責を負うことになるのです。

前に、判例は行為共同説をとっていると述べましたが、シャクティパット事件において、最高裁の判例は、殺意をもっている行為者に不作為の殺人罪をみとめて、それに共同した者について保護責任者遺棄致死の限度で共同正犯が成立するという判断を示しています。その評価をめぐって、学説上、見解が分かれています。少なくとも保護責任者遺棄致死の限度でという表現は、部分的犯罪共同説の考え方を示していますので、判例はこの点で部分的犯罪共同説をとっていると解釈する見解があります。これに対して、わたくしは、そうではないと考える説を支持しています。つまり、判例はやはり行為共同説をなお維持していると解することができると考えているわけです。なぜかといいますと、不作為犯として殺人罪の成立をみとめたうえで、それを共同しておこなっている者について、死亡の結果について罪責を肯定するためには、保護責任者遺棄致死の限度で共同正犯の成立をみとめなければいけないから、その趣旨を述べたまでの話しであると捉えることが可能なのです。このように、行為共同説でも最高裁の判例の立場は合理的に説明がつくわけです。関与した者について死の結果の罪責を述べているから、こういう表現を使っているにすぎないことが分かれば、なお行為共同説が維持されていることの説明が可能になります。これは、共犯の本質に関して、犯罪共同説をとるか行為共同説をとるか、という論点です。

これから「正犯と共犯の区別の基準」として「実行行為」を挙げて説明しますが、判例もそういう考え方を基本にしております。しかし、判例は、実行行為のほかに、主観説がかつて主張した「正犯意思」・「共犯意思」という観点も考慮しています。つまり、客観的側面だけではなくて、主観的側面も重要とされますので、客観的に実行行為をおこない、主観的に「正犯として自分はその行為をおこなう」意思があるばあいに正犯とされるのであります。実行行為への加担意思があれば、共犯であるとされます。判例は、このように両方を考慮に入れるべきであるという立場に立っています。

それから間接正犯のばあい、先ほど述べましたように、「他人を利用する」ことが要求されますが、他人を利用する形態が成立範囲の問題に関わってきます。つまり、どういう形で、誰をどのように利用するのか、という問題であります。

後で学内行事が予定されているため、二時限目は一〇分間早目に終えることになっております。それで、残り時間が少なくなってきましたので、今述べた観点から見ていけば理解出来るとおもわれる事柄については、これ以上は触れないで省略します。基本的には、構成要件に該当しない行為と構成要件に該当するが違法でない行為、たとえば、正当防衛などを利用する形態をも間接正犯として通説はみとめており、わたくしはそれを支持しております。「共犯の処罰根拠」は、狭義の共犯がなぜ処罰されるのか、という論点です。これが、学説上、非常に重要な問題とされているのは、狭義の共犯は正犯に加担することによって、結果に対してどういう影響を及ぼしたのか、それをどの程度重要視するのか、が争われているからです。そういう観点から学説が細かく対立していますが、そのことをベースに考えていけば理解しやすいとおもいます。ここでは、詳細な説明は省略いたします。

それから、「間接正犯と実行の着手時期」が論点となりますが、これについては先ほどの未遂犯の関連で触れておきました。未遂犯は、実行に着手して結果が生じないばあいを未遂犯として処罰する点で構成要件を修正しているのです。これは共犯でも問題になりますので、条文に則して、未遂の問題を見ておくことにしましょう。それでは、貴方、四三条を朗読してください。「はい。四三条　犯罪の実行に着手してこれを遂げなかった者は、その刑を減軽することができる。ただし、自己の意思により犯罪を中止したときは、その刑を減軽し、又は免除する」。はい、どうも有難う。四三条が、未遂犯の処罰について規定しています。次に、貴方、四四条を朗読してください。「はい。四四条　未遂を罰する場合は、各本条で定める」。はい、どうも有難う。

四三条の本文は障害未遂を規定しています。ただし書きは、中止未遂・中止犯を規定しています。四三条によりますと、実行に着手した者について、外部的な障害によって未遂犯となったばあい、障害未遂として処罰することになり、刑が任意的・裁量的に減軽されます。中止犯については、刑の必要的な減免がみとめられます。このように、両者に差が出てきます。その差はなぜ出てくるのでしょうか？これは、「中止未遂の法的性格・法的性質」をどのように捉えるか、という問題にほかなりません。ある犯罪の実行に着手して以降が、未遂犯の問題です。それより前の段階が、予備の問題です。強盗予備とか殺人予備とか、きわめて重要な法益を侵害する犯罪については、予備も罰せられます。予備と未遂の限界線を成すのが「実行の着手」です。それで、「実行の着手」をどのように解するか、が重要な問題として前面に出てまいります。前に構成要件論に関して、未遂が修正形式であると述べましたが、この予備は、さらにまた「修正形式」として把握されます。すなわち、実行に着手して後は未遂犯として処罰されますが、予備罪は、それよりも前の行為についても予備罪として処罰するという特別な修正形式なのです。

次に、四四条は、「未遂を罰する場合は、各本条で定める」と規定しています。これは、既遂犯処罰が原則であることを宣言するものです。すなわち、既遂犯処罰が基本原則であり、未遂犯処罰は例外であるから、それぞれの条文で未遂を罰するばあいだけしか処罰できないことを明らかにしているのです。つまり、例外として未遂犯を罰しますという規定になっております。未遂犯については、このような一般的規定になっています。ところが、予備罪については、そういう規定はなく、予備自体が予備罪の構成要件の要素として個別的に規定されているのです。たとえば、殺人罪については、殺人罪のあとに、未遂はこれを罰する旨が規定されており、四三条の一般規定によって処断されます。しかし、予備は、殺人予備罪という犯罪類型が決められています。これが、規定の形態です。未遂犯を減軽することは出来ます。これについては一般規定があります。四四条が示しているのは、既遂犯処罰が原則であるということであり、これは、別の観点からは、実際に法益を侵害したことが原則になりますから、未遂犯処罰が原則であると解する一元的な行為無価値論は採れないことを宣言したことになります。すなわち、犯罪として処罰するためには、法益侵害の「結果」とその「危険」という客観的要素が必要であり、たんに故意という主観的要素があることだけで処罰することはできません。結果が発生したばあいが既遂犯であり、結果発生の危険が生じたばあいが未遂犯であって、未遂犯処罰は特別規定があるばあいにだけみとめられるのです。ですから、四四条は、行為無価値の存在だけでは処罰できないことが原則であることを宣言した規定とされるのであります。これが、違法性の本質論の問題として出てくるのです。今の議論が、全部について広がっていくわけです。これが違法性論の論理的広がりであり、深みなのです。これをどういう具合につかみとるか、が皆さんのこれからの勉強のひとつの指針になります。こういう観点から学んでみるとおもしろいとおもいます。

これまで説明してきた論点を踏まえて、今度は「共同正犯」を見ていくことにします。共同正犯についても、未遂があり、中止未遂があります。共同正犯の中止未遂それ自体についての議論があって、さらに中止未遂の問題の次元までにいかなくても「共謀関係から離脱」をどうするか、また「共同正犯関係からの離脱」という論点も、これと関わります。「未遂犯における故意」をどのように捉えるか、に関して「未遂の教唆」という問題が生じます。「共犯関係からの離脱」という論点に関しては、「共謀関係からの離脱」および「共同正犯関係からの離脱」を中核とする議論とそれにどのように対処すべきか、についてお話ししたいとおもいます。このように、基本原則としての単独正犯形態から共同正犯形態に変わったばあいに、それがどういう変容を遂げていくのか、が重要なポイントであり、論点となります。

それでは、共同正犯をめぐる諸問題として「共同正犯の意味」、「一部実行の全部責任の原則」の理論的基礎づけを見ていくことにします。この原則について通説は、「相互の利用補充関係」があれば、正犯として発生した結果について全員が責任を負う原則として把握しています。これは、一人でも遂行できる犯罪行為を複数の者がおこなおうとするばあいに、ある心理的な作用が生まれることを基礎にしています。その心理的作用が「合同力」にほかなりません。すなわち、一人ではびくびくして遂行することができないことでも、二人以上になると、法益侵害の結果を確実に実現できるのは、「合同力」の成果なのです。行為者相互に強い心理的な結び付きが生じ、結果の実現に向けて結束して行動しようとする心理的強制力が働きます。これが、心理的な「合同力」にほかなりません。共同正犯は、その「合同力」を基礎とする犯行形態なのです。

このような共同正犯は、重要な法益を侵害する危険きわまりない行為であるとして、刑法は、特別な犯罪遂行としてこれを処罰するために、「一部実行の全部責任」の原則をみとめて、それぞれの者について正犯の成立を肯定して処罰するという対策をとっているのです。共同正犯は、ある意味で「分業形態」です。すなわち、一人ではまかないきれないものを複数の者が関与することによって犯罪を実現する分業形態で、これをおこなっているのです。このような観点からは、共同正犯は、全員が互いに犯罪行為を利用し補充し合うという意思のもとに、実際にそれぞれが分業化された行為をおこなう犯罪遂行形態を意味します。それが「共同実行の意思」の存在、つまり「意思の連絡」の存在にほかなりません。これは、共同正犯の要件論です。そして「共同実行」の事実が要求されます。今あげた要件の中で、また例外現象としてそのほかの要素が出てきます。これから勉強するときに、どの部分について「一部実行の全部責任」の原則がなぜ問題になるのか、どういう形で特殊形態に対して修正を施して扱うのか、という観点から考えていきますと、理解しやすいとおもいます。

主観的要件に関して、先ほども触れましたけれども、「過失の共同正犯」が成立するのか、をめぐって見解の対立があります。「意思の連絡」という点で、過失について連絡が可能か、が問題になるわけです。この点について、過失犯については同時犯をみとめれば十分であるとする意見は、共同正犯を否定することになります。行為共同説をとりながらも、そういう考え方も主張されていますが、行為共同説をとれば、当然に過失の共同正犯を承認すべきであるという捉え方もあります。

わたくしは、過失犯の共同正犯の成立をみとめるべきであると考えています。過失犯の共同正犯をみとめる必要があるのか、という疑問が提起されていますが、わたくしは、その必要があるとおもいます。たとえば、AとBが、業務上、ビルの屋上から廃材を下へ投げ降ろす作業をしているとします。そして、共同してAとBがその作業をおこなっている際に、ともに下に人がいるのに気づかずに廃材を投げ降ろし、その投げた廃材によってその人が死亡したばあい、これは業務上過失致死罪の共同正犯なのか、同時犯なのか、が問題になります。これは同時犯であると解すれば、AとBのうちの誰が投げた廃材がその人に当たって死んだのか、を証拠によって厳密に証明しなければなりません。つまり、過失行為と死亡の結果との間の因果関係を厳格に証明しなければ、発生した結果について同時犯としての罪責を問うことはできません。このようなばあいには、誰が投げた廃材なのか、が分からないことが多いといえます。AとBは、共同作業として一緒に連続して廃材を投げ降ろしていますから、このばあいには共同して投げ捨てる行為をおこなっており、これは過失行為を一緒におこなっていることになります。下をよく確認しないで投げているという「過失行為」を共同しておこなっている以上、共同正犯として「一部実行の全部責任」の原則が適用されるべきなのです。これが判例の考え方であり、わたくしもそれが妥当であると考えているのです。

さらに、「片面的共同正犯の肯否」という論点があります。これについて、「意思の連絡」がなくて一方的に共同正犯の意思をもって行動したばあいにも共同正犯の成立をみとめる見解があります。しかし、判例・通説は、「意思の連絡」という要件を重視しますから、片面的共同正犯をみとめるべきではないと解しています。わたくしは、行為共同説の立場からも、片面的共同正犯をみとめるのは筋が通らないとおもいます。判例も、意思の連絡を必要とすると解していますので、行為共同説の立場からこの観念を否定しているものと解されます。以上が、主観的な「意思の連絡」に関連する論点です。これまでお話ししたことから、それらが基本原則からどのように離れているのか、どこでどのように修正されているのか、が明らかになったとおもいます。

次に、「客観的な要件」としての「共同実行」の問題を考えることにします。これは、原則的にいえば、「実行行為を共同する」ことを意味します。実行行為を一緒になっておこなうことが「共同実行」であり、本来の基本原則からしますと、全員で実行行為をしなければならないはずですが、それを厳密に要求しますと、困る事態が生じます。そのような事態が生じる場面が、共謀共同正犯です。その場面においては、共謀に参加して実質的な支配力をもって謀議を主導したけれども、本人は実行行為をおこなわないで、他の共謀者が実行行為をおこなって結果を生じさせたばあいに、共謀にだけ参加した者の罪責をどうするのか、が問題になります。

この点について、かつての通説は、「共同実行」の要件を重視し、共謀に参加しただけの者は共同実行をおこなっていない以上、正犯ではないと解したのでした。つまり、共謀共同正犯の観念を否定したのです。そして、その首謀者の罪責は、教唆犯とされました。つまり、その首謀的な役割を荷なった者は、他人に犯罪を実行するように仕向けたことによって、その者に故意を生じさせて実行行為をおこなわせたことになるとして、教唆犯の成立をみとめたわけです。先ほど条文を読んでもらいましたが、教唆犯の刑は正犯の刑によると規定されています。つまり、科刑は、正犯とまったく同じです。教唆犯として成立をみとめても、刑罰は正犯と同じですから、共謀共同正犯をみとめずに教唆犯としても、実際上、不都合は生じないとされたわけです。

通説とは異なって判例は、共謀共同正犯の観念をみとめることによって首謀者を共同正犯者として処罰していきています。たとえば、通説によりますと、暴力団の組長Aが、非常に強い影響力下にある組員のB・Cと一緒にXを殺害することを謀議して、自らは現場に行かずに、実際にはBおよびCがナイフでXを刺してXを殺したばあいに、Aを教唆犯として処分すれば十分であるとされました。これは、刑罰の適用において正犯とまったく同様に扱えるからいいのだという捉え方ですが、しかし、ことの実体を見ますと、BおよびCは、たんにAの駒として使われているだけであって、実際はAが主導的な役割を荷って殺人行為をおこなっているといえるのです。そうしますと、「科刑」に関しては正犯と同じ扱いをする点で具体的妥当性に問題はありませんが、「犯罪性」に関しては疑問があります。犯罪性の観点からは、正犯のほうが教唆犯よりも重いのだという捉え方が一般的です。すなわち、国民の法意識においては、刑罰は同じでも、罪質は教唆犯よりも正犯のほうが重いと解されているのです。そうしますと、犯罪形態として「正犯」のほうが犯罪性は重いから、このばあいのAを正犯として扱うべきであるという「実質的な理由」が重要となってきます。これが、共謀共同正犯という概念の実質的背景です。この概念は、共謀に参加しただけで支配的な影響力のある者についても、正犯として罰することができるための概念といえます。これは、正犯と狭義の共犯としての教唆の罪質が違うという基本的な考え方を前提にして、首謀者を正犯として処罰すべきであるという観点から主張されているわけです。大審院の判例は、草野豹一郎大審院判事が主張された共同意思主体説に基づいてその正犯性を基礎づけたのでした。

共同意思主体説とは、共同して犯罪をおこなおうとする人たちが共同意思主体を形成し、その共同意思主体がその犯罪行為をおこない、刑罰は共同意思主体を構成する個々の人が個別的に負うと解する見解です。たしかに、正犯として共同意思主体なるものを想定すれば、その共同意思主体の犯罪として正犯性を根拠づけることはできます。

しかし、これは、近代刑法の原則に違反するという批判を受けました。その原則とは、犯罪行為の主体、つまり犯罪主体と刑罰を受ける主体、つまり刑罰受忍主体は同じでなければならず、両者を分離することはできないとする法原理をいいます。共同意思主体説は、この原則に反するとされるのです。犯罪は「共同意思主体」という抽象的な存在者がおこなうという点にも疑問はありますが、さらに刑罰は「個々人」が負うと解するのは、「行為主体」と「刑罰主体」が違うこととなって不当であるとされるわけです。

たしかに、このような考え方は、組織犯罪については必ずしも不当であるとはいえません。むしろ適切であるとさえいえるのです。ところが、先ほど述べましたように、最低限二人で共同正犯が成立しますので、二人のばあいには組織犯罪に適合する考え方は使いにくいといえます。共同意思主体説は、集団主義原理を基礎とする理解です。しかし、刑法は個人主義原理を前提としております。そこで、共同意思主体説の立場においては、共謀共同正犯を個人主義的な観点からどのように説明すべきか、という課題が残されます。この点について最高裁は、練馬事件判決で共同意思主体説を放棄しました。すなわち、本判決は、共同意思主体説の立場をとらないという前提から、共同正犯は、お互いを相互に利用し合う関係にある点で、それぞれが間接正犯に似ているので正犯性をみとめることができると解しているのです。共謀者各人が間接正犯的な形で正犯行為をおこなっていると評価されるのであり、正犯ですから、正犯の刑罰を受けるとされるわけです。これは、個人主義的な理解に基づいて共同正犯は間接正犯に類似する点を強調する考え方を示すものです。ただし、これは共謀共同正犯を間接正犯と解しているわけではありません。主謀者は、あくまでも「正犯」としての共同正犯であって、お互いを利用し合っている点で単独「正犯」である間接正犯に似ているので、この観点から正犯性が基づけられるとしているだけの話しであって、間接正犯であると解しているのでありません。この点に注意する必要があります。「正犯性の論証」のために間接正犯との類似性を基礎にしているだけなのです。わたくしは、個人主義的観点から間接正犯類似説を支持しておりますが、さらに、別の観点から共謀者の正犯性を論証しようとする見解もあります。たとえば、行為支配の観点から、支配的行為の考え方を基礎として正犯性を説明する考え方があります。

現在では、共謀共同正犯を肯定する見解が圧倒的多数説であります。共謀共同正犯否定説は、少数ながら主張されていますけれども、判例・通説は、共謀共同正犯を肯定しております。問題は、その後にあります。つまり、「共謀の要件」はどうなるのか、どういうばあいに共謀共同正犯としての罪責を負うのか、「共謀の内容」などが問題になるのです。これらが共謀共同正犯の問題です。さらに「共謀関係からの離脱」も論点となりますが、これは、前にお話しした「共犯関係からの離脱」の中の一つの問題であります。

それから「予備罪の共同正犯」という論点があります。これは、先ほど述べましたように、予備罪を修正された構成要件であるとする捉え方に基づいて論拠づけることが可能となります。すなわち、予備罪についても修正された構成要件の「実行行為」を想定して、その実行行為を共同実行する共同正犯を肯定できると解するのが通説の立場です。

さらに「承継的共同正犯」の問題があります。これは、難しい問題ですが、論点として重要な意味をもっています。今まで説明してきたのは、相互に意思を連絡して犯罪行為を共同しておこなったという基本的形態を前提にして、通常の進行に即して生じる諸論点についてであります。共謀共同正犯のばあいには、厳密な意味における共同実行の前に共謀があって共謀者の罪責をどうするか、が問題になります。これに対して承継的共同正犯は、すでに犯罪行為の一部をおこなった先行行為者がいて、後からその先行行為者との関係に加わった後行行為者との間に共同正犯の成立をみとめることができるか、が議論されるのです。これは、このばあいには実行行為が前後に分かれており、すでにおこなわれた者と後から加わった者の罪責をどうすべきか、という議論です。この問題は、共同実行の理論の応用編・例外編であります。そいう観点から、改めて基本書を読んで見ますと、問題の本質が分かるはずです。通説は、あくまでも共同しておこなった行為についてのみ共同正犯としての罪責を負うとしますので、後行部分についてのみ共同実行をみとめるべきか、が問題となります。つまり、共同正犯としての「承継の範囲」がここで問題になるのです。

狭義の共犯に関しては、「従属性の問題」があげられますが、現在、判例・通説は、従属性説を採っておりまして、争点は「従属の程度」をどうするか、という点に集約されます。つまり、共犯は正犯に従属することを前提にして、正犯は犯罪の成立要件を「どの程度」充足していなければならないか、が問われるのです。今ここでは、その問題点だけを考えていただければ十分であるとおもいます。従来、判例は、極端従属性説を採っていると解されて来ました。つまり、「従属性の程度」に関して、正犯について責任まで要求しておりましたが、最近、判例に少し変化が生じておりますので、基本書などで補っておくとよいとおもいます。

最後になりましたが、「共犯の特殊問題」についての論点に触れることにいたします。残り時間が限られておりますので、その中でも学生諸君にとって難しいとおもわれている「身分犯と共犯」の問題について見ることにしましょう。これは、難しいと感じられがちですが、問題の根底にある基本的な考え方を把握してしまいますと、必ずしもそうではないことがお分かりいただけるとおもいます。従来、「共犯と身分」という形で、重要な論点として議論されて来ましたが、現在では、条文の見出しが「身分犯の共犯」となっているため、「身分犯」に「共犯」が絡んだ問題点とされていることになります。

これについても条文そのものからその問題点を見ていくことにしたいとおもいます。それでは、貴方、六五条を朗読してください。「はい。六五条　犯人の身分によって構成すべき犯罪行為に加功したときは、身分のない者であっても、共犯とする。二項　身分によって特に刑の軽重があるときは、身分のない者には通常の刑を科する」。はい、どうも有難う。今朗読していただいた六五条一項の文言には、それぞれについて分析すべき要素があります。まず、ここでいう「身分」とは何か、「共犯」とは何か、が議論されるべきことになります。ここにいう「共犯」の意義については、割愛しますので、後で基本書などで補っておいてください。それも、重要な問題点です。しかし、ここでは別の論点を重点的に見ていくことにしたいとおもいます。

まず、「身分犯の意義」ですが、これは身分があることによって特殊な扱いを受ける犯罪類型を意味します。身分があることによってはじめて、犯罪として成立する犯罪類型があり、これを「真正身分犯」といいます。そうではなくて、身分がある者に対しては重く罰したり、あるいは軽く罰したりするというように、身分が「刑罰の軽重」に影響を及ぼす犯罪類型を「不真正身分犯」といいます。これは、本来の身分犯ではありませんから、「不真正」身分犯といわれるわけです。不真正身分犯のばあい、身分がなくてもその犯罪をおこなうことができるのです。ただ、本来の身分犯とは違って、身分があることによって刑に軽重の差が出てくるだけです。しかし、これも広い意味では身分犯といえますので、不真正身分犯については、このような扱いをすることを二項が規定しているわけです。

身分犯の共犯の問題に関して、学説・判例が分かれている根本の理由はどこにあるのでしょうか?　それは、「一項と二項の関係」をどのように解すべきか、について厳しい見解の対立があることにあります。ここで、考え方が根本的に分かれるのです。この点について、判例・通説は、次のように解しています。わたくしも、これと同じように考えています。すなわち、判例・通説は、一項は「真正身分犯」に関する規定であり、二項は「不真正身分犯」に関する規定であると解しています。このように解する判例・通説に対して、第二説は、一項は身分犯の「成立」

に関する規定であり、二項は身分犯の「科刑」に関する規定であると解しております。これは、団藤先生・大塚先生の考え方です。それから第三説は、一項は「違法身分」に関する規定であり、二項は「責任身分」に関する規定であると解しております。なぜこのように考え方に違いが生じるのでしょうか?

この点について、条文に即して考えることにしましょう。それでは、貴方、今一度六五条一項を朗読してください。「はい。六五条　犯人の身分によって構成すべき犯罪行為に加功したときは、身分のない者であっても、共犯とする」。はい、どうも有難う。判例・通説は、「犯人の身分によって構成すべき犯罪行為に加功したときは」というのは、身分があってはじめて、犯罪として成立することを意味すると解しますから、これは、真正身分犯についての規定であると解します。次に、貴方、二項を朗読してください。「はい。二項　身分によって特に刑の軽重があるときは、身分のない者には通常の刑を科する」。はい、どうも有難う。これも、身分について規定していますが、文言上は、第二説がいうように、科刑についてだけ規定していると解することも可能です。つまり、本項は刑に軽重があるばあいには、身分のない者に「通常の刑を科する」と規定していますから、科刑上の問題で刑の軽重があるばあいだけの問題であるといえます。本来の身分犯ではなく刑に軽重があるばあいの身分犯である不真正身分犯についても、一項はその「成立」を規定していて、二項は成立した身分犯の「科刑」の扱いを規定していると解するわけです。しかし、一項と二項の文言を素直に読みますと、一項は、身分により構成すべき犯罪である真正身分犯を規定しており、二項は身分により刑の軽重がある不真正身分犯を規定していると解されます。第二説との対比において述べますと、判例・通説は、一項は真正身分犯の「成立」と「科刑」を規定し、二項は不真正身分犯の「成立」と「科刑」を規定していることになります。

これに対して第二説は、「犯罪の成立」は「共犯とする」という一項の規定によって示されるのであり、これは「犯罪として成立する」ことを意味すると解するのです。「通常の刑を科する」と規定しているのは、科刑の問題を意味すると解するわけです。このように身分犯の「成立」と「科刑」を分離して考えることになりますが、この見解も、文言に根拠があるのです。一項については、不真正身分犯も六五条一項でその成立を考え、科刑は二項で処理するという主張なのです。

第三説は、一項と二項は違法身分か責任身分かによってその取扱いをそれぞれ異にする旨を規定していると解する見解です。これは、先ほどお話ししたように、「違法は連帯的に作用」し、「責任は個別的に作用」するという考え方を前提にして、六五条一項は、「身分のない者も共犯とする」としていますから、「連帯的に」身分が作用する旨を規定しているものであり、これは、違法性の問題である違法身分に関する規定であると解するわけです。二項は、身分のある者にはその刑を科し、身分のない者については通常の刑を科するとしていますから、身分によって「個別的な」扱いをしていることになります。個別的な扱いは責任の問題ですから、二項は責任身分に関する規定であると解しているのです。

各見解は、六五条の条文の文言を根拠にしてそれぞれ解釈をして、一項と二項の関係を論証していることになります。条文の文言解釈として諸説が展開されていることを理解していただきたいとおもいます。その観点から、個々の問題についてそれぞれの個別的な事例などに即して体系上、どこの領域に属する問題でどのように処理するか、が明らかになるはずです。これから、そういう観点から、手を抜かずにさらに理解を深めていっていただきたいとおもいます。

大変難しいとされている「身分犯と共犯」の問題については、ここで述べた点さえ押さえておけば、それがどういう広がりをもっているか、どういうことが論点として議論されるべきか、がはっきり分かります。それが、事例問題のばあいには、事例の中で提示されている事実がどういう意味をもつか、という「評価」の問題が重要となることは、前にお話ししましたが、それがここで生きてきます。ですから、この論点に関する問題が出題されても、今述べたところまで考えていけば、それほど難しい問題ではないということがはっきりと分かるはずです。

共犯論における問題点は、まだ他にもありますが、時間の関係でこれで終わりにします。

第四款　おわりに

最後に、練習問題を皆さんにお配りしてありますので、ここでそれを見ておくことにします。

【練習問題】

暴力団員の甲は、乙から乙の友人Aが大金を自宅に隠しているので留守中にA宅に侵入してそれを盗むことを持ち掛けられ、その気になり、乙と計画を立てることになった。乙がA宅の様子をよく知っていたので、詳細な見取り図を作り逃走経路などを記入して甲に渡し、翌日、甲と一緒に犯行に及ぶことにした。

犯行当日、乙は面倒くさくなったので、A宅に行かなかった。甲は、暫く待っても乙が来ないので、単独でA宅に侵入したところ、Aが在宅しており、「この野郎。ぶっ殺してやる」といいながら、包丁を手に持って向かって来たので、身を守るために、所携のピストルでAを撃った。弾丸がAの心臓を貫通し、さらに近くにいたAの子供Bの腕に当たった。Aは即死し、たまたま血友病を患っていたBは、その後出血多量で死亡した。

甲は、意外な展開に驚いて、急いでA宅を出たが、金銭を盗らなかったことを後悔しているところに、通り掛かった仲間の丙に事情を聞かれたので、詳しい経緯を話した。丙は、「それならもう一度、A宅に入って金を盗ろう」といって、甲と一緒にA宅に入り、書斎を探し回って金銭を見つけ出し、それを盗ってその場から立ち去った。その後、甲と丙はその金銭を山分けした。

甲、乙および丙の罪責について述べなさい（ただし、特別法違反の点を除く）。

設例における事実をどのように「評価」するか、が個別的に出て来ますから、これを簡単に検討することにします。本問において、甲と乙が関わっており、甲は、乙の働きかけによって、犯罪を一緒におこなうことを決意しています。これで、まず「共同実行」について「意思の連絡」があったと「評価」することができます。つまり、共同実行しようとする共謀ができているわけです。意思の連絡の存在は、これで十分評価できますが、乙は、犯行を遂行するのに大いに役立つ情報を甲に提供しています。つまり、乙が詳細な見取図を作って甲に渡している事実をどのように「評価」すべきなのでしょうか？これは、共謀関係において、乙が非常に重要な役割を演じていると評価できます。こういうところをきちんとつかんで、それを論点として提示して、それがどういう意味で、なぜ法律的に問題となるのか、それらを理論的にどのように根拠づけるのか、について、事例における「事実」を論点と関係づけて評価していくべきであるということになります。

当日になって乙は、A宅に行かなかったわけで、結局、共謀関係だけがあって実行行為には参加しなかったのですから、「共謀関係からの離脱」が論点になることが分かるはずです。「共謀関係からの離脱」の要件にてらして事案を見たばあい、それを満たしておりません。なぜそういう要件が必要であり、この事実関係において、なぜそれを満たしてないといえるのか、を論理的に叙述する必要があります。本問においては、共謀関係の離脱がみとめられませんので、結果について共謀共同正犯の観点から「一部実行の全部責任」の原理が働いて罪責を追及されることになります。

甲は、Aの住居に侵入して、Aに対してピストルを撃ったところ、弾がAだけではなくてBにも当たってBも死亡させています。この関係において、「事実の錯誤」の問題になるのですが、「方法の錯誤」の問題として故意阻却・故意の個数を分析していただきたいとおもいます。さらに、弾が当たってBが死亡しているのですが、Bが血友病を患っていた事実がどういう意味を有するか、が問題となります。これは「因果関係」の問題であり、血友病ケースといわれるものです。この事実関係にはそういう問題が盛り込まれていますから、どういう形でこれを説明するか、が問われます。それからその後の行為について、「承継的共同正犯」がみとめられるかどうか、どの範囲でみとめられるのか、そのように解する根拠は何か、などの問題が次々と出て来ます。それとの関連をどのように評価するか、罪数についてどのように考えるか、などが問われます。それを整理して論理的に整合性のある論述をしていけば、この問題は容易に解けることになります。あとでこの点に関する判例を調べてみてください。

では、時間になりましたので、これで終わります。御静聴有難うございました。

第五章　教唆犯をめぐって

第一款　序　言

只今、御紹介頂きました明治大学の川端です。本日は、御話しする機会を賜りましてまことに有難うございます。本日のテーマは「共犯論」であり、その中で「教唆犯」を中心とする論点であります。教唆犯固有の問題を御話しする前に、「共犯論」について簡単に触れておきたいとおもいます。なぜならば、教唆犯それ自体の問題も、究極的には「共犯論」との関連で検討されなければならないからです。

第二款　共犯論の多面性・多層性について

先ず、共犯論の多面性と多層性について見ることにします。「共犯論」は、「共犯」の本質をめぐる議論を意味しますが、その内容はじつに種々雑多であります。共犯論が多義的なのは、共犯の問題をどういう「観点」から考察するか、によって問題関心が異なり、争点にそれぞれ相違が生じ、しかもそれが他の「観点」からの考察による論点とも関係を有し得るからです。つまり、ある観点から検討して得られた「特質」が、別の領域にも妥当するばあいが併存し得るのです。ここに共犯論の多面性と多層性がみとめられることになります。

このように、それぞれの意味を有する「共犯論」が、幾つも併存しますと、錯綜して複雑となり、かえって共犯論が分かり難くなってしまいます。そこで、それぞれの内容と相互関係を明確にしておく必要が生ずるのであります。

内容の異なる共犯論が次々と展開されたのは、学説史における「視点」の変遷に由来します。この点については、次のような変遷があったと解することができます。

一　統一的「正犯」概念と正犯・共犯「区別」説

第一に、統一的正犯概念と正犯・共犯区別説の対立があり、その対立は、「立法主義」に関する見解の対立に由来します。諸外国の立法例においては、正犯と狭義の共犯との区別をみとめる立場が一般的ですが、犯罪の成立に「条件」を与えた者をすべて正犯者とし、教唆犯・従犯との区別を重視しない「統一的正犯概念」ないし「包括的正犯概念」による立法例もあります。「統一的正犯概念」は、因果関係論における「条件説」を徹底した見解であるといえます。この立場によりますと、条件関係がみとめられるばあいには、関与者はすべて「正犯」として処罰することができ、各人はそれぞれの量刑事情に応じて刑を量定すれば足りることになります。

「統一的正犯概念」をみとめない立法主義のもとにおいては、正犯と狭義の共犯の区別の基準は重要な意味をもちます。この点について、因果関係論を基礎とする主観説と客観説、行為支配説、実行行為性説（形式説）などが主張されています。

主観説は、因果関係論における「条件説」を基礎として、すべての条件は原因として等価的であるから、正犯と共犯を因果関係の見地から区別することは不可能であるとし、「正犯の意思」で行為をおこなう者を「正犯」と解し、他人の行為に「加担する意思」で行為をおこなう者を「共犯」と解します。客観説は、因果関係論における「原因説」を基礎として、結果に対して「原因」を与えた者を「正犯」と解し、たんに条件を与えたにすぎない者を「共犯」であると解します。主観説と客観説は、両説が前提としている「条件説」および「原因説」が不当でありますので、妥当でないことになります。わたくしは、「実行行為を自らおこなう者」が「正犯」であり、それに「加担する者」が「共犯」であると解する「実行行為性説」が妥当であると考えております。

二　共犯「従属性」説と共犯「独立性」説

第二に、共犯従属性説と共犯独立性説の対立があり、その対立は、刑法理論における新旧「学派」の対立に由来します。従来の客観主義刑法学の下においては、正犯に加担する犯罪形態が共犯でありますから、「共犯の犯罪性」が正犯に従属するのは当然のことであります。これに異議申立てをしたのが、主観主義刑法学であり、共犯それ自体に独立の犯罪性をみとめて共犯独立性説を主張したのであります。しかし、現在では、主観主義刑法学は支持されていませんので、共犯独立性説はたんに学説史的意義を有するにすぎません。

三　「犯罪」共同説と「行為」共同説

第三に、数人の者が協力して犯罪を遂行する社会心理学的現象の中核として「何を共同する」のかをめぐって、犯罪共同説と行為共同説とが対立しています。犯罪共同説は、「特定の犯罪」を数人の者が共同して実現する現象として共犯を把握し、行為共同説は、数人が「行為または因果関係」を共同することによって「各自の犯罪」をそれぞれおこなう現象として共犯を把握するのです。つまり、共犯を犯罪共同説は「数人一罪」と解し、行為共同説は「数人数罪」と解するわけであります。両説は、共犯現象を共犯者の「集団的な合同行為」と見るか、それとも共犯者相互間の「個別的な利用関係」と見るかについて、対立していることになります。これは「共犯」全体の問題として考察されるべきものでありますが、実際には主として「共同正犯」に関連して議論されています。しかし、「未遂の教唆」については、この対立が関連して議論されますので、後で見ることにします。

「従属性」の観点から犯罪共同説と行為共同説の対立を見てみますと、これは「罪名従属性」の問題であります。罪名従属性とは、共犯はつねに正犯ないし他の共犯と同じ罪名・罰条に当たるべきことを意味します。

罪名従属性について、犯罪共同説は、共犯はまったく同じ犯罪を共同にするものであるから、共犯の罪名は正犯のそれと同じでなければならないと解することになります。これに対して行為共同説は、犯罪的「行為」の共同で足りると解しますので、罪名の従属性を必要とせず、異なった罪名の間にも共犯関係の成立をみとめます。わたしは、行為共同説を支持しております。

最高裁判所の判例も、罪名従属性説を否定しています。すなわち、A・Bら七名で傷害を共謀したところ、Bが殺意をもって行為した事案について、「殺意のなかった被告人Aら六名については、殺人罪の共同正犯と傷害致死罪の共同正犯の構成要件が重なり合う限度で軽い傷害致死罪の共同正犯が成立するものと解すべきである。すなわち、Bが殺人罪を犯したということは、被告人Aら六名にとっても暴行・傷害の共謀に起因して客観的には殺人罪の共同正犯にあたる事実が実現されたことにはなるが、そうであるからといって、被告人Aら六名には殺人罪という重い罪の共同正犯の意思はなかったのであるから、被告人Aら六名に殺人罪の共同正犯が成立するいわれはなく、もし犯罪としては重い殺人罪の共同正犯が成立し刑のみを暴行罪ないし傷害罪の結果的加重犯である傷害致死罪の共同正犯の刑で処断するにとどめるとするならば、それは誤りといわなければならない」と判示しているのであります（最決昭54・4・13刑集三三巻三号一七九頁）。

四　共犯の処罰根拠論

第四に、「共犯の処罰根拠」をめぐる対立があります。共犯の処罰根拠が、日本国の刑法学において大きな理論的関心を引き起こしたのは、歴史的には比較的最近のことであります。今、共犯処罰の根拠という根本問題が問い直される理由は、違法性論の深化に求められます。つまり、行為無価値・結果無価値という二項概念によって違法性を把握するという視点から、すなわち、行為無価値論と結果無価値論との対立という視点から、「共犯の本質論」の洗い直しが要求されているのであります。

共犯の処罰根拠に関する学説は、「責任共犯論」と「違法共犯論」に大別されます。責任共犯論は、共犯者が教唆・幇助により正犯者を責任と刑罰に誘い込んだことを共犯の処罰根拠と解します。この説は、「教唆犯」を主眼にして構築された理論で、共犯の処罰根拠を、共犯者が正犯者を堕落させ責任と刑罰に陥れた点に求めます。これは、刑法の任務は社会倫理の保護にあるとし、行為無価値論、とくに心情無価値論を基礎にしているとされています。

違法共犯論ないし不法共犯論は、共犯が正犯と共に違法な結果を発生させたことを共犯の処罰根拠と解します。この説の中には、共犯が正犯を通じて法益侵害の結果を惹起したことを共犯の処罰根拠とする「純粋惹起説」と「修正された惹起説」があります。

「純粋惹起説」は、共犯の処罰根拠を、共犯者が正犯者の実現した結果を共に惹起した点に求めます。これは、刑法の任務を法益の保護に求める「法益侵害説」を基礎とし、正犯者・共犯者などの関与者によって違法判断が異なり得るという意味での「違法の相対性（個別性）」を肯定します。すなわち、共犯者は正犯者と共に結果を惹起すれば足りると解するのであります。

「修正された惹起説」は、違法の相対性を否定し、共犯者は正犯者と共に違法な結果を惹起したので処罰されると解します。

刑法の任務は第一次的に「法益保護」であると解すべきであるとおもいます。その観点からは、違法共犯説の立場が妥当です。すなわち、あらゆる犯罪は法益侵害ないしその危険を惹起するところにその処罰根拠があり、「正犯」は自らの「実行行為」によって法益侵害ないしその危険を惹起する点に処罰根拠があるのに対し、「共犯」は正犯の実行行為を通じて「間接的に」その結果を惹起する点に処罰根拠があるのであります。

違法性の要素として行為無価値と結果無価値を要求する二元的行為無価値ないし二元的人的不法論の見地からは、第一次的に法益侵害、つまり結果無価値に共犯の処罰根拠を求めるべきことになりますが、正犯者および共犯者の「主観」面が行為の違法性に影響を及ぼしますので、正犯者・共犯者の各関与者によって違法性の判断が異なることになります。その意味において、「違法の相対性」がみとめられるべきであります。ドイツ刑法学においては、共犯者は正犯の故意を惹起して違法な犯罪行為に至らせ、または援助行為によって違法な正犯行為を促進したと解する「惹起説」（Verursachungstheorie）ないし「不法共犯説」（Unrechtsteilnahmertheorie）が通説となったのであり、これは「促進説」（Fonderungetheorie）とも称されています。

第三款　教唆犯の問題点

これから教唆犯の問題点についてお話し致します。

一　処罰根拠

まず教唆犯の処罰根拠が問題となります。教唆犯は、被教唆者を唆して犯罪の実行を決意させ、それをおこなう

「正犯」の実行行為を通して法益侵害ないしその危険を惹起させる点で法益侵害に「間接的に」関与する犯罪形態であります。それは、法益侵害の間接的な原因となる点で犯罪性および可罰性を有するのであります。

二　教唆犯の故意

教唆犯の「故意の内容」について、学説は、二つに分かれています。すなわち、自己の教唆行為によって被教唆者が特定の犯罪を犯すことを決意し、その実行に出ることを表象・認容することとする「実行認識説」と教唆行為の結果、被教唆者が基本的構成要件を実現することとの認識をも要するとする「結果認識説」とが主張されているのです。結果認識説は、教唆犯の故意も一定の犯罪自体についての故意でなければならないから、教唆者は、被教唆者の行為に基づいて、「基本的構成要件」の実現、すなわち、とくに「犯罪的結果」が発生することをも表象・認容すべきであると解しているのであります。

教唆行為は、基本的構成要件に該当する「実行行為」ではなく、修正された構成要件である「教唆犯」の構成要件に該当する行為、すなわち、他人に対して「違法行為をおこなわせる行為」でありますから、教唆犯の故意も、「基本的構成要件」の全内容にまで及ぶ必要はなく、「被教唆者が実行行為に出ること」を表象・認容すれば足ります。被教唆者がたんに実行行為に出ることを表象・認容してなされた教唆行為を不可罰とするのは、当罰性の要請に合致しないとおもいます。

教唆犯の故意の内容との関連で、「未遂の教唆」の取扱いが問題となります。「未遂の教唆」とは、教唆者が、被教唆者の実行行為を始めから未遂に終わらせる意思で教唆するばあいをいいます。たとえば、Aは、Cが上着のポケットの中に財布を所持していないことを知っていながら、Bに対して、Cの上着のポケットから財布を窃取するように教唆し、それに基づいてBが窃取行為をおこなったばあいがこれに当たります。このばあい、Bは窃盗罪の実行行為に及んだのでありますから、Bについて窃盗の未遂罪が成立することは明らかです。ここでは不能犯論は問題としないこととします。Aの罪責に関して学説は、Aを不可罰と解する説、Aを窃盗未遂罪の教唆犯と解する説と単なる違法行為に対する教唆犯をみとめてAに窃盗未遂罪の教唆犯が成立すると解する説に分かれています。

不可罰説は、教唆の故意は正犯の構成要件的結果の発生についての認識を要するとする「結果認識説」からの帰結であります。「実行認識説」および「制限従属性説」の立場においては、未遂罪の教唆犯の成立を肯定する立場が妥当であります。

「教唆の未遂」を犯罪共同説と行為説と共同説の対立から考察すべきであるとする見解が主張されています。この見解によれば、たとえば、殺人罪のばあい、犯罪共同説は、教唆についても「正犯の犯罪」を基準とし、「正犯」が「殺人未遂」であれば、それを教唆したものとして「殺人未遂」の教唆になるとします。つまり、教唆者は、「正犯の犯罪」を「共同」して実現したものと把握されるわけです。

これに対して行為共同説においては、教唆犯は、正犯の「行為」とは別個に「教唆」行為が「殺人罪」を実現する方法として選択され、正犯「行為」と教唆「行為」が共同しておこなわれ、その教唆「行為」が「未遂」に終わっているから、殺人「未遂」の教唆になるとされます。すなわち、犯罪共同説からは、未遂の教唆に二種類があり、共犯の実行従属性から教唆の未遂は不処罰となります。これに対して行為共同説からは、教唆の未遂に可罰的なもの（教唆して正犯が未遂のばあい）と不可罰的なもの（実行従属性に欠けるばあい）の二種類があることになります。

しかし、この見解は、犯罪共同説と行為共同説の捉え方に疑問があります。両者の対立は、先程、御話ししましたように、共犯は一個の「特定の犯罪」を共同して実現する犯罪現象なのか、それとも数個の「異種類の犯罪」を行為の共同を通して実現する犯罪現象なのか、にあります。

教唆犯のばあい、犯罪共同説においては、「正犯」の「犯罪」を基準として共犯者もその「犯罪」を共同して実現したか否か、が重要となります。その意味において、正犯がおこなった殺人「未遂」を教唆行為を通して実現したこととなり、殺人「未遂」の教唆として扱われるべきことになりそうです。しかし、このような理解は、本来の犯罪共同説の思考枠を超えたものであるとおもいます。すなわち、犯罪共同説と行為共同説の真の対立点は、共犯の把握として、一個の「犯罪類型」を「共通の故意」に基づいて実現したと解するのか、それとも数個の「犯罪類型」をそれぞれ「異なった故意」に基づいて実現したと解するのか、にあるとおもいます。両説は、固有の犯罪類型、つまり「基本的構成要件」に関連して議論されるべきなのであります。すなわち、一個の基本的構成要件を「共同の意思」に基づいて実現されたといえるか、を重視するのが犯罪共同説であり、異なる数個の基本的構成要件をそれぞれ「異なる意思」に基づいて「行為」を共同して実現したと評価できるか否か、を重要視するのが行為共同説です。

教唆の未遂においては、特定の基本的構成要件の実現態様を問題にする「修正された構成要件」ないし「構成要件の修正形式」としての「未遂」が論点となるのです。つまり、教唆の「未遂」の犯罪性ないし可罰性の存否が問われるわけでありまして、これは同一構成要件内における基本的構成要件と修正された構成要件の「量」的差異を問題とするものであります。次に見ますが、未遂を教唆したのに正犯の犯罪が既遂に達したばあいの取扱いに関して「錯誤」論として重要な意味をもつのです。しかし、共犯の「犯罪」性ないし「可罰」性に関しては、この視点は重要ではありません。したがって、「未遂の教唆」に関して、犯罪共同説と行為共同説の対立を理論的な基礎付けとするのは、妥当ではないことになります。

教唆者が未遂を教唆したところ、予期に反して既遂となったばあいの取扱いが問題となります。たとえば、Cが防弾チョッキを着用していることを知っているAが、Bに対して、Cをピストルで射殺するように教唆したところ、防弾チョッキが役に立たなかったためCが死亡してしまったばあいに、Aの罪責が問題となるのです。

結果発生についてAに過失があったばあいは、過失による教唆をみとめ、Aは過失致死罪の教唆の責任を問われるとする説や過失による教唆犯をみとめず、端的に過失致死罪が適用されるとする説もあります。しかし、Aについて「殺人未遂罪の教唆犯」をみとめるのが妥当であるとおもいます。このばあい、教唆の故意は被教唆者の実行行為を生じさせることの認識で足りますので、殺人未遂罪の故意で殺人既遂罪の結果を生じさせていることになります。しかし、そこに「構成要件的事実の錯誤」がありますが、両者は殺人未遂の限度で法定的に重なり合いますので、明文上（三八条二項）、重い殺人既遂罪の教唆犯の成立をみとめることはできず、殺人未遂罪の教唆犯が成立するに止まります。

未遂の教唆との関連において、アジャン・プロヴォカトゥールが問題となります。アジャン・プロヴォカトゥールは、刑法上は、犯人として処罰を受けさせようとして、最初から未遂に終わらせる意思で一定の犯罪を教唆する者をいいます。とくに薬物犯罪の捜査に関連して用いられる囮捜査などがその典型例であります。

アジャン・プロヴォカトゥールの取扱いに関して学説は、これを未遂犯の教唆とする説と不可罰とする説とに分かれています。両説の対立は、教唆犯の故意の内容に関する見解の対立に由来するのであり、未遂犯の教唆と解すべきであるとおもいます。ただし、捜査上止むを得ない手段としてその行為が違法性を阻却されるばあいがあります（麻薬五八条参照）。最高裁判所の判例は、囮捜査に関して、傍論で「誘惑者が場合によっては…教唆犯又は従犯として責を負うことのあるのは格別」と判示しています（最決昭28・3・5刑集七巻三号四八二頁）。

三　共同教唆と間接教唆の問題

共同教唆とは、二人以上の者が共同して教唆行為をおこなって他人に犯罪を実行させることをいいます。共同者は、それぞれ教唆を実行しているのですから、各自が教唆犯の罪責を負います。このばあい、「教唆の共同正犯」が成立するのではなく、各人について「教唆犯」がそれぞれ単独に成立するのであります。

二人以上の者が教唆行為を共謀し、その一部の者が教唆行為をおこなったばあい、たとえば、AとBが共謀のうえ、Bの実行の担当者と決めたところ、BがさらにCを教唆して犯罪を実行させたばあい、判例は、AとBとの間に共謀共同教唆犯の成立をみとめ、Aについても教唆犯の成立を肯定しています（大判明41・5・18刑録一四輯五六三頁）。

学説は、この判例を支持する立場とAを間接教唆とする立場とに分かれています。肯定説は、Bの教唆行為がA、B両者が共同して実現したものであるとします。しかし、正犯行為と教唆行為とは峻別されるべきであり、教唆はあくまでも教唆に止まるので、共同正犯に関する規定（六〇条）を拡張して共謀共同教唆犯の観念をみとめるのは妥当ではないとおもいます。したがって、Aは、教唆者を教唆した間接教唆として扱われるべきです。

間接教唆とは、「教唆者を教唆した」ばあいをいい、明文上、教唆犯と同じように正犯に準じて処罰されます（六一条二項）。間接教唆には、二つの形態があります。たとえば、AがBに対して、「Cを教唆して或る犯罪を実行させること」を教唆するばあいとAがBに対して或る犯罪を実行するように教唆したところ、Bは自らは実行しないでCを教唆してその犯罪を実行させるばあいがあります（大判大3・11・7刑録二〇輯二〇四六頁）。間接教唆の犯罪および可罰性は、その教唆行為と正犯の実行行為との間に因果関係がみとめられることに求められます。

次に再間接教唆の問題があります。再間接教唆とは、間接教唆者をさらに教唆することをいい、再間接教唆およびそれ以上の間接教唆を「連鎖的教唆」といいます。

連鎖的教唆を教唆犯として処罰できるか、について、学説は肯定説と否定説に分かれています。判例・通説の立場である肯定説によれば、教唆行為は正犯者に犯罪の実行を決意させる点にその犯罪性と可罰性がみとめられますので、連鎖的教唆もその行為と正犯の犯罪行為との間に相当な因果関係がある以上、処罰に値するのであり、教唆者を教唆した者も教唆者でありますから、「教唆者を教唆した者」という規定の「教唆者」は、教唆者及び間接教唆者ばかりでなく、それ以上の連鎖的教唆者をも含むものとします（前掲大判大11・3・1）。

しかし、連鎖的教唆における因果性はきわめて弱いので、六一条二項にいう教唆者とは、「正犯者」を直接教唆した者を意味し、再間接教唆者以上の者は不可罰であると解するのが妥当であるとおもいます。

四　片面的教唆

次に片面的教唆の問題を見ることにします。片面的教唆とは、教唆者が教唆の故意で教唆行為をおこなったところ、被教唆者はその教唆行為があることを知らずに犯罪の実行を決意したばあいをいいます。共同意思主体説は、共犯関係のすべてに共犯者間の意思の連絡を必要としますから、片面的教唆犯を否定します。しかし、教唆行為は、教唆の故意に基づいて教唆行為をおこなって犯罪の実行を決意させれば足りますので、被教唆者が教唆されているという事実を認識する必要はありません。したがって、片面的教唆犯を肯定するのが妥当であります。

五　過失による教唆

過失による教唆とは、不注意によって他人に対し犯罪の実行を決意させることをいいます。一般に過失による教唆について学説は、行為共同説の立場からこれを教唆犯と解する説と犯罪共同説の立場からこれを不可罰と解する説とに分かれています。しかし、教唆は、他人に「特定の犯罪」を実行する決意を生じさせることを意味しますので、行為共同説の見地からも過失による教唆の観念をみとめるべきではないとおもいます。

また、過失による教唆は、被教唆者に犯罪を実行する決意を生じさせる定型性を有せず、正犯を惹起させるものとしての危険性が微弱であること、さらに、過失を罰するためにはその旨の特別の規定を要すること（三八条一項但書）から、過失による教唆を教唆犯として処罰することは許されないと解すべきであります。

六　不作為による教唆

不作為による教唆がみとめられるかについて、肯定説と否定説とが対立しています。教唆行為は他人に「積極的に」働きかけて犯罪意思を生じさせるものでありますから、否定説が妥当であるとおもいます。

七　「教唆行為の対象」の問題

1　まず、「過失犯に対する教唆」の問題があります。

過失犯に対する教唆とは、他人の不注意を惹起して過失犯を実行させることをいいます。たとえば、医師が看護師を教唆して十分に注射液を検査させずに患者に誤って毒物を注射させるばあいがこれに当たります。

一般に行為共同説は過失犯に対する教唆を肯定し、犯罪共同説はこれを否定しています。しかし、教唆行為は、他人に犯罪を実行させる決意をさせることを意味するに止まり、行為共同か否かとは論理的な関係をもちません。したがって、行為共同説の見地からも、過失犯の教唆は否定されるべきであり、このばあいは、「過失犯を利用する間接正犯」になると解すべきであります（東京高判昭26・11・7判特二五巻三一頁）。

2　次に「不作為犯に対する教唆」の成否が問題となります。不作為犯に対する教唆とは、教唆行為によって不作為犯の実行を決意させることをいいます。教唆は作為犯を前提とし不作為犯には妥当しないので教唆犯は成立せず、不作為犯に対する教唆は作為犯の正犯であるとする見解が主張されています。しかし、教唆は、作為犯だけを前提とするものではありません。たとえば、幼児が溺れかかっているばあいに、その母親を唆して幼児を救助させないで溺死させることは可能であります。このばあいには、「不作為による殺人罪」の教唆犯が成立することになります。

3　さらに予備罪・陰謀罪に対する教唆の成否が問題となります。予備罪・陰謀罪の教唆とは、正犯の既遂、未遂または予備・陰謀を教唆したところ、被教唆者の行為が予備・陰謀の段階に止ったばあいをいいます。教唆犯の成立を肯定する見解とこれを否定する見解および予備罪・陰謀罪を二つに分け、独立予備罪・陰謀罪については肯定し、従属予備罪・陰謀罪については否定する見解が主張されています。

教唆犯における犯罪を「実行させた」ことの「実行」は修正された構成要件である予備・陰謀も含むと解すべきですから、独立予備罪・陰謀罪、従属予備罪・陰謀罪を問わず、教唆犯が成立すると解するのが妥当であります。

第四款　結　語

雑駁ではありますが、以上でわたくしの御話しを終わらせていただきます。御静聴有難うございました。

日時：二〇一四年五月二一日

場所：中華民国中央警察大学

第六章　幇助犯をめぐって

第一款　序　言

只今、御紹介頂きました明治大学の川端です。本日は、御話しする機会を賜りまして誠に有難うございます。本日のテーマは「共犯論」であり、その中で「幇助犯」を中心とする論点であります。「幇助犯」という言葉は、実際上よく使用されますが、条文上は「従犯」と称されています。ここでは便宜上、両方を使用します。幇助犯は、共犯論の片隅に追いやられて余り問題が存在しないかのように見えます。しかし、理論的な問題点の多い領域であり、最近では重要視されるようになっています。たとえば、幇助の「因果関係」は、共犯の処罰根拠論の先駆となった論点であり、「因果」共犯論の問題意識を形成しましたし、「片面的」幇助犯の問題は、「片面的共犯論」への普遍化をもたらしたのであります。また、共謀共同正犯との関係で幇助犯の成立範囲も重要な問題となっています。幇助犯固有の問題を御話しする前に、「共犯の処罰根拠」について簡単に触れておきたいとおもいます。なぜならば、幇助犯それ自体の問題も、究極的には「共犯論」との関連で検討されなければならないからです。

第二款　共犯の処罰根拠論

「共犯の処罰根拠」が、日本国の刑法学において大きな理論的関心を引き起こしたのは、歴史的には比較的最近のことであります。今、共犯処罰の根拠という根本問題が問い直される理由は、違法性論の深化に求められます。つまり、行為無価値・結果無価値という二項概念によって違法性を把握するという視点から、すなわち、行為無価値論と結果無価値論との対立という視点から、「共犯の本質論」の洗い直しが要求されているのであります。

この対立は、第二次世界大戦前後の日本の刑法学の特殊な事情を反映し、現在でもなお続いております。

共犯の処罰根拠に関する学説は、その区別自体に見解の対立がありますが、たとえば、高橋則夫教授によれば、「責任共犯論」と「違法共犯論」と「因果共犯論」に大別されます。責任共犯論は、共犯者が教唆・幇助により正犯者を責任と刑罰に誘い込んだことを共犯の処罰根拠と解します。この説は、「教唆犯」を主眼にして構築された理論で、共犯の処罰根拠を、共犯者が正犯者を堕落させ責任と刑罰に陥れた点に求めます。

違法共犯論ないし不法共犯論は、行為無価値惹起説とも称され、共犯は正犯の行為無価値を惹き起こしたことを理由に処罰されると解します。つまり、共犯は正犯が違法な結果を発生させる行為に関与したことを共犯の処罰根拠と解します。因果共犯論の説の中には、共犯が正犯を通じて法益侵害の結果を惹起したことを共犯の処罰根拠とする「純粋惹起説」と「修正された惹起説」と「混合惹起説」があるとされます。この対立は、「共犯独自の違法性」をどのように解するか、に由来するとされます。

「純粋惹起説」は、共犯の処罰根拠を、共犯者自身が法益侵害の結果を惹起した点に求め共犯の違法性は正犯の違法性から完全に独立していると解します。これは、「違法の相対性（個別性）」を肯定する立場であります。

「修正された惹起説」は、違法の相対性を否定し、共犯者は正犯者の法益侵害に加担した点に処罰根拠を求めます。

混合惹起説は、構成要件上の保護法益への従属的な侵害の点に処罰根拠を求め、共犯の違法性は、共犯行為自体の違法性と正犯行為の違法性の両方に基づくと解する見解であります。

わたくしは、刑法の任務は第一次的に「法益保護」であると解すべきであるとおもいます。その観点からは、違法共犯説の立場が妥当です。すなわち、あらゆる犯罪は法益侵害ないしその危険を惹起するところにその処罰根拠があり、「正犯」は自らの「実行行為」によって法益侵害ないしその危険を惹起する点に処罰根拠があるのに対し、「共犯」は正犯の実行行為を通じて「間接的に」その結果を惹起する点に処罰根拠があるのであります。

違法性の要素として行為無価値と結果無価値を要求する二元的行為無価値論ないし二元的人的不法論の見地からは、第一次的に法益侵害、つまり結果無価値に共犯の処罰根拠を求めるべきことになりますが、正犯者および共犯者の「主観」面が行為の違法性に影響を及ぼしますので、正犯者・共犯者の各関与者によって違法性の判断が異なることになります。その意味において、「違法の相対性」がみとめられるべきであります。ドイツ刑法学においては、共犯者は正犯の故意を惹起して違法な犯罪行為に至らせ、または援助行為によって違法な正犯行為を促進したと解する「惹起説」（Verursachungstheorie）ないし「不法共犯説」（Unrechtsteilnahmertheorie）が通説となったのであり、これは「促進説」（Fonderungetheorie）とも称されています。

第三款　幇助犯の問題点

これから幇助犯の問題点についてお話し致します。

一　処罰根拠との関係

先ず幇助犯の処罰根拠との関係が問題となります。幇助犯は、犯罪の実行を決意しそれをおこなう「正犯」の実行行為を容易にすることを通して法益侵害ないしその危険を惹起させる点で法益侵害に「間接的に」関与する犯罪形態であります。それは、法益侵害の間接的な原因となる点で犯罪性および可罰性を有するのであります。正犯者による法益侵害ないしその危険に「間接的に」関与する点において、幇助犯は教唆犯と共通性を有します。しかし、本質的に異なる点も存在するのであり、それを看過しないようにする必要があります。大審院の判例においては、正犯者以外の者の「実行行為に属しない行為」によって「正犯の実行行為」を幇助する点が、強調されています。すなわち、正犯と幇助犯の区別が「実行行為」性を基準になされており、統一的正犯概念を採らない日本国の刑法の基本的立場が的確に把握されているといえます。

　また、「所謂犯罪の幇助行為ありとすることを知りて犯人に犯罪遂行の便宜を与へ之を容易ならしめたるを以て足りその遂行に必要不可欠なる助力を与ふることを必要とせす」と判示されています。ここにおいては、幇助犯は「犯罪の遂行」に対する「必要不可欠」性を要件とせず、「犯罪遂行」に便宜を与えてその「容易化」をもたらせばよいとして、幇助行為の「実質化」・「非定型化」がなされております。つまり、幇助概念の広汎化・拡散化の現象が見られるのであります。

　最高裁の判例によりますと、従犯とは、「他人の犯罪に加功する意思をもって、有形、無形の方法によりこれを幇助し、他人の犯罪を容易ならしむるものであって、自ら当該犯罪行為それ自体を実行するものではない点においては、教唆と異なるところはない」とされています。この判例により、大審院時代に確立された幇助犯に関する基本的性格の把握は、最高裁判例に踏襲されたことになります。この判決においては、「非実行行為性」を基礎にして教唆犯との共通性が指摘されています。たしかに、その限度で両者は共通性を有し、それ故に正犯への「従属性」がみとめられるわけであります。しかし、それ以上に共通性を強調するのは妥当でないとおもいます。なぜならば、両者の「差異化」を通して幇助犯の独自性を確認したうえで、幇助犯固有の問題を明らかにする必要があるからであります。

二　幇助犯の故意

従犯が成立するためには、行為者が正犯を幇助すること、それに基づいて被幇助者である正犯が実行行為をおこなうことを必要とします。先ず、行為者が正犯を「幇助する意思」で幇助行為をおこなうことを要しますので、「幇助犯の故意」から検討することにします。幇助犯の故意とは、通説・判例によりますと、正犯の実行行為を表象し、かつ、その実行を自らの行為によって容易にさせることを表象・認容することをいいます。

幇助犯の故意について、正犯者の実行行為によって基本的構成要件が実現されることの表象を必要とする見解が主張されています。この見解は、日本国においては、当初、目的的行為論者によって主張され、現在では、結果無価値論者によって因果的共犯論を徹底した見地から主張されることが多くなっております。わたくしは、この見解と目的的行為論との間に論理必然的関係はなく、むしろ共犯の処罰根拠論と関連があると解すべきであるとおもいます。

幇助犯の故意の問題は共犯独立性説と共犯従属性説の見地から基礎づけられるべきであるとする見解も主張されています。すなわち、共犯従属性説の見地においては、幇助犯の犯罪性は正犯の犯罪性に従属するのであるから、たとえ幇助者において犯罪の要件たる故意がなくても、正犯が未遂に終わり、未遂犯が罰せられるときは、未遂犯の幇助が成立し、したがって、正犯と同一の構成要件実現意思としての故意を必要とせず、正犯の行為が実行の着手に至ることの認識があれば足りるとされるのです。そして、共犯従属性説を基礎としながら、幇助者の意思が、被幇助者である正犯者の故意と同一の故意を包含することを必要と解するのは、共犯従属性説の見地からは論理的に矛盾であるとされるのであります。

たしかに、共犯の従属性を強調しますと、正犯の実行行為への従属、いわゆる「実行従属性」を肯定して、幇助犯の故意は、正犯者が実行行為に出ることの表象・認容を必要かつ十分条件とすると解することは容易であるといえます。また、共犯独立性説を採り、幇助犯は、正犯に従属する必要はなく、それ自体固有の犯罪性をもつ独立犯であるとして正犯とは別に共犯独自の内容を有する故意をみとめることができます。

しかし、共犯独立性説か共犯従属性説か、という観点からのみで「故意の内容」に関する見解の当否を決めるべきではありません。共犯従属性説の見地においても、従属性の程度には差異が存在しますので、主観的要件についても正犯に従属することを肯定することも可能であります。現に、学説史的に見ましても、共犯従属性説の内部において、古くから故意の内容は争われて来ているのです。さらに、教唆犯・幇助犯の「固有の犯罪性」は、たんに「正犯の故意を包含するか否か」という主観的側面からのみで基礎づけられるべきものではなくて、むしろ先ず客観的側面から基礎づけられるべきであります。このような視点が「共犯の処罰根拠論」にほかなりません。幇助犯の処罰根拠は、正犯の行為を通じて、間接的に犯罪構成要件の実現に寄与した点にあるとする見解から、幇助犯の故意は、被幇助者である正犯による犯罪構成要件の実現に向けられるものであることが必要であるとする見解が主張されています。これは、行為無価値論の見地から主張されており、教唆者の故意と並行的に理解されるべきであるとしているのであります。

これに対して、通説は、教唆犯の故意のばあいと同様、正犯が実行行為をおこなうことを表象すれば足りると解していますが、その理由は、次の通りであります。すなわち、教唆は他人を教唆して犯罪を実行させることであるから、被教唆者が自己の教唆行為によって犯罪の実行によって犯罪の実行を決意してその実行行為に至ることの認識があれば足りること、たんに教唆者が正犯の実行を認識しているにすぎないばあいは不可罰となる結論は支持しがたいことに根拠が求められているのです。これは、人的不法論を基礎とする不法共犯論からみとめられるものであります。この見解は、共犯の客観的射程を「正犯結果の惹起」ではなく、「正犯の実行行為の惹起」で終わると考えており、共犯の既遂ないし未遂の可罰性は、本来、共犯行為の射程を超過するものであって、正犯の既遂ないし未遂にたんに従属していると評されています。まさにその通りであり、わたくしは、この見解が妥当であると考えております。

幇助犯の故意として正犯が実行行為をおこなうことの認識があれば足りますから、「幇助行為と構成要件的結果との因果関係」の認識を必要としないことになります。したがって、幇助行為の結果、正犯の実行が容易になることの認識があれば足りるのであります。これは、「幇助の因果関係」と関連しますので、後で触れることにします。幇助犯の故意は、未必的なもので足ります。一般に正犯においても未必的故意で足りると解されており、それを幇助するばあいに、敢えて積極的な確定的故意を必要とする根拠は見出せないのであります。

幇助犯の故意に関連して、「未遂の幇助」の問題があります。未遂の幇助とは、幇助者が正犯者の実行行為が未遂に終わることを表象して幇助行為をおこなうことをいいます。未遂の幇助も「未遂の教唆」と同様に扱われるべきであります。なぜならば、これは、教唆犯・幇助犯の故意に関する見解からの結論に関連するからです。

正犯結果の表象・認容を必要とする見解を採りますと、未遂の教唆および未遂の幇助のばあいには、故意の充足はあり得ませんので、不可罰となります。これに対して、正犯者が実行行為をおこなうことの表象・認容で足りると解する見解を採りますと、未遂の幇助は未遂犯に対する幇助として可罰的であることになります。

幇助犯の故意に関連して、さらに「過失による幇助」の問題があります。過失による幇助とは、注意義務に違反して正犯の実行を容易にする行為をおこなうことをいいます。過失による幇助が幇助犯となるか、について、一般に行為共同説はこれを肯定し、犯罪共同説はこれを否定しております。しかし、この関連は、両説の対立とは直接の関係をもちません。それは「幇助犯の故意」の内容と関連するのであります。幇助犯は、正犯の実行を容易にすることを表象しておこなうことが必要でありますから、行為共同説の立場においても、過失による幇助犯を否定できるのであり、否定すべきなのです。

判例も、「無免許による自動車無謀操縦の幇助犯が成立するためには、被告人において自動車を運転する者が自動車の運転免許を受けていないのに自動車を運転することを認識し、かつ、これを認容したうえで幇助を与える事を必要とするものであって、過失によっては幇助犯は成立しないと解するを相当とする」と判示して、過失による幇助犯を否定しております。

三　幇助行為

幇助行為に該当するか否か、が実務上も争われる問題が増加しています。先ず、「中立的行為による幇助」ないし「日常的取引き行為と幇助」の問題があります。たとえば、住居侵入・窃盗に使うつもりでねじ回しを買おうととしている人に、金物店の店主がそのことを知りながらねじ回しを販売したばあいに、住居侵入・窃盗罪の幇助が成立するか、が問題となります。これが「日常的取引き行為と幇助」の問題であります。商店主がおこなう商品の販売などの日常的な取引き行為は、それが外形上平穏な取引きであるかぎり、犯行に利用される未必的な認識があるばあいであっても、幇助行為に当たらないとするのが妥当であります。理論的には幇助罪の構成要件には該当しますが、正当業務行為として違法性が阻却されることになります。

ところが、判例は、ピンクチラシを印刷した業者が売春周旋罪の従犯として起訴されたケースにおいて、「幇助犯としての要件をすべて満たしている以上、印刷が一般的に正当業務行為であるからといって、売春の周旋に関して特別の利益を得ていないなど、所論指摘のような理由でその責任を問い得ないとは考えられない」と判示して幇助犯の成立を肯定しております（東京高判平2・12・10判タ七五二号二四六頁）。

次に、最高裁の判例は、被告人が、ファイル共有ソフトである「Ｗｉｎｎｙ（ウィニー）」を開発・公開し、インターネットを利用する不特定多数の者に提供して、正犯者ら二名が著作権者の許諾を得ずにゲームソフトや映画の各情報をインターネット上で自動公衆送信し得る状態にして著作権者が有する公衆送信権を侵害するのを助けたという著作権法違反幇助の事案につき、幇助犯の成立を肯定しています。判例は、次のように判示しております。すなわち、適法な用途にも著作権侵害という違法な用途にも利用でき、これを著作権侵害に利用するか、その他の用途に利用するかは、個々の利用者の判断に委ねられているＷｉｎｎｙという「ソフトを利用して現に行われようとしている具体的な著作権侵害を認識、認容しながら、その公開、提供を行い、実際に当該著作権侵害が行われた場合や、当該ソフトの性質、その客観的利用状況、提供方法等に照らし、同ソフトを入手する者のうち例外的とは言えない範囲の者が、同ソフトを著作権侵害に利用する蓋然性が高いと認められる場合で、提供者もそのことを認識、認容しながら同ソフトの公開、提供を行い、実際にそれを用いて著作権侵害（正犯行為）が行われた時に限り、当該ソフトの公開、提供行為は、それらの著作権侵害の幇助行為に当たる」と判示されているのであります（最決平23・12・19刑集六五巻九号一三八〇頁）。

また、最高裁の最近の判例は、被告人ＡおよびＢが、同乗していた車の運転者Ｃがアルコールの影響により正常な運転が困難な状態にあるにもかかわらず、同車を走行させることを了解、黙認し、走行中にＣが犯した二名死亡、四名負傷の危険運転致死傷の犯行を容易にしたという危険運転致死傷幇助の成否が問題となった事案において、幇助犯の成立を肯定しております。判例は、次のように判示しています。すなわち、「被告人両名らとの関係、Ｃが被告人両名に本件車両発進につき了解を求めるに至った経緯及び状況、これに対する被告人両名の応答態度等に照らせば、Cが本権車両を運転するについては、先輩であり、同乗している被告人両名の意向を確認し、了解を得られたことが重要な契機となっている一方、被告人両名は、Cがアルコールの影響により正常な運転が困難な状態であることを認識しながら、本件車両発進に了解を与え、そのCの運転を制止することなくそのまま本件車両に同乗してこれを黙認し続けたと認められるのであるから、上記の被告両名の了解とこれに続く黙認という行為が、Cの運転の意思をより強固なものにすることにより、Cの危険運転致死傷罪を容易にしたことは明らかであって、被告人両名に危険運転致死傷幇助罪が成立する」と判示しているのであります（最決平25・4・15刑集六七巻四号四三七頁）。

さらに、最高裁の判例は、児童ポルノ画像データの所在を示す文字列をウェブページ上に記載した行為につき、児童ポルノ公然陳列罪にいう「公然と陳列した」に当たるか、が争われた事案において、少数意見が本罪の正犯ではなく「幇助罪が成立する余地もある」と述べている点が注目されます（最決平24・7・9判時二一六六号一四〇頁）。このの問題は流動的であるとおもいます。このように、実務上、幇助行為の意義が改めて問い直されているのであります。

四　幇助犯の因果関係

次に、幇助犯の「因果関係」の問題があります。幇助犯の因果関係の問題は、最近、共犯の処罰根拠論との関連で重視されるようになっています。幇助犯のばあい、幇助行為による法益侵害への影響が間接的でありますから、厳格に因果関係を要求されず、罪責が肯定され易かったといえます。しかし、共犯の処罰根拠として法益侵害への因果的関与を強調する因果共犯論は、従犯の因果関係を厳密に要求することになります。

帮助の因果関係の要否および内容について、学説は、「帮助行為と正犯の実行行為との間」に因果関係があれば足りるとする見解、「帮助行為と正犯の結果との間に」因果関係を要するとする見解、「正犯およびその結果と帮助行為との間」に因果関係を不要とする見解に分かれています。わたくしは、二元的行為無価値論ないし二元的人的不法論の見地から、次のように解すべきであると考えております。実定法は「帮助した」と規定しているにすぎず、帮助行為は正犯を援助しその実行行為を容易にすれば足りるのでありますから、帮助の因果関係は「帮助行為と実行行為との間」に必要であります。帮助行為は実行行為を物理的・心理的に容易にすることを以て足りるのであります。さらに、「帮助行為がなかったならば、正犯者の実行行為はおこなわれなかったであろう」という条件関係は必要ではなく、帮助行為によって正犯の実行が容易になったとみとめられれば足ります。たとえば、正犯者の刺殺行為を帮助する意思でナイフを貸与したが、正犯者は刺殺を実行せずにピストルで人を殺害したばあい、精神的（心理的）に殺人を容易にしたとみとめられる限度で帮助の因果性は肯定されるのです。このように「人的不法論」の見地からは、「不法への関与」があれば足りるのであります。

五　帮助犯と共同正犯との区別

共同正犯と有形的従犯との区別が問題となります。共同正犯と従犯との区別について、学説は、主観説、形式的客観説および実質的客観説に分かれております。主観説は、行為者が自己のために行為をおこなうか、他人のために加担する意思で行為をおこなうか、によって区別します。形式的客観説は、行為者が実行行為をおこなうのか否か、によって区別します。この説は「実行行為」を基準にして形式的に区別しますので、形式説とも称されますが、内容的には実行行為性説と称するのが妥当であります。実質的客観説は、犯罪の完成にとって重要な行為をおこなったか否か、によって区別します。

共同正犯の本質的特徴は、「実行行為の共同」にあると解するのが妥当ですから、共同実行の意思をもって基本的構成要件に該当する実行行為を共同にした者が共同正犯であり、幇助の意思をもって従犯の修正された構成要件に該当する幇助行為をおこなった者が幇助犯であると解すべきであります。

判例は、「共同正犯は数人が各事故の犯罪を実現する意思を相通じ共同して犯罪を実現するものをいうのであって、正犯者各人は自己の行為は勿論他の正犯者のために奉仕し各人は他の正犯者の行為を自己のために利用するものであるから、正犯者各自の行為は互に他の正犯者の行為についてもその責に任ずべき関係にあるものである。故に正犯者の或は一人は単に補助的な行為をなしたに止る場合或は全然犯罪に加功しなかった場合においても他の正犯者が犯罪を実行した以上正犯の責任は免れないのである。これに反して従犯は他人の行為を利用して自己の犯意を実現させる意思なく他人の犯罪を幇助する意思を以て実行行為以外の行為を以てこれを幇助するものである。この場合他人の犯罪か自己の犯罪かという区別は単に他人のため或は自己のためというと異なり実行行為と離れて観念することはできないで、他人のためにしたのでも実行行為をすれば即ち自己の犯罪なのである。而して他人の犯罪に加功するのが従犯なのである」と判示しております。

また、「要するに共同正犯を以て論ぜられる場合であるか従犯と見られる場合であるかの区別の標準は専ら自己の犯罪を共同して実現する意思であったか或は他人の犯行の実行を容易ならしめるだけの意思であったかにあるのである」とも判示しております。判例は、どちらかといいますと、正犯意思・幇助意思による区別を重視していると解されております。

有形的従犯と共同正犯との区別に関してとくに問題となるのは、「見張り行為」であります。判例は、賭博の見張り行為を従犯と解したものもありますが（大判大7・6・17刑録二四輯八四四頁）、一般に共同正犯の成立をみとめています。たとえば、騒乱（大判昭2・12・8刑集六巻四七六頁）、殺人（大判明44・12・21刑録一七輯二二七三頁）、窃盗・強盗（大判大11・10・27刑集一巻五九三頁、最判昭23・3・16刑集二巻三号二二〇頁）の見張りは、いずれも共同正犯であると解しております。見張りを共同正犯と解する理由は、それが「実行行為」に加功するものであること（大判明42・6・8刑録一五輯七二八頁）、それが「実行行為」を組成または分担するものであること（大判明44・12・21刑録一七輯二二七三頁）、「共謀共同正犯」の理論の立場から共謀者が見張りをした時は当然共同正犯となること（最判昭25・2・16刑集四巻二号一八四頁）などに求められています。

共同者の行為を全体として観察すれば、直接手を下さなくても、犯罪を共謀し、かつ、見張りを分担するようなばあいは、共同正犯と解すべきですから、判例の立場は妥当であるとおもいます。

しかし、判例の立場に対しては、見張りの共同正犯を広くみとめすぎるとの批判が加えられています。すなわち、それは、共同正犯と従犯との「類型的意味」を曖昧にする点で不当であるとされるのです。たとえば、監禁罪における被監禁者の逃走を防止するための見張り行為のように、それ自体が犯罪の実行行為に当たり得る見張りや、数名の共同者による「共同実行」の現場において全体を指揮する形式でおこなわれる見張り行為などは、実行行為であるが、単なる見張り行為は、通常、実行行為とは言えず、基本的には幇助行為に当たると解するのが妥当であるとされているのであります。

六　幇助犯の諸類型

次に幇助犯の諸類型について見ることにします。先ず、「間接従犯」があります。間接従犯とは、従犯を幇助することをいいます。間接教唆犯については、明文の規定がありますが（六一条二項）、間接従犯については明文の規定がありませんので、解釈論上、これをみとめるべきであるとする肯定説と、これをみとめるべきでないとする否定説とが対立しています。

肯定説によりますと、幇助の処罰根拠は正犯の実行行為を容易にすることにありますから、直接的に正犯の実行行為を容易にする直接幇助ばかりでなく、間接的に容易にする間接幇助もみとめられるべきであり、理論的には連鎖的教唆の可罰性と異ならないとされます。しかし、明文が「正犯を幇助した者」としている（六二条）のは、間接幇助をみとめない趣旨であり、従犯を幇助する行為は「実行行為」ではなく、幇助の幇助という観念をみとめる余地がありませんので、否定説が妥当であるとおもいます。

「間接従犯と従犯の限界」が問題となります。実行行為者が犯罪を決意しているのを認識し、幇助行為によってその実行を間接的に容易にしているばあいには、端的に正犯を幇助していると解すべきであるとおもいます。たとえば、Aが事情を知らないBに対して短刀を殺人者に届けさせたばあい、Aは、間接従犯ではなく、従犯そのものなのであると解すべきであります。また、間接従犯をみとめた判例の事案（最決昭44・7・17刑集二三巻八号一〇六一頁）も、正犯の実行行為そのものを幇助したものと解されるべきであります。すなわち、Aが、Bまたはその知人が不特定・多数者に観覧させるべきであろうと予期しつつ猥褻な映画フィルムをBに貸与したところ、Bがそれを友人Cに貸し、Cがそれを映写して公然陳列したばあい、Cのわいせつ図画公然陳列罪の実行について、情を知ったBのフィルムの転貸という幇助行為が介在しても、Aのフィルム貸与が不可欠な援助をしているとみとめられるときは、Aの行為はたんにBの行為を幇助したものではなく、Cの実行行為そのものを幇助したものと解すべきことになります。

さらに再間接従犯が問題となります。再間接従犯とは、間接従犯を幇助することをいいます。再間接従犯およびそれ以上の従犯を連鎖的（順次）従犯といいます。間接従犯が解釈論上、否定されるべきでありますので、再間接従犯も否定されるべきであるとおもいます。判例上、再間接幇助をみとめたものはありません。

最後に「教唆犯の従犯」の問題を見ることにします。教唆犯の従犯とは、教唆行為を幇助して、その遂行を容易にすることをいいます。教唆行為も修正された構成要件に該当する実行行為といえることを理由にして教唆犯の従犯および間接教唆の従犯を肯定する見解もあります。しかし、再間接従犯のばあいと同じ理由により、教唆犯の従犯・間接教唆の従犯も不可罰とされるべきであるとおもいます。しかし、判例は、間接教唆の従犯について、その成立を肯定しております（大判昭12・3・10刑集一六巻二九九頁）。

第四款　結　語

雑駁ではありますが、以上でわたくしの御話しを終わらせていただきます。御静聴有難うございました。

日時：二〇一四年五月三日
場所：中華民国東呉大学法学院

第三部

社会の変化と法

第一章　訴訟化社会と独立自治の精神

第一款　はじめに

ただいま過分なご紹介をいただきました川端でございます。ご紹介にもございましたように、わたくしは上平良川で生まれ上平良川で育った人間でございます。具志川市の一市民として、高校時代までここで過ごして、それから四十年近く東京で生活をしているわけであります。

この講演会につきましては、ただいま教育長先生からも急な話しで、たいへんなご苦労があったということでございましたが、わたくしにとっても非常に急なことでございました。

前々から、せっかく帰郷してきたときには、講演をする機会があってもいいのではないかというお話しを承っていたのですが、わたくしの日程の都合でその話しは実現いたしませんでした。元教育長でわたくしの恩師でもある宮里朝景先生から何度もそのお話しを伺いました。今回やっとそれが実現することになりまして非常に嬉しくおもいます。

今回の講演の主催は具志川市教育委員会ですが、上平良川区自治会、具志川市校務研究会、正進会の委員の方々にも、だいぶご配慮いただいたということですので、感謝申し上げます。

じつは本日の講演は、非常にやりにくいのであります。わたくしの恩師がいっぱいいらっしゃいますし、それから、先輩、同期生、後輩もいらっしゃいます。そして親戚の人もおるのであります（笑）。こういう場で話すというのは非常にやりにくいというのが、正直なところでございます。大学では学生が相手であり、学生は一定の目標をもってきておりますから、一方的に話すことができるのですが、このように若い人からそうでない人まで含む（爆笑）ということになりますと、これはもう対象を絞るのが非常に難しいので苦労していることをまず、ご理解いただきたい（笑）とおもいます。

第二款　なぜ難解な演題なのか

今日の演題でございますが、非常に難しいですよね。「訴訟化社会と独立自治の精神」というものでございます。昨日、ＦＭチャンプラーというＦＭラジオ局の「おはようコミュニティー」という番組でインタビューを受けました。ラジオカーレポーターである當銘さんから、「どうもこのタイトルは非常に難しいです。どういうことを話すのですか？」という質問を受けたのです。そこで、やはり法律家だから、こういう非常に難しいタイトルをつけたけれども、中身は一般市民が相手ですので、非常に砕けた内容にしたいと話しました。その時に改めて気付いたのですが、演題もサブタイトルも、漢字だらけなのですよね。だいたい法律家は漢字が大好きなのです（笑）。なぜ漢字が好きかについて、つらつら反省したのですが、結局、ひらがなで示される大和（ヤマト）言葉で話しますと、論理関係を明確にしにくいという理由がございます。哲学思想を始めとしていろいろな思想は、全部漢字で翻訳語を作りそれを使ったといういきさつがあります。そして、法律は西洋から直輸入をしました関係で、翻訳語を使うという長い歴史的な背景がありますので、ついついわたくしどもは漢字を使ってしまうわけです。抽象的にすべてを含んだ中身を示そうとしますと、こういうタイトルになってしまうのですね。「訴訟化社会」ということだけを書けばいいものを、「独立自治の精神」というものまでくっつけてしまう。さらに、サブタイトルで何とかかんとかいって、とにかく盛り沢山にすべてを語り尽くそうとする悪い癖があるのです。ですから、法律家というのは、だいたい難しいことばっかりいっているという印象を受けがちであります。それで、昨日、ラジオをお聞きになった方もいるとおもいますが、女性のパーソナリティーの方から、曲のリクエストを受けたのです。その時、わたくしは「ドリームス・カム・トルー」という若いカップルが歌っている「ラブ・ラブ・ラブ」というのを聞かせてほしいとリクエストしました。そしたら、そのパーソナリティーは「まあ、おちゃめな先生ね」(笑)というのです。どういう難しい曲を注文するかとおもったら、非常にやわらかい曲を希望したというので、わたくしおちゃめ扱いをされました(笑)。おちゃめというのはまず、ほめ言葉なんですよね。最近の学生とか、非常に若い十代から二十代にかけての女の子たちは、すばらしいとか、素敵とか、かっこいいとか、あるいは尊敬すべきとかを全部ひっくるめて「可愛い」というのです。だから「川端先生可愛い」なんて(笑)わたくしいわれるのです。わたくし、もうすぐ還暦なんですよ。それをつかまえて「可愛い」とは何事かと(笑)つねづねおもうのですが、まあ、これ最高のほめ言葉だということですから、皆さんもどうぞこれから「可愛い」と(笑)いってください。そうすると皆喜ぶだろうとおもいます。

第三款　青春とは何か

それから、今日は若い方から、かなり年齢のいった方までいらしているということを伺いました。これは非常に嬉しいことでもあります。ウルマンという詩人がおりますが、その人の有名な詩に「青春」というのがあります。「青春とは何か」について、ウルマンは、次のようにうたっています。これは美しい詩ですので、いつか図書館などで読んでみてください。わたくしは法律家ですから、味気ない散文的な言い方になるかもしれませんが、要するに、青春というのは、年齢ではない。青春というのは心の持ちよう、有りようであるという趣旨のことをいっています。どんなに年齢が若くても、心にチャレンジング、つまり挑戦的な要素をもっていない者は、青春を謳歌しているといえないわけです。逆に何歳であっても、いろんな物事に挑戦していく、つねに新しいものを求めていく、こういう心をもっている方は青春を謳歌しているのです。

本日、この難しい演題のもとで何を話すか分からないという状況であるにもかかわらず、わざわざお出で頂いているわけですから、ここはもう青春だらけなのです（笑）。こういう美しい青春の場に立ち会ったことをわたくしは非常に幸せにおもっております。それで若い人にはわたくしの体験を聞いて、将来に向けて勇気をもち、さらに前進していくという意気込みをもっていただきたいし、それから若くない人には（笑）明日のために元気をつけるという気持ちでこれから頑張っていただきたいとおもいます。こんなのは若い人にまかせておれない、我々がやらなくてどうするのだという元気を今日ここで培っていただきたいと存じます。

第四款　訴訟化社会の背景

タイトルは難しいのですが、「訴訟化社会」の問題がどういうことを意味するのか、そしてその背景はどうなっているのか、ということから、お話ししていきたいとおもいます。いま、グロバリゼイションという言葉が流行語のようにいろいろなところで語られております。グローバルというのは、「世界的な」という意味で用いられていますが、今まではインターナショナルという言葉で「国際的」ということが表現され、世界的な規模のことを「ワールドワイド」という言葉で表現したのですが、今や「地球」規模の観点からグローバルという言葉を使うようになっているわけです。

それで「グローバルスタンダード」ということを西洋諸国が強調してきております。これは、日本もそのような世界的な水準に合う条件を作って、世界で自分たちと対等に付き合うべきだという要求なのです。従来は経済の領域で言われてきたのですけれども、最近では法律の世界にまで、その要求が強くなってきたわけであります。この要求に応じて法律制度が変わっていくことになりますと、わたくしたちの身近な社会生活も大幅に変わっていかざるを得ないことになります。そのような動きの中で「訴訟化社会ってなんだろうか」を説明する前に、なぜグローバリゼイションが日本に突き付けられてきたのかということを考えてみる必要があるとおもいます。

日本の経済の発展は、いわゆる「護送船団方式」として特徴づけられています。つまり、国が企業の商業活動などをバックアップしたのです。国が丸抱えで皆を保護してきたから、その保護を受けられない外国の企業にとっては非常に不公平であるという考え方が強くなってきたわけです。日本に進出したいけれども、いろんな障壁・障害があると感じられたのです。西洋諸国からしますと、「日本はけしからん国だ。自分たちだけ幸せを満喫し、経済的な利益を得ており、これは許せないことだ」とされるのです。「自分たちが市場を世界に解放しているように、日本もそうすべきである」というのが彼等の主張であります。

日本的な護送船団方式の根本を成すものは何か、その中核部分を成すものは何かといいますと、それはいわゆる「規制」です。「行政指導」といわれるものです。行政指導によって十分に保護するために、事前に許認可権を活用するわけです。つまり、許可したり認可したりする行政指導を通して、いろいろな規制を加えるのです。事前にこういうことをしてはいけないとか、こういう条件でなければいけないとかの方法で事前の抑制をしますので、事前抑止型、あるいは事前抑制型の社会だったといえます。

そうではなくて、個人にもっと権限や自由を与えて個人に任せようじゃないか、国あるいは行政庁などが規制を加えるのを減らそうじゃないか、ということで出てきたのが、いわゆる「規制緩和」という方策です。日本政府はそれを実現することを約束しております。世界に向けてこれから規制緩和をするという大きな動きがいま生じてきています。たとえば、教育に関していいますと、国立大学の「独立行政法人化」問題がそうであります。国が丸抱えで教育を支えるのは大変だから、民間の企業努力をも考慮に入れて、国立大学も独立採算性に近い形で運営させようという趣旨で独立行政法人化して民間に近いような形で競争力をつけるべきだという要求ですよね。わたくしは私立の明治大学におりますから、わたくしたちはすでに一二〇年来、そういうことをやってきているわけですが、国立大学もいよいよ、そういう方向に踏み出さざるを得なくなってきているのも、規制緩和のひとつの表われです。

第五款　「訴訟化社会」の出現

このように、できるだけ個人に権限を与え、個人の責任において物事を進めて行こうという考え方を採るべきだということになっているわけです。そうしますと、個人でやりますから、もう国は保護してくれない、誰もサポートしてくれない、こういうことになりますので、自分で考えなければいけない、自分の利益は自分で守るようにしていかなければならないという事態が生じます。紛争が起こったばあいも、国や地方公共団体の行政機関はいちいち指導はしないで、個人が個人のレベルできちんと対応しなさいということになりますから、事前に行政官庁等が抑制をするのではなく、自由にしておいて後から皆さんに争いがあれば、訴訟で解決しなさいということになるのです。今までなあなあで済んでいたのが、訴訟で解決をするという社会になって行くわけであります。これは「事後抑制型」ということになります。その紛争の処理は事後的になされますので、「事後救済型」の社会への移行を要求することになります。これがわたくしのいう「訴訟化社会」であります。

第六款　訴訟化社会と「訴訟社会」

訴訟化社会に似た言葉に「訴訟社会」というのがあります。アメリカが典型的な訴訟社会であります。アメリカはご存じのように、何事も訴訟で決着をつけるという社会構造をもっております。たとえば、家庭内の問題も、裁判の場で、親兄弟がそれぞれの弁護士を雇って大いに争うというようなケースも出てくるのです。「わたくしが豊かな生活を送れないのは両親が教育を間違えたからだ、だからちゃんと賠償金をよこせ」という訴訟まで起されかねないのですよね。親子関係、兄弟関係を始めいろいろな領域で全部訴訟で白黒をはっきりさせるという社会が「訴訟社会」であります。日本はまだ、そこまで行っておりません。多くの方々の目標は、アメリカ型の社会であります。アメリカのような訴訟社会にもっていくべきだという考え方をもっている方が、かなりいるわけです。しかし、わたくしは必ずしもこれが望ましい方向だとはおもっておりません。これはわたくし個人の考え方ですが、アメリカ型の訴訟社会には陪審制などの前提があります。「アメリカ民主主義」という特別の歴史をもった背景があるわけであります。我が国のように東洋の中で西洋に学びつつ、なお東洋の精神を生かしてきた社会が、はたしてアメリカ型の訴訟社会にまで成長あるいは変化することができるかについては、わたくしは疑問をもっています。むしろ、そうなってはいけないと考えております。やはり、我々の文化には「独自の良さ」があるわけで、これを「伝統」として生かす道を考えるべきであるとおもうのです。むしろアメリカの訴訟社会が弊害を生じさせていることは明らかです。そのような弊害が生じないようにすることも考えながら、現時点では「訴訟化」という社会変動の中でそれにどう立ち向かっていくかが大事だろうとおもうわけです。

先ほどのＦＭ番組でインタビューを受けたときに、「沖縄はのどかな地域だから、今までなあなあでやってきたのが、急に訴訟化社会になったら困るのではないか」といっておられました。わたくしもそうだとおもうのです。いきなり変わってしまいますと、大変ですよね。このように社会が変わっていく場面で、沖縄文化と法律の関係をもう少し明確にしていく必要があると考えているのです。沖縄の文化で育った沖縄県民として「法の精神」をどのように捉え直すか、という重要な問題を突き付けられていますので、まず、背景としてこのようなグローバリゼイションあるいはグローバルスタンダードの要求があることをご理解いただきたいとおもいます。

第七款　訴訟化社会と「司法改革」

こういうしゃべり方になると大学の授業みたいに眠くなる（笑）人が、きっと出てくるとおもいますが、少し我慢していただきましょう。大学の授業はだいたい九〇分、一時間半ですが、今日は時間を少し短くしてありますので（笑）、眠らさないように配慮しております。これから次の段階へ進んで行くことにします。

法律の世界で、事後救済型社会を作っていくばあいに、どういう手だてが必要になるかが、今問題になっております。これがいわゆる「司法改革」という問題であります。わたくしは、二十七日に帰って参りましたが、その日の夜七時半ごろ、NHK総合テレビで「クローズアップ現代」という番組があって、法曹人口、弁護士の数の問題について一定の報道がなされたようであります。これをご覧になった方もかなりいらっしゃるとおもいます。ご覧になった方々は、法曹人口の増加問題の背景をかなりご理解していることとおもいます。今度はわたくしの側から見たこの問題についてのお話しをしたいとおもいます。

訴訟化社会では訴訟が確実に増えて行きます。もうすでに訴訟件数が増えているのです。それに対応するためには、弁護士の数、裁判官の数を大幅に増やさなければならないといえます。表面的には、弁護士の数を増やすことが解決策のように見えますが、もっと根本的には、むしろ裁判官の数をもっと増やすべきだとおもいます。裁判官との付き合いがありますので、彼等の担当事件数の現実を聞いてみますと、一人当たり、二、三百件位もっているのですよね。その事件を毎日こなしていかなければならないという重労働にあえいでいるのですよ。このように担当事件が多いにもかかわらず、事件数はますます増えて行き、負担加重になって行くわけですから、むしろ法曹人口の増大で解決すべき問題は裁判官の増員です。

この点はともかく、事件が多いのに弁護士が少ないと、法廷で公判期日を決める際に、なかなか日が決められないことになります。この日はどうですか、いやその日は別の事件が入っています、この日はどうですか、やはり駄目です、という具合に、半年後、一年後も日程が組めないということが現に起こっているのです。そうしますと、ますます裁判が遅れることになります。日本の裁判は世界で一番長くかかります。オウム事件なんかは、まだまだ見通しがつかないですよね。裁判が非常に長いことの原因は、弁護士と裁判官の数が少ないことにあるのです。遅れた裁判・遅延した裁判は、もはや裁判ではない、正義ではない、という趣旨のイギリスの諺があります。イギリス人は、非常にプラグマティックで、実践的な考え方をしますから、遅れた裁判なんて無意味だという考え方が強いのですよね。わたくしたちも、グローバル・スタンダードというからには、裁判を早くして、早く権利回復をするシステムを作らなければならないことになります。そこで法律家の数を増やそうという動きが出てまいります。それで現在、司法試験の合格者数をかなり増やしてきております。わたくしが受けた頃は、二万人近くが受験して合格者が約五〜六〇〇名という試験でございました。現在の合格者は、約一〇〇〇名であります。今年から一二〇〇名位にすると聞いていますが、それでも足りないといわれています。司法制度改革審議会の報告では、年間三〇〇〇名位合格させないといけないとされているのです。はたしてその数が妥当かについては、疑問がありますけどね。それ位増員してはじめて世界へのレベルに達するという事をいっているのですよね。では三〇〇〇名に増やすにはどうすればいいのか?。現在の司法試験の合格者数を一定程度増やせばいいという意見ももちろんあります。わたくしもそのように考えています。しかし、現在の司法試験に対しては、ペーパーテストと面接試験の一発試験だけでは良い人材は得られないのではないか、と疑問が提起されています。それから今、取引きや犯罪の国際化が進んで来ています。これに対応できる専門的な知識を現在の司法試験では判定できないじゃないか、とも批判されています。そこで、数の問題と質の問題を一挙に解決する方法として出て来たのが、いわゆるロースクール構想あるいは法科大学院構想です。これは、現在の学部の上に二・三年間の大学院を作り、あくまでも法律家になるためだけの専門の大学院にするという計画です。アメリカのロースクールがモデルとなっています。アメリカのロースクールは、カレッジ、つまり普通の大学を卒業した者が、さらに試験を受けて、そこで訓練を受けた後、司法試験を受けて合格していくというシステムを採っています。アメリカではロースクールの卒業生でなければ司法試験を受けられないことになっているのです。日本もそのようにしようということで、準備が進んでいて、二〇〇四年からスタートすることになっています。ところがアメリカとは事情がかなり違うのですよね。皆さんは意外におもうかもしれませんが、アメリカの大学制度の中に法学部というものがないのです。法学部は存在しません。法学部というシステムは、ヨーロッパから取り入れた制度です。アメリカのばあいには、教養学部に相当するカレッジがあって、そのカレッジの出身者がメディカルスクールとしての医学部やロースクールやビジネススクールに進むという形で別れていくのです。ですから大学全部はカレッジという教養学部です。これに対して日本では大学に法学部があって、一〇〇年以上の歴史をもっています。法学部が多くの人材を輩出してきているのです。官公庁を始め民間企業など各領域で法学出身者が活躍してきているわけです。それを一挙になくすることはできませんよね。それで法学部を残しながら、さらに法科大学院を作るという構想が立てられているのです。そこで少人数で専門的な教育をみっちりおこなえば、法律家の質の確保もできるとされているのです。

ロースクールについては、いろいろ問題があります。この問題について、これから新聞を読んだり、ラジオ、テレビで意見を聞いたりして考えてみてください。問題はどこにあるのか、今日は「体験的な法律学入門」ということですから、「どのように」考えるかを学ぶのが「法律的な思考方法」なのですね。皆さんは、これから訴訟化社会で生きていかなければいけないのです。あと一〇年、二〇年、さらに三〇年も五〇年もとなりますと、ある程度の「法律的な素養」が必要となってきます。これがここでいう「法律的な考え方」であります。法律は難しいというイメージをもたれがちなのですが、必ずしもそうではありませんよ。これからそういう話しをしていくわけなのですけどね。そういうことで、まず、法科大学院構想問題が、これから新聞やテレビなどのマスメディアに出てきますので、よく読んだり視聴したりしてください。そうしますと、わたくしがいっていたことの背景がお分かりいただけるとおもいますから、その先は自分で考えていくことができるようになるはずです。

第八款　司法への市民の参加

司法改革のもうひとつの目玉は、「司法への市民の参加」という考え方です。市民参加としていわゆる「裁判員制度」を導入する計画が進んでおります。裁判員制度ができますと、皆様方も裁判員にならなければならないばあいが生じます。市民として国の司法権の一翼を担う立場になるわけです。皆さんはそういう可能性をもっていますから、その時にキチンと対応していかなければならない時代がすぐ来るのです。

今、裁判員制度について述べましたが、これはアメリカやイギリスなどの陪審員制度とは違います。皆さんはその違いがどこにあるかについて分からないとおもいますので、説明しておきましょう。陪審制度というのは、市民の中から――選び方はいろいろありますが――選ばれた者を陪審員といいます。この陪審員たちが、たとえば、刑事事件でいえば、犯罪事実を認定するのです。たとえば、殺人事件であれば、Aという人がBという人を殺したかどうかという「事実」を証拠に基づいて認定するのです。「犯罪事実」の有無は、市民が決めるのであって裁判官ではないのです。いいですか、裁判官は「事実認定」をしてはいけないのです。裁判官は何をするのかといいますと、適法な証拠かどうか、証人尋問のやり方が法律的に正しいかどうか、ということを、訴訟指揮権に基づいて決めるのです。皆さんは法廷ものの映画やドラマでよくご覧になっているとおもいます。オブジェクション（異議あり）といったばあいに、これは却下とか、これはみとめるとか、質問の方式を変えろとか、を決定する役割を果たしているのは裁判官です。裁判官は、そういう訴訟指揮をおこなうけれども、「犯罪事実の認定」を一切やってはいけないのです。陪審員が陪審員室で討議して有罪か無罪かを決めます。有罪が決まれば、ギルティー（有罪）の評決を裁判官に告げます。ギルティー（有罪）と陪審員が決めたら、今度は裁判官が法律に基づいて刑罰を言い渡すのです。懲役何年だとか、あるいは自由拘束何年とか、という形で、刑の宣告がなされるのですが、その時初めて事件そのものに関する裁判官の役割が出て来るのです。これが陪審員制度です。

アメリカで陪審制度が重要な制度として維持されている理由は、アメリカが移民の国であることに求められます。イギリスから自由を求めてアメリカに移って合衆国を建国した人達は、自由こそが大事であり、自由を自分たちで守るのが民主主義なのだ、政治も自分たちがやるし、裁判もイギリスから派遣された者に任せるのではなくて自分たちがやるのだという強い意思の下でそれらを実践してきたわけです。それを担保するのが陪審制度ですから、アメリカではこれは絶対廃止できないのです。これこそ「民主主義」の「教育の場」であり、「実践の場」だという主張がなされます。誇りをもって、アメリカの人たちはそういう主張を致します。それは、このような歴史的背景があるからです。しかし、これは非常にしんどくて面倒くさい制度です。陪審員は、拘束されてマスコミとも遮断されます。ホテルに閉じこめて、有罪か無罪が決まるまで絶対外部と接触させません。他の人の意見を入れるとまずいわけですから、テレビも見せないし、新聞も読ませないし、外部との交流もさせないで陪審員だけで犯罪事実の存否を認定させるというシステムです。各人がどういう判断したかも、一切聞いてはいけないし、話してもいけないことになっています。マスコミも、そういうことを追いかけないのです。

ところが、日本でこの制度を導入したら大変だとおもいますよ。前の日から新聞記者やテレビのレポーターなどがザーッと並んで「どういう意見を出しますか」とか、終わった後、「誰がどういう意見をいいましたか」とか、取材活動がなされ、陪審員は追いかけ回されるとおもいます。マスコミ対策をしなければいけないことになると考えられます。陪審員制度には根強いアメリカの歴史的背景があるのに対して、日本人には、どうも仲間に裁かれたくない、仲間による裁判はいやだという意識が強いようですよね。むしろ、裁判官は清廉潔白で人格高邁（こうまい）な方々が多いので、純真無垢な目で真実を発見してくれるはずであり、裁判官が公平に裁判をした以上はそれに従うけれども、隣のおじさん、おばさんから「お前は有罪だ」といわれたら、自分は従いたくないという人がけっこう多いのですよね。かつて戦前の日本でも陪審員制度をとっていました。陪審員制によるかどうかを被告人側が選ぶことできました。陪審員制によると、一般市民の感情が入ってきて、事実認定の冷静さが欠けてしまうという恐れがあるということで、陪審を選ぶ人が少なかったといわれています。現在も日本には陪審制度自体はあるのですが、その法律の執行が停止されている状況にあるのです。現在、陪審員制度を復活せよという意見も非常に強いです。そういった流れの中で、市民が司法・裁判に参加する方法もこれから考えていかなければならないということで出て来たのが裁判員制度であります。

裁判員制度というのは、国民の中から一定の基準で裁判員を選定し，裁判員と裁判官が合議をして犯罪事実を認定したうえで，量刑もおこなう裁判制度をいいます。これは、ドイツはもとより、スェーデンなどの北欧の国でも多く採用されている「参審制度」に似ております。参審制度は、陪審員制度と違って、裁判官と一緒になって市民である参審員が合議をして事実認定をし、刑事事件であれば刑罰を科する点についても判断をするのです。刑罰の量定までですよ。アメリカの陪審制度においては事実認定は陪審員がおこなうのに対して、参審制度においては、参審員が裁判官と一緒になって事実認定をし、刑の量定にまで関わるシステムが参審制度にほかなりません。陪審員や裁判員が事件ごとに選出されるのに対して、参審員は一定期間の任期制で選出されます。陪審員や裁判員がアドホックなまったくの素人であるのに対して、参審員はセミプロといえるとおもいます。

問題は、裁判官と裁判員の数です。裁判員が多ければ裁判官の意見よりもそっちのほうが有勢になりますから、事実認定が専門家以外の意見によって左右されるという問題が生じます。感情論に振り回される多数決となりますと、今いったような弊害も出て来るのです。「あいつは嫌いだからいやだ」というので、感情的に反発して有罪に賛成し有罪になって死刑になってしまうという事態もないではない、という恐れがあるのですよね。そういうのはまずいから、事実認定に関して裁判員を取り入れ、数も裁判官の方を多くしたうえで、市民の意見を反映させようとする見解が有力です。現在、この点について駆け引きがなされています。

そういう目でこれから問題の推移を見てください。市民参加というけれども、どういう形でどこまで市民が参加すべきかは、皆さん方の問題なのです。裁判員制度ができたら、ある日、抽選で「さあ、あなたは裁判員に選ばれましたので、何月何日のこの裁判所に来てください」という通知がいきます。それは安易に断ることはできません。

これは国民としての義務ですから、それを担うだけの覚悟をわたくしたちはもたなければなりません。これは皆さん一人一人の問題なのです。そういう問題があるということをお考えください。もう差し迫っております。どういう形になるかは、まだ分かりませんが、設置する方針は決まっていますので、皆さんは否応なしにそういう世界に取り込まれていくのです。時代はそこまで来ていますので、わたくしは社会変動の発生を申し上げているわけです。

第九款　「法律的な考え方」の重要性

このような流れの中で、わたくしたちは、力の弱い一市民として、一個人として、それにどう対応すべきか、が次の問題になります。そのばあいにわたくしは、「法律的な考え方」がこれから非常に大きな意味をもってくると考えています。わたくし自身は、刑事法、つまり刑法、刑事訴訟法の専門家です。先ほどご紹介がありましたけれども、わたくしの著書はほとんど刑事法関連の本ばかりです。わたくしは講演するばあいに、刑法学者として紹介されますが、事前の交渉の際、担当者の方に刑法学者という立場でお会いしたら、「刑法は非常に恐い学問であるから、きっと恐ろしい顔しているだろうと臨んでみたら、あにはからんや川端さんて優しそうじゃないですか」（笑）と皆さんおっしゃいます。それはそうでしょう。わたくし、垂れ目なのですもの。「目をつり上げて怒っている顔をしているわけでなくて、いつもにこにこ笑っているこんな優しい人いないんじゃないですか」ということを申し上げているのですよ。ですから「刑法もけっして恐い学問ではありませんよ」といつも話すのです。わたくしはにこにこ笑っているつもりですが、他人から見ますとニヤニヤかも知れませんけどね（笑）。その限界線はどこにあるかは分かりません。

一定の問題について本質的にどのように考えるかは、どの法律も共通しているのです。ですから、今日は、一刑法学者というよりも、一法律家として皆さんにお話しをしているわけです。法律的にものを考えていく素養あるいは基礎は、まず、法律の基本的な枠組みが、どういう考え方の下に成り立っているのかを知っておくことにあります。そのばあいに、キーワードになりますのは「自己責任」という考え方です。これも新聞などよく見る言葉ですが、「自己責任の確立」ということがよくいわれますよね。それは、「自分でおこなったことには責任をもたなければいけません」ということです。日本人は一般論として、仲間が増えればその分だけ責任が軽くなると考えがちです。だから心情的に「連帯責任は無責任」と感じるわけです。皆と一緒にやったのだから、自分の責任は少ないと考えて暴走してしまって大変なこともしでかすといわれます。皆でやったのだからわたくしは罪が軽くなる筈だと主張しますよね。あの人もやっているのだから、わたくしは悪くないと。ついこの間も代議士の誰かがいっていましたけど、そういう場面も出てくるのです。

じつは「連帯責任」というのは、民法の考え方なのですが、連帯保証人になったばあいに出てくる言葉ですよね。これは大変な責任です。皆さんは、安易に「保証人」になるなといわれることがあるとおもいます。もう遺言としてちゃんと残した方がいいとおもいます。子どもたちにね、保証人にだけはなるなと……。とくに連帯保証人は大変だから、もしそうなったら死んでから化けて出てやるぞ（笑）というぐらいの意気込みで、保証や連帯保証の問題の大変さを教えておいてください。すでに経験された方もいるとおもいますが、これから事前にそういうことも勉強していただきたいということですね。連帯保証人になりますと、債務者とまったく同じ条件で同じ債務を負担することになります。債務者と対等な立場で債務を負担するわけですから、家屋、土地を全部取られても、文句はいえないのですよね。そのような問題を情にからめて、まあまあということでやると後で大変なことになっていくのです。「そうなったとしても、これはしようがない、これは自己責任なのだ。あなたが決めてあなたがやったのだから、自業自得で当たり前であり、それをわあわあ騒ぐんじゃない」というのが自己責任にほかなりません。そこでは自律心が求められます。法律の前提は、皆独立した人格者で、自分自身が意思を決定し、そして意思決定をするに当たっては自分が事情を全部知っているということです。後になって知らなかったといったところで、それは通用しない場面が出てきます。それほど法律の社会は厳しいのです。そういう厳しさを実際に自分自身で学び取る必要性が出てくるのであります。これは「独立自治」という言葉で表現できます。じつはこの言葉はわたくしの母校である明治大学の校歌の一節なのです。「権利自由」・「独立自治」は我が明治大学の誇りとするところであります。伝統ある私立大学の前身は、だいたい法律学校です。明治大学は「明治法律学校」が前身です。その教育方針、目標は「独立自治・権利自由」であったわけです。わたくしは素直にそれを学び取ってきましたので、宣伝させて下さい。「独立自治」であります（笑）。

第一〇款　自己決定権のもつ意味

独立自治の延長線上に、「自己決定権」という言葉が出てきます。これは、自分のことは自分が決めるので、他人は関与するなということです。これを自己決定権といいます。自己決定権が法律家の世界でも、当然とされるようになったのも最近のことです。わたくしもその考え方をみとめております。刑法の世界で自己決定権がどういう作用をもたらすかといいますと、たとえば、「安楽死」や「尊厳死」の問題において意味をもちます。安楽死は、死ぬことは確実に決まっていて――寿命は後どれだけだと決まっていて――しかも死ぬまでの間、死にまさるほどの肉体的な苦痛があるという状況のもとで、生命を短縮する、つまり死期を早める措置をとることを「安楽死」といいます。それが許されるか許されないかは、古代ギリシャ時代から争われてきています。刑法の世界でもこれをどうするかという問題があります。相手が「苦しいから、もう死なせてくれ。もうあと一日二日生き延びたって苦しいだけだから死なせてくれ」と要求したばあいに、「そうですか」というので、医者が「強力なモルヒネを注射して苦痛を除きましょう」といって多量のモルヒネを注射しますと、そのことによって、その人の命が縮まります。本来死ぬべき時期より早く死亡させる行為は、殺人行為であります。

刑法は殺人罪について刑法一九九条で、「人を殺した者は、死刑、無期もしくは一五年以上の懲役に処する」と規定しております。さらに、二〇二条は「承諾殺人」あるいは「嘱託殺人」を規定しており、本人からの依頼に応じたばあいには、嘱託殺人罪が成立することになります。同意を得て死亡させる行為は「承諾殺人」となります。これらのばあいは刑が軽くなります。でも罪になるのです。さあ、この「安楽死」は嘱託殺人として処罰されるべきなのだろうか？我々は回答を迫られています。刑法学者はとくにいろいろな最先端の問題の解決を求められているのですよね。普通、学者は書斎の中で、本だけ読んでいればいいのだというイメージをもたれているとおもいますが、そうではないのです。つねに新しい問題がどんどん出て来てその解決を求められているのです。後でまた触れますが、たとえば、「生命倫理」の問題についても我々は次々と解決を要求されてきているのです。そういった意味で痩せるおもいをしています。でも、わたくし、痩せません（笑）。わたくしはビールが好きなものですから、ビールを飲んで栄養を摂りすぎて、痩せるおもいをしながらも太っている（笑）という珍現象が生じているのです。

安楽死をみとめていいかどうかについて、わたくしは自己決定権の一環として「安楽死は違法ではない」という立場を採っております。嘱託殺人にならず、「無罪」となると考えております。つい最近、オランダでは「安楽死法」ができました。要件を緩和して、安楽死の成立をかなり広くみとめておりますが、我々はそれに対しては、かなり批判的な見方をしております。さあ、これも皆さんにとっての問題なのです。安楽死を広げるべきかどうか、死にたい人が死ぬのを手助けして何故悪いのだ、自己決定権の行使として全部刑事事件にならないとしていいかどうか、考えてみてください。

次は「尊厳死」の問題です。尊厳死というのは、医学の進歩により生命維持装置が発達し、延命措置がかなり高度な技術のもとで可能となったために生じた問題です。生物体としては生きているが、しかし、意識活動はぜんぜんおこなわれていないばあいには、生命維持装置をはずして、死亡させることをみとめてよいのでしょうか？人間として生まれ、人間として活動し、そして人間として死んでいきたい、つまり、人間としての尊厳をもって自分の死をまっとうしたいという希望を叶えてあげるべきなのでしょうか？これも自己決定権の行使として生命維持装置を取り外す行為を許してよいのかどうか。生命維持装置を取り外して本来生きるべき人の生命を縮めれば、これは殺人行為なのです。刑法上はこれはあくまでも殺人行為なのです。それを本人の意思に基づいておこなったということで、嘱託殺人罪に当てはめたとしても、なおこれは違法なのかどうかという問題があるのです。これを尊厳死といいます。日本には「尊厳死協会」というのがあって、尊厳死を推進しています。この点についても、わたくしは尊厳死は違法ではないと主張している者の一人であります。つまり、刑法学者としてこういう考え方を学会で強調している立場に属しています。これについても皆さん、自分の問題として考えてみてください。「人間として生きる」ということの意味を考え抜いてください。尊厳死を選ぶことは、じつは生き方の問題なのです。死に方を選ぶことは、人格の根元の問題であります。これこそ自分で決めなければならない大事な問題なのです。さあ、そうしますと、「命とは何だろうか」、「生きるとは何だろうか」というところまで入って行かざるを得ないことになります。

第一一款　生命科学と生命倫理

いま、医学の進歩の問題が出て来ましたからお話ししますが、生命倫理が非常に問題になっています。生命科学が非常に進んでおり、大変な勢いで伸びようとしております。先ほどご紹介がありましたが、わたくしは現在、日本学術会議員をしておりまして、その中で「生命科学の全体像と生命倫理」特別委員会の幹事をしております。日本学術会議は、学者・研究者の国会といわれています。日本全国で学者・研究者は約七十万人おりますが、これは自然科学、文化系全部入れての数でございます。学会が約二百から三百ほど登録されておりまして、その構成員が七十万人くらいなのです。その中から代表が二一〇名選出されますが、それが日本学術会議の会議員なのです。わたくしは日本刑法学会からの推薦を受けて選出されております。これは内閣総理大臣の直接任命であります。わたくしも総理官邸で総理大臣から任命を受けましたが、その時の総理は森喜朗総理大臣であります。任命を受けたのは、彼の絶頂の時期です。沖縄サミット後に官邸での任命式のあと開催されたパーティーでわたくしは申し上げました。「テレビで見ましたが、総理のあのカチャーシーは非常によかったですね」と。そうしましたら森首相はものすごく喜んで、「そうだろう」とおっしゃって、また腕を動かしてやって見せてくれました。そういう非常に大らかな方なのですよね。ラグビーをなさっていただけに、スポーツマンの明るい総理大臣だったですね。学術会議の「生命倫理」特別委員会においていまとくに問題なっていますのは、「クローン人間」の扱いをどうするかということです。クローン技術により細胞からまったく同じ人間を作りだすことができるのです。イタリアの医者がクローン人間を近々作り出すと宣言しております。クローン人間を作る行為を法律的にどうすべきかは、大問題なのですよね。ES細胞の操作をして、クローン人間をつくることになりますと、一人の細胞から何百人も同じ人を作ることができるのです。それが、何故いけないのかが問われます。なんとなくいけないことは分かるのですが、何故いけないのかを説明するのは難しいですね。医学者は、「これは医学の発展に役立つのに何故いけないのか」と問います。それを倫理的にどう規制するのかを我々はいま議論しているのです。それについてのガイドラインを出そうと審議中ですが、けっこう意見が分かれているのです。これも皆さんにとってもこれからの問題です。遺伝子操作をすると、いい面もかなりあるのです。たとえば、自分の肝臓が悪いばあいに、そのクローンで肝臓を作りだすことができますので、それと入れ換えることも可能となります。そうすると長生きできるのですよね。それから人間と豚の臓器は似ているらしいのですが、豚に人間のクローンを植え付けてそこで増殖させたのを取り出して人間に埋め込んで良くなっていくという利益があるのです。その利益をどこまで享受すべきかについて法律的にどう処理するかという問題を突き付けられているのです。これも、皆さんにとって興味のある、また考えなければならない大問題でもあるのですよね。このように、法律と自然科学の進歩の部分、それから我々の日常生活とが非常に密接につながってきているのです。それをどのようにつかんでいくかということです。これは、自分自身の自己決定権の観点から考えなければならないわけで、広がりがあることは、これで皆さんにもお分かりいただけたとおもいます。「訴訟化社会」というのは自分とは関係ないとおもっていたけれども、じつはいろいろな部分で、自分の日常生活に大変な影響を及ぼすことがあることが理解できたとおもいます。

だいたい法律家というのは人を脅すのが好きです。これから「大変な時代がくるぞ、大変な時代がくるぞ」とあおり立てるという側面があるのです。だからどうせ、川端は脅迫をしているのだ、というように考えても結構です。「でもそうでもないかも知れませんよ」（笑）という脅しも、またできるわけですよね。いろいろな問題が関わってきていることを、今日分かっていただければ有り難いとおもいます。

第一二款　法律の特徴

次に「法律というものが、どういう特徴をもっているのか」についてお話ししたいとおもいます。法律は矛盾した性格をもっております。ひとつは「法的安定性」という要請であります。法律はがっちりして安定していなければならないという要請です。法律がグラグラ動いていくと、何を信用していいか分からない不安定な社会となります。四文字熟語に「朝令暮改」というのがありますよね。朝令、つまり朝命令を発し、暮改、つまり暮れになってそれを改めるのが「朝令暮改」です。これはよくないといわれていますが、これはまさに法的安定性を損なうからいけないわけです。昨日までは左側通行だったけれども、今日からは右側通行となり、いやいやまた、あさってになったら逆に戻すということをしていますと、混乱が生じます。そういった混乱を避ける点で法律が一番大きな役割を演ずるのです。これが「法的安定性」という性格です。これは、必要な要請ですが、これだけを追求しますと、今度は逆に、硬直した社会が生ずることになります。ガチガチで融通がきかないわけです。形式的に法的安定性という固定性を強調しますと、四角四面で話しにならないという事態が生じます。これが法律は杓子定規だといわれる側面です。それではいけないということで「具体的妥当性」の要請が出てきます。これは個別具体的な状況で、誰が見ても納得できるような解決が得られなければならないという要請です。わたくしはいつもいっています、「法は常識である」と。法律的な解決の結論が非常識であったら、その法律はおかしいのです。このような捉え方をしたばあい、これは法的安定性ではなく、具体的妥当性を求めていることになります。法的安定性が「形式的公平さ」を要求するのに対して、具体的妥当性は「実質的な公平さ」を要求すると言い換えてもよいわけです。つねに法律問題は、その間のバランスをどう取るかという重大な課題を担っているのです。法律家は、つねにどちらを勝たせるべきか、どうすべきかという観点から、バランスを取ろうとするのですね。バランス感覚がないのは、だめな法律家なのです。だめな法律家であるかを判定するのは、市民である皆さま方です。ですから、皆さんは、これからは具体的妥当性を考えるだけでなく、自分の立場にとってはそれが有利だけども、しかし全体としてみたばあい、あるいは何十年か、一〇年前と比べたばあいに、あまりに変化が激しすぎてまずいのではないか、という法的安定性の要請も考えなければならないとおもいます。我々はつねに、公平になるようにバランスを取りながら、研究したり、裁判に携わったり、いろんなことをしているわけです。このように大変な苦労をしているということで、また、ひとつ自慢をさせていただきたいとおもうわけであります。

第一三款　挙証責任とは何か

いま裁判の問題が出てきましたが、市民の皆さま方にとって、非常に分かりにくい問題があります。それは、民事裁判と刑事裁判の違いです。それはじつは「挙証責任」、「立証責任」という裁判制度の根幹に関わる問題であるわけです。「立証責任」は、「挙証責任」ともいわれます。ある事実があったかなかったかは、必ず証拠でもって証明しなければならないとする原則を「証拠裁判主義」といいます。事実を証明すべき立場にある者を「立証責任」を負担する者といいます。立証責任を負担する者が、証拠を提出して、それを証明できなければ、裁判上その事実は無かったことになるのです。いいですか、証明できなければ、裁判においてはそれは無いものとして扱われるのですよ。それで、負けた方は騒ぎ出すのです。「真実と違う、裁判所は分かってくれない」といって騒ぐのです。このばあいに、立証責任をきちんと尽くすためには専門家の助言や弁護士の助けが必要なのです。このような立証責任を尽くすという問題もよく考えてください。弁護士に任せ切りというのではなくて、どういうことをどういう形で証明しなければならないのかについて、当事者としてわたくしたちは知っておく必要があります。

民事のばあいには、一般的には訴える側が挙証責任、立証責任を負います。「一〇〇万円貸したから返せ」と訴える側が、何月何日にこういう内容の契約を締結し、期限が到来していることを証明することになります。ところが相手が、その契約書は偽造であると抗弁し、もし裁判官が偽造だとみとめて、契約書は無効で契約自体が無かったとの心証を形成すれば、被告の方が勝って、原告は権利がないという扱いを受けます。原告側が立証責任を負担するということは、そういうことです。「そんなことはない」と否定されれば、証拠を出して証明されるまで立証責任を尽くしていかなければならないわけです。刑事事件では、立証責任は検察官が負担します。たとえば、AがBを殺したことを立証するというばあいには、検察官がそれを十分に立証しないかぎり、無罪となります。実際にはその人が殺したことを現場で見た人がいたとしても、それが適法な証拠として採用されず、十分に立証できないというような事態になると、無罪になるのです。そうしますと、正義がおこなわれてないと騒ぐ人が出てくるのですが、わたくしたちは冷静に一市民として立証という観点から裁判を見る必要があります。裁判員になったばあいには、なおさらですよね。これから皆さんは、いろいろな事件の報道に関して「さて立証責任をどういう具合に尽くしているのだろうか」を具体的に考えてみてください。

このように民事事件と刑事事件には、立証責任を誰が負うかという点で大きな違いがありますが、それともう一つ違いがあります。それは「証明の程度」です。これは、民事事件と刑事事件とでは違うのです。刑事事件のばあいには、かなり高度の程度まで、つまり、「合理的な疑いを容れない程度」まで証明する必要があります。刑罰として死刑がありますから、命まで奪うという事態が出てきますので、犯罪事実についてはできるだけ厳密に認定していこうという観点から、検察官は「合理的な疑いを容れない」ところまで立証を尽くさなければならないのです。

これに対して民事裁判のばあいは、相手方と比較して証明の程度が勝っていればいいのです。仮に相手の証明が五〇パーセントで、こっちが六〇パーセント証明したとすれば、六〇パーセントのほうが勝ちます。そっちのほうで裁判官は勝ち負けを決めるのです。刑事と民事とではそういう差があるのです。民事裁判に訴えられて法廷に出ていかないばあいには、裁判所は、被告は原告が主張している全部をみとめたとして被告を敗訴にします。いわゆる欠席裁判ですね。争うのであれば来て争いなさい、来ない以上はみとめたのだとして、訴えられた方は負けちゃうのです。これも証明と関わる問題です。「真実」を明らかにするところに意味があるのではなくて、「紛争」を解決するところに意味があるのだという捉え方ですね。刑事事件において、立証責任が検察官にあることを、別の言葉で被告人は「無罪の推定」を受けているといいます。検察官が有罪を立証しないかぎり、被告人は無罪の扱いを受けるべきであるということです。さらに「無罪の推定」は「疑わしきは被告人の利益に」という言葉で説明されます。これはラテン語で「イン・デュビオ・プロ・レオ」(in dubio pro reo) と表現されます。こういう法構造が大前提になっているのです。アメリカの市民は、これを当然の事として知っております。陪審員制度がありますから、そういうことは社会常識として知っているわけです。ところが、わたくしたちは、まだそこまでは到達してないですよね。「法律は全部法律家に任せておけ」という時代が長かったわけですからね。そういう基本的なことを必ずしも十分に学び取っているとは言い難い状況があります。さあ、大変です。これからまた、そういうことも勉強していかなければならないことになるのですよね。でも、いまお話ししたようなことを踏まえておけばいいわけで、それをもとにこれからいろいろな法律事件に興味をもって勉強していけば、法律的に考える力がついてくるわけであります。

第一四款　おわりに

かなり時間が経ってしまいましたけれども、まだまだお話したいことがいっぱいあるのです。もっと聞きたければ明治大学へいらしてください。わたくしの講義に出てください（笑）。もっともっとお話しすることになるとおもいます。

有名な「パレートの法則」というのがあります。「パレート」というのはイタリアの社会学者です。この法則は「八対二の原則」といってもいいわけですが、だいたい人間は何事も二割程度しかできませんので、今日聞いた話も、だいたい二割ぐらいしか分からないことになります。それでいいのです。皆さん方は具志川市民から選ばれてきた二割なのですから（笑）、これで十分なのです。それぞれの組織で二割の人が全部をカバーしており、あとの八割は要らないことになります。ところが皆、自分はその二割に入っているとおもっているのですよね。わたくしもそうです。だからそういう法則をもとに、今日聞いた話の二割を活かしていただければ、これからの「訴訟化社会」にちゃんと生き延びられるとおもいます。

ちょっと脱線もしましたけれども、時間ですので以上で終わらせていただきます。ご静聴ありがとうございました。（拍手）

第一五款　質問と応答

○司会
川端先生ご講演まことにありがとうございました。それではさっそく会場のほうからご質問をお受けしたいとおもいます。ご質問なされます方はご氏名と自治会名を述べてからお願いを致します。マイクのほうを準備してありますので、よろしくお願いいいたします。

○川端講師

どうぞ、ご自由にお願いいいたします。じつはですね、この瞬間が一番緊張するのです。何を聞かれるか分かりませんので、これはもうスリル満点でございまして……。

※田仲康栄（上平良川自治会）

じつは今日、わたくし先生にですね、先ほど「尊厳死」と「安楽死」のお話しがございまして、その件について質問しようとおもいましたけれでも、先ほどの先生のお話しの中で、先生ご自身も安楽死は是認の立場を採っていらっしゃるということでございますので、この点は質問しないことにしまして、もう一点だけお伺いしたいのは、最近事件がありましたよね。まだ、公判中だとおもうんですが、小学校四年から九カ年でしたかね、監禁しましたよね。たぶんまだ、判決出てないとおもいますけれども、あの事件は、素人考えですけれども、逮捕監禁罪は五カ年ですよね、最高刑が。傷害罪が一〇カ年ですよね、最高刑が。そうしますと、あの事件では逮捕監禁はもちろんそうですけれども、いわゆる傷害罪、これも何か電気銃かなにかでやったとかいうような新聞でありましたので、多分傷害罪と逮捕監禁で併合罪で処罰されるとおもうんですが、これはあくまでの素人考えですけれども、そうしますと、仮に判決が出るとしても、最高刑は二〇年以上はどうしても出ないとおもうんですよね。罪刑法定主義の建前から。それはわたくしは時代遅れの法律で改正しなければいけないんじゃないかなとそういうような気が致しますけれども、先生のご所見をお伺いしたいとおもいます。お願いします。

○川端講師

ご質問ありがとうございます。北九州の監禁事件は、この間、起訴されたばかりですから、これから裁判が開始されることになりますが、新潟の監禁事件のばあいでは、窃盗罪との併合罪の扱いにして、長期を「十五年まで」としました。新潟事件に関連して、ご説明申し上げますが、じつはですね、「監禁致傷罪」という規定があり、監禁してケガを負わせたばあいには傷害の罪と比較して重い刑により処断されますので（刑法二二一条）、最高刑は懲役一〇年となります。九年間、少女を誘拐してケガを負わせ精神的にも大きなダメージを与えても懲役一〇年以下の刑なのです。被害者の青春を奪い、いまなおリハビリで苦労をさせている状況があるにもかかわらず、懲役一〇年でしか処罰できないのです。ご質問の中でお話がございましたように、刑法では「罪刑法定主義」という大原則があります。これを皆さんに知っていただきたいのです。法律でもって犯罪と刑罰が、あらかじめ決まっていなければいけないし、決まったとおりに処断しなければならないという大原則が、刑法の大きな約束事になっています。これは世界中の法律がみとめている原則です。なぜそういう原則があるかといいますと、後から刑法を自由に変えてそれを適用しますと、行為者の行動の自由が失われてしまうからです。今まで懲役一〇年で済んだのが、急に懲役二〇年に勝手に変えられますと、「法的安定性」が損なわれるのです。法的安定性については先ほど述べましたけれども、行為の時には「適法」であったのに後から「違法」として処罰されますと自由が奪われますので、こういう事態を避けるために、刑法では罪刑法定主義がとられているわけです。あんなに長い期間監禁して人格の尊厳を損なっても、たった懲役一〇年では、法感情に合わないことになりますが、罪刑法定主義の観点からはそうならざるを得ません。そこで、検察官は、監禁の間に、その犯人が少女に着せるための洋服を万引きした行為を窃盗罪として起訴し、この二つの罪を併合罪とする処理を要求しました。併合罪のばあいには、重いほうの刑の一・五倍まで刑罰を科することができると、法律で決まっております。これを「併合罪加重」といいます。併合罪として扱うことによって刑を加重できるとして検察官は「懲役十五年」を求刑いたしました。これに対して裁判所は、初犯であること、窃盗の部分が二千円程度の服であったことなどを考慮して「懲役十四年」という判決を下しました。このように刑を加重することは市民から見ますと、当たり前だとおもうかも知れませんが、専門家の立場からは、異論も出てきます。初犯で二千円相当の洋服を万引きしただけであったばあいには、普通は起訴猶予処分ですよね。起訴されないし、仮に裁判になったとしても、懲役刑一年までいかないはずです。しかも執行猶予がつくはずです。ところが監禁致傷が加わることによって、その分だけ五年間の刑が一気に上がるのはおかしいのではないかという疑問が生ずるわけです。専門家はそういう理屈をいうのですよね。ですから、また嫌われる要素があるのです。頭がこちこちではないかと批判されることになります。だけども、刑罰に関しては、やはりきちんとしなければなりませんので、この判決については、わたくしは一刑法学者としては疑問をもっております。しかし、市民感情としては、あんな悪いことをしておきながら、たったの懲役一〇年では納得いかないから、やはり懲役十五年にすべきだという意見が強いことは理解できます。皆さんもそのようにお考えだとおもいます。その点については、わたくしはこれは裁判で解決すべきではないとおもいます。法律を改正すべきなのです。いまのご意見にもございましたが、わたくしもそれに賛成です。北九州の事件でも同じような扱いになるはずですので、これは立法活動によって、正式に刑法を改正するのが正論であると考えております。ですから、わたくしは、いま現行刑法における法定刑の見直しを強調しているのであります。皆さん、現行の刑法は明治四〇年にできた法律ですよ。わたくしたちがもっている刑法は、戦後、民主主義・自由主義の観点から部分的に改正されましたけれども、基本は明治四十年の頭なのです。いま時こんな時代遅れの法律はないといえますよね。ですからわたくしは、時代は変わってきていますので、市民の意見を反映させながら全面的に法定刑を見直すべきことを強調しているわけです。

その関連で申し上げますが、じつは刑法は基本的な法典ですから、あんまりむやみに変えると国の秩序が乱れてしまいます。この観点からは、できるだけ刑法は固定化したほうが法的安定性が保たれて妥当であるともいえます。基本法典がころころ変わりますと、その国の民族は軟弱でふらふらして、どうしようもないという印象を与えてしまいますから、できるだけ基本法典は変えるべきでないという考え方にも合理性があります。そういうこともあって、刑法を改正するばあいであっても、従来は一〇年に一回か七、八年に一回くらいの改正しかしてきておりません。ところが、昨年は二回も改正され二つの犯罪類型が処罰されることとなりました。これは市民感情の反映であるといえます。一つは文払いカードの偽造行為です。クレジットカードやプリペードカードは世界中で使われていますよね。クレジットカードを外国旅行で使ったら、パーッとスキャンをされて、それを元にどんどん偽造しそれを使って日本国民が大きな被害にあっています。これを何とかすべきではないか、偽造団が東南アジア諸国からやって来て、偽造の支払いカードを悪用しているケースが多くあるのに、これに対応できていないとして、偽造行為もきちんと重く処罰しましょう、変造・偽造されたカードを所持しているだけでも処罰しましょう、という観点から、改正されました。わたくしも法制審議会の委員として、刑事法部会においてそういう意見を強調した者の一人であります。

それから、もう一つは「危険運転致死傷罪」であります。酒を飲んであるいは無謀な運転をして人を死亡させたばあいであっても、従来は「過失犯」なのです。業務上過失致死傷罪として処罰されますが、そんなに重くできないということで法定刑が押さえられています。ところが、有名な東名高速事件の可哀想な被害者を、皆さんは、新聞、テレビなどでご覧になったこととおもいます。被害者が非常に悲惨な目にあっているにもかかわらず、あんなに酒を飲んで運転し、殺人に近いような行動をしていながら、業務上過失致死罪ということで軽く処罰されたのです。これはおかしいので法改正をすべきとする署名が四十万近くも集まって法務大臣のもとに届けられたそうです。これは国民の声であります。それをきちんと受け止めるとして法務大臣は、適切に対応するために、法制審議会にそれを検討してほしいと諮問されたのです。その答申に沿って「危険運転致死傷罪」の規定が作られたのです。その国会審議に当たって、わたくしは衆議院の法務委員会から参考人陳述を求められました。この問題について専門家としてどう考えるかということで意見を聞かれたわけです。国会で参考人として呼ばれたといいますと、何か悪いことしたようにおもうかも知れませんが（笑）そうではないですよ。あくまでも法律のプロとしてどう考えるかということを聞かれるわけであります。法律的にもこれでいいのだ、理論的にもこれでいけるのだということを、るる説明させていただいた次第です。今のご質問に戻っていいますと、日本の法定刑や量刑の基準はおかしいとの御指摘は、まったくその通りだとおもっております。これでよろしいでしょうか。（拍手）

○司会

それでは、先生よろしいでしょうか。

川端先生、ご講演まことにありがとうございました。最後は皆さんの拍手でお礼にかえたいとおもいます。先生ありがとうございました。（拍手）

○上平良川区より　先生に花束贈呈。

○ご来場いただきました会場の皆さん、ほんとにありがとうございました。

皆様の今後のご活躍を祈念申し上げながら当講演会を閉じていきたいとおもいます。

まことにありがとうございました。

日時：二〇〇二年三月三〇日一九・〇〇より

場所：具志川市（現うるま市）芸術劇場

第二章　生活の安全・保障と刑事法

第一款　はじめに

ご紹介いただきました明治大学の川端でございます。ただいま非常にマクロな世界から見た安全の問題のお話がありましたが、わたくしは、もっとミクロになりまして刑事法の分野において、「生活の安全・保障と刑事法」という観点からお話しをさせていただきます。わたくしは刑事法学研連の委員長をしていますので、刑事法に関連してお話することになった次第です。

じつは昨日、わたくし、松山市に参りました。そして真先に松山城に行って来たのであります。そこから四方を見渡すと街並みが非常にきれいで、いい街だなという印象を受けました。松山大学にも案内していただきまして、すてきなキャンパスだなということで感激して戻って来て、それから市街地を歩いてみました。

宿泊先が全日空ホテルですので、三越の近くのアーケード街も通ってみたのです。端から端まで歩いたわけですが、整然としてきれいな街並みの中で、さらに整っていた感じを受けました。それは何故かといいますと、放置自転車がなかったからです。首都圏のどこの都市でも放置自転車には悩まされておりまして、駅周辺が非常に雑然としているのです。昨日見たところでは、黄色い腕章をつけたおばさん達が、自転車を指定場所に置くように監視しているのことがすぐに分かりました。自転車のマークをつけておりますので、そういう管理を通して、市民の地域の街づくりへの積極的取組みが象徴的に示されているとおもわれました。先ほど、学長先生からも寄付講座で「まちづくり学」に取り組んでいることの御紹介がございましたが、これがまさにこういう形で実現していることを目の当たりにしまして、感じ入った次第です。どんなに刑事罰を科しても、放置自転車がなくならないというのが、ほとんどの都市での経験であります。しかし、松山市はそうでなかったということで、大きな教訓を得た思いがいたしました。

第二款　生活の安全を確保するための刑事法による規制

一　刑法による法益保護の原理

さて本日は、「生活の安全・保障と刑事法」というテーマでお話しをするわけですが、刑法は刑罰という非常に強力なサンクション・制裁措置を武器にして社会統制を図る法領域であります。刑罰にはきわめて強力な威嚇力がありますので、刑法は怖いという印象をもたれるのですが、けっしてその点に意味があるのではなくて、刑事罰がもっている威嚇力を背景にして社会の秩序維持を図る点に基本的な特徴があるのです。

我々の日常生活の安全という観点からは、やはり我々の日常生活における基本的な利益、つまり生活利益が確保されていることが大事なのです。それについて刑法は、基本的な日常生活における我々の利益・価値を保障しようとしております。大事なのは、生命、身体、それから財産であるとして、これらについては刑法はかなり網羅的に処罰対象とし、重い刑罰を科しているのであります。このように刑事規制によって、我々の生活はかなり保障されている面があるわけです。

ところが、その反面、刑法の世界では「罪刑法定主義」という基本原理が確立されております。近代国家であるかぎり、どこの国においても罪刑法定主義を守らなければならないことになっております。これは、犯罪と刑罰が、あらかじめ法律で明確に規定されているべきであるとする法原則です。それがなければ、我々の行動の自由が守れないという基本的な考え方に由来する根本原理なのです。その意味で、これは行動の自由を保障するための基本原理であることになります。

その観点から、刑法は、基本的に重要な保護法益を定めて、それを侵害する行為者を刑法で処罰することによって生活利益の保護を図ることになっているわけですが、基本的な利益については、人間が社会生活を営む以上、当然、共通の要素が存在しますので、多くの国において共通する部分があります。刑法の世界では、非常に古典的な議論が今なお通用している部分が存在しますが、それは、人間の普遍性に基づく生活利益の保護という観点があるからだとわたくしは考えております。

刑罰は、強制的に科せられる非常に過酷なものであり、死刑も選択肢としてみとめられていますので、生命を奪われることもあり得ますし、それから懲役刑、禁錮刑のばあいには、自由を剥奪されます。財産刑として罰金刑などがありますので、財産が剝奪されるばあいもあるのです。過酷な結果をもたらしますから、できるだけ刑事法による規制は避けるべきであるという考え方が、刑事法学者の中では、強いのであります。これは、一般国民との意識の差をもたらしている一例といえます。なぜならば、刑法学においては、今述べましたような観点から、刑事罰はできるだけ最終手段として用いるべきであるとされるからです。刑罰は、ウルティマ・ラティオとしての性格をもつべきであるという観点から、代替措置があれば、それで賄うべきであるとする「補充性の原則」が、みとめられております。たとえば、損害賠償などの民事制裁で済むのであれば、あえて刑罰を科すまでもないという観点から、できるだけ刑罰権の行使は、謙抑的でなければならないという発想の下で、「刑法の謙抑主義」が強調されているわけです。この部分が、一般市民との法意識の差にほかなりません。

重大事件が起きますと、「刑罰が軽過ぎるから、もっと重くすべきだ」という世論が湧き上がります。道徳的に善くない行為がなされたばあいには、「これも刑法に規定してどんどん処罰すべきだ」という意見がよく主張されます。この点については、刑罰という重大な効果をもたらすものについては、謙抑的であるべきだとする基本原則がありますから、わたくしども刑法学者は、必ずしもつねにその意見に賛同するわけにはいかないという姿勢を採るわけですが、その点でまた、一般市民からお叱りを受けることになります。法律の規制には、つねにプラス・マイナスの両面がありますから、バランスをとりながら一定の主張をしていかなければならないのです。

一定の法益保護という点も、「補充性の原則」によって制限されます。補充性の原則の延長線上に、「刑法はすべての法益侵害行為を網羅的に処罰の対象にするわけではない」という基本原理が出て来ます。これが「刑法の断片性」といわれるものであります。少しでも利益が侵害されたら、即、刑法で罰するわけにはいきませんから、刑法は網羅的ではなく、断片的な性格をもたざるを得ない仕組みになっているわけです。

ところが、そうは申しましても、今、社会は非常に変動の時期を迎えています。いろいろな思想の対立があり、価値観の対立があり、そうした中で、「不安感」の問題がありますので、それについてつねに種々の意見が対立して来るのです。そして社会の情勢に合わないような刑事法を改正すべきであるという要求も強くなっております。現在の刑法は、明治四〇年にできた法律ですから、生活利益の保護という点では、非常に遅れている部分が多いのです。そのような情況を踏まえて、最近、国会では、議員立法などを含めて、刑事法の立法が盛んになっております。これは、民主主義の反映という点で、重要なことだとおもいます。このように刑事法もいろいろな場面で新たな対応を迫られているのであります。多くの刑法学者も、社会情勢の変化に迅速かつ柔軟に対応しなければならない時代が始まっているとの認識をもっております。

しかしながら、基本法典とされる法律がむやみに改正されますと、逆に、国民生活の安定感を損なって、生活の安全という点では、マイナス効果も出て参ります。そこで、基本法典については、できるだけ大きな変化を生じさせないようにする傾向は、まだ残っているのであります。これは「法的安定性」の要請です。

にもかかわらず、基本法典である刑法典が、最近、二度にわたって改正されました。一つは支払い用カードの偽造罪などを処罰する改正であります。支払い用カードとは、プリペイドカードとかクレジットカードとか支払い用のためのカードであり、いろいろなカードが国民生活の中で定着しております。国民が外国に行った時にクレジットカードで買い物をした際に、それがスキャナーでスキャンされ、そして偽造されて、大量の金銭の要求が、一市民としての観光客である日本国民に降りかかるという事態が多くなっています。大量の偽造カードなどが輸入されているのですが、現行法上、それを所持しているだけでは処罰できませんでした。偽造カードを行使して初めて処罰の対象になりますので、偽造カードを何百枚所持していても、これを処罰することができないという事態がありました。そこで、国民生活に密着した部分で、現実に我々の財産の侵害を伴うケースについて刑法改正でこれに対処することになりました。

それからもう一つは、危険運転致死傷罪の新設であります。皆さん、ご存知のように、酒を飲んで、非常に危険な状態で自動車を運転して人に径我を負わせたり死亡させたりしても、これは業務上過失致死傷罪を構成しますから、どんなに併合罪加重をしても七年以上の懲役刑での処罰はできなかったのです。これは、国民の法感情に合いません。重大な結果に比べて刑が軽すぎると感じられたのです。そこで、有名な東名高速事件の被害者の方を中心にして署名活動がなされ、三〇万人近くの署名が全国から寄せられて、法務大臣に提出されました。法務大臣は、これを真摯に受けとめられて、処罰規定の新設を法制審議会に諮問され、その答申を受けて政府案が国会に提出され審議の後、刑法の一部改正が実現したわけであります。

　このように、我々の日常生活における利益の侵害を重大な犯罪として構成して、これを刑法に採り入れて処罰の対象にしていくことが、最近、非常に多くなってきています。その意味では、我々も生活の安全についてまったく無関心ではないわけであります。これからもこのような方向については、刑事法学もきちんと対応していくべきであると考えております。

二　刑事訴訟法における被害者の保護

　刑事法と申しましても、さらに刑事訴訟法という分野がございます。刑事訴訟法について、どういう扱いがなされたかについて、次に触れさせていただきます。今、刑法の観点から、罪刑法定主義についてお話ししましたが、これは、結局、処罰する側である国家権力と処罰される側である犯罪者としての行為者とのせめぎあいの問題です。対立構造としては、処罰する国家権力と処罰される側の一市民としての犯罪者・行為者という図式が提示されてきたわけであります。その観点からしますと、できるだけ、その行為者の自由・人権を守るべきであるという考え方が非常に強いのです。

　刑事訴訟法は、前にお話しした刑法を実現するための「手続法」ですから、加害行為があり、それによって生じた被害を立証して加害者を処罰するための手続法という側面が前面に押し出されてきたといえます。そうしますと、被害を受ける側の国民としての立場について、じつは従来の刑事法学では、あまり関心がもたれていなかったといわざるを得ないのであります。

　つねに加害者たる行為者と国家権力とのせめぎあいの中で、弱い立場の一市民としての行為者をできるだけ守るべきであるという観点から、刑事訴訟法理論が構築されてきた面があります。そうしますと、その延長線上において、被害者の立場はどうなるのかという観点が必然的になおざりにされてしまったのであります。被害者は、加害者によって生じさせられた被害の存在を証明するためだけの立場として捉えられている状態が従来の傾向であったといっても、けっして過言ではないとおもいます。あるいは皆さんも被害届けを出したりした経験もあるかとおもいますが、被害届けを出したり、告訴したりする事態があったとしても、その後、その事件がどのように処理されたかについて、ほとんど何の報告も受けなかったことが多いのではないでしょうか?もっとも、告訴した者に対しては、起訴・不起訴の処分についての連絡はなされていたといえますが、しかし、一般的には警察も検察も、事件処理の経過について告知をしなかったという事態が続いてきたのです。被害者の立場に置かれながら、事件について何ら発言権もないし、事件経過の全体像を知る立場に置かれていないという不都合があったわけであります。

極端なばあいには、生命・身体に危険を伴うにもかかわらず告訴をしたときであっても、どのように裁判が進行したか分からないことが起こるのです。つまり、新聞には有罪判決が出たことについては載るのですが、犯人がどこの刑務所に収容されて、そしていつ仮釈放あるいは刑期満了で出所するかについての報告も報道もまったくないのです。むごい事例ですが、告訴して裁判で証言をしたことを逆恨みした受刑者が、出所後、その被害者を殺したという事件もありました。このように、被害者に対して、ある意味で刑事法学は、十分な対応をしてこなかったし、それがまた新たな社会生活における不安を醸しだしてきたという事態もあったのです。

その反省の下に、最近では被害者の地位の向上が、刑事法学の世界でも、重要視されるようになり、この観点からの制度化が強く主張されるようになってきております。たとえば、証人尋問などのばあいに、囲いを作って、被告人と顔を合わせないようにするとか、被害者の顔が見えないようにするとか、マスコミなどの関連で顔が出ないようにするとかの諸施策が、被害者を守る観点から実施されつつあります。

そして、被害者に対する刑事手続きの進行状況の告知なども、少ないけれども地検段階で、それぞれ対応策が試みられている状況にあります。いずれはこれを法律上の制度として確立して、地域社会を構成している被害者の生活の安全を確保することが強く要請されることになるとおもいます。

三　刑事警察活動による市民生活の安全確保

それから、「刑事警察活動による市民生活の安全確保」という問題があります。これは、本来、刑事法としての刑法・刑事訴訟法の問題ではなくて、刑事政策の問題です。日本学術会議第二部には刑事政策の専門家としては、犯罪社会学会から委員として選出されている専修大学の岩井宜子教授がいらっしゃいます。わたくしは、刑法、刑事訴訟法の立場からこの問題を見ていることになります。

刑法、刑事訴訟法の観点から見たばあい、生活の安全・保護は、結局、事後抑制型の対応しかできないといえます。本質的な問題は、刑事事件として立件され、これが裁判になり、そして受刑者を収容した後に出て来ますが、行刑の流れの中でしか見られないわけです。その意味では、どうしても事後抑制型なのです。現実に犯罪がおこなわれて初めて、それについての対応の問題が出て来ざるを得ないシステムになっているのです。

ところが、これが現実の場面では、警察活動を通して事前抑制もできる要素がかなりあるのであります。つまり、刑事政策的な観点から、どのように見ていくかという点が出て来るわけです。その意味で事前抑制型の利益保護、そしてそれによる生活安全の保護という観点が重要性を帯びて来ます。これは、後でも触れますが、たとえば、アメリカにおいては警察のプレゼンスを示す趣旨で、パトロールの強化が強調されています。パトロール・カーでカウンティ内の巡回を頻繁におこなうことによって、警察がきちんと市民の生活の安全を守っていることを示すわけです。このようにパトロールによる抑止力が強調されています。それから苦情の中立てによる調整が重視されています。我が国でも、もちろんそういうチャンスは多いわけです。ところが、日本の警察は、従来、「民事不介入の原則」の下に、民事の要素がからんでいる事件については関与しないという方針が採られてきております。

これについては、ある意味では、もっともな理由があるのです。といいますのは、法治国家ですから、民事の問題は、民事裁判で決着をつけるべきであり、これを警察権力がいちいち裁判所の代わりをする必要はないという面があるからです。そういうことで、民事紛争に巻き込まれたくないという警察の立場から、「民事不介入の原則」が導き出されて、かなり長い間、それが守られて来た状況があります。その結果として、いわゆる債権取立屋が横行し、最近では不動産の占有屋が横行するに至っています。民事事件がからんでいるばあいには、警察が直接介入できないシステムの下では、我々の日常生活の財産関係について、重大な支障が生じます。たとえば、占有屋が入って来ますと、マンションなどの住人は、非常に大きな不安にさらされるわけであります。しかし、それについても、十分な対処ができなかったという問題があるのです。

男女関係や家族関係についても、できるだけ愛情問題などについては、警察は介入してはいけないという配慮がなされてきました。その挙句が、ストーカー殺人事件などの発生につながっていったわけです。このような事態を踏まえて、現在ではストーカーについての規制法が制定されておりますから、適切な対応がなされつつあるといえます。それから家庭問題についてもできるだけ介入しないという方針の下で、「家庭内の問題だから」というので、児童虐待が放置されたきらいがなかったわけではありません。これについても、やはり重大な問題を含んでいるということで、児童虐待に関する法律などが制定され、それによって改善が図られてきています。

警察の活動については、地域の問題にもっと密着した観点からのコミュニティ・ポリシングという問題があります。その内容についての詳しい説明は、後で柳川先生がお話しされると伺っておりますので、そこでのご説明に委ねたいとおもいます。

四　行刑における犯罪予防と市民生活の保護

行刑の段階では、たとえば、刑務所などにおける「施設内処遇」という問題に関して、特別予防を目標として行刑活動がなされております。二度とそういう犯罪を起こさせないこと、つまり、再発の防止が目標とされるわけです。これは、「再社会化」を意味し、健全な社会人として社会に復帰させることが目指されるのです。こういう観点からの犯罪予防がおこなわれているのですが、これについても、いろいろ議論があります。むしろ「社会内処遇」のほうが望ましいのであり、効果が上がるのだという観点から、社会内処遇も増大しています。その一環として仮釈放がおこなわれ、保護観察などがおこなわれています。そのばあいに、保護観察官という公の機関があるのですが、さらに篤志家の「保護司」もいらっしゃいます。保護司制度は、ボランティア活動である市民の協力によって犯罪の特別予防を図るシステムであります。保護司による活動も、さらにサポートしていく必要があるとおもいます。地域に密着した保護司が、より身近な立場から更生指導をおこなうことによって「生活の安全」に寄与していることが大いに評価される必要があります。

第三款　犯罪予防と地域社会

一　コミュニティと犯罪予防

今お話ししたことを前提にして、「犯罪予防と地域社会」という問題にしぼって、さらにお話しを進めていきたいとおもいます。コミュニティと犯罪予防という問題については、コミュニティにおいて非常に密度の濃い構成員同士の相互関係があるばあいには、その分だけ、お互いの問題関心が共通しておりますので、問題行動に及ぶ率は低くなります。つまり、コミュニティが発達した場面では、犯罪の抑止力は非常に強いといえるとおもいます。

従来、我が国にもこのようなコミュニティの力がきわめて強かった時期がありました。まず、地縁であります。土地の順風美俗を守るという観点から、いろいろな結合体ができ、コミュニティとして相互の研鑽と親睦を図る活動が非常に活発であったのです。コミュニティの中では、その土地の順風美俗を守るという自尊心、プライドがあり、そして自分達がその地域に属しているという満足感と自負心に基づいて、自分達がより良いコミュニティを作っていくのだという参加意識がより強固になればなるほど、そのコミュニティを損なうような犯罪行動、危険の増大を全部阻止しようとする動きが強くなってきます。このようにしてコミュニティは、犯罪の抑止に大きな効果をもっていたのです。さらに、近隣の他の地域との対抗関係あるいは競争関係において、他の地域と比べて不名誉にならないようにという心理的拘束力が働き、これが犯罪の抑止力となり得たと考えられます。

次に、血縁があります。血縁社会においては、血縁が強固であればあるほど、「一族の名を汚すな」という心理的な拘束力が働きますので、それが地域の安全を損なうような犯罪行動を抑止する効果をもたらしたといえるのです。

二　都市化現象とコミュニティの衰退

ところが、都市化現象によって、このようなコミュニティが衰退してきました。これが現代社会の現状だろうと考えられます。都市化現象が、あらゆる場面で犯罪の増加をもたらし、それによって生活の不安感を生じさせ、そして「安全感の喪失」を増大させて来ているのです。このような不安感は、自分が求めている安全の保障の対極にあります。なぜそういう現象が生じたのかを明確に把握する必要があるとおもいます。

人口密度の高い都市のほうが、他の地域よりも犯罪の発生率が高いことは、世界的な傾向であります。我が国においてもそうです。首都圏のほうが、それ以外の地域よりも犯罪の発生率が非常に高いと指摘されております。原因は都市というものがもつ特徴に由来するといえます。都市がもっている特徴としては、幾つかあります。犯罪学上、指摘されているもののうち目ぼしいものを挙げてみますと、まず匿名性が高いことがあります。自分自身の名を明かさずに、そして身元がバレないで一定の行動ができるという匿名性がありますから、犯罪の発見が困難になるという事態が生じます。犯罪の発見が困難になりますと、処罰による抑止力が損なわれ、犯罪行動が横行することになるのです。

都市においては、都市への移住が増加するとともに、都市内での移動も増加します。そして、住民の頻繁な移動によって、他人への無関心が強くなってきます。他人が何をおこなおうがかまわないというような状況が出て来ることになって参ります。それから社会的な連帯性が欠けますので、それに伴って規範意識が低下することになります。核家族化が進むことによって、家族・ファミリーがもっていた機能が低下します。その結果、家庭内における規範形成力も弱くなります。

それから自己中心主義的な生活態度から孤独感、孤立感、疎外感が生じ、そしてそれが「不安感」につながって一定の場面で犯罪に走ってしまうという状況が指摘されています。

ところが、マスメディアの発達と交通機関の発達、それからIT革命によって、都市化現象が日本全国各地域にくまなく拡がりつつあります。そのことによって、都市のもっていた消費文化、物質中心主義の影響力が、都市以外の地域においても大きくなって、コミュニティの衰退という現象をもたらしているのです。これが、「犯罪の抑止力」の低下に直結するとされているわけです。

三　コミュニティの再生の可能性

このようにコミュニティは衰退の方向にありますが、はたしてそれで良いのかという問題が生じます。それで「コミュニティの再生」が、重大な課題として浮かび上って来るのです。一つは、今述べました犯罪予防の観点からのコミュニティの強化という点です。犯罪をなくすことによって、地域の安全を守るという視点が出て来るわけです。「素晴らしいふるさと」としての「まちづくり」を推進して、Uターン現象を生じさせる運動も起こりつつあります。都市生活に耐えられなくなった人達が、また自分のふるさとへ戻って来る現象も見られます。「快適なまちづくり」という観点からのコミュニティの復活があります。

それからもう一つは、「安全な街」というイメージが有する力です。そのイメージが定着しますと、観光政策上、大きな財産となります。先ほど申しましたように、「松山市は安全な街である」ということが観光の政策としても非常に大きな意味をもつことになります。このように観光政策の推進の一環としてコミュニティの再生が可能になると考えられます。

第四款　刑事警察活動と地域社会

一　治安の光と影

さらに、先ほど触れました「刑事警察活動と地域社会」という問題があります。時間が残り少なくなりましたので、概略のみをお話しすることにします。これは「治安」ともからんで来る問題です。「治安」あるいは「公安」という部分がありますが、それとは別個に、むしろ生活利益の安全を図るという観点から、我々は治安の良さがもつ「法秩序思想」の尊重を推進すべきだとおもいます。しかし、それが行き過ぎますと、今度は「警察国家」の出現を招く恐れがありますので、それを避けることが大事となります。監視社会あるいは密告社会をつくり出すようなことがあってはなりません。そのような社会の出現を避けつつ、できるだけコミュニティ・ポリシングという観点から、「刑事警察」を強化していく必要があるとおもわれます。

二　自己責任社会と自警団の要否

先ほど、グローバリゼーションの問題について触れましたが、その背景にあるのは、「自己責任」の徹底という時代の要請であります。自己責任を徹底しますと、それぞれのコミュニティは自警団を作って自分で守るべきだという意見が出て来かねません。しかし、治安、警察権力を伴う場面では、やはり「法秩序の統一性」が重要ですので、地域ごとの自警団の設置をみとめる必要はないのです。ただし、その地域が犯罪の予防という観点から、いろいろな活動をする必要はありますし、その必要性はこれからもますます強くなるとおもいます。

三　交番制度の再評価の動き

地域との密着度を高めるという意味で、我が国に独自に存在してきている「交番」制度が再評価されるべきです。「交番」については今、世界各国でも注目されておりまして、たとえば、シンガポールなどでは、交番制度そのものを導入しましたし、アメリカでも、カウンティの中にポリスステーションという交番に近い制度を導入しつつあると指摘されています。できるだけ交番制度を再評価して、市民との接触の場として、これを捉え直すことが大事だとおもいます。親密度が高まることによって初めて、市民の協力が得られるのであります。市民として協力して初めて、我々自身も市民警察の充実に寄与できる面が出て来るのです。市民の協力がないところでは、検挙率が非常に下がって来ます。検挙率は、結局、市民と警察との連携と密接な関係があると考えられます。警察に対して協力しても、何ら考慮されないという事態がありますと、その後は協力が得られないことになりますので、両者の協力関係の維持には十分な配慮が必要です。

四　民事不介入の原則の見直し

市民生活との密着度を高めるという観点からは、先ほど申し上げました「民事不介入の原則」ももう一度考え直す必要があり、警察も見直しをおこなっていると仄聞しています。ストーカー事件については、立法がなされ、適切な執行がなされつつあります。それから児童虐待についても、警察も最大限の努力をしているということですので、できるだけ市民との連携を保ちつつ、市民の安全を確保していく姿勢が、今後も望まれます。

先ほど、「治安の光と影」についてお話ししましたが、かつての「オイコラ」警察ではなくて、できるだけ身近で親しみやすい警察作りに協力して、日常生活の安全の確保を図っていく必要があるとおもわれます。

第五款　地域社会の安全を求めて――国際化と地域社会の独自性――

今、国際化が進んでおりまして、それぞれの地域においても、外国人の往来や定住が多くなっています。地域社会の特異性を生かしながら、国際的な交流を図り、そして異文化との交流の中で、外国の文化も採り入れつつ、お互いに「共生」できる地域づくりが重要であるとおもいます。そのばあい、地域社会の構成員として、市民という立場を自覚することが重要な意味をもちます。つねに参加意識をもって積極的に活動をすることが必要だとおもいます。コミュニティ・ポリシングの中でも、市民活動の在り方が問題となります。松山市民がそれにどのように対応しているかにつきましては、後で柳川先生から、ご報告があるかとおもいます。

時間になりましたので、これで終わらせていただきます。

《質疑応答》

〇**質問**　専修大学の岩井でございますが。最後に国際化の問題とからんで外国人の犯罪というふうなものが増加しているということに対して、地域社会というのは、どういうふうに対応するのが妥当だというふうにお考えでしょうか？

〇**回答**　刑事政策・犯罪学の専門家からのご質問ですので、非常に恐縮しております。「国際化と地域の独自性」の問題について申し上げたのは、「国際化」という場面で、一般的に考えられているのとかなり違う面があるのではないかという点があったからなのです。と申しますのは、「国際化」については、ややもしますと、相手方の国に合わせることが国際交流であると一般に考えられがちですが、わたくしはけっしてそうではないと考えているからです。つまり、日本人が日本人として「固有の文化」をもっている事実を基礎にして、そのアイデンティティをもったうえで、相手のアイデンティティを尊重して交際することが本来の国際化だと考えているわけです。

わたくし達は、日本文化という普遍性を有しつつ、同時に特殊性を有する地域に密着して生活をしています。その地域密着性は、それぞれの相手の国にもあることですから、現に外国人として我が国に住むに当たって、一定の地域に居住しているわけであります。そこで生活をし、社会活動をおこなっている場においては、その地域の特殊事情が前面に出て来ますが、しかし、同時に日本文化としての普遍性の側面も当然出て来るのです。外国人にあくまでも地域の中で密着した生活をしていただくことが国際化であるという捉え方が可能だろうとおもいます。犯罪についても、やはり同じことがいえるわけで、なぜそういう状況が起こって来たのか、あるいはその背景を考えるばあい、宗教的な問題もあるでしょうし、民族固有の伝統の問題もあるでしょうし、地理的な問題もあるでしょうから、そういう諸事情をお互いに分かり合えるための前提として、自分が今いるこの場所、この文化基盤の一定の地域をもっと大事にして、それを基盤にして考えたらどうかという趣旨でお話ししました。

○質問　本学の小田と申します。法学部に所属しておりまして民事手続きを担当しております。川端先生のお話の中で、民事不介入の原則の見直しということでお話をいただいた部分があるかとおもいます。警察はたしかに従来は民事事件に極力触れたくないという対応が明らかだったのですけれども、民暴への対応などもありまして、民事不介入の原則を見直してきているというのは、わたくしなどでもある程度見聞きするところなのですけれども。実際の市民が被害にあって警察に持ち込むような事件、これは必ずしも重大犯罪ではなくて、単なる単純な窃盗であるとか、あるいは詐欺の事件であるとか、そういうものであっても、警察に持ち込むと、それは民事ですからそれは別にとかいうふうにいわれて、市民としては同じ法律問題なのに、どこか一つのところで扱ってくれないのか。あるいは警察が触れないのは、ある程度職務の機関の性質上やむを得ないとしても、民事部分については、どこかに、たとえば、司法制度改革審などで重要な論点の一つとされておりますＡＤＲ、裁判官紛争処理ですか、ＡＤＲの機関などにそれをつないで処理するような方法はないのかというふうなことが市民側から期待されるかとおもうのですけれども。先生のご見解ですと、民事不介入の原則の見直しというのは、どういう方向でどの程度までするのが適切であるというふうにお考えか、お話を伺えたらとおもいます。よろしくお願いいたします。

○回答　どうもありがとうございます。民事不介入の問題ですが、複雑な財産権の侵害や、法律関係が不明確な問題には介入しにくいし、また、介入してはいけない部分がかなり出て来るとおもいます。しかし、今、例に挙げられました窃盗とか詐欺とか、あるいは恐喝とかの問題については、やはり基本的な財産権侵害としての財産犯の成否という刑事の問題が前面に出て来ますので、わたくしは積極的に取り上げるべきであり、これは市民に密着した刑事活動という先ほどの論点にからんで来ますから、できるだけ民事の権利関係ではなくて刑事関係に限定したうえで、刑事事件として取り扱える場面では、警察は積極的に介入しても良いとおもうのです。

警察の組織の問題として、かなり公安警察のほうに重点が置かれている傾向が見られ、日常生活に密着する刑事活動については、さほど重要視されていない面もなきにしもあらずという観を呈していますので、これから改善の余地があります。従来、民事法上の法律問題として処理すべきものが警察に持ち込まれて来た原因は、お話しに出ました司法制度改革の問題にもからんで来ます。少額事件については弁護士も相手にしませんので、実際上は泣き寝入りをさせられているといっても過言ではないと考えられます。しかし、安全・保障との関連では、大いに問題があるのであり、もう少し少額訴訟の改革が必要だとおもいます。現在、司法書士にもいろいろな形で弁護士と同様の法律事務に関する活動をみとめておりますので、民事事件としての処理については、徐々に整備されるはずですから、泣き寝入りの事態が避けられる方向へ向かって行くだろうとおもいます。そのかぎりにおいて、民事不介入による不都合は解消されると考えられます。

日常生活の安全に関わる刑事警察については、警察活動を重視し、市民生活の安全のための警備を拡充することが必要と考えております。これでよろしいでしょうか？

※　本稿は、二〇〇二年七月四日に松山大学でおこなわれた日本学術会議第二部主催の「地域生活の安全・保障と法」の講演録の一部である。同シンポジウムの内容は、松山大学総合研究所発行の『松山大学地域研究ジャーナル』第一三号（二〇〇三年）四二頁以下に掲載されている。同研究所の許可を得て若干の字句修正のうえ『現代刑事法』に転載する。転載を快諾された同研究所の関係

者各位の御厚意に謝意を表する次第である。

第三章　ヨーロッパ拷問展——人類の権利・自由を考える——

只今、ご紹介頂きました刑事博物館長の川端でございます。今日は、「ヨーロッパ拷問展」に関する講演会のスタートとして、わたくしが講師を務めることになりました。連続講演会ということで来週は、作家の桐生操さんに「世界の拷問あれこれ」という演題でお話しをしていただきます。それから二六日の講師は、いま司会をされました伊能秀明さんであり、この方は明治大学刑事博物館の学芸員でございます。「日本の拷問あれこれ」という演題で講演をいたします。五月一〇日には、弁護士の五十嵐双葉先生に「代用監獄と拷問禁止活動の国際的取り組み」という演題でご講演をいただきます。そして、最終回は五月一七日で、対話集会を「死刑問題を考える——オウム真理教事件、ペルー人質事件、連合赤軍幹部引渡しとの関連で」と題しまして開催しますが、コメンテーターとして本学法学部教授で死刑廃止論者として有名な菊田幸一教授にお願いしてあります。これは、わたくしが司会をしてお集まりの皆さんと対話をしながら、「死刑問題」を考えていこうという企画でございます。そういうことでございますので、本日は、「ヨーロッパ拷問展」という現在開催中のこの展覧会に関連付けながら、この連続講演会に序論的な意味をもたせたいという趣旨でお話しさせていただきます。只今、ご紹介にありましたように、わたくしは、刑法および刑事訴訟法の専門家でございますので、どちらかといいますと、これらの観点から拷問あるいは刑罰がどういう意味をもつのかという観点からお話しをしていくことになりますので、あらかじめお断りをしておきたいとおもいます。

まず、この「ヨーロッパ拷問展」を明治大学で開催することになった経緯を若干説明しておきたいと存じます。

本日、イタリアの中世犯罪博物館の館長がお見えになっており、後ろの方でこの講演会に参加されております。この館長がサンジミニャーノの博物館で中世の拷問具あるいは刑具をヨーロッパ各地から収集して展示をし、それをとおして全世界に向けて、人権の在り方、裁判あるいは刑罰の在り方を考える素材として、いろいろなメッセージを発信しているわけであります。それを我が明治大学が受け止めまして、ぜひ日本でもやるのだということで、フロンティア協会がその仲介の労をとりまして、本日の開催にこぎつけたわけでございます。拷問といいますと、皆さんは、おそらく残虐だ、苛酷で非人間的なものだとしてしか受けとめようがないという捉え方をされているとおもいます。しかし、それには、別の観点から、歴史的な意味、人類学的、習俗学的な意味をもっているのであります。それが、現在のわれわれのいくつかの問題点にも関連してくるわけであります。そういったことをふまえて、これから若干お話ししていきたいとおもいます。

まず、本日から始まった拷問展でも示されておりますように、大きく分けまして、この展示物は、拷問の器具と刑具、つまり刑罰を執行する道具の二種類から成り立っています。何故こういう形で二つをまとめて展示するのか、が問題となりますが、これは共通性があるからであります。まず、刑罰と拷問との共通性といいますと、第一点として挙げられるのは、「強制的に」相手方に科せられるという点であります。有無をいわさず、被疑者あるいは嫌疑をかけられた者に対して強制的にこれが科せられるという点では、拷問も刑罰も同じであります。これは、権力者・支配者が、その相手方・被支配者に対して強制力をもって行使するという共通の要素をもっているわけであります。第二点として、その内容が苦痛を伴っているという点であります。拷問は、いうまでもなく肉体的、精神的な苦痛を科することに意味があるわけであり、それが一定の目的のもとになされるものであります。その目的を実現するためにできるだけ相手に苦しみを与え、それが強烈であればあるほど、その目的の達成は十分になされるわけであります。いずれもその意味で、この苛酷な要素である苦痛、つまり、肉体的・精神的な苦しみを内容としている点で基本的に共通するものをもっております。それからもう一つは、これが目的に適合するという性格が明確に出てくる点であります。つまり、一定の目的を実現する手段として、これが「技術的な側面」をもって合目的的に追求されていくという側面があるのであります。これは、現実にその器具を見れば分かるとおもいますが、たとえば、拷問のばあいには、これは死なせてしまったら拷問の意味がありませんから、できるだけ命を永らえさせるけれども、その間に極限状態まで苦痛を続けさせていく、技術的な目的に合うような形で合目的的にそれが追求されていくという性質をもっています。

刑罰もそうです。刑罰も、一定の目的をもって、それを国家・権力がこれを犯罪者たる国民に科するわけですが、その目的に適合するような形で改善、合理化という方向でそれが進められていくのであります。このように、両者は、共通性をもっているのであります。これは当たり前のことですが、当たり前であるがゆえに、逆に、両者が区別されなかった時期もあるわけです。刑罰なのか拷問なのかが区別できない未分化の時代があったのですが、これが、裁判制度や刑罰権の確立をとおして両者の区別がより明確になってきたという歴史的な背景があります。先ほどお話ししたような共通性があるのですが、しかし、両者は決定的に違うわけであります。その目的が違うからであります。その目的といいますと、拷問のばあいは、第一義的には自白を獲得することであります。否応無しに相手に自白をさせる手段として拷問が用いられる点が問題になるわけです。それから、異端審問については後で触れますが、異端審問のばあいには、信仰告白とともに改宗を強制するために拷問が用いられるのです。つまり宗教を替えさせるというのは、異端者が正統に戻ることを強制することを意味します。自白の獲得と改宗、それから屈辱感を与えるという点も拷問の大きな特徴になります。凌辱はいろいろな拷問のところで出てきます。これに対して、刑罰は、裁判が確定して、法律的な効果として刑を科するという点に意味があるわけですが、刑罰の目的は時代によって捉え方が違います。かつては「復讐」でありました。タリオの時代ではそうでした。タリオというのは、同害報復を意味し、「目には目を、歯には歯を」という言葉で示されますが、同じ害悪に相当する復讐としての刑罰を科するという理念が強かったわけであります。タリオ、同害報復は、現代の我々から見ますと、非常に残酷におもわれます。現時点で我々はそう捉えます。しかし、これについては、何度も触れてきましたが、歴史の発展から見ますと、その時代においては、これは合理性がある、あるいは進歩的な要素があるといえるのです。それはどういうことかといいますと、古代においては部族対部族の喧嘩や闘争が生じたばあいに、復讐は相手を皆殺しにしたり、その部族を全滅させたりすることが復讐の形態としておこなわれていたわけです。ところが、そういう形で復讐をおこないますと、小さな犯罪がおこなわれたにもかかわらず、その部族を全滅させるというような復讐という形態がいかに残酷なものであるかは当時でも問題視されてきたわけで、それにくらべると、タリオは、同じ害を与えたばあいにはそれに相当する害で復讐するという意味で、復讐の範囲を狭めてきたという進歩的な要素があったわけです。我々から見ますと、すべてが野蛮に見えますけれども、歴史的に捉え直すと違った面が見えてきます。つねに歴史においては、後の時代の人が優位に立てるわけであり、優位に立った者が相手は野蛮だという形で断罪していくという図式で考える態度を取りがちですが、しかし、歴史の流れを謙虚に捉えたばあいには、一定の事態がその時代においてどういう意味をもち得たか、ということを冷静に考える必要があるとおもうのであります。復讐という捉え方とは別に、もう一つの捉え方として、威嚇という捉え方があります。こういう犯罪行為をおこなったばあいには、こういう厳しい刑罰を科するのだという形で威嚇するわけです。刑罰という不利益な扱いを受けないために、犯罪行為をしないようにという形で一般国民を威嚇するのが、威嚇主義の刑罰観でありました。近代に入ってからは、これは単なる同害報復ではなくて、質的に同じだけの「応報」として捉えようとしたのです。これは、ヘーゲルがとくに主張した考え方です。「目には目を歯には歯を」というのではなく、価値的に同じもの、たとえば、自由を奪うことによって罪を贖うという形でおこなわれるべきであると解するのが、価値的に見て同価値的な応報という捉え方であります。その後、近代学派という考え方が出て来て、そこにおいて主張されたのは、犯罪行為者に対して、応報としての制裁を加えるのではなくて、その人を矯正していこう、つまり、もう一度、健全な社会人として社会に復帰させようという「再社会化」の観点から捉える立場であります。この点については、古代ギリシャ時代にも、すでに哲学的には、威嚇主義かそれとも教育主義かという争いとして二つの立場は主張されていたわけです。刑罰の理論として確立されたのは、近代に入ってからであります。

このように、刑罰の目的の捉え方じたいに争いがありますが、わたくしは、拷問との対比においていいますと、刑罰は犯罪者に対して制裁として科し、再社会化の道を強制的に与えて、そのチャンスを作ってあげるという捉え方をしているのであります。このように拷問と刑罰は、目的において決定的に違うといえるわけで、これから展覧会をご覧になった後に整理する際には、拷問と刑罰は明らかに違うことを前提にしていただきたいとおもいます。

ところが、両者は明らかに違うにもかかわらず、刑罰の執行の段階で、拷問と同じようなことがおこなわれたこともあるわけです。つまり、できるだけ相手に苦痛を与える、凌辱する、屈辱感を与える、あるいは、社会倫理的におとしめるような評価を加えてラベリングをすることによって、犯罪者としての烙印を押して貶めていくこともおこなわれがちでありますが、これは一種の拷問に近いものになってしまいます。権力者が、弱者である被支配者たる犯罪者に対して、そのような凌辱を加えることがないようにしていかなければならないとおもいます。これについては、また後で触れたいとおもいます。

くり返しになりますが、拷問と刑罰は、合目的性の点で、その中身が違うということをご確認ください。それを前提に、これから、ヨーロッパの拷問の歴史の概略を少しお話ししておきたいとおもいます。拷問が、ヨーロッパにおいて、どういう具合に展開してきたかといいますと、まず、その淵源は古代ギリシャにあります。すでにギリシャ時代から拷問はおこなわれていたのです。洋の東西を問わず、一定の事柄を自白させるために、肉体的・精神的に苦痛を与えるのは、当然の事象であります。これは中国の歴史においてもそうであります。ただ、西洋の犯罪理論あるいは刑罰理論の形で理論化はなされておりませんけれども、すでに中国においてもかなり厳しい拷問はおこなわれていました。それは何処でもそうであります。それから、ギリシャで始まった拷問がローマに引き継がれていきましたが、ローマでは合理主義の要素がかなり導入されました。それが色々な形でローマ帝国において用いられるようになっていったのであります。注目すべきことは、ローマにおける拷問は、当初、もっぱら奴隷に対して加えられていたという事実であります。これは、法廷において、奴隷が証言をしなければならないばあいには、拷問を加えた後でなければ、奴隷は法廷に立つ資格がないという理解が広くおこなわれていたからでございます。古代ローマ時代においては、一般的な権利能力をもった一定の有資格者としての市民と、人間としての権利をすべて否定され所有権の対象となる奴隷という制度があったのです。その奴隷とは、本来、裁判を受ける権利がなかったわけですので、当然、証人適格などもなかったのです。それにもかかわらず、裁判所において証言せざるを得なくなったばあいに、拷問をした後でなければ、その人の供述は証拠として扱われなかったということであります。それは何を意味するのか、といいますと、これには宗教的な背景があると一般に指摘されております。つまり、奴隷は聖なる市民と違って穢れたものであるから、その穢れを取り去るために、肉体的な苦痛を否応なしに科して、その苦痛をとおして初めて市民と同じ立場に立ち得るとされたわけであります。これはどういうことかといいますと、奴隷は、煉獄あるいは地獄の苦しみをとおして、初めて魂が救われて、それが市民と同じような中身をもち得るのだという捉え方です。これは、譬えていいますと、日本の禊の考えに近いわけです。そういう煉獄の苦しみをとおして禊を受けるという宗教的な背景があったといえるとおもいます。煉獄の苦しみみたいな拷問という点に関して我々が見落としてはならないのは、すでに拷問じたいに宗教的な儀式としての意味が込められていたという点であります。これは後で異端審問のところでも出てまいりますが、宗教をバックにしたが故に、逆に、神との対比において、これが非常に強烈なものになっていくという側面があるわけです。宗教上の行為は絶対化されたものであり、それに反逆する者に対しては、苛斂誅求を極め、はなはだ厳しくなっていくという性質をもっているわけで、まさに奴隷に対する拷問は、そういう性質をもっていたといえるだろうとおもいます。当初は、奴隷に対しておこなわれていたものが、次第に一般市民にも適用されていくという経過があるわけです。これは、相手に対して自白を要求する場面では、一般の市民のばあいだって非常に有効性をもっておりますから、それをどんどん拡げていく傾向が出てくるといえるわけであります。ローマ帝国が地中海を中心にしてヨーロッパ全土に拡がっていくと同時に、拷問制度や刑罰制度もどんどんヨーロッパに波及していくことになります。これは、キリスト教の発展段階にかなり似てきます。宗教上の側面が色濃くそこに出てくるといえるわけであります。刑罰に関しても、古代の刑罰に非常に特徴的なのは、何らかの形で宗教的な性質を帯びていることであります。皆さんは既にご覧になったかとおもいますが、車輪による刑罰というのがあります。これは、もちろん拷問の手段としても用いられていたのですが、われわれ日本人にとって、なぜ車輪を用いるのかという疑問が湧いてくるとおもわれます。車輪が、なぜ刑罰あるいは拷問の道具として使われているのかという点であります。これは、我々にとって、ちょっと不可解な気持ちにさせられるものであるとおもいます。これは、じつは宗教的な背景として、禊ともからんでくるのです。刑罰を執行するばあい、これも罪種によって差が生じますが、輪に付けてぐるぐる回すということは、拷問の手段として多く用いられていたようですが、現実の刑の執行に当たっては、車輪を寝かせた人の上に落とすのです。車輪を落下させて、それで骨を粉々にし、体をぐしゃぐしゃにするという刑罰なのです。そうして、ぐしゃぐしゃになった身体をそのまま放置するのではなくて、それをもう一度車輪の上に乗せて晒すというやり方をしているのです。これは図版がありますので、すでにご覧になったかとおもいますが、それがどういう意味をもつのかという点が、我々にとって分かりにくいのです。しかし、これも宗教的な背景から見ますと分かりやすいとおもいますが、ギリシャ、ローマ神話などに出てくる太陽の神は車に乗っているのです。車に乗って天空を翔るというイメージがありますので、それとの結び付きがあるのではないかと指摘されています。ローマ帝国は、合理主義あるいは法律的な合理主義を重視したとよくいわれるのですが、それと同時に、ギリシャ、ローマ時代からの神話の世界や土俗の世界がキリスト教と融合していく場面が出てくるのです。それが、刑罰にもそのまま反映されてくることになります。ただ、むやみやたらに車輪を使うというのではなくて、それぞれの刑罰の中にそのような土俗性といいますか、土着性といいますか、それのこびりついた宗教心が反映されていることが歴史学者によって指摘されているのです。キリスト教は、一神教でありながらも、地中海地方における慈母神あるいは母なる大地という根源的な神話の世界の観念が、なお歴史性の中に沈殿しているという側面があるのです。我々は、西洋の歴史、宗教といいますと、ただちに、ユダヤ教、キリスト教やイスラム教があって、それらが画然と区別さているように考えがちですが、けっしてそうではなくて、そこには融合している部分がかなりあるといえるだろうとおもわれます。それが刑罰についても出てきますし、拷問についてもそういうことが出てくるわけであります。中世に入って、これがどのような展開見せるかといいますと、これが法律上の問題として規定されてくるのは、カロリーナ刑事法典が成文化された時です。その時点ではっきり出てくるわけであります。カロリーナ刑事法典は、その後、ドイツなどにもいろいろな形で影響を及ぼして、日本の刑法にもかなり影響を及ぼしてきている法典であります。カロリーナ刑事法典において糾問訴訟というものが取り入れられて、糾問の手段として、拷問が明らかにみとめられたのであります。拷問が明文化されたので、カロリーナ刑事法典は野蛮で残酷な法典だというような言い方がされることがありますが、これも、先ほどいいました歴史的な捉え方という観点からしますと、けっしてそうではなくて、一定の範囲で拷問を制限したものなのです。できるだけ法律要件を厳格にして、拷問の実施の範囲を限定するという側面をもっているわけです。このような点で我々はこのカロリーナ刑事法典を捉え直しておく必要があるとおもいます。

従来は、宣誓補助者や証人が裁判においてみとめられていたのですが、これは、供述者に対して直接強制としての拷問をみとめた点で重要な意味をもっているわけであります。証拠法上、それがどういう意味をもっているのかは、刑事訴訟法の専門的な知識に属しますので、ここで詳しいお話しはできませんが、わたくしは、十年ほど前に、早稲田大学の曽根教授と共にリューピングという学者の『ドイツ刑法史綱要』という本を翻訳・出版しました。その本の中で、カロリーナ刑事法典、それから後で出てくる魔女裁判などについて、訴訟法上どういう扱いをしたのか、ということについて詳しい議論をしております。わたくし自身は、そちらの問題のほうに興味があるのですが、本日のテーマとは直接結び付きませんので、この話はこの辺にしておきます。カロリーナ刑事法典において拷問制度が合理化された点をどう見るか、ということですが、これにつきましては、先ほど述べました歴史における進歩性という観点から見ますと、次のような意味があるとおもいます。もともと裁判というのは神様がおこなうものと考えられてきていたわけです。審判、つまり、神様がおこなう審判において神の判断・審判を示すものとして水と火がありました。その時おこなわれたのは、水審、水による審判であり、火審すなわち、火による審判です。この二種類があったわけです。水審というのは、被告人を川に投げ込んで溺れたら有罪であり、助かったら無罪であるとこういうような神による裁判であります。これは、神様はすべてを知っているわけでありますから、それが水をとおしてそういう現れ方をするとする捉え方です。たとえば、水審のばあい、泳ぎのうまい人は溺れることがありませんので、これでは助かる人は助かり得るわけで、その意味で、これは「偶然刑」といわれます。みんながたとえば、死刑に相当する罪を犯したとされたばあい、すべての者が殺されるわけではなくて、中には助かる者もいる、偶然に助かる者もいるということで「偶然刑」という性質をもっております。もう一つの火審、つまり火による審判のばあい、火刑に処して生き延びたとか、あるいは怪我の程度が軽くて済んだとか、を基準にして審判するわけですが、これは、火の力によって神の啓示がすぐに現れてくる、という捉え方です。ですから、このような神による裁判が当然とされていたのに比べますと、カロリーナ刑事法典は、人間による裁判に転換したわけで、非常に画期的な刑事法典といえるのであります。かなり証拠法上の規制がそこにみとめられております。制約はありますけれども、人間による手続きとして確立されてきたという意味で、大きな進歩の性質をもっているといえるわけであります。裁判制度の発展の流れの中で、拷問が一般化し、さらに、その適用範囲がどんどん拡げられていったという歴史があるわけです。通常の裁判において色々な制約があるにもかかわらず、いわゆる魔女裁判については、魔女の罪は例外犯罪とされて特別な扱いを受けたのです。すなわち、刑法学者がいろいろ解釈論を展開して、魔女裁判は例外であるからという形で、カロリーナ刑事法典でみとめられていた拷問の制約がどんどん外されていくわけです。そういった流れが一方において出てきます。後で「異端審問」との関連で「魔女裁判」におけるその問題に触れたいとおもいます。

近代は、この拷問制度を廃止するところから出発したのでありますが、その原動力となったのは、チェザーレ・

ベッカリーアであります。今、イタリアのサンジミニャーノの中世博物館から拷問器具を取り寄せて展示していますが、そのイタリアの先覚者であるベッカリーアがヨーロッパの啓蒙思想をリードして、刑事裁判制度に大きな影響を及ぼしたことは、大いに注目されるべきであります。拷問の廃止と死刑の廃止をベッカリーアは強調したのであります。拷問制度について、ベッカリーア自身はどういう観点から反対したのかということですが、これについては、彼の主著である『犯罪と刑罰』に示されています。これは岩波文庫から翻訳本が出ておりまして、風早八十二さんと風早二葉さんの翻訳であります。拷問制度について、まず彼が主張したのは、刑罰の目的であり、「それは犯罪におもむこうとする他の人々の心にみせしめによってきざまれる威嚇である」と彼はいうのです。我々が「啓蒙主義思想」という観点からその主張を読みますと、こういう威嚇主義はちょっとおかしいのではないかと感ずる向きがあるかもしれません。しかし、これは、まさに刑罰の目的を限定したところに意味があるわけであります。威嚇主義をもとにして彼が強調したのは、拷問の不合理性という点であります。拷問されたりあるいは留置場に閉じ込められて、無実の者がなぜ自分は有罪だという形で「自白」をするのかいう点に疑問をもたれる方が多いとおもいます。これは、現実に我々の現代の社会でも存在する事象であります。実際は犯罪行為をおこなっていないにもかかわらず、勾留されて、警察官あるいは検察官の前で取り調べを受けている段階で、自分が犯しましたといってどんどん自白をしてその罪をみとめることが起こっています。ところが、実際の裁判の段階で、つまり、起訴されて裁判が始まりますと、あれはじつは自分の意思ではなかったとか、あれは強制されてみとめたのだとかといって、自白を撤回するケースが多いのです。その際、一般国民が市民として感ずるのは、本人は、犯罪行為をおこなっていないにもかかわらず、どうして自分がおこなったとしてみとめるのだろうか、という疑問です。このように感ずるのは、本人がいっている以上、真実に違いないという暗黙の前提があるからです。我々はそういう思い込みをもっているわけです。自分がやってなければ、どんなに苦しめられても嘘をいうはずがないではないか、無実なのだから、自分が有罪であることをみとめるはずがないという確信を我々はもっているわけですが、じつはこれは大きな誤解であり、一種の妄想なのです。といいますのは、ちょっと話が外れますが、我々は、心理学的に、拘禁状態というのに耐えられないという人間の弱さをもっているからなのです。人間は、ある時点で、社会から完全に隔離されてしまったという状況に置かれたばあいに、孤立感にさいなまれ、その場から早く逃れたいという意識が非常に強くなってきます。そのばあいに、どんどん追及されてもう面倒臭くなってきて、とにかくこの場から逃げたいという心理的状況に追いやられて、自分がみとめたことがどういう意味をもつのかが分からない精神状態になることが指摘されております。これは拘禁症状です。このような人間の弱さがあるがゆえに、つい取調官に迎合してこの場から逃れてしまいたいという人間の弱さが現れて自白してしまうというケースもあると指摘されています。拷問を用いるという形になると、この傾向はなおさら強くなってきます。拷問のばあい、死に勝るほどの苦しみを与えられるわけですから、とにかくその場から逃れたい一心で、つい自白をしてしまうという人間の弱さがあるのです。この点について、ベッカリーアは、次のようにいってるのです。「こうしてせめ苦に対する抵抗力の弱いむじつの者はじぶんは有罪だとじぶんでさけぶのだ。そして、有罪の者とむじつの者とを見わけるためのその方法じたいが、有罪とむじつの区別をけしてしまうのだ」と述べています。「拷問は、だから、しばしば、弱いむじつの者にとっては断罪の確実な手段であり、がんじょうな悪党にとっては無罪放免の手段である。これがいわゆる『真実をあかす』方法のおそろしい結果である。これは食人種にこそふさわしい方法だ。れいこくな風習で有名なローマ人さえ、彼らがそのざんにんな徳をあまりにもおう歌しすぎた結果としてのぎせい者であるドレイたちに対して以外は、この方法を用いなかったものである」と主張しているのであります。引用訳文は、先ほどご紹介した岩波文庫版によっています。彼は、頑強な者が罪から逃れて、弱い者が罪に貶められるという不合理が出てくることを指摘をしています。そして、「被告を尋問するのは、真実を発見するためだ。だのに、もし平静な人間の態度、身ぶり、顔つきの中にそれを見わけることが、それほどむづかしいのなら、どうしてけいれんにひきつった顔の中にそれを見わけることができよう?しばしば、うそと真実とを見わけさせる手段となる小さな表情の動きを、すべての暴行はその苦痛のため、消滅させ、他の表情と混同させてしまうのだ」ということであり、拷問は、人間の最大限の苦痛を超えるわけですから、その人の表情さえ全部奪ってしまって、それを見る者から、何が真実かどうかが分からないではないかということで、拷問のもつ不合理さが示されるわけであります。それから、自白を得るために拷問がなされているのですが、拷問を科す第二の動機をベッカリーアは、次のようにいっています。「被告が受けた尋問の中でむじゅんにおちいったばあい、そのむじゅんをただすため」に拷問がおこなわれるということであります。「だがせめ苦に対する恐怖、まだきまっていない判決に対する不安、裁判手続の重々しさ、裁判官の威厳にみちたようす、むじつな者にも犯人にも大多数の者に共通な無知などが、恐怖に歯の根の合わないむじつな者も、言いのがれようとやっきになる犯人をも、ひとしくむじゅんにおちいらせるのだ。平静な精神状態にあるときでさえ、むじゅんがあることは人間のつねなのに、さしせまった危難からのがれることに魂をうばわれ、すっかり困乱状態にある者において、むじゅんが一そう多くならないなどとは考えられないではないか」といっているのです。つまり、尋問をするばあいに拷問をするとき、矛盾点を追及するためだという形で、拷問の目的が一般には強調されますが、しかし、彼は、拷問を科することによって、かえって人間の弱さを基礎にする矛盾点がもっと出てしまうから不合理であると主張しているのです。

拷問の第三の目的は、「当面訴追を受けていない他の犯罪をろけんさせるために被告を拷問にかけることは、こういう推理をこの被告の上にこころみることだ」ということであり、「お前は一つの犯罪の犯人だ。だからほかの百の犯罪をおかしたこともありうるわけだ。このうたがいが、私にのしかかっている。私はこれをはっきりさせたい。私は、私の〝真実発見の試み〟を適用しよう。法律はお前を拷問にかける。お前がおかした犯罪のために。そしてお前がおかした可能性のある犯罪のためにも。また私がお前をその犯人とみなしたいとおもう犯罪のためにも」とされます。こういう前提があるとされるのですが、これはこういうことです。つまり、あなたは、一定の嫌疑のもとに拷問を受けているのだ。他にもお前は犯罪行為をおこなっているに違いない。だから、この部分についてはっきり自白せよ。その目的のために拷問が用いられているのだ」ということです。当面は、ある一つの犯罪について拷問に基づいて無実の者が犯罪者として摘発されようとしていて、さらに、それ以外の犯罪についてもそういう形で合理化していく点で問題があるとする捉え方です。

さらに、拷問は、共犯者を発見するためにも被疑者に加えられるということですが、これについては彼は、次のようにいっています。「拷問が真実を発見する確実な方法ではまったくないことが証明されている以上、どうしてそれによって共犯者を発見することなどできよう？ 共犯者を知るということは被告からひき出そうとする真実の一つにほかならないのだから」ということで、自分自身の犯罪行為以外にさらに共犯者がいるに違いない、その共犯者の名前を挙げろという形で拷問を加えていくわけです。しかし、これ自体、ある意味で矛盾です。その共犯者がいること自体が一つの犯罪事実であり、その事実を明らかにするという点においては、やはり、先ほどのような観点で立証されていない以上、共犯者の名前を述べさせるのはおかしいということです。それで、「たしかなことは、みずからを告発する人間は、一そうたやすく他人を告発するにちがいないということだ」と彼はいいます。これは名言ですよね。人間の本質を的確につかんでいる発言であります。これは現在でもよくいわれることです。我々は、犯罪捜査の経過などを見ていますと、共犯事件というのは、かなり心理学的に興味深い現象を提起する場面なのです。共犯というのは、一人でもおこなうことができる犯罪を、二人以上の者でおこなう犯罪遂行形態でありまｓ。実際に犯罪を遂行することは一人ではなかなかできないけれども、二人、三人と集まると合同力が生じて一緒におこなえることがよくあります。「赤信号、皆で渡れば恐くない」というギャグがありますが、まさしく赤信号は一人では渡る勇気がないけれども、多人数なら渡れるといわれるわけで、それと同じです。そういう形で、自分自身の犯罪行為を他人と一緒におこなうとやりやすということがあります。何故そういうことが起こるのかについて考える必要があります。犯罪の責任追及の段階では、「一人でやったのじゃないのだ、あいつもやったので、その分だけ責任が軽くなってくるはずだ」という形で責任を相手に転嫁することがなされるのです。つまり、「あの人が主役であり、わたしはただ脇役をやったにすぎない」という形で罪をなすり合うわけです。犯罪の責任の量をなすり合うという心理現象がありますから、自分自身の罪を軽くするために他の人を共犯者として巻き込んでいこうとする心理なのです。自分自身で自白する気になれば、たやすく他人の名前を挙げてその者を犯罪の共犯者として仕立てあげるケースが出てくるのです。これは現在の刑事事件においても、たまにこういう事態が出てきます。被疑者による犯罪事実が空中楼閣として描かれて、後で再審で無罪となるいうケースが出てまいります。

これまで、拷問が何故なされるのかという問題について述べましたが、この点についてベッカリーアは、「汚辱をきよめる」ために拷問がなされること、つまり、法律で汚辱、言い換えますと、汚くて穢れていることについて、『汚辱』を宣告された者は骨をくだかれるあいだに自白をし、このことによって身をきよめねばならないのだ。こんな野蛮な慣行が十八世紀の時代にゆるされていいのか」という形で、従来の拷問制度に対して痛烈な批判をして、これが啓蒙主義思想における理性という観点から、徹底的な拷問否定の流れを作り出していったといえるのであります。ドイツ刑法学においては、トマジウスという学者が出て来て、聖書の解釈学との関連で拷問制度を否定したのであります。拷問制度の宗教上の根拠づけは、すべて旧約聖書に出典があります。旧約聖書に基づいて、拷問は宗教上の性質を帯びるといえるわけです。これが、一番最初に出てくるのは、魔女裁判との関連でありますが、出エジプト記の中で、悪魔は生き延びさせてはいけないという観点から、魔女裁判で魔女の撲滅ということが、旧約聖書に出てくるとされます。すなわち、出エジプト記の二二章の一七やデビ記の一九三の三一などがその根拠として示されているとされているのです。この点についてトマジウスは一つ一つ反論して、刑法の解釈論としてそういうのは成り立たないことを強調して、刑法学上、拷問制度を否定したのであります。このような流れの中で、啓蒙主義がヨーロッパ全土を風靡しその影響下で近代化が推し進められていって、拷問制度が廃止されていくようになったといえるわけであります。これが拷問の歴史であります。

時間をかなり取ってしまいましたが、さらに、この展示会で大きなコーナーを占めているのが、「異端審問」であります。異端審問というものも、我々日本人にとっては、なかなか馴染みのない制度であります。キリスト教の正統性、オーソドキシィーの中で「異端者」に対する徹底的な弾劾がなされたのであります。キリスト教は一神教でありますから、絶対神というのがあって、絶対的なものを否定することは、それこそは絶対的に否定しなければならないわけでありますから、二項対立という観点から全面的な対立が出てきます。正か悪かというオールオアナッシングであります。ですから、その点を考慮しますと、宗教の正義の名において拷問が非常に厳格で峻厳なものにならざるを得ないのは、こういった異端審問という制度のせいなのであります。異端者については宗教学でいろいろ細かい議論が展開されているようですが、大ざっぱないい方をしますと、正統的なキリスト教に対して、それを否定する側の異端者は、基本的にはユダヤ教徒であり、イスラム教徒です。それから、キリスト教の内部においてもカトリックに対していろいろな宗派が出てくるわけですが、そういったものが異端者としてどんどん排除されていくというプロセスのなかで、異端審問が前面に出されてきたのです。その異端審問について、ここでは魔女裁判との関連でそれを導入としてお話ししますが、「悪魔」という存在があって、その悪魔がキリストなどの神に対抗するものとして全面的に出てまいります。その悪魔は何が何でも排除されなければならないという観点から、異端者、厳密にはユダヤ教徒でありイスラム教徒なのですが、そういう言い方をしないで、キリスト教に反する者としての異端者、悪魔という捉え方をします。そういったものを排除する原理として異端審問をおこなうわけです。異端審問は宗教裁判そのものであります。ですから、通常の刑事罰、刑事裁判とは違うわけです。異端審問は、あくまでも宗教上の裁判としてこれをおこなうわけですから、異端審問庁というものが置かれて、異端審問官が、一定のキリスト教の教義の観点で異端者を尋問するという方式です。異端審問においては拷問をしてもかまわないという了解があるのです。つまり、自分と神との関連で見るばあいに、要するに、絶対的な神を否定するという観点から、その人がどういう考え方をもっているのかを知るのは、自白に頼らざるをえないわけです。その人がどういうことを考えているのかは、その人の口から出させなければいけないわけですから、どうしても拷問で吐き出させなければならないという面が出てくるのです。そのばあいの要求としては、まず、「神は血を好まない」ということで、流血はその場でさせないということです。ですから、ご覧になった拷問器具で血を流させるようなものは、あまりありません。血が流れないような形をとっているのです。つぎに、自白を得るためですから、死亡させてはならないという大前提があります。なにしろ自白を得なければならないわけですから、死んでしまうと、自白を得る手段として役に立ちませんので、死なせないこと、血を流させないことがキーワードになっています。それで、金属のネジを使って責め上げる器具がかなり多いことをご覧になってご理解いただけたかとおもいます。これは、身体を固定して、ネジで少しずつ少しずつ締め上げて責めていくという面がありますから、苦痛が永続するわけです。それが続いていって、しかもすぐには死なないで苦痛だけが続いていくというやり方なのです。いやがうえにも死なせないで自白が得られるような状況を作る道具なのです。ネジというのは少しずつ少しずつ効果が生じて来ますから、苦しさ、苦痛がそのまま続くのです。骨が折れたり砕けたりするところまで、ねじ上げていきます。英語で拷問はトゥルチュアー（torture）といいますが、これはラテン語のトゥルトゥス（tortus）という言葉から来ています。これは、ねじ曲げる、ねじるという意味です。現代英語のツィスト（twist）の語源になるわけですが、それには、締め上げていく、ねじ上げていくという要素が強いのです。吊るしたり、引き伸ばしたりするという要素があります。体を痛めつけるばあいに、ねじって、骨が離れてどうしようもないほどの苦痛をともなう吊るし刑のような形でおこなうと、血は流れないのです。体の内部の血が外部に流れてくるわけではありませんので、それから、骨が砕けても死ぬわけではありません。一生不具になるだけであり、死ぬわけではないという形の拷問がみとめられたのであります。このような目的が設定されますと、技術がそれに適合する形で、かなり合理化されてきます。ここには、一つの科学的な要素が入ってきます。当時の生理学や物理学などの知見とが、そのような器具に応用されていくことになります。何故そこまで緻密な機械主義的な器具にこだわるのかというのは、ある意味では合目的性という理念に適うからなのです。ですから、技術的にも洗練されてきて、我々がおもいつかないような形で実現していく要素が出てまいります。それは、今回の器具類が、直接、我々に語っているところであります。

なぜ異端審問において拷問が許されるのかという点ですが、これは審問椅子などもご覧になったとおもいますけれども、非常に痛いものをどんどん使うのは何故かといいますと、異端を発見してそれを排除することは、宗教の立場からすると正しいことなので、正義、善になるわけですから、それをとことん追求しても当然に許されるという前提があります。それと同時に、悪魔が体に宿り付いているばあいには、それを取り離してあげることはその人を救うことでもあるわけです。したがって、二重の意味で善をおこなっているのだという意識が強いものですから、これはどんどん強化されていくことになります。見ていて、かわいそうにという感情にはならないのです。我々の世界でいえば、狐憑きから狐を取り外してあげるというような感覚なのです。ですから、そのような観点から、どんどん自白をさせて救ってあげてるのだという意識です。自白というのは、コンフェッションということで、「自白」とわれわれは訳しますが、宗教上は「告白」なのです。「宗教告白」であります。「私はこういう悪いことをしました」と告白をすることによって救いが得られるわけです。こういう場面がありますから、拷問はその手助けをしているのであり、審問官はその手助けをしているのだということになり、これが正義の御旗なのです。これは宗教上の理由ですが、同時に、審問官は、出世のためにできるだけ成果を上げようとして残虐性が加わっていくという背景もあったようであります。それから、拷問器具、審問器具が地中海を交易仲介として南ヨーロッパに広がっていたという歴史があります。とくにそれが多いのはスペインであります。それから南フランスや南ドイツであり、これは魔女裁判と同じ地域になっているわけですが、それがどういう意味をもつのかが問題となります。地中海地方と北ドイツの北欧に近くなる方では、まったく風習や神話の世界が違います。先ほどギリシャ・ローマの慈母神についてお話ししましたが、北ドイツなどの北欧の方では、どちらかといいますと森の神としての父なる神のイメージが強いわけであり、非常に敬虔主義的な改まった感じの神話の世界がそこにあります。これが微妙な影響を及ぼします。スペインで、なぜ異端審問が強烈におこなわれたかといいますと、これは世界史で習うことでありますが、イスラムとの闘争を通じて、「領土回復」の動きが非常に強いのです。スペインにおいては、キリスト教の強化という観点からイスラム教との対決が前面に出てくるわけで、異端審問を通して宗教みずからの立場を強化していこうとする面が非常に強かったのです。これは南フランスでもそうです。ドイツでは、とくにニュールンベルグに異端審問の権限をもった者が派遣されてきたということです。展示されている「鉄の処女」というのは、ニュールンベルグで使われていたものです。「ニュールンベルグの鉄の処女」として有名です。明治大学の刑事博物館にも「鉄の処女」があります。今回は展示会では出しておりませんが、従来から我々は展示してきていますが、明治大学では、従来、「鉄娘」という名称を与えてきております。これは、アイゼンメイトという英語の訳なのですが、ドイツ語ではアイゼンユングフラウといいます。これについては、一般には「鉄の処女」という訳語が普及しておりますので、それを使うことにしました。しかし、厳密に「鉄の処女」といったばあいに別の制度があるのです。マリア像の前に行って、そして、その像の手前で床がバタンと落ちて下にあるトゲが刺さって死亡させるのが本来の「鉄の処女」なのです。現在では「ニュールンベルグの鉄娘」あるいはアイゼンユングフラウの訳語として定着しておりますので、今回の展示会でも、わたくしは「鉄の処女」という言葉を選びました。これにはそういう背景があります。異端審問を背景にした「鉄の処女」というのが有名なのです。その異端審問がイギリスに渡り、そして、アメリカにも渡っているのです。セイラムの魔女裁判というのもその流れにあるわけです。欧米にはこのような歴史がありま す。

魔女裁判と異端審問との関係ですが、異端審問官の強かった地域では異端審問といったのですが、ドイツなどでは、地中海地方の習俗的なものと違って、当時の魔女信仰と結び付いて、それを教会権力が利用して魔女裁判という形で、おのおの異端審問をおこなっていったということになります。魔女裁判についてもっとお話ししたかったのですが、時間が過ぎてしまいましたので、これについては省略いたします。いまお話しした歴史の中で、これがどういう意味をもち得るのか、について最後にお話ししておきたいとおもいます。まず、拷問でありますが、これは先ほど申しましたように、ベッカリーア以降、人間の根源にある人間性という観点から拷問廃止がいわれるわけですが、これは、いわゆる人権論であります。人間の基本的人権の淵源はここにあるのです。人権というのは、昔から主張されたわけではなくて、こういった拷問の廃止を通して初めて、人権論が展開されたのです。憲法でいま我々は人権といいますが、そのスタートはここにあるわけです。近代の流れの中で人権論としてこれが捉えられてきています。これは、刑事裁判において、とくに自白法則という形で憲法にも規定されております。近代の刑事裁判において、自白自体を余り信用してはいけない、補強証拠が必要だ、あるいは科学証拠が必要だという形で、現在では制度化されております。我々はそれをきちんと守る必要があるといえます。それと同時に、違法に得られた自白の扱いをどうするか、いわゆる違法収集証拠の排除といった原理でこれを考えていかなければならないという面があります。それから、刑罰にも拷問的な要素があるということを先ほどいいました。どういう形でそれを考えるかについては、刑罰の執行に当たっては必ず法律に基づくべきであるとする法律主義を徹底することと、刑務官が刑罰の理念を正確に捉えて、それ以外の目的を加えてはいけないことを考えていく必要があります。刑務官の意識の改革がこれからも要請されるとおもいます。

魔女裁判の歴史的意義についてでありますが、ポスト・モダンという哲学思想がいまはやっておりますが、これにおいて、近代が作り上げてきたものを一つずつ解体していく作業がなされているわけですけれども、その場面で、近代がみとめてきたのは何かが問題となります。それは、機械論的な自然観であり機械論的な人間観であります。つまり、すべてを数によって数量化して、精神的なものを基本的には排除して数量化されたものだけを対象化して科学的にこれを解明していこうという捉え方です。この捉え方に対して、ポスト・モダンは、そうではなくて、人間には精神性というものがあるわけで、そういうものをもう一度捉え直してみようではないかという観点から、魔女裁判で切り捨てられてきたものをもう一度すくい上げていこう、もう一度捉え直してみようという動きが強くなっています。つい数週間前のＮＨＫの教育テレビで魔女裁判について三回ほど連続の講義がありました。それもそういった流れにあるわけです。これが、ポスト・モダンという観点において、近代が否定しさってきたものをもう一度人間の根源の問題として捉え直していく必要が生じているとおもいます。この点について考える機縁になってくるのです。これは拷問展で異端審問や魔女裁判を通して得られた証拠がそこにあるわけで、それをもとに我々がそれをどう捉え直していくかという機会なのであります。人間の精神性を我々はポスト・モダンの段階で重要視するといいましたけれども、それは、重要であると同時に、危険な要素をもっているのです。その重要性とは何かといいますと、我々は、ただ理念的な、あるいは習俗的な観点で捉えた人間というものを見るのではなくて、近代科学が確立してきた心理学とか人類学とか社会学とかの観点から、いま一度、人間というものを捉え直す必要があるということです。その意味において、ポスト・モダンがいっているのは大事なのです。それともう一つ危険なのは、人間のもつ主観をあまりに重要視し過ぎますと、人間の内面は、どうしてもその人の言葉としてしか出てきませんから、自白をどうしても要求せざるを得なくなるということです。あらゆる場面で自白というもの、つまりみずからのコンフェッション（confession）というのが意味をもってくることになって、それを追求することに拘泥しますと、また人権論の観点から確立されてきた歴史を遡ってしまう、退行してしまう、退却してしまうという危険性もあるのです。しかし、そのバランスをどう取るかを考えながら、この歴史的な拷問器具や刑罰の執行ための刑具、それから、いろいろな図版を見て、もう一度、いま我々は何を考えるべきか、何をなすべきかについて、皆さん一人一人が自分自身の立場からそれを捉え直していただきたいのです。今回の「ヨーロッパ拷問展」は、そういう意味をもつ展示会なのです。単なる興味本位の問題ではありません。これはサド・マゾの世界にもつながる広がりをもった問題ではありますが、それと同時に、人権とのつながりがあり、哲学とのつながりがあるのであります。このようなつながりを皆さんに考えていただきたいということをお話しして、本日の講演を終わりにしたいとおもいます。

ご清聴ありがとうございました。

日時：一九九七年四月一二日一三・三〇〜
場所：明治大学駿河台校舎

第四章　『拷問の歴史──ヨーロッパ中世博物館』出版記念講演

只今、ご紹介にあずかりました川端でございます。わたくしは、明治大学の刑事博物館長として、今回、「ヨーロッパ拷問展」を開催しております。これは、「フロンティア協会」さんとサンジミニャーノの「中世犯罪博物館」との共催でございます。もうすでにマスコミでよく紹介されておりますので、皆様方も、この点につきましてはいろいろ情報を得られているとおもいます。我が国で、あるいはアジアで最初の拷問展ということでございますので、いろいろな観点から関心をもっていただきました。本日は、「河出書房」さんと、フロンティア協会さんとの共催で、今回、河出書房新社から出しました、このヨーロッパ拷問展の図録としての意味をもたせた『拷問の歴史─ヨーロッパ中世犯罪博物館』の出版記念講演会として開催されたわけでございます。本日のメインは、ブリューゲル研究で非常に有名な森洋子先生に特別のお話しをしていただくことにあるわけであります。美術史の観点から見ましても、ヨーロッパの刑罰の執行あるいは拷問は重要な題材になっております。それを専門家の立場から、スライドなどを使いながら、皆様方にお話しいただく機会を得たわけであります。その意味におきまして、わたくしは、いわば前座みたいなものでございますので、どういうわけで、こういう展覧会を催すに至ったかとか、その後の反響などについて若干お話しし、そして、この本がもつ意味について、お話しさせていただけたらとおもいます。座らせていただきますので、よろしくお願いいたします。先ほど、マスコミから非常に大きな反響を得て、大きな関心を寄せていただいたということに触れたわけでございますが、その前に、マスコミ関係者の方々から聞かれた質問は、大体、共通するものがいくつかございました。まず、その第一点は、こういう拷問展が日本全国一五〇ちかくの博物館で全部断られたのに、なぜ明治大学刑事博物館だけがこれを引き受けたのかということであります。この点につきましては、拷問という問題、あるいは刑罰の執行という問題は、非常に暗い要素がありますので、一般受けはしないだろうということで、各種の美術館、博物館などはお断りになったわけであります。これは、わたくしの立場からしますと、当然、理解できるのですよね。やはり展覧会と銘打ってやるからには、多くの数の観覧者を動員して、そして、世の中にアピールできるものを示すということが大事だとおもうからです。そういった点では、美術とか工芸品とかについては広く一般の関心がありますから、これを基礎にしていくというのは十分理解できるわけです。ところが、拷問器具とか刑具とかになりますと、みんな目を背けたくなるような物ばかりですよね。そのような物に、あえて踏み込むというのは、かなり勇気がいるわけであります。そういったばあいに、学問の府である大学が博物館を構えていて、そのなかで、歴史的な事実について、客観的な立場から、あるいは理論的な立場から、これを認識していくことの必要性は非常に大きいのですよね。そういう観点から、わたくしは、この点につきましては、躊躇せず、ぜひうちでやりたいと申し上げたわけであります。これは、大学の博物館としては、ある意味で非常に大きな冒険でもあるのです。ある意味で、狭い領域だと捉えがちな刑罰、拷問のための器具の展示をあえて大学がおこなうことについては、いろんな角度から議論も出てくるわけですが、この点につきましては、明治大学の理事会はじめ諸機関が、非常に好意的にわれわれが主張した意義をみとめていただき、重大な催し物だという位置づけをされまして、予算措置を取っていただいたのであります。こういったことがありまして、大学の博物館という特質を生かして、刑事博物館がこれを引き受けたわけでございます。興業的にはかなり難しいことがあるのではないかと考えておりましたけれども、フロンティア協会さんが、積極的にいろいろな方面に働きかけて、こういったような意義の宣伝に大いに努めていただきましたので、国民一般にかなりご理解を深めていただいたのであります。そういったことを、マスコミの方に説明いたしました。

それから、第二点として、なぜ今これをやる意味があるのか、という疑問であります。昨今、日本の犯罪事情のなかで、凶悪犯が非常に増えている、そして、その凶悪犯罪のなかでも、かなり残虐で悪質な行為を含んでいるものが増加していて、世間の関心を集めている時になぜ拷問展を開くのか、という鋭い質問を投げかけられてきたわけです。その点につきましては、まず、最初からの経緯から申し上げますと、当初、企画されたのはフロンティア協会さんでございまして、フロンティア協会さんの方から話しを持ちかけられたから乗ったということがあります。それが、今日の問題に繋がっているわけですから、そういった意味では、むしろフロンティア協会さんの方が、時宜を得たタイムリーな観点からの考慮をなさっていたとおもいます。しかし、わたくしが館長としてこれを引き受けるに至った背景として、そういう残虐な側面があり、われわれはそれから目を逸らそうとしている面もありますので、歴史的な連続性のなかで、人間がもっている残虐性をはっきり捉えておく必要があるのではないかとおもいました。われわれは、明るい面、すばらしい面、そういった積極面については、みんな好んで目を向けるのですが、人間の奥底に潜んでいるもの、暗いもの、嫌なもの、そういったものからは目を逸らしがちであります。しかし、そういったものを含めて、初めて人間の存在というものがトータルに把握できるわけでありますから、そういったものを、きちんと、われわれの目ではっきり確かめておく必要があるとおもいます。そういう残虐性がいわれているからこそ、なおさら、それについて、きちんとした立場から、明確な資料をもとに、これを捉え直しておく必要があると考えているわけであります。ですから、なぜ今、という質問に対しては、今だからこそ、そういった点について、はっきりした立場から明確に示しておきたい申し上げたわけであります。これが犯罪の残虐化現象を増長することにならないかという意見もありましたが、わたくしはそのようには考えておりません。それは、テレビの残虐なシーンとか、アニメーションの残虐なシーンとかと犯罪の残虐化との因果関係、犯罪の原因との因果関係は、いろいろと議論されておりますが、証明はされておりません。これは、アメリカでもそうであります。犯罪学者がいろいろ研究しておりますが、因果関係は証明はされておりません。われわれは、憶測で因果関係についていろいろといっているにすぎないのですから、はたして現時点で残虐性という側面があるからということで、実在した刑具や拷問器具を葬り去っていいのか、という疑問がありますので、わたくしは、あえて今拷問展を開催することの意味はそこにあるということを強調しているわけであります。

第三点は、どのくらいの数の観客が来るのだろうか、という予測あるいは見込みです。これについても質問を大分受けました。この点について、わたくしは率直に申し上げます。こんなに多くの観客が来るとはおもっておりませんでした。これは地味な展覧会であるにもかかわらず、半年間という期間をかけてこれをおこなうということですが、通常の形態からいきますと、せいぜい一万から二万いけば大成功だということを、最初、引き受けるときには考えていたのです。ところが、昨日現在、もう二万五千名を越しております。近々、三万人に達する見込みであります。これほど多くの方々がこの展覧会に関して大きな関心をもっていただいたことに、わたくし自身、非常な驚きを感じております。それと同時に、われわれの意図したことがかなり理解を得たのではないかという満足感ももっております。そういったことで、動員数はこれからもまだまだ増えていくだろうとおもっております。わたくしは、入り口のところに置いてある挨拶文のパネルにも書いておきましたように、一人でも多くの方に見ていただき、一人でも多くの方に拷問や刑具に関わる問題を考えていただきたいとおもっておりますので、その点でかなり成果を上げているのではないかと自負しております。

それから、観客に関して、どういう世代の人が、どういう動機で来るのだろうか、ということもよく聞かれました。この点について、わたくしは、はっきりしたことは分からないと申し上げたのであります。と申しますのは、それぞれ拷問とか刑罰とかに対するイメージが違うからであります。各人がどういう動機でこの展覧会に来るかは分かりません。なかには、怖いもの見たさというのもあるでしょう。あるいは、ＳＭの関係から興味をもって見る方もいるでしょう。それはわたくしは否定はいたしません。しかし、どういう動機からであれ、この展覧会をご覧になれば、何かを感じざるを得ないし、何かを考え込まざるを得ないだろうと考えられます。わたくしの狙いはそこにあるということをマスコミの方に申し上げたのであります。動機はどうでもいいのです。極論すれば、そういうことになります。問題は、実物を見て、現物を見て、そして、それについて自分なりに考えるきっかけを作っていただき、そして、真剣に考えていただくことが大事だとおもっております。わたくしは、そういったこともかなり実現できたのではないかとおもっております。それはなぜかと申しますと、会場の入り口あるいは出口になりますが、そちらに感想のカードを置いてあり、それに任意に感想を書いていただいて、それをそこに展示してあります。後で皆様方もご覧になることがあるかとおもいますが、そこにははっきりその成果が示されております。最初、怖いもの見たさで入ったけれども、やはり歴史的遺産としての器具類を見ていると、いろいろなことを考えさせられるはずなのです。人間はここまで残酷になれるのか、こういう歴史があったのか、そういうことを真剣に皆さんに考えていただいているわけであります。受付の方にいろいろ聞いてみますと、皆さん最初は明るい顔で入って来たけれども、帰る頃は深刻な顔をして出ていかれる方が多いと伺っております。それほど強烈な印象と考えるためのきっかけを与えたといえます。

それから、観客として入って来るのは主に大学生なのか、それを狙っているのか、ということも聞かれます。しかし、これにつきましても、わたくしは、かならずしもそうではなく、あらゆる世代の方々、つまり、中学生、高校生から大学生、主婦、ビジネスマン、ＯＬの方々、あるいはいろいろな社会経験を積まれた老人の方々も多くお見えになるだろうと申し上げておきました。そして、現実に、まさにそうなのであります。わたくし自身にとって予想外であったのは、ビジネスマンの方々が、職場で仕事を終えられてから立ち寄られる数が非常に多かったという事実です。ＯＬの方々もそうです。このように、かなり異なった層にわたってご覧になっていただいているといえます。本日の講演会も、台風接近で天候不順にもかかわらず、このように多数の方々がお見えになっていることからも明らかなように、年齢構成なども多様でございます。その点にも現れておりますように、非常に幅広い層でこの展覧会の意味づけがなされていることを心強くおもっております。今お話ししたことが、開催されてからのマスコミの取材などをとおして聞かれた事柄の共通項ともいうべきものであります。

都内の全テレビ局、新聞社、週刊誌、月刊誌などほとんどすべてのマスメディアがこの展覧会を取り上げて、好意的に報道していただいております。ただし、一誌だけ、館長の趣味によるものではないかとわたくしを揶揄ものがありますけれども、それ以外は、全部この展覧会の意義を高く評価して、好意的な報道をしていただいております。この点につきまして、わたくしは、非常に感謝している次第であります。

わたくしは、ただマスコミの取材を受けただけではなくて、逆に、わたくしの方からも、マスコミの方々に感想をうかがったりしたわけであります。そのいくつかをお話ししますと、まず、案内文書を受けて来たのだけれども、現物を見て、非常にショックを受けたというのです。つまり、インパクトが非常に強かったということをおっしゃったのです。全員がそうであります。当初、興味本位的な要素も内心にはあったけれども、実際見てみると、やっぱり凄いものだということを皆さんおっしゃっております。じつは、わたくし自身もそうであります。わたくしは、刑事法の専門家ですから、いままで文献をとおして、刑具や拷問器具とか、刑罰の執行とかについて研究はしてきておりますが、現物を見る機会はありませんでした。ドイツのローテンブルクはロマンチック街道のなかにありますので、観光客がよく訪れる街なのですが、そこに犯罪博物館があります。それは中世犯罪博物館というものであり多くの観光客がそこの展示物を見学しているようであります。そこで展示されている拷問器具などの写真を収録した図録が刊行されていますので、それを見ることができます。これを見るのと現物を目の当たりにして観察するのとでは大きな違いがあります。そこでわたくしは、展示期間中、何度も展示物を見るようにしております。見る度に違った角度からの捉え直しができます。わたくし自身も現物を目の当たりにして非常に大きなショックを受けたというのが実情でございます。正直に申し上げて、やはり最初は気持ち悪い面もありました。しかし、それがどういう意味をもつのかについて見る度に考えますと、自分なりの位置づけと申しますか、意味づけと申しますか、そういうことができるようになったとおもっております。ショックを受けたという内容ですが、記者の皆さん方がおっしゃるのは、「よくもまあ、人間ここまでやるものだ」ということであり、これについて反省させられるということでございました。われわれ日本人はそこまでやらないのを、かなり徹底した形でとことんやっているという恐ろしさを実感したとお話しされる方が多うございました。しかし、刑具あるいは拷問器具のなかに遊びの部分あるいは、ゆとりの部分があるという点に注意する必要があります。わたくしは前から話しているのですが、工芸品としての器具類の世界がそこにあるからであります。工芸品としてそこに存在していることの意味を考え直すべきであります。権力者が拷問をおこない、刑罰を執行するばあい、権力の権威を示すという観点からは、そのときの最高の技術を駆使し、意匠を凝らしたものを使うという点に大きな意味があります。そのような工芸品について、美術的な側面が前面に出てくるわけです。この点につきましては、のちほど、森先生に専門家の立場からお話ししていただけるとおもっております。個々の器具についてもいろいろな装飾が施されているという点は、わたくしは、前から、工芸品としての意味があるとマスコミの方にも強調しておりましたので、そのように理解していただきました。

それから、いわゆる「さらし刑」についてでありますが、これにはかなりユーモアが感じられるので、その部分だけは救いだという感想をいただくことが多かったのであります。いろいろな仮面を被せたり、猿轡みたいな形のいろんなものを付けさせる「さらし刑」が西洋の社会で、ああいう形でおこなわれてきたことについては、ある種の救いがみとめられるというような感想をいただいたわけであります。そういったことをご披露いたしまして、これが一般的な受け取り方に近いのではないだろうか、ということをお話ししたかったのであります。

今回刊行された『拷問の歴史』という本でございますが、このなかに、拷問器具と刑罰の執行に当たって使用される刑具が、最新で最高の印刷技術を駆使してまとめて図録として収められております。本来、拷問と刑罰は性質が違うのであります。わたくしは、この本の「はしがき」のなかで、述べておきましたが、拷問というのは、本質的な観点から申しますと、もともと自白を獲得するための手段として用いられるものであります。犯罪事実を吐かせる、あるいは共犯者の名を割り出させるという観点から、肉体的な苦痛あるいは精神的な苦痛を与えることの結果として、その苦痛に耐えかねて犯罪事実を自白させる、あるいは共犯者の名を挙げさせることが拷問の目的としておこなわれてきているわけです。これは、その意味では、第一次的には、刑事裁判で大きな意味をもっております。これは、現在では、廃止はされたといわれておりますけれども、隠れておこなわれているケースがかなりあるといわれております。よその国でこういった事態が大きく報道されたりしております。これについては、この本の最後でサンジミニャーノの博物館長も述べられていますが、拷問廃止条約との関連についての問題が現に生きているわけです。このように現代につながる問題をもっているという点があります。それから、拷問が頻繁に使われましたのは、異端審問でございます。キリスト教の正統派から異端者を排除する目的で、異端審問が、中世から近世ないし近代にかけて、非常に広くおこなわれたのであります。異端審問をおこなうばあいに、まず、その相手方が異端者であることを自白させなければならないわけですが、「信仰告白」は、「自白」という言葉と同じであることに注意する必要があります。つまり、いずれもconfessionという同じ言葉なのです。要するに、自分の意思を表明することは、confession「自白」であり、それが異端審問になりますと、「信仰告白」confessionで全く同じなのです。そのconfessionを獲得する手段として拷問が徹底的におこなわれたのです。この展覧会でも、異端審問で用いられた拷問具が、非常に数多く展示されております。異端審問に関しましては、我が国では、あまり興味をもたれておりません。興味をもって研究されてきていないというのが現状であります。と申しますのは、これは、キリスト教のような一元的な観点から捉える宗教と我が国のように多元的な観点から捉えられる宗教とでは普遍性においてかなり量的な差がありますので、キリスト教ほど、社会の根源において影響力をもった事実がありません。異端者に対する審問が大々的におこなわれたという歴史がございませんので、これについては、我が国では、あまり関心がもたれなかったというのが実情だろうとおもいます。異端審問で拷問器具が頻繁に用いられたことは、関心をもたれてきませんでした。われわれ刑事法学者としてもそうであり、異端審問に関して、わたくし自身、正直申し上げまして、詳しい知識をもち合わせておりませんでした。ですから、刑事裁判における自白の獲得という側面について考えていたわけです。異端審問については、前の講演会でお話ししましたが、魔女裁判につながっていきます。異端審問の一つとして、あるいはその延長線上に、魔女裁判というのが頻繁におこなわれた時代がございます。そのような共通項のもとで拷問がおこなわれたのであります。異端審問は、宗教と関係がない人にとっては無意味なようにおもえるかも知れませんが、じつは哲学思想史のなかでけっこう大きな役割を演じているのです。たとえば、デカルトが異端審問にかけられそうになった事実があります。そのときに彼は有力者に頼んでそれを免れたという思想史上有名な事実もございますし、いろいろな哲学者が異端者としての扱いを受けたりしています。近代に至るまでにそういうことがおこなわれていたわけです。異端審問あるいは魔女裁判という問題は、これから思想史のなかで捉え直していく必要があるのではないかという感想をもちました。それで、今、厳密には、拷問と刑罰の執行とは区別されるべきであると申し上げているわけであります。刑罰は、裁判で犯罪事実が確定して、それに対する制裁として科せられるものであります。正式裁判を経て、犯罪事実が確定したという前提がそこにあるわけでありますす。ですから、厳密に、言葉のうえでは、両者は分けられるのです。ところが、実際に刑罰を執行する場面で、刑罰の本来の目的以外に、相手を苦しめるという観点から、拷問的な扱いを受けていた事実もあるのです。歴史的にはそういうこともおこなわれてきたことは忘れられてはなりません。たとえば、懲役刑といいながら、そこに肉体的な苦痛を加えるという形で、各種の拷問を加えることがおこなわれていたわけであります。そこで、この本のなかでは、拷問と刑罰という形で、両者を分けて配列をするという方法はとっておりません。ここでは、器具ごとに、どういう機能をもつ器具なのか、その器具が刑罰の執行として使用されたり、あるいは拷問として使用されたりするという形で、両者がクロスオーバーする形で編集してあります。これは、器具をして語らしめるという編集方針を採ったからであります。この点は、誤解のないようにしていただければとおもっております。ですから、刑罰の執行だから拷問と一切関係ないのだという捉え方ではありません。あくまでも、歴史的な事実として、刑罰の執行についても拷問と同じような扱いがなされたこともあることの証拠をここに示すという意味合いで、器具ごとに、あるいは苦痛の種類によって区別してあります。そのことをお分りいただければ、この本の読み方も違ってくるでしょうし、別の捉え方もできるのではないかと考えております。この本のために中世犯罪博物館の館長が序文を寄せております。この館長さんは、この展覧会のオープンセレモニーのときにもお見えになりましたし、わたくしの講演会に出席されて話しを聞いていただきましたが、アルド・ミッリオリーニという方でございます。専門は経済犯罪学ということであり、犯罪学の分野で活躍されている方であります。ミッリオリーニ氏は、もととなった図録の編集方針として、これは学術書ではないということを断っております。そして、拷問と死刑にポイントを合わせて、博物館では図録を作ったということがいわれております。この本でも、先ほども申しましたように、器具ごとの機能という観点から編集されておりますので、かならずしも、死刑と拷問というような分け方はしておりません。それぞれの用い方によっては、死刑の道具として用いられたのもあるわけでございます。その点を汲み取っていただければと存じます。

ヨーロッパには、こういう犯罪博物館があちこちにあるのであります。その規模の大小はいろいろありますが、本格的にやっているものとしては、先ほどお話ししたローテンブルクの博物館とサンジミニャーノの博物館が有名であります。こういった歴史的な遺物を保存して、それを多くの人に見てもらうという姿勢には、われわれとしては大いに学ぶべきものがあるのではないかと考えております。明治大学の刑事博物館も、日本の刑具や拷問具を収集して現に展示しているのであります。この拷問展の開催期間中はスペースの関係で収蔵品を展示しておりませんが、この展覧会が終わりましたら、また従来の形で展示してお見せすることにしております。当博物館は、まだ非常に規模が小さいのであります。明治大学は、六七年前に日本の大学として初めて刑事博物館を作ったのであります。現在でもこの種の博物館は、当館一つだけです。我が国にあるのはここだけなのです。刑事関係の遺産への関心の度合いは、我が国では、それほどまだ強くはないわけですが、われわれの大学では、六七年前から、すでに実物教育という観点から、刑具や拷問具の収集・展示に手を染めてきているわけですが、わたくし自身としては、まだまだこれでは足りないので、これから外国の犯罪博物館の態度とか、施設の内容展示方法とかについて学びながらも努力していきたいと考えております。普通、日本ならば隠しがちなものを公開して、しかもサンジミニャーノ博物館は、ヨーロッパ各地を回って展覧会を開催し、そして、メキシコでは百万人を動員したとのことです。続いて我が国に来ているわけです。これらは、ヨーロッパにとって、ある意味では恥の歴史という面もあるのです。暗部という点で、恥ずかしくて見せたくないという面もあるわけですが、それをあえて公開して、人類の共通の問題として捉え直していこうという積極的な姿勢には、大いに学ぶべきものがあると考えております。われわれとしても学びつつ、さらに歴史に対する貢献といったものを考えていく必要があるとおもっております。そういったことを学びながら、われわれはこの本を刊行したわけであります。サンジミニャーノの博物館長は、これは学術書ではないと述べておりますが、わたくしは、日本にとってはこれは学術的意義があるとあえて強調しているのでありま す。と申しますのは、我が国では、拷問器具や刑具については、本格的にこれを取り上げて図録としてまとめあげたものは、あまりないからなのです。刑具など関心をもっている方々が小規模ながらこれをまとめた図録は、散見されますが、これを、一つの立場からまとめあげて図録を作成する試みは、従来、なされてこなかったわけでありま す。先ほどのローテンブルクの博物館も数百頁にわたる図録を出しております。これは、カラー写真がかなり多く入っている図録でございますが、それ自体も、学術書というよりもその展示物の紹介書という性格づけがなされております。しかし、われわれの目から見ますと、なかなかそういうのが手に入らないという状況の下では、学術的に大きな意味をもっていると考えられるのであります。そういった点で、わたくしは、河出書房さんの方から出したこの本は、我が国で従来なかった本格的な図録だとおもいます。その意味におきまして、従来の歴史的な研究の間隙、空白を埋めるだけの資料的な価値をもっていると考えております。このように本書は、学術的な要素をもっているとと評価することが可能だろうとおもいます。これは、ひいては、従来、見落とされがちであった歴史学の一角に重要な資料提供ができたといえるとおもいます。つまり、歴史学的な貢献ができたのではないかと考えているわけであります。展覧会ではキャプション・説明書きがいろいろなされていますが、それをさらに補って、自分自身が見たものについて、西洋の歴史のなかでどういう意味をもっていたのかに関して、意義づけをするという観点から、皆さんにとっても非常に役に立つ本であるとおもいます。こういう意味合いをもっているといえるとおもいます。従来の展覧会の図録などを見ていますと、その展覧会を見て帰った後、さっと見て、そのまましまい込んでしまうというケースが多いとおもわれます。わたくし自身そういう経験が多いのですが、この本はそうではなくて、「読み物」としてもちゃんと読めるように、いろいろな表現方法などにも工夫が凝らされております。編集方針はそうなっておりますので、これをあとでお読みになりますと、人間のもつ怖さ、あるいは正義の名の下においておこなわれる行為の怖さについても考察する材料になり得るという気がいたします。

それから、先ほどもちょっと触れましたが、この本のもつ意義という観点から再び触れますと、異端審問のもつ意味です。われわれは西洋の歴史を学ぶに当たって、中世から近世にかけての歴史をあまり重要視してこなかった傾向がありますけれども、これについても、いますこし関心を深めていただければとおもいます。わたくしは「はしがき」でも触れておきましたが、これは今の「いじめ問題」にも共通する背景がありまして、「正統と異端」という問題は、非常に大きな広がりと深みをもっている問題であります。その意味において非常に深刻な問題であります。この拷問器具とか刑具から、われわれは、もっと深くそれについて考え直す必要があるとおもっております。文化交流とか国際化とかがよくいわれますけれども、真の国際化、真の文化交流は、その国の、あるいはその地域の歴史をトータルに把握したうえでなければできないと考えております。従来、「明るいルネッサンス」と「暗すぎる」中世という側面だけが強調されてきましたが、最近では、中世の明るい面も指摘される傾向が顕著になっております。中世は暗い側面ばかりではありませんで、生身の人間が生活していたのですから、そこには明るい側面も当然あったわけです。今、明るい中世史というのが一つの傾向として顕著に出てきているのですが、しかし、暗い中世といわれたものの中身がかならずしも十分には明らかにされているとは言い難いとおもわれます。拷問あるいは刑罰についての暗黒面に対するはっきりした認識があって、それによって暗い中世というイメージが確立されたと考えられます。この本でも暗黒史という文句が謳われていますが、その暗黒史の一つの大きな要素をここで抉り出したといえますので、トータルな西洋の文化と歴史をつかむ一つの足掛かりが得られたとおもっております。

もう一つは、専門の刑事訴訟法学にかかわりますが、刑事訴訟法においては、「自白と拷問」という大きな問題を抱えているのであります。拷問の問題は、現在でも法律上の問題として困難な要素があります。それを、歴史的にもう一度正確に捉え直していく必要があるのではないかと考えております。ですから、たんに文化史的な観点からだけではなくて、法律的観点からも拷問の歴史を捉え直し、そして、人間はここまで行き得るのだということを、われわれはつねに意識して、そこまで行ってはいけないという歯止めをかける必要があるわけであります。歯止めをかけるのは、われわれの理性でありますから、われわれは、今一度、自分の感性だけに委ねるのではなくて、理性による行き過ぎを是正する勇気をもたなければならないと考えています。そのような意味をもったものとして、われわれはこの本を作り、皆さんにお目にかけているわけであります。

confession のもつ意味という切口から、今までの展覧会の様子などをお話ししながら、それについて説明をさせていただいたわけであります。以上をもちまして、わたくしのお話しは終わらせていただきます。御清聴いただきましてまことにありがとうございました。

日時：一九九七年七月二六日一四・〇〇～
場所：明治大学駿河台校舎

第五章　弁護士倫理のあたらしい在り方について

第一款　はじめに

只今ご紹介にあずかりました川端でございます。わたくしに与えられました演題は、「綱紀及び懲戒制度並びにその運用の実状」ですが、日本弁護士連合会（以下、「日弁連」という。）綱紀委員会外部委員（学識経験者委員）として懲戒制度・綱紀制度や弁護士倫理についてどのように考えるのか、という観点から自由に話してほしいということでございます。そこで、大雑把な感想めいたことをお話しさせていただくことに致します。

弁護士倫理の問題は、いわゆるバブル経済が破綻した際に、悪徳弁護士が暗躍したことを理由にして社会から強く指摘されました。このような激動の時期にわたくしは綱紀委員として日弁連が積極的に取り組んできた姿勢を近くで見せていただいたことを幸いにおもっております。

第二款　弁護士の懲戒・綱紀制度

懲戒制度あるいは綱紀制度についてでございますが、これは我が国の制度としてはかなり特殊な側面をもっていることを、まず考えておいたほうがいいのではないかとおもいます。つまり、特殊日本的な事情があることに留意する必要があるとおもうのです。と申しますのは、かつて弁護士会は、司法省に属する裁判所の監督下にあったという歴史的事実があり、弁護士の懲戒も、そのような国家権力の側が一方的にできたという歴史的背景があるからであります。

一　弁護士の理念としての在野性

かつて理念としての弁護士の在野性が強調された時期があったと指摘されておりますが、これは弁護士倫理の問題としても、当初、そういう要素が前面に出ていたとおもいます。と申しますのは、先ほど触れましたような国家権力による支配統制という歴史的背景があり、弁護士会の独立自治は、むしろ対国家権力との関係でこれをみとめていくべきであるという側面が非常に強調されたとおもうからであります。

そのため、弁護士の諸先生方も、もっぱら国民の権利自由を擁護すると同時に、自分たち自身が弁護権の拡大と弁護士自治に役立つような、それに奉仕できるようなかたちで国家権力と対決していく姿勢の下で、自律心をもった弁護士会の確立という理想像を掲げて、国家の統制と闘ってきたという面があったといえます。歴史的な事実として、そういう時期があったと認識され得るとおもいます。そして、それについては一定の成果を上げてきているわけであります。その後、弁護士会の自治権を剝奪せよという議論が政治的にはほとんど出てこなかったという事実は、日弁連の活動が国民の支持を得て承認されたことの証左であると、わたくしは考えております。

二　弁護士倫理と懲戒制度

ところが、弁護士倫理という観点から懲戒制度を考えたばあい、じつはこれも、先ほどの問題とも間接的にからんでまいりますが、現時点でこの問題が出てきますのは、あくまでも対国民の側との関係であります。いわゆる市民レベルにおける弁護士倫理の観点が従来とは違ったかたちで前面に出てきたといえます。国家権力との対決だけではなくて、むしろ専門家の法曹として司法に関与している弁護士に対する信頼感が揺らぎ出してきたという点に、懲戒制度のもつ現実的な機能が重要視されるに至ったのであります。国民ないし市民にとって、直接、自分自身の財産あるいは権利を擁護する専門家としての弁護士というイメージが定着してきておりますから、それに十分に応えているかどうかという観点からの疑問点が提示されるようになってきたと見ることができるとおもいます。

従来、懲戒制度は、弁護士会の独立性あるいは主体性を確保するための制度としての意義を有し、国家権力との対峙において、「自ら懲戒する制度を運用している自分たちには自治能力があるのだから、弁護士の在り方に関して国家は介入せず、すべてを自分たちに任せてくれ」という観点の議論としての意味をもっていたわけです。しかし、これからはむしろ国民・市民との関係において、「自分たちは立派な法曹としてきちんとやっているのだから、自分たちに任せられるだけの信頼を寄せてくれ」という発想の下での懲戒制度の運用が望まれているのです。現在、観点が変化したと見ていいとおもいます。

これは、先ほどの国家権力との対応との関係でいいますと、間接的な問題であります。最近では、国会議員から、「国民から信頼されないような弁護士会に自治権を与えるのはおかしいではないか」という趣旨の批判が主張されているようであります。この点で、弁護士会の自治能力は別の観点からの支えも必要ではないかという疑問が、今、突きつけられているといえるわけであります。

従来、「正義の代弁者である弁護士が犯罪行為をおこなうはずがない」という国民の信頼感を基盤にして、国民は法律問題の一切を弁護士に任せる傾向があったといってもけっして過言ではないとおもいます。法律学というのは非常に難しい学問領域でありますが、弁護士は、これをマスターして最難関の司法試験に合格し司法修習を通して専門家教育を受けてきており、実践的な処理にも長けているに違いないと考えられてきたのです。法律的知識の獲得も法的処理も素人の自分たちにはできないので、それを一切プロの弁護士にお任せするということになるわけです。これは、よくいわれるように、「聖職者」と同じような立場におかれたプロフェッションの観点です。聖職者のばあいには、俗世間における欲望の関係を断ち切って、自分自らが神との関係においてまじめに修行しているのだから、その人にすべてを任せれば自分たちの魂が救われるのだという発想があったわけです。つまり、とても俗人に耐えられない困難な修行を積み重ね神に仕えている聖職者に対する尊敬・畏敬の念が、聖職者への信頼の基礎となっているのです。これと同じように、弁護士の先生方は正義・公平の立場に立って自らを律し自分自らつねに廉潔を保っていて、悪いことは絶対にしないから、すべてを任せても大丈夫なのだという市民の信頼感が得られたのだとおもいます。それを誇りにして自らを律するというのが、職業人としての弁護士の先生方の倫理観だったといえるとおもいます。

モラル（道徳）はモラール（士気）にもかかわってくるわけでございまして、きわめて厳格な倫理観をもって強力な組織を作っていれば、当然、その会員のモラールも高まっていきます。組織の崩壊は倫理観の崩壊に起因するといえるのであり、まさにモラルはモラールの基礎となっているのであります。

懲戒制度は、今申しましたように、理念としては、国家権力との関係において弁護士会の自治を確保するためのものであるとはっきりいえるわけであります。これは、自己責任を明確化することによって国家権力と一定の距離を保つことを意味します。自己責任というのは、当然、主体性が前提になりますから、その主体性を確保するものとして、あるいは主体性があることを示すものとして、自浄能力としての自己規律あるいは自己責任を見せつけておく必要があるという実践的な側面があったのであります。

三　弁護士倫理の捉え直し

それからもう一つは、今申しましたように、自浄作用力を確保するために、市民にはっきりそれを示しておく必要があるという点であります。「われわれは自浄能力をもっている組織に属する者であり、したがって、われわれが悪いことをするはずがない」という自負に対する市民からの強い信頼感を維持していくという観点からの倫理制度の捉え直し、あるいは位置づけを、もう少し厳格に、シビアに考えていく必要があるのではないでしょうか？わたくしは外部委員として外から見ていて、そういう感じを受けるわけであります。この点については、後でまた触れたいとおもいます。

弁護士倫理の再興と強化のための教育・研修などについての内部努力はかなりなされているのですが、必ずしもこれが十分にはＰＲされていない面があるとおもいます。マスコミが一方的に書き立てているのに対して、きちんと対応しきれていない面もあるのではないでしょうか？こういう点も今後考えていかないと、市民との信頼関係を損ない、弁護士に対する不信感がはびこってくることが危惧されるわけであります。

第三款　最近の懲戒・綱紀制度の運用

最近の懲戒制度あるいは綱紀制度の運用などにつきまして、わたくしなりの意見ないし感想をお話させていただきます。

一　懲戒請求の新受件数

「最近の懲戒事例等の傾向について」という日弁連の資料をいただきました。これは、じつは関東地区の倫理研修にコメンテーターとして参加した際にいただいた資料でありますけれども、そこで示されておりますように、全国の懲戒請求の新受件数は一九九五年がピークとなっております。そして、一九九六年と九七年は、多少減少ぎみではありますけれども、件数自体は確実に増えてきております。それだけ不祥事が増えてきたことの現われだろうとおもいます。従来は請求さえされなかった問題が、増えてきたということもあろうかとおもいます。もしそうだとすれば、それが増えてきた原因の究明が必要であるとおもわれます。

こういうかたちで懲戒請求件数が増えていくのは好ましい現象だとはおもわれませんが、しかし、これは今後続いていくのではないかと予想されます。それはなぜかといいますと、現在の日本の社会が「訴訟化社会」に向けて進行中であるからであります。わたくしは、「訴訟化」社会においては権利意識に目覚めた市民からの懲戒請求が必然的に増加すると考えております。

二　「訴訟化社会」の構造

現在、アメリカが「訴訟社会」の典型例として世間によく知られているところであります。「訴訟社会」においてはほとんどすべての紛争を訴訟問題として処理することになります。たとえば、家庭問題のばあい、我々から見るとささいな非法律的問題であっても、親子あるいは兄弟がそれぞれ弁護士を立てて法廷で争うという事態が日常茶飯事であると喧伝されています。そこには契約社会を前提にして成り立つ訴訟構造観が存在しますが、社会現象としては、「訴訟社会」という概念ですべてが説明できるような構造をもっていると考えられるのであります。

それについては、映画・ドラマ・小説などで描かれており、いわゆる「法廷もの」というジャンルが確立されており、日本の国民にもだんだんそういうことが知識として普及してきております。とにかくアメリカはすべてを訴訟で解決する社会なのだという具合に納得している部分があるわけです。日本はまだそういう訴訟社会にまでは進んでおらず、これからそこへ移行しつつある「訴訟化社会」の段階にあります。つまり、紛争をできるだけ法律問題として処理していこうとする社会に移行しつつあるといえるとおもいます。

いわゆる規制緩和が「訴訟化社会」の原動力になっております。従来は行政指導として、行政的に処理されてきた問題が、規制緩和で自由化されますと、自己責任の原理に基づいて法律的に処理されることになります。どうしてもそこに当事者として一般市民が前面に出てこざるを得なくなりますが、そのばあい、法律知識の欠けた者あるいは乏しい者は立ち往生してしまいます。そこで弁護士の出番が非常に多くなってくることになります。八〇年代からアメリカで議論されていたことが、今まさにわが国において現実的にこういうかたちで出てきているわけであります。これが「訴訟化社会」の現実であるといえるとおもいます。

三　法律知識普及の重要性

このように訴訟化社会において、従来、非訴訟的に解決された問題も訴訟問題として立ち現れてくることになります。法律をよく知らない一般市民がクライアントとして法律家の前に出てくる事態が急増するわけであります。そのような一般市民との対応をどうするかが従来と違う大きな変化であると考えられます。

法律の素人であるクライアントが、自分の権利実現に関して非常に大きな期待感をもって弁護士と接する状況がこれから増えていくとおもいます。従来は、行政指導だとか、いろいろな組織あるいは機関の関与とかにより保護されていた者が、規制緩和によって自由化された結果、そのような保護外に放り出されてしまった関係で、黙っていても得られたものが、今度は自分で勝ち取らなければならないという状況が出てまいりますと、いろいろな不都合が生じてきます。法律家から見ると不都合かもしれませんが、当人からすると、非常に大きな夢をここでかなえられそうだという期待感も生じてくると考えられます。その大きな夢は幻想にすぎないのですけれども、それを弁護士がそのまま実現してくれるという期待感もまた高まってくるわけであります。

そうしますと、弁護士の事務処理に対して、過大な期待感の反面として、幻滅感がどうしても生じてくるわけで、その幻滅感が不満として現れ、そして、これが権利の主張というかたちをとって懲戒請求件数が増えてくる原因となるのです。ここに過大な期待感ないし幻想的権利をどのようにして正常なものに変えていくかという問題が生じてきます。ともあれ市民の法律知識の普及によって懲戒請求が増加するという現象が生ずることになります。

四　大学の法学教育

大学における法学教育も関連をもっております。わたくしも、法学教育に携わっている者として、感ずるところがあります。われわれが法学部で専門科目としての実定法を学生諸君に教えるばあい、解釈論を中心に教えています。これは知識の切売りにすぎないと批判されていますが、現在の大学の教育制度の下では、それさえも徹底しておこなうことができない時間割になっております。とてもとても今の状況で法学部の学生諸君に法律の知識をきちんと教えることはできないという絶望感に我々はとらわれております。このように法学教育が十分に行き届かない法学部で法学を学んだ者が、実社会に出て行って、法学士として通用している現実からしますと、必ずしも法律知識は従前と比べて普及している現状にはないといえるかとおもいます。

どこの大学でもそうですが、法学部でも――これも一種の規制緩和の一形態なのでしょうけれども――必修科目の廃止ないし縮小化が非常に急速に進んでおります。わたくしは刑事法を担当していますから、刑法を例に話しますと、いまや刑法でも刑法総論だけが必修で刑法各論は選択科目とされているケースが多いのです。したがって、刑法各論については従前のレベルよりも低いレベルの知識で世に出て行っていることになるわけです。

それが司法試験にも反映されて司法研修所においても基礎知識の教育に精一杯であり、とても法曹倫理を教えるだけのゆとりがなくなっているのではないかと拝察されるのであります。わたくしは一〇年間、司法試験考査委員を務めてまいりましたが、司法試験の出題は基本的な問題に限定されていたようにおもいます。現在の司法試験は受験生の負担軽減が大前提になって運用されているといえるのではないでしょうか？現に受験科目が減らされております。各科目における数多くの論点に関する知識を問うよりも、重要問題に関する基礎知識とその応用能力を判定するという意図の下に出題されているとおもわれます。しかし、実際はそうではなくて、むしろ限定された基本問題についての解答を暗記しているかどうかを判定するものになっているとの批判が加えられています。つまり、司法試験受験予備校などが作る基本的な事項を覚えるためのマニュアル本を暗記してそれを再現することによって合格できるといわれているのであります。真偽のほどは分かりませんが、司法修習生の多くがマニュアル人間化しているとの声はよく聞かれます。もしこれが正しいとしますと、複雑な法律問題を臨機応変に処理できるのに必要な法律知識が必ずしも十分でなく、たんに機械的に処理することしかできない法曹が増えつつあることになります。そこで、法曹の質的向上と量的拡大を図るため、司法制度改革審議会では法科大学院（ロースクール）構想が提案されております。

五　倫理研修の必要性

もともと法律知識の豊かな専門家でなければならない法曹が、司法試験受験生の負担軽減の名において、法律知識自体の量が非常に減ってきているという現実がありますので、専門家としてのサービスという観点から見たばあい、はたして十分に対応できるかとの危惧が生じてきます。それと同時に、その知識を補充するためには、もっともっと法律知識を獲得するための勉強をしなければならないのですが、はたして法曹倫理にまで教育や勉強が行き届くかについての不安が非常に大きいわけです。

そこで、法曹になって後、弁護士会が自律的に弁護士倫理を徹底的に教えることによってしか適切に対応できないのではないかと、わたくしは考えております。現在、日弁連が倫理研修を義務化し、これに積極的に取り組んでいるのは、非常に頼もしい限りであり、今後もそれを充実していくことが望ましいと考えております。

たとえば、イギリスにおいては、リンカーンズインなどの弁護士会が法曹教育をおこなっているわけですが、法曹の専門教育の場で、お互いにジェントルマンとしての教育をしながら、仲間意識を培いつつ倫理的にも優れた法曹をきちんと育てていくという歴史的伝統があります。そういう高い見識の下で法曹教育がおこなわれて、それに対して社会も大きな信頼を寄せているわけです。このようにその信頼を裏切らないために若いときから倫理観を養い立派な弁護士として振舞うという伝統がありますが、これはわが国の実状とは大いに違っております。

司法制度改革の一環として司法試験合格者数の大幅増が推進されており、これから修習生も増えますし、司法修習期間も一年半に短縮されていますから、法曹教育という観点からの法曹倫理の在り方が違ってくるとおもいます。これから積極的に弁護士会が若手に対する教育を意識して実施していかなければ十分に対応できないのではないかとおもわれます。

六　倫理かビジネスか

先ほど権利実現に関して過大な期待が法律の素人である一般市民に生まれてくると申し上げましたが、その裏返しとして事務処理が十分でないという弁護士に対する不信感がけっこうあります。先ほどのデータを見ましても、市民の窓口相談などで弁護士が十分に対応してくれていないという不満がかなりの数を占めております。期待感の裏返しとしての不信感をもとにして懲戒請求が増えることも先ほど申し上げましたが、それとは逆に、法律の専門知識がものをいう領域が広がりますので、素人に対して専門知識を手段として利益が得られる機会が多くなりますから、素人の無知に便乗して利益を得ようとする弁護士も出てくる可能性が高くなってくるわけであります。

たとえば、事件にあぶれてしまって切羽詰った状況のもとで、今お話しした便乗型の弁護士が増えてくる可能性があります。現在、マスコミなどで騒がれているいわゆる提携弁護士の問題がまさにこの関連で生じてきているわけです。正しい倫理観に基づいて自分の職務に邁進するタイプではなくて、むしろビジネス感覚で、「金さえもうかればいい」として暴走してしまう危険性をもったタイプの弁護士もかなり出てくるおそれが多分にあるのでありま す。現在、その兆候が見られます。これを予防するために、弁護士倫理の強化が要請されているのです。

七　弁護士数の増加と競争の原理

この傾向にはさらに新たな要因が加わってきます。先ほども触れましたように、司法試験の改革によって、現在、合格者数の増加が着実に実現されております。司法制度改革審議会の中間報告ではさらに拡大され年間約三〇〇〇名の合格者数が提案されています。合格者数の増加に伴って、当然、弁護士のシェアの相対的狭小化という現象がはっきり生じているわけであります。アメリカの弁護士社会と同じようなシェアの争いが前面に出てまいりますから、それについてどう対処するのかを真剣に考えておかなければなりません。現実には、裁判官および検察官が飛躍的に増加することはまずあり得ませんので、結果として弁護士だけが毎年毎年急激に増えていくという事態が必ず生ずるはずであります。

シェア競争は市場原理の導入を意味するわけで、市場原理に基づく自由競争が厳しくなってきますから、これはこれで、弁護士活動あるいは弁護士会の活動それ自体を非常に活性化する効果を生じさせます。従来のようにごく少数の者だけで一定のシェアを確保してそれに安住する状況は、これからは消えることになります。それぞれが新たなシェアを獲得していかなければならない自由競争が熾烈になってきますと、市場原理によって淘汰がなされることになるとおもいます。

穿った見方によれば、外圧としてアメリカが日本に司法改革を要求してきた主眼は、日本の弁護士社会における市場解放にあります。さらには、その市場にアメリカ人弁護士を大量に参入させて、そこで日本人弁護士と実力勝負をさせようという発想があるといわれています。それにどう対処していくのかという問題ももちろん出てきます。そのばあいに、弁護士倫理として、ただ自分の経済的なシェアの拡大だけをねらっていくという観点の議論に、きちんと対応できるような倫理観を確立するにはどうすればいいのだろうかという火急の課題が突き付けられているといえるとおもいます。ここでは公正・公平さ（Fairness）が指導理念となると考えられますが、その内容をめぐっては日米間ではかなり理解の差がありますので、厳しい対立が生ずるかもしれません。しかし、共通の倫理観を確立すべく真摯に意見交換がなされる必要があります。異文化交流における一時的な衝突を避けて安易な妥協を図ってはならないとおもいます。グローバル・スタンダードを求めて努力すべきだとおもわれます。

第四款　懲戒事件の内容

懲戒事件の内容として圧倒的に多くの数を占めているのは金銭問題であります。どのデータを見ても金銭問題が一番多いといえます。もう一つは事件処理に対する不満です。昨年来、綱紀委員会でいろいろお話しを伺っておりますが、預り金をめぐるトラブルがやはりトップを占めています。これについては、預り金口座の開設によって対処しようとする努力がなされていることは十分承知しております。

この預り金をめぐるトラブルが、民事事件ではなくて、業務上横領とか詐欺とかのかたちで刑事事件として現実化しているケースがじつに多くなっております。通常の民事事件の段階ではマスコミは騒ぎませんが、これが刑事事件として立件されますと、大きく報道され、弁護士すらも犯罪行為をおこなうようになってしまい、まるでヤクザの世界と同じではないかというマイナスイメージが喧伝されます。これは弁護士会全体に対する大きなマイナスになるわけであります。犯罪行為をおこなう人はたとえたったの一人であっても、世間はその者が属する団体そのものを特徴づけているものとして捉えることが多いのです。つまり、氷山の一角ではないのかという反応をしがちであります。金銭問題はいろいろなかたちで出てくるとおもいますけれども、たとえば、業務上横領罪として現われるばあい、自分がもっている占有の誘惑あるいは誘惑的占有が決定的な影響をもつわけですが、これについては、先生方も司法試験の受験生時代に十分に学ばれたこととおもいますけれども、金銭が手元にあることによる誘惑を明確に断ち切る方策は、いろいろな観点から考えていかなければならないとおもわれます。

わたくしは、綱紀委員になるまでは、懲戒事件の内容についてはあまり知りませんでした。懲戒事件としてはどういうものが出てくるのだろうかと見ておりましたら、金銭問題が圧倒的に多いことを知りました。その年齢構成に関しては一つの予断をもっておりました。業務上横領罪を犯す弁護士は、おそらく二〇～三〇代の独立したての若手の弁護士に多いのではないかと考えておりました。このような予断をもって統計表を見ておりましたら、実際はそうではございませんでした。むしろ四〇代、五〇代、六〇代のまさに弁護士として働き盛りの方々が懲戒事件に巻き込まれているケースが多かったのです。これは非常に意外であり、大きな驚きでもありました。

なぜこの年代の弁護士が不祥事を起こすことになるのかについて考えてみました。若い間はたしかに、イソ弁として先輩弁護士の下で働くことが多いので、自分自身の責任は前面に出てこないとおもいますが、一国一城の主となって自分自身で法律事務所を経営して、ちょうど四〇代、五〇代となりますと、その経営がうまくいって脂が乗り、いろいろ事業を拡大していくという面があって経済的にも大きく飛躍することになります。経済活動にも乗り出すばあい、法律知識と経済的知識との間に大きな違いがあることに注意する必要があるといえるでしょう。経済的知識の応用は法律知識の応用とはかなり違う面があるわけで、そこで見込み違いが生じてくる可能性があります。その見込み違いによる損失をどのように補塡していくかという段階で、やってはいけないことについ手を染めてしまうケースが多いのではないかと感ずるようになりました。

弁護士会の中核を担うべき層がこのようなかたちで不祥事に捲き込まれているのは残念でなりません。バブル経済の崩壊などの要因はございますけれども、しかし、これは別にバブル期だけの問題ではなくて、これからも誘惑は増えてくるわけで、それにどう対処するのかが問題だろうとおもいます。現在、バブル経済の崩壊が原因であるということだけが喧伝されておりますが、アメリカなどにおいては、株式の売買などが大きな原因になったりすることもあります。いずれ日本でも、弁護士も株投資のような経済活動による収入で基盤を作る時代が到来し、とくに若手を中心にそういう形態が増大するだろうとおもいますが、その場面で、今お話ししたような問題点がいろいろ出てくると考えられるわけであります。そのような事態に対応する弁護士倫理の確立が早晩要請されることになるとおもわれます。

第五款　弁護士倫理の変容

一　組織防衛としての弁護士倫理

次に弁護士倫理についてですが、倫理と申しますのは、本来は内心的な道義心の問題であるといえようかとおもいます。その意味において、これは個々人の問題であって、組織として考える必要はないのではないかという意見もあり得るとおもいます。倫理観あるいは倫理意識というのは、どんなに強調しても、それに対応する人がそれを感じなければ話しにならない問題でございますので、これを単なる個人の問題ではなくて組織全体の問題としてどのように位置づけていくのかについて正確な基礎づけが必要であるとおもいます。倫理学あるいは哲学の観点から、個々人だけでなく、組織全体としてこれに取り組む必要があります。これは、法曹倫理の立場を意味します。

組織と倫理の関係は、歴史的な事実との関連で申しますと、ギルドにおける倫理に共通するものがあるのであります。従来、弁護士会も、よくギルドに擬せられてきました。専門家の組織である以上、専門職としてギルド社会を作って、対国家権力、あるいは、ほかの外部勢力と対決するのは当然のことであり、対決の場面においてギルドとしての結束力は大きな意味をもちます。

ギルドとしての存在価値を維持するためには、強力な内部規律がどうしても必要になりますが、それは、あくまでも外部との関係で、その組織自体を守ることに意味があるのです。その組織を守るためには、個人的倫理観と対決してでも組織を守るべきだという捉え方が出てきます。歴史的事実としてギルドがまさにそうだったわけです。

そうすることによって、逆に、市民社会からギルドが疎外されて、ギルド自体が存続できなくなったという歴史の皮肉もあります。しかし、今は、組織防衛としての弁護士倫理の問題について考えてみることにします。この観点からは、弁護士倫理の性格は仲間同士の紳士協定の色彩が濃いといえるでしょう。共通の利害をもった仲間が、相互の利益を侵害しないように振る舞うための規準としての意味を有するわけです。それは「武士は相身互い」の精神を意味し、あくまでも閉ざされた社会だけに通用する倫理であります。

二　組織変化の要請

これまで、弁護士会が一種のギルド社会として成り立ってきたのは厳然たる事実です。しかし、今、これが規制緩和によって揺らいでいるといえます。比喩的にいいますと、「規制緩和」という「黒船」がやって来たことによって弁護士会は「開国」を迫られている状況にあるのです。はたしてギルドが維持できるのか。これはもうすでに弁護士数の増加によるシェアの相対的狭小化によって現実化している問題なのです。ギルドというのは、もともとシェアを守るための制度ですから、会員は少なければ少ないほど、より多く利益が得られることになりますので、会員が増えて組織が巨大化しすぎたばあいにはギルド社会は自然に崩壊していきます。弁護士会は、今、ギルド社会から「国民に開かれた職能集団」への脱皮を要請されているのではないでしょうか？そうしますと、閉ざされた専門家集団だけに通用する「倫理」は、国民に開かれた職能集団としての「倫理」に変わる必要があります。弁護士倫理の内容に変化が生じてくるのは当然であります。

外から内から、弁護士会は変化を求められている状況にあるとおもいます。このような状況において、市民からの期待に応えるためには、弁護士が専門知識を有する専門職としての立場を守らなければならないことは当然です。

それと同時に、専門職を超える一般市民としての倫理観をもつ必要があります。つまり、一般市民のレベルにおける倫理観がないと市民の支持は得られないのです。このように弁護士は、より強く専門家（プロフェッショナル）であることを求められていると同時に、ごく普通の市民としての立場（倫理的立場）に立つことをも求められており、一種のジレンマに陥っている状況下にあるとおもわれるのです。

このように弁護士会は、組織防衛だけではなくて、一般市民が法律の素人であることを前提にして市民にどのように対応すべきかを厳密に考えていかないと困った事態が生ずることになるとおもいます。

三　医者の倫理とインフォームド・コンセント

医者（医師）と弁護士は非常に古い職業であると同時に、専門職として多くの共通性をもっております。医者と弁護士は共通項をもっているわけで、イギリスの古いことわざに、世の中で一番大事なのは「医者と弁護士を友達にもつことだ」という趣旨のものがあります。これが今ここでいわんとすることを如実に物語っております。

医者の世界も、今、揺れ動いております。医者の倫理の問題が、臓器移植や遺伝子治療・生殖医療その他最先端の生命科学等をめぐって、大いに取り沙汰されています。それと同時に、医者に対する信頼感や医療過誤の問題が強調されている点もいろいろ参考になるとおもいます。いわゆるインフォームド・コンセントの問題が差し当たり大きな示唆を与えるとおもいます。これは説明義務の問題であります。医学の素人に対して医療を施すばあい、自己決定権という考え方が欧米から導入されてきておりまして、それをもとに、自己決定をするときに十分な情報が提供されるべきだという要請が強くなっているのです。従来、カルテなどは医者が専門用語で書いているため、素人にはなかなか分からなかったのですが、最近では、医学知識の普及に伴い患者の方でいろいろ勉強して、カルテを読めるような素人も増えてきています。このように医学知識が普及しておりますから、それにどのように対応するかという場面で、医者は安閑としてはいられない立場に追いやられているのです。つまり、患者に対して病状などの詳細な説明を尽くしたうえで、手術などの医療行為の選択につき患者の決定権を尊重しなければならないわけです。患者と十分に協議しその納得を得なければ、医者が適切と考える処置をおこなうことはできなくなっております。「最善を尽くすからすべてお任せ下さい」というわけにはいかないのです。インフォームド・コンセントは、患者やその家族の立場からは当然の要求といえます。

四　弁護士の倫理とインフォームド・コンセント

医療の世界と同じように、素人が法律の世界に放り出されているため、いろいろ自分自身で法律を勉強している人も増えつつあります。このような素人をクライアントとしたばあいに、従来の医者と同じようなかたちで弁護士が対応できるかといいますと、もうそうはいかなくなっております。先ほどお話ししましたように、患者などにインフォームド・コンセントに基づく自己決定権がみとめられているのと同じように、弁護士のクライアントにもインフォームド・コンセントがみとめられなければならないのです。依頼者に対して依頼事件に関する法律問題のすべてについて十分な説明を尽くして、信頼関係を確保する必要があります。このような対応が弁護士に対する不満を解消し、市民が支持してくれる重大な基盤を提供すると考えられます。説明義務を十分に意識していかなければ、弁護士に対する信頼感は得られないだろうとおもいます。弁護士倫理との関連でいいますと、説明義務を尽くしていないことが懲戒事由になり、弁護士としての品位を落とすものであるとされる状況に立ち至るのではないかとおもいます。

五　市民との対応と信頼関係の構築

今、お話したような観点からしますと、現在、各単位弁護士会が市民の相談窓口を開設して積極的に市民からの相談に乗っていることは非常に良いことだとおもいます。最近、実際に体験したことなのですが、刑事弁護に関して、「事件を依頼した弁護士が十分に自分の意見を聞いてくれない。不利なことばかりやっている。弁護士を替えたいけれども、どうしたらいいのだろうか」という趣旨の個人的な相談を受けたことがあります。そのときにわたくしは、「その弁護士が本当に十分に弁護活動をしているかどうかは、弁護士会の相談窓口があるから、そこへ行ってちょっと話しを聞いてみたらどうだろうか。そして、そのあと変更するかどうかを考えたらどうか」というアドバイスをいたしました。早速、弁護士会の窓口で相談してみたら、相談担当の弁護士から詳細な説明を受け必ずしも解任するほどの状況ではないことを理解し、自分が依頼した弁護士のやり方に納得がいき、解任を止めたのであります。わたくしのほうにも「そのまま今の先生にお願いすることにいたしました」という報告がありました。事件を依頼した弁護士が十分に説明していたらこのようなトラブルは起こらなかったであろうとおもいます。

このような場面で、素人であるクライアントは自分自身が考えていることがすべてであり、それを弁護士がすべて代弁してくれるはずだと勘違いしていることが多いわけですから、弁護士としては、法律的な意味をもつ事柄について、丁寧にお話ししてあげたほうが納得のいく信頼関係の得られる弁護活動をおこなうことができるとおもいます。今申し上げましたような市民との対応をどのようにおこなうべきなのかが新たな弁護士倫理の問題として突き付けられているとおもわれます。

第六款　おわりに

時間が来てしまいました。十分お話しすることはできませんでしたけれども、外部委員としての経験をもとに弁護士倫理の問題に関連して感想めいたことを雑駁ながらお話しした次第でございます。司法制度改革をめぐって激動が続いている今こそ、市民の立場に立脚する新たな弁護士倫理の確立が重要であることを改めて強調して本日の講演を終わらせて戴きます。ご清聴どうもありがとうございました。

【付　記】
本稿は、日本弁護士連合会において開催された第一七回弁護士会綱紀委員長全国協議会の講演録に加除・修正を施したものである。

第六章　弁護士倫理研修

第一款　平成一一年度倫理研修

○司会　定刻となりましたので、ただいまより平成一一年度日弁連関東地区夏季研修を開催させていただきます。始めに事務連絡からさせていただきます。本日の一こま目は日弁連主催の「倫理研修」となっております。これにつきましては、出席のご署名等なされませんと、途中退席等をなされますと、これもまた出席と扱われませんのでご注意いただきたいと思います。

それでは改めまして始めさせていただきます。

本日は夏季研修の初日でございますので、日弁連研修委員会の安西　愈委員長より開会のあいさつをさせていただきます。安西委員長よろしくお願いいたします。

○安西委員長　ご紹介いただきました日弁連で研修委員長をさせていただいております第一東京弁護士会の安西と申します。

日弁連では、昭和三三年以来、全国各地で夏季研修という形で、それぞれの年に応じた題材をもって弁護士研修をいたしておりますが、今回は、きょうは第一部は先年義務化されました倫理研修ということでございまして、先輩の諸先生方には大変暑い中、ご苦労で恐縮に存じておりますけれども、ご参加いただきましてまことご苦労でございます。先般、地方の会員の方から日弁連に手紙がありまして、「倫理研修を義務化しても不祥事はなくならない、たった二時間の倫理研修で何ができるのか、大変弁護士に対して失礼である」と、こういうお手紙をいただきましたけれども、本日は暑い中ご苦労でございますけれども、私どもで、きょうは明治大学の川端博先生、日弁連で綱紀委員としてお世話をかけている先生ですが、初めパネルディスカッションで二つの事例について検討することになっております。必ずやその結果、弁護士倫理とは何であるかということについて、来てよかったと、こういうふうなことでお帰りいただけるものと信じておりまして、そういうお手紙に対しては、「確かにそうかもしれませんけれども、結果を見てください」と、こういう形で回答をさせていただいている次第でございます。

さらにきょうの二こま目は、東京家庭裁判所の松原正明判事より「遺産分割事件の処理について」、最近の判例をも踏まえまして、特に「相続させる」という遺言の遺産分割、特に遺留分減殺について問題がございますので、それらを中心にお話しいただけるものと思っております。

明日は一日かけまして、この国会で成立をいたしました「住宅の品質確保の促進等に関する法律」に基づいて、弁護士会が紛争審査委員会を担う、初めて弁護士会としてそのような民間版のＡＤＲをやるということでございまして、これが成功するかしないかということは、今後の弁護士会の職域にも大きな問題を持っているものでございまして、ご苦労いただきました平山正剛先生を中心にパネルディスカッションをいたすと、このようになっております。暑い中ですけれども、どうか十分に成果を上げていただければ私ども企画した者としては幸いでございます。またこの研修会のために早くから準備をされました関係の方々にもお礼を申し上げて、私のあいさつとさせていただきます。（拍手）

○司会　ありがとうございます。

それでは第一こま目の「倫理研修」に入らせていただきます。

ただいま委員長からお話ございましたように、パネルディスカッションに入る前に、本日の講師兼助言者をお願いしております明治大学法学部教授、法学博士、川端博先生に弁護士倫理についての講演をお願いいたしたいと思います。先生のご略歴につきましては、本日のテキストの二頁目に記載させていただいております。先生はご専攻は刑法、多数の刑法関係の著書がございます。現在は明治大学法学部の学部長を務められておられます。また川端先生は、日弁連の綱紀委員会の委員も務められておられますので、我々弁護士の実務に即した弁護士倫理のお話をしていただけるものと期待しております。先生、よろしくお願いいたします。

○川端教授　只今ご紹介にあずかりました綱紀委員の川端でございます。日弁連の綱紀委員で、いろいろ綱紀問題について議論をさせていただいております。それで、倫理研修が義務化されまして、全国で倫理研修がおこなわれている中で、綱紀委員会からも委員がそれぞれの地区に出向いて講師あるいはコメンテーターとしての役割を果たすということで、わたくしはここへ派遣されて参りました。

この弁護士倫理というのは、昨今非常に大いに議論されておりまして、先ほど安西委員長の方からもお話しがございましたが、弁護士倫理というのを、はたして弁護士諸先生方に事細かくいう必要があるのか、という議論ももちろんございます。これは従来の弁護士倫理という観点からいたしますと、弁護士はその名のとおり下に「士」という字がついておりますから、これは士としての生き方があり、そして一定の倫理観をもって職務に当たっているのだという誇りをもっていらっしゃることは、周知のところであります。そういった武士道精神にも比した形での倫理というのが維持されてきていたと、わたくしはそのように考えております。

ところが最近では、そういった弁護士倫理とは別の形で問題がいろいろ提起されるようになってきております。それはなぜかが問題になるわけですけれども、規制緩和が大幅に進み、そして司法改革が非常に速いテンポで進みつつあります。そうした中で、国民が弁護士に対して寄せている信頼とか、あるいは期待とかに大きな変化が生じているという時代状況がございます。このような時代状況を踏まえて、これから弁護士がどうあるべきかというのをみずから問いただし、そしてみずからを律するといった側面が非常に重要になってきております。弁護士自治ということで、弁護士会がこれまで国家権力との関係において大いに成果を上げて、そして現在に至ってきていることは、国民の皆さんが承知しているところであります。我々もまたそういった過去の歴史において成果を上げたことに対して、大いなる敬意を表するとともに大いに期待もしてきているわけです。

これは「弁護士自治」として、従来、国家権力との対応において、そういうことがいわれ、そしてそれが大きな成果を上げてきたということなのですが、先ほどいいましたように、規制緩和が進んで、いろいろな問題について行政指導としておこなわれたのが全部解放されていくことになりますと、国民にとって今までお国がやってきたことも全部自分でやらなきゃいけないという状況が急速に進んできております。そうしますと、従来は法律的な観点は抜きにして何とか安心してやれたことが、どんどん個人のレベルで法律問題に直面していかなきゃならないという時代になってまいりました。わたくしは、これを「訴訟化社会」という言葉で表現しております。アメリカはご存知のとおり「訴訟社会」となっており、家庭内部の問題を含めてすべてが法律的に処理されています。法廷に持ち込んで訴訟で争うケースが多くなっているわけですが、日本はまだそこまでは行ってはおりません。今までなあなあで済んでいた、あるいはお互いの納得ずくで争いを避けてきたわけです。たとえば、ある経営者がいて、調停などに基づいて事柄が済んでいたのが、今申しましたようにどんどん法律問題に変化していく、あるいは転化していく場面が増えてきております、

このように、今までは余り法律に縁のなかった人たちが訴訟化という場面に直面するようになっております。そのような場面で、ほとんど法律を知らない者が法律の世界に入り込まざるを得なくなっているという状況があります。今まで弁護士の先生方は、「自分たちはプロなんだからほかの人が法律を知らなくても自分たちがちゃんとやってあげます。とにかく任せなさい」というふうに接してこられたとおもいます。法律専門家といった形で特化した弁護士の集団があって、その中で自分たちの役割をきちんと守っていれば、それで予定調和が保たれるという状況があったわけです。ところが、多くの法律のいわば素人が法律の世界に入り込まざるを得なくなったという状況からしますと、弁護士集団のようないわゆる特権化された社会に対する見る目が変わってきているのであります。つまり、クライアントである国民の側から見たばあいに、「はたして弁護士は国民の立場に立って、自分たちの利益、権利を守ってくれるのだろうか」という不信感が出てきているわけであります。つまり、今までは弁護士先生に任せておけば足りたけれども、いざ自分の問題として突き付けられたばあい、いろいろな情報化が進んでいるため、自分なりにある程度の法律知識をもっていますから、はたして弁護士先生は自分の考えているとおりにやっているのだろうか、という新たな不信感が出てきているのであります。

このような場面において、個人レベルでの倫理では対応できなくなっているという状況がありますので、この点についてお考えいただきたいとおもいます。綱紀委員会としても、弁護士社会に対する批判にどう応えていくか、そういっ

た意味での「倫理」というのが今問われているのだという形で深刻に受け止めております。

先ほども安西委員長がお話ししておりましたが、弁護士の不祥事が相次いでおります。刑事事件になって実刑判決を受けるケースも非常に増えてきております。これは仲間として見たばあいに、寒心に耐えない、心寂しい思いがするだろうと考えられるのですが、それで済ましていてはいけないわけでありまして、これを弁護士会として、あるいは弁護士会の仲間としてそれにどう対応していくかという問題は、もはや個人レベルの「士」の精神の問題ではなくなっているということをご承知おきいただきたいとおもいます。

倫理というのは、本来は「人格形成」だとか人としての道とか人間の内面にかかわる問題であるという捉え方が非常に強いわけですが、それと同時に「社会倫理」という捉え方がございます。「社会倫理」という観点からこの問題を考えていかなければならないのです。そういったことから弁護士の倫理についての研修が義務化されたわけであります。そういう大きな流れ、ある意味で歴史的な流れがあって、その背景のもとに倫理研修がおこなわれていることを十分にご理解いただきたいとおもっております。わたくしも国民の一人として、弁護士の先生方に社会倫理としての弁護士倫理の修得を強くお願いしたいと考えている次第であります。

ご承知のように弁護士倫理規定は、かなり詳しくなってきておりますが、「それを守りさえすればそれでいいのだ」として後は免れて恥じなしという風潮がもし出て来るとすれば、これはある意味で弁護士としての自殺行為であり、むしろ国民の負託に反することになりますから、長い目で見たばあいに自分たち自身の存在をかけての大問題であるという観点から、弁護士倫理規定を新たに読み直して知識を深め、さらにそれを改善する点があればそれを改善していただくという方向でご議論いただきたいとおもっております。そのばあいに留意すべき点が二つあります。

訴訟化社会になったことにより多くの人が法律問題に取り込まれた結果として、弁護士に対する新たな期待と不信感が生じているというのが第一点であります。

それからもう一つは、それと同じように、今度は国民の多くが法律問題に取り込まれることによって、ある程度法律知識をもった者が多くなったばあいに、自分自身の権利の問題として考えていこうという傾向が強くなるという点であります。アメリカの訴訟社会においては、まさにそうなっているわけですが、おいおい日本もそういう方向に行くであろうと考えられます。

そういった場面で出て来ますのは、その個人がもっている自己決定権という問題がございます。自分の権利・利益の処分は自己の意思に基づいて決定されるべきであるとされるのです。その点についてたんに弁護士の知識と能力を活用させてもらうのだという意味で、まずクライアント自身の立場を尊重してほしいということが権利として要求されているという場面に直面しているわけであります。しかし、弁護士の先生方にはその認識が欠けているといわざるを得ません。

古くから医者と弁護士は、専門的な職業として共通性をもっているとして比較されて来ております。職務として類推が可能な要素があるのであります。今、この自己決定権との関連で医学の倫理が問われております。いろいろな場面で医者の倫理が問われていますが、まさしく同じような構造のもとで弁護士先生方の倫理も問われているのであります。

このような観点からしますと、医学で問題になっておりますインフォームドコンセントとの類似性があります。インフォームドコンセントにおいては、十分に情報を与えられたうえでの自己決定権に基づく同意が主張されておりますが、これがまさしく法律問題にも出て来つつあるということをご認識いただきたいとおもいます。これについては先ほど触れましたけれども、「自分が法律のプロなのだから全部任せなさい。後は悪いようにはしないから」というような形で、国民一般あるいは依頼者（クライアント）に接する時代は、もう終わってしまったという意味で、むしろ弁護士の先生方が自分の知識と経験、それに基づいて法的なアドバイスをしていく場面で「説明義務」というのが前面に出て来ていることをご理解いただきたいとおもいます。依頼者は法律の素人なのだから、結果が良ければそれで良いのだということではなくて、そのプロセスが今、問われているのです。弁護士は依頼された事件について法律の観点から十分に説明をし、自分がきちんとそれに対応していることを教示すべき義務を現実に課せられつつあることをぜひ実感していただきたいとおもいます。きょうのパネルディスカッションの中でも、そういった場面が幾つか出て来るはずであります。

このような観点から、従来どおりの意識では必ずしも国民の信頼に応えられないという点が今、切実な問題として突き付けられていることをぜひきょうのディスカッション（討議）を通してご理解しあるいは学び取っていただければとおもっております。

最近の懲戒事例などにつきましては、本日のテキストにも統計数字が示されております。五頁以下で、その内容などについて総括的な説明がなされております。これを見ても明らかなとおり、いろいろな問題点があります。ここでは詳しいことはお話しできませんが、六頁に一九八九年から昨年度までの懲戒請求事件処理の内訳が示されております。一九九八年度は、この表から明らかなとおり、受理件数といいますか、新受事件数が一九八九年、つまり一〇年前の約二・八倍に増加しております。二五五件だったのが七一五件となっており、懲戒事件の請求がこんなに増えているのでありますす。約三倍近くもこの一〇年間に増えていることが、いかに国民の側から弁護士の先生方に対して要求が強くなっていることを如実に示しているといえようかとおもうわけであります。

ただ、懲戒処分の件数として見ていますと、一九九八年は四三件であり、これは一九八九年の約一・六五倍でありまます。それから懲戒処分の率という形で見てみますと、過去一〇年間の平均が大体六・八二％であります。一九八九年がピークで一〇・一％、約一割が懲戒処分を受けていることになります。それで一九九四年が最低で四・八％であります。低いのは一九九三年の五・二三％、それから一九九六年の五・五％ということになるわけです。それで一九九八年度、昨年度は六・〇％で、その前の年の一九九七年よりも一・七八％減少しているのであり、これは平均的な従来の、一〇年間の枠で見ますと、それほど増えてもいないし減ってもいないといえます。

これがどういう意味をもつのか、は新たに考えてみる必要があるとおもいます。懲戒申請件数も三倍近く増加しているけれども、懲戒率はほぼ平均並みだということは、歴史的な観点から見ますと、その内容に即して分析しないとはっきりしませんが、社会的変化の徴候の一端を示し得る意味をもち得るとおもいます。その観点からいいますと、懲戒の基準がずっと従来どおりに維持されているということであれば、新たに生じてきた国民からの不満に対しても、従来の基準で、従来どおりにおさまっているのだから、それでうまく行っていると見るか、それとも新たな観点から懲戒についての基準を見直す必要があるというような捉え方をするか、が問題となります。これについては、それぞれの立場で、それぞれの弁護士会の懲戒委員会で、あるいは綱紀委員会で検討しなければならないだろうとおもわれます。このような大きな時代の流れと懲戒申請件数が増えているという量的な問題と、それから懲戒率が変わっていないこととの相関関係をどのように捉えるかは、一つの研究課題だろうとおもいます。

それからこの表で示されておりますように、事件を受理して、そして既済ということで全部処分が明らかになっているというのがここに出ているわけですが、じつはそれから漏れている部分がありまして、これは懲戒処分の請求をしたけれども、その前に退会してよその弁護士会へ移ったケースがかなりあるように見受けられます。そのような件数は、一九九八年度は一九二件入っております。つまり、この表から漏れている事件数が一九二件ということになるわけです。これもいろいろ問題点を含んでいるのだろうとおもいます。この点の統計数字でいきますと、過去の一〇年間で一一・二九％ですが、昨年度は一四・一五％ということになり、若干増えているのです。このような捉え方もさらに検討する必要があるだろうとおもいます。

このような懲戒事件の統計的な観点についての分析は、その内容に即して綱紀委員会などで議論しなければならないとおもっておりますが、そのようなものも含めて我々としても弁護士に対する信頼をどのようにして深めていくか、という観点からの検討と、それを倫理研修にどのように反映させていくかを検討する作業が必要であろうと綱紀委員の一員として考えております。

それで、実際本日のパネルディスカッションでも問題になってまいりますが、利益相反行為も従来は専門家に任せておけばいいのだというような観点から議論がなされた問題ですが、国民の側、依頼者の側から見たばあいに、その利益相反というのが国民にどのように映るのか、自分にとって不利益になる扱いというものの理解が一般国民の側からどう見られているのかという観点も、本日の議論で頭の片隅に入れていただきたいとおもっております。仲間内での処理という問題ではなくて、いかに国民にそれを説明できるか、そして胸を張って我々はきちんとやっているのだ、仲間同士の倫理問題ではなくて、対国民に対して我々は弁護士として社会正義を実現し、そして依頼者の利益も守るといったことを通して職業倫理にきちんと対応して誇りをもって活動しているのだという意気込みを示すためにも、大いにご意見を交わし討論をして、さらに明日からの弁護士活動に役立てていただきたいとおもっております。よろしくお願いいたします。（拍手）

○**司会**　どうもありがとうございました。

それではただいまよりパネルディスカッションに移らせていただきますが、若干壇上の準備がございますので、ちょっとお時間をいただきたいと思います。

第二款　平成一二年度倫理研修

○**司会**　それでは定刻も過ぎましたので、ただいまより平成十二年度日弁連関東地区夏期研修を開催させていただきます。

始めに事務連絡として一つお願いいたします。（省略）

それでは、本日は夏期研修の初日でございますので日弁連研修委員会の鈴木正貢委員長より開会のご挨拶を申し述べさせていただきます。

鈴木先生よろしくお願いいたします。

○**鈴木委員長**　ただいまご紹介いただきました本年度の日弁連の研修委員会の委員長を仰せつかっております鈴木正貢でございます。

本当にこの猛暑の中、かくもたくさんご参加いただきまして大変ありがとうございます。講師あるいはパネリストの方々も非常に張り切って皆さんのこの意思に応えようと頑張っておりますので、今日一日、また明日午後から精一杯ひとつここで勉強していただきたいと思います。

ご承知のように、日弁連ではこの夏期研修を毎年やっております。全国八高裁所在地及び沖縄と、九カ所で行っておりますが、この関東地区の夏期研修はその第一番目の一番早い研修でございますので、皆さんの意気が他にも伝わるように是非熱心に受講していただきたいと思います。

それからもう一つ、この夏期研修では、例年、先ほどご紹介ありましたように、日弁連が倫理研修を義務化して今年で三年目になりますが、その義務化された研修の一部も担っておりますので、この二つの研修、それから、今年からはもう一つまた別の研修がプログラムされておりますけども、こういうものも含めて我々弁護士として他の誰の力も借りないで自らやれること、これにはまたとない機会なものですから熱心にひとつ受講していただきたいと思います。きっといいことがあると思いますのでよろしくお願いいたしたいと思います。

それでは、せっかく時間ですので、一番最初の論理研修の方に移らせていただきますが、明日の午後の講座も含めて皆さん是非最後まで参加していただきたいと思います。大変ありがとうございました。（拍手）

○司会　どうもありがとうございます。

それでは、本日の第一コマ目の倫理研修に入らせていただきます。初めに、パネルディスカッションに入る前に、本日の講師兼助言者をお願いしております明治大学法学部教授・法学博士川端博先生に弁護士倫理についての講演をお願いしたいと思います。

先生のご略歴につきましては、本日のテキストの二頁目に記載させていただいております。先生のご専攻は刑法、多数の刑法関係の著書がございます。また、先生は、日弁連の綱紀委員も務めておられます。弁護士の実務も精通しておりますのでその意味で有意義なお話がいただけると思います。

では、川端先生お願いいたします。

○川端　只今ご紹介いただきました明治大学の川端でございます。

本日は日弁連の綱紀委員として講師またはコメンテーターの役割を負ってこちらに参上いたしました。日弁連の綱紀委員会でわたくしは外部委員ということでいろいろ勉強させていただいております。外部委員といたしまして、ある意味で気楽な発言もさせていただいておりますと同時に、国民の側から見た弁護士の在り方などにつきましてはある意味では耳の痛い話しもいろいろ発言させていただいております。

本日は、先ほどご紹介がございましたように、日弁連の倫理研修が義務化されてその一環としてまず最初にわたくしの方からお話しをする機会を与えていただきまして非常にうれしくおもいます。時間が限られておりまして、十分ぐらいということでございますので、大まかな話だけで済まさせていただきたいと存じます。

弁護士倫理というのがことさらに強調されるようになって久しいのでありますが、これは、従来の弁護士の倫理と違いまして、現在国民一般の司法制度に対する厳しい意見ないし見方を踏まえて新たな展開として出て来ていることをまずご認識いただきたいと考えております。

こういう場で、なぜあえて「倫理研修」をしなければならないのかという点につきまして、個人的には反発を感じておられる方もいらっしゃるかもしれません。と申しますのは、「倫理」とか「道徳」とかいうのは元々個人の内面の問題であるからであります。ですから、そういったものについて組織を上げて、「倫理研修」として義務化して研修をすることについてはいろいろご批判もあろうかとおもいます。

しかし、問題はそこにあるのではなくて、むしろ職業人としての倫理、つまり、弁護士という職業をもつ者の倫理として、今、問い直しがおこなわれていることを踏まえてこれから組織を上げてこれに磨きをかけていかなければならないという時代状況があることを認識することは大事だとおもいます。今日はそのような観点から、いろいろ反省点が出て来ることもあろうかとおもいます。後でパネルディスカッションをおこなうことになっておりますが、その場面でも従来の弁護士倫理観とこれからの弁護士倫理観の相克といったようなものが必ず見られるはずであります。今、そのような変化期であることを前提に弁護士倫理の問題を考えていただきたいとおもいます。

これからは職業人としての弁護士の在り方が国民の側からどのように見られているのかということに視点が移って行くことを申し上げたいとおもいます。これは、ある意味でパラダイムの転換になるわけであります。先生方は今まで先輩の方々から「職業倫理」としていろいろ教わり、それを実践なさってきたとおもいます。そして、それはまた、それとして大きな成果を上げてることも事実でございます。これは「弁護士自治」がみとめられて、それが現在定着しているところに如実に表れているわけであります。わたくしも国民の一人として弁護士会全体がきちんと物事に対応してるという姿勢を非常に高く評価してるのであります。従来の枠の中でかなり成果を上げて来たのは実績として我々も承認したいとおもうわけであります。

ところで、昨今は、「規制緩和」いうことで、世界的な規模でいろいろな動きが出て来ております。とくに日本に対してましては、グローバリゼーションということで、欧米諸国から、また、発展途上国から厳しい要求が突き付けられております。これは、ひとり経済だけの話しではございません。まさに今、法曹界にもその荒波が押し寄せてるという状況であります。従来は、「行政指導」ということがありまして、行政による事前抑制型の施策がかなり多岐にわたって実施されてまいりました。それはそれで非常に大きな成果を上げてきております。事前抑制をすることによって、全体的な経済の流れ、動きが見事に成果を上げてきたという面もあるわけであります。

ところが、それと同時に、日本国内の基準だけで行政指導を実施して事前調整あるいは事前抑制をおこなうことは、外国からの参入を妨げるものであって「自由化」の要請に違反するという批判が非常に強くなって来たのであります。そういったことで、今や行政指導でいろいろ規制をするという方策を止めて、自由化という方向に大きく転換しなきゃならないという状況がございます。

そうしますと、従来の事前抑制型から今度は法律家が主体となる事後処理型への移行は、法曹の在り方の再検討を要求することになります。法律的な観点からの事後処理ということが、結局は従来あまり法律問題に関係のなかった一般国民を全面的に巻き込むことになるわけであります。従来はお上のいうことを聞いていればそれなりにいい思いをしてたわけですが、これからはそうでないことになります。一般国民が自分自身で判断し、それによるプラス・マイナスの全部を自分で引き受けるという「自己責任の原則」が当然のこととなりますと、それについての防衛手段は自分自身で講じていかなければならないということになるわけであります。

そこで、弁護士の先生方にいろいろ相談をして法的な処理によって自らの権利を確保していくという図式が出来上がってきます。現在、進行中の司法制度改革もこういった流れの一環であります。それで、弁護士の先生方にとって重要な問題になってきますのは、これから弁護士の数が圧倒的に増えてくるという事態であります。弁護士の数が増えることによる「自由競争」が生じてまいります。国民の側には自己責任の原則があり、弁護士の先生方にとりましては「自由競争の原理」が前面に出て来るわけであります。そうした二つの大きな流れの中で、弁護士「倫理」の在り方が改めて問われることになります。

従来は「市民としての依頼者」という立場よりも、むしろ「利害関係人としての依頼者」の立場の方が重視されて、それとの関係で委任を受けてる弁護士の先生方の倫理の在り方が考えられてきたといえるおもいます。従来の考え方からしますと、一方においてリーガル・プロフェッショナルである弁護士に事件を委任するのだから、「法律を知らない依頼者は我々に全部任しておけばいいのだ。法律専門家としてうまくやってあげるから依頼者はそれに従っていれば十分だ」というようなプロ意識が一方にあったといえるとおもいます。そういう場面では、たしかに、委任契約がそこに存在するわけですから、依頼者との関係で、信義誠実の義務を負っており、それを誠実に履行すべきであり、かつそれで足りるという関係が出てまいります。

他方において、弁護士は、数の限られたいわば特権階級者の団体としての弁護士会に所属しています。会員数が限られてるということは、その会員は優れた質の優秀な先生であることを意味することにもなってくるわけですから、弁護士会に対する国民の信頼、期待も非常に大きいわけであります。そのような優れた方々にお任せしていれば十分に安心できるという信頼関係が成り立つという図式が出来上っていたわけであります。

そうしますと、弁護士倫理についてはプロの仲間同士における倫理というのが大きな意味をもってまいります。お互いに、いわゆるジェントルマンシップを発揮して立派な人格者である法律家としての弁護士の約束事を守り合いながら、依頼者の信頼に応えていこうという姿勢が貫かれることになります。そういった場面では、公正さ、フェアネスが大きな意味をもちます。我々は公正な立場で依頼者と対応してるのであり、そこには信義則に基づいてきちんとした誠実義務を果たしているのだということが重視されます。

言い換えますと、ある意味で「ギルド社会」における特権階級の地位を守るための倫理という性格が非常に強いといえます。今まで国民の側もそういうものとして弁護士倫理を理解していたとおもいます。いわば上流階級に属する人格高潔な先生方がそういう仲間意識の下で、きちんと法律問題を処理しているという図式が見えていれば、それで安心してお任せできるとされたわけです。

ところが、これが自由競争の社会になりますと、必ずしも今、いったような形では維持できなくなります。つまり、自由競争の社会においては、お互いによく知り尽くした限られた仲間同士の約束事の世界ではなくなってまいります。ここではあくまでも市場原理が働きますから、実績主義が重視され、それに基づく競争が厳しくなってまいります。それはまた、過当競争も生み出すわけであります。比喩的にいいますと、まったく同じ品質のものが存在し得るわけではなく、必ず実力の差が目立つことになります。そこでの競争は、非常に激しくならざるを得ません。

そうしますと、今度は、市場原理における倫理が要求されてくることになります。先ほどいいましたように国民自身の側においては、自分自身の「自己責任」の原則によって、自らが自分の権利や利益を守らなければならないという要請からしますと、従来どおりすべてをプロの弁護士に任せておけば大丈夫だという安心感はなくなってしまいます。自分自身の問題としてコミットしなければならないという事態が出てまいりますから、そのために法律知識を自ら学び取ろうとする姿勢が出てまいります。現に、インターネットを使ったり、あるいは本を読んだり、いろんなカルチャーセンターに行ったりして、法律知識を身に付けてる人が増えつつあります。それは自分の権利は自分で守らなければならないという要請が背景にあるからであります。

さらに、自分の事件を弁護士に任せきりではなくて、自分自身もその法律問題について判断をしたいと考えるようになるとおもわれます。つまり、自己決定権の行使であります。自己決定をして、納得のいく線でその問題を解決したいという主体的な姿勢がそこに見られるのであります。もちろん、その場面で弁護士の先生方はプロフェッショナルでございますから、法律知識は格段に上であります。そういったばあいにも、無条件に自分自身の優位性を示すのではなくて、依頼者にその中身を十分に説明して納得のいくような形で依頼者の意思を尊重して、それに基づいて法的な処理を図ることが弁護士倫理の目標となります。その時点で、今まで考えられていたような倫理観ではうまく対応できなくなるのであります。

先ほどもお話ししましたように、医者の世界と法律家の世界にはかなり共通の要素がございますので、それを類推して考えると分かりやすいとおもいます。医術と弁論術はほぼ同じ時期に同じように発展をして来ております。医学界で今、医療の倫理が問われていますが、それとまったく同じ事態が法曹界にも生じているといえるのであります。医学界において、今、問題になておりますのは、インフォームド・コンセントとセカンド・オピニオンの推奨であります。十分に説明義務を尽くしたうえで自己決定がなされるべきことと患者が別の専門家である医師の意見を求めたうえで自己決定をすることが推奨されるべきことがスローガンとして掲げられてるのです。

今、弁護士倫理についてわたくしが申し上げてるのは、それと同じ事態であります。自分自身の命、自分自身の身体の処分については自分が決めるのと同じように、自分の権利義務についても自分自ら参加して自分で決めたいということです。そのばあいには弁護士先生は、ひとりのアドバイザーの役割しかもたないという認識になります。全部自分ひとりが解決しなければではならないのではなくて、依頼者自身が一番望ましい方向で解決するに当たってどういう法的な処理をするのが妥当か、という点についての意見の開陳をお願いするだけになります。その点についての他の弁護士のセカンド・オピニオンの教示もみとめてよいということになります。法廷に出るとか、あるいは文書作成などについては依頼者にはできないから、あるいは資格が制限されていて、そういうことが法律で禁じられているから、それは弁護士先生にお願いするけれども、基本的な方針の指示とか、個別的な事項に関する戦術的なタクティクスの問題についての指示とかについて、かなりはっきりものをいう依頼者がこれから激増するはずであります。

セカンド・オピニオンに関していいますと、従来、仲間である相手の立場をおもんぱかって、相手の事件処理に関して意見をいわないという形の倫理観が作られてきたのですが、これがはたして現時点で通用するかどうか、が問われるのであります。弁護士界においても、いわゆる「合い見積もり」のような形で、複数の先生方に個別的な意見を聞いてあの先生はこういってたけども、これはこれでいいのだろうかという形で、複数の先生方に意見を求める事態がこれから生じるのですが、意見を述べることが倫理的に正しいかどうかは従来の枠組みで判定が難しいとおもいます。今、いったような脈絡で、国民対弁護士会という図式、つまり対立構造の中で考えていただきたいとおもうのです。

今、対立構造という言葉を使いましたが、そのような不信感を前提にしますと、対立構造ですが、信頼関係を前提にすればこれは融和関係であります。そういった形での提携が、これから先生方に求められてくるであろうとおもいます。その意味で、弁護士倫理について現在、日弁連が定めた規定をもってるわけですが、それについても一定の洗い直しが必要になってくるとおもわれます。そして、それを通して再解釈、解釈のし直しという事態もあり得るでしょうし、それでまかないきれない部分については改正せざるを得ないという事態も生じてくるとおもいます。その意味におきまして、今、転換期であると言えます。

今日のディスカッションでもいろいろ倫理観に関する構造的な対立点が如実に出てくるはずであります。それを踏まえていろいろご議論いただければこれから主体的に国民ないし市民との対話関係の中で皆様方に対する信頼関係を構築していくための大きな足がかりになるであろうと考えております。

時間があれば、もっと詳しくお話ししようと予定していたのですが、今日お配りされてる資料の中の五頁以下で、懲戒請求事件とか処理事件等について統計が出ておりますので、実数に基づいてご検討いただきたいとおもいます。それを見ましても明らかでありますが、懲戒事件請求がかなり増加しており、現実に審理が開始されて懲戒されているというケースが増えております。刑事事件になってるケースも増えているわけですから、国民に対して、どのように説明するのか、あるいは国民から向けられているいろんな要求、これについても、この統計資料を見ながらお考えいただきたいとおもっております。ほかの論点についてもコメントする予定でございましたが、時間がまいりましたのでこれで終わらせていただきたいと存じますが、あとでディスカッションの時に触れたいとおもいます。ご清聴どうもありがとうございました。（拍手）

○**司会**　どうもありがとうございます。

日時：一九九九年七月二六日、二〇〇〇年七月二四日
場所：弁護士会館クレオ（東京）

著者紹介

川端　博（かわばた・ひろし）

昭和19年生。昭和42年明治大学法学部卒業，司法修習修了，東京大学大学院法学政治学研究科修士課程修了

明治大学名誉教授・法学博士。法制審議会（総会）委員，放送大学客員教授，旧司法試験考査委員（昭和63年度～平成9年度刑法担当），日本学術会議員（第18期・第19期），新司法試験考査委員（平成18年度～同22年度刑法担当）等歴任。

主要著書

『正当化事情の錯誤』，『違法性の理論』，『錯誤論の諸相』，『財産犯論の点景』，『正当防衛権の再生』，『定点観測・刑法の判例』，『共犯論序説』，『事実の錯誤の理論』，『共犯の理論』，『風俗犯論』，『責任の理論』，『人格犯の理論』，『事例思考の実際』，『法学・刑法学を学ぶ』，『司法試験』，『集中講義刑法総論』，『集中講義刑法各論』，『刑法総論講義』，『刑法各論講義』，『刑事訴訟法講義』，『刑法』，『刑法各論概要』，『疑問からはじまる刑法Ⅰ（総論）・Ⅱ（各論）』，『刑法講話Ⅰ総論・Ⅱ各論』（以上，成文堂），『刑法総論25講』（青林書院），『通説刑法各論』（三省堂），『文書偽造罪の理論』（立花書房），『事例式演習教室刑法』（勁草書房），『刑法判例演習教室』（一粒社），カウフマン＝ドルンザイファー著『刑法の基本問題』（翻訳・成文堂），『論点講義刑法総論』（弘文堂），『刑法入門』（共著・有斐閣），『リーガルセミナー刑法1総論・2各論』（共著・有斐閣），『レクチャー刑法総論・各論』，『刑法基本講座（全6巻）』（共編著）（以上，法学書院），『刑事訴訟法』（共著・創成社），『刑法総論』・『刑法各論』・『刑事訴訟法』（編著・八千代出版），リューピング『ドイツ刑法史綱要』（共訳・成文堂）等

刑法特別講義・講演録
刑事法研究　第16巻

平成28年1月20日　初　版　第1刷発行

著　者　川　端　　博
発行者　阿　部　成　一

〒162-0041　東京都新宿区早稲田鶴巻町514番地
発行所　株式会社　成　文　堂
電話 03(3203)9201(代)　Fax (3203)9206
http://www.seibundoh.co.jp

製版・印刷　三報社印刷　　製本　佐抜製本

ISBN978-4-7923-5168-7　C3032　検印省略
定価（本体10000円＋税）

事項索引

あ　行

か　行

さ　行

た　行